齐鲁巾帼

齐鲁巾帼书系

武善云·韩品玉·张楠平·孙玉华 主编

（第三卷）

山东城市出版传媒集团·济南出版社

图书在版编目（CIP）数据

齐鲁巾帼. 第三卷 / 武善云等主编. -- 济南：济
南出版社，2023.8
ISBN 978-7-5488-5475-3

Ⅰ. ①齐… Ⅱ. ①武… Ⅲ. ①女性—名人—列传—山
东 Ⅳ. ①K828.5

中国国家版本馆CIP数据核字（2023）第255026号

QILU JINGUO

齐 鲁 巾 帼 （第三卷）

武善云　韩品玉　张楠平　孙玉华 / 主编

出 版 人　田俊林
责任编辑　袁　满　王东勃　吕　燕　戴　旸　黄鹏方
装帧设计　戴梅海

出版发行　济南出版社
地　　址　济南市市中区二环南路 1 号（250002）
总 编 室　（0531）86131715
印　　刷　山东天马旅游印务有限公司
版　　次　2023年8月第1版
印　　次　2023年12月第1次印刷
成品尺寸　170 mm×240 mm　16开
印　　张　21.5
字　　数　380千字
定　　价　68.00元

（如有印装质量问题，请与出版社出版部联系调换，联系电话：0531-86131716）

贺《齐鲁巾帼》出版

弘扬齐鲁巾帼革命精神，为社会主义建设做出新贡献。

苏毅然

一九九八年
六月七日

中共山东省委原书记苏毅然题词

风采

齐鲁巾帼

庚寅秋
王修智

中共山东省委原副书记王修智题词

总　序

　　山东素称"齐鲁之邦"。勤劳、善良、勇敢、智慧的山东人民创造了齐鲁大地的物质、精神、政治、社会文明，创造了山东辉煌的历史，一大批在全国和山东历史上有重大影响的人物也同时涌现。其中，几乎占人口半数的妇女同胞，在各个历史发展阶段，同男性并肩战斗，做出了不可磨灭的重大贡献。在革命战争年代，为了民族的独立、人民的解放，大批"不爱红装爱武装"的妇女勇敢地投身到革命队伍中来。她们别亲离乡、舍生忘死、转战南北，和人民群众一道积极参军参战，把自己的青春献给了民族独立和人民解放事业，用鲜血和生命换来了新中国的诞生。她们的历史功绩永垂史册，她们的实践探索和不屈不挠的精神为后人留下了宝贵的财富。有很多身经百战的"巾帼英雄"，在新中国成立后不居功、不自傲，为社会主义现代化建设再立新功，给后人树立了光辉的榜样。

　　随着历史的不断前进，年轻的"齐鲁巾帼"人物正在奋起！她们继承和发扬革命光荣传统、艰苦奋斗、锐意进取、开拓创新，创造了新的工作佳绩。各条战线涌现出一批又一批妇女楷模和才女豪杰，其数量之多如灿烂群星，不胜枚举！

　　为了给"齐鲁巾帼"树碑立传，展现她们的风采，讴歌她们的事迹，我们特编撰出版《齐鲁巾帼》系列丛书，荟萃优秀妇女人物的传记、通讯或访谈录。其中，既有革命战争年代为国捐躯的女英烈，也有从战火纷飞年代走来的革命老前辈；既有多次受到党和国家领导人接见的全国妇女劳模、妇女干部，也有妇女工作的开创者和新时期脱颖而出的年轻接班人；既有志在蓝天、搏击长空、功勋卓著的空军飞行员，也有在部队任军、师、团级职务的军官；既有心系百姓、勤政清廉、成绩斐然的省部级领导和厅局级干部，也有在科教文卫战线上刻苦钻研、忘我工作、硕果累累的专家、教授、作家、大学校长及各级管理干部和优秀教育工作者；既有活跃在国际舞台、为国争光的外交官，也有兢兢业业为解除病人痛苦而献上自己全部精力的医务工作者；既有老当益壮、再谱新篇的老同志，也有初露头角、年轻有为的新青年，还有新时期在经济战线涌现出的一大批"科技致富"带头人和企业家；等等。这些优秀的妇女同志，堪称"齐鲁女杰"，她们在各条战线和各自的工作岗位上绽放着巾帼风采，她们是齐鲁人民的骄傲。当你了解了她们的事迹，定会为之折服且备受鼓舞，也会以新的眼光来审视新时代的妇女群体，从中获得更多的启迪。

齐鲁大地，优秀妇女人物众多，她们给山东乃至全中国都增添了光彩。她们的光荣不仅仅属于个人，还属于整个妇女界，属于伟大的时代！

改革开放以来，国家尤其重视对妇女问题的研究和对优秀女性的宣传，山东各界对此也同样重视。良好的社会环境，才使编撰出版此书的设想变为现实。

《齐鲁巾帼》的编撰出版，是山东妇女运动史上一项具有重大意义的基础性、开创性工作，是山东文化事业、精神文明建设事业不可缺少的一部分。但全面收集、整理、展现当代"齐鲁巾帼"风姿，是一项规模巨大的工程，不是出一两本书就能完成的。我们将陆续收集资料，在可能的条件下，不断地对"齐鲁巾帼"人物做系列介绍。由于种种原因，我们所收集的材料，有的还只是片段或存有歧义，但我们尽量客观考证。丛书内容还有待进一步完善和充实，我们将不断改进和提高编撰质量。希望今后有更多的领导和同志来关心、支持和推进这项功在当代、利在千秋的工作。"没有女人参与活动的社会是偏瘫的社会"，没有妇女活动记载的历史则是不完整的历史！让我们共同携手，为书写完整的社会发展史而努力！

希望妇女同胞们再接再厉、再创佳绩，也期待着更多的"齐鲁巾帼"人物用自己的聪明才智，续写齐鲁历史的新篇章，创造更加辉煌灿烂的未来。

王钦

1998 年 6 月于北京

（作者为全国妇联第四届书记处书记）

前　言

　　中华民族是一个历史悠久的民族，有文字记载的历史就有 5000 多年。但在历史典籍中，所记录的人物几乎都是帝王将相，社会上的英雄形象也多为男性，被载入史册的女性人物则是凤毛麟角、寥若晨星，即使史书上偶有关于女性的记载，也不过是一些不踏"三门四户"的闺门小姐和命运悲惨的贞节烈女的故事。

　　追溯历史，这种现象不足为奇，因为中国封建社会延续了几千年。在封建社会，统治阶级所倡导的是"三纲五常""三从四德""男主外、女主内""女子无才便是德"等封建伦理道德，男子可以"治国安邦平天下"，女子只能在家相夫教子，尤其是妇女缠足的陋习，使得女性遭到了残酷的精神和肉体摧残。封建礼教严重束缚了妇女的手脚，限制了她们的活动天地，扼杀了她们的聪明才智，使她们没有发挥智慧和施展才华的条件。即使个别才女在特殊的环境条件下创造了奇迹，崭露了头角，其事迹也不易得到传扬。

　　自从有了中国共产党的领导，中国革命的面貌便焕然一新，妇女解放的新时代到来了，中国共产党坚决革除迫害女性的封建伦理道德，反对男尊女卑，提倡男女平等，使妇女有了出头之日。在革命浪潮所到之处，妇女们挣脱了封建主义牢笼，走出了家庭的小天地，奔向了解放的道路。无论是在白色恐怖笼罩的城乡，还是在烽火连天的战场，为了民族的独立、人民的解放，她们不怕牺牲、英勇奋战，与祖国同呼吸、共命运。新中国成立之后，她们又意气风发、斗志昂扬，投身到伟大的社会主义革命、社会主义建设和改革开放的洪流中，为中国革命和社会主义建设做出了巨大贡献，真正顶起了社会的"半边天"。在建设新中国和创造山东辉煌历史的进程中，涌现出成千上万的巾帼英雄和女性模范人物，她们是齐鲁人民的骄傲，是全社会学习的榜样。

　　当今的中国已经开启全面建设社会主义现代化国家新征程，在这"海阔凭鱼跃，天高任鸟飞"的时代，妇女们在各自的工作岗位上干事创业、奋发有为，做出了令人瞩目的成绩。她们的先进事迹，不仅教育着全社会的人们，也鼓舞着更多女性创造更加辉煌的未来。党和政府及妇联等有关部门非常重视并鼓励社会多宣传女性事迹，弘扬社会正能量。为此，我们编撰了《齐鲁巾帼》书系。

早在 1998 年、2000 年，由山东省妇联的部分离退休老干部，以及山东省高校中国革命史教学研究会、山东省委机关妇女工作委员会、《山东社会科学》杂志社、山东省妇联《祝你幸福》杂志社、济南大学、山东大学、山东师范大学、山东农业大学、泰山医学院、山东省政法管理干部学院、山东省科学院、济空某部队等单位的有关领导干部、专家、学者、记者、编辑、妇女工作者，共同编撰出版了《齐鲁巾帼》书系的第一、第二卷。

原计划在前两卷出版后尽快编撰第三卷，但由于各种原因而拖延至今。在此期间，有些优秀同志又做出了许多新的成绩，遗憾的是，我们未能及时追踪并将新的材料进行补充，因而她们的事迹也只能是"片段"了。希望她们在新的征途上续写更加精彩的篇章！

《齐鲁巾帼》第三卷的组织编写工作是在山东省写作学会，山东师范大学文学院、古籍研究所，济南大学工会、妇委会，山东省社会科学院，《人民权利报》编辑部，山东省科学院，临沂市人大、总工会等 10 多个单位的有关领导干部、学者、妇女工作者的共同支持下完成的。本书共收集近现代山东省各个历史时期、各条战线、各个行业的 71 位优秀女性的小传、材料，旨在将她们的事迹弘扬于社会、记录于历史。这些材料具有宝贵的史料价值和研究价值，为山东妇女运动史留下了一笔珍贵的财富，具有深远的历史意义和重要的现实意义。书稿的编写顺序大体上是按所记人物参加革命和工作的时间先后排列的。

这些优秀女性的事迹，将激励广大妇女同志继承革命传统，发扬改革创新精神，为祖国和家乡的发展建设做出更大的贡献。

编　者

2023 年 9 月

目　录

中国共产党早期的女革命家

—— 记"山东省百位英模人物""70 年山东妇女杰出人物"郭隆真

◎王艳艳

郭隆真（1894—1931），河北大名县人。她自幼果敢刚强、敢做敢当。15 岁时，她与父亲一起创办元城县第一女子小学堂。19 岁时，她到天津直隶第一女子师范学校读书。五四运动爆发后，她积极投身爱国运动的洪流，和邓颖超、刘清扬等一起筹备并成立了有 600 多人参加的天津女界爱国同志会，成为天津学生运动出色的领导者之一。1919 年9 月，周恩来等人领导的觉悟社在天津成立，郭隆真成为其中的骨干力量。

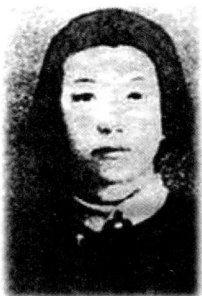

郭隆真

1931 年 4 月 5 日凌晨，在山东济南纬八路刑场，当时的反动政府枪决了 22 名中国共产党的革命干部。这些革命干部英勇不屈、视死如归，高呼革命口号，最终慷慨就义。在烈士名单中，排在第十二位的是 37 岁的"张李氏"。这个"张李氏"就是中国共产党早期的女革命家、杰出的中国妇女运动先驱、著名的"四五"烈士郭隆真。

冲破封建礼教的束缚

郭隆真，原名郭淑善，1894 年 4 月 11 日生于直隶省元城县（今河北省大名县）金滩镇的一个士绅家庭。她的父亲受当时资产阶级革命风潮的影响，思想较为进步，他不热衷科举考试，不追求功名，拥护康梁变法，赞成维新运动，在金滩镇第一个剪掉辫子，被镇上的其他士绅讥为"异端"。

郭隆真的启蒙老师正是她的父亲。她受父亲的影响，自幼便喜爱读书，并富有反抗精神。她七八岁时随父读书，一开始只读些《三字经》《百家姓》《女儿经》之类的书籍。她问父亲，《女儿经》里让女儿们"早早起，出闺门""烧茶汤，敬双亲"，只管让女儿干这干那，为什么没有一部"男儿经"，也让男儿干这干那呢？

她的父亲说："我国历代相传的规矩是以男为尊。男儿要念四书五经，男治外、女治内，因为内外有别，要学的东西也就有所不同了。淑善要是个男儿就好了，价值就大了。"

郭隆真听了很不服气，争辩道："女儿又怎么样？男儿能干的，女儿也能干，中国古代就有木兰替父从军、缇萦上书救父的故事，她们都能和男儿一样，为什么现在不让我和哥哥一样去读书？"

父亲喜欢女儿的聪颖和倔强，更赏识她有一种不输男儿的气概，于是允许她和哥哥一起读书。在新思潮的影响下，全国各地开始兴办新学，但大名县仍然"按兵不动"，无论是学校还是私塾，教的都是老一套。1909 年，郭隆真家开了先河，在父亲的主持下，郭隆真以郭淑善的名义在金滩镇破天荒地办起一所女学，将其定名为"元城县第一女子小学堂"。讲堂、自习堂都设在郭家院里，一切经费和设备均由郭家负担。郭隆真自任义务教员，免费招收了 20 余名女孩子前来读书。她除了教学生学习新课本外，还教唱反封建礼教的歌谣。当时，有许多人家受封建礼教的束缚，不愿意让女孩子读书，甚至对女学生讽刺讥笑，但郭隆真铁了心要办好这所女学，便主动到一些人家去拜访，努力说服家长允许女孩上学。于是，到学堂读书的女生逐渐增多。

1912 年 5 月，一位较开明的直隶省学台到元城县视察教育，发现了金滩镇办起的这所女子学堂。他褒奖了郭家父女，并在不久后把这所小学搬到元城县里，命名为"红石桥女子高小"。由于办女子学堂出了成绩，1913 年，郭隆真被选送到天津直隶第一女子师范学校上学。

1917 年，郭隆真抗婚的事轰动了全县。原来，她在 13 岁时由家庭包办订下了婚约。男方有房、有地、有财产，又是独生子，催女方尽早结婚。郭隆真的母亲认为，女儿只要能治家就行了，没有多读书的必要。这件事使郭隆真非常恼怒，她以"不能中途退学"为由，要求解除婚约。为了躲婚，郭隆真长期住校，即便是假期也不回家。她的父亲去世后，男方扬言"再不结婚，就要让她家吃官司"。于是，郭隆真的哥哥用几封"母亲病危"的急信骗她回了家。男方催着过门，家里人逼着完婚，郭隆真为了摆脱困境，暂时将愤怒埋在心底，佯装答应了。结婚那天，这位新娘子与众不同——不梳妆打扮，仍穿着月白色上衣和黑裙子的学生装。在那个年代，新娘子坐花轿时必须把轿帘放下，不能露面，她却不管那一套，硬是要把轿帘掀开，让新鲜空气透进来。

到了男方家，她推开前来扶新娘子的人，自己大大方方地走进去，面向前来贺喜的人演讲起来。她控诉了封建社会不合理的婚姻制度，宣传婚姻应该自主，表示自己不同意嫁给这个男人……这可让在场的客人都惊呆了，有些人嘲笑说："杨家娶来的洋学生，像个疯子。"

刚过门不久，郭隆真就提出去天津读书。一开始，婆家不同意，但郭隆真毫不让步，表示"如不同意就离婚"。经过几次冲突，婆家不得不同意了她的请求。她冲破了封建礼教的樊笼，为自己的命运开拓出一条新路，从此再也没有回过婆家。

郭隆真回到天津后，带头将头发剪得和男子一样短。她走在街上，偶尔有围观的人对她指指点点，她都泰然处之。她觉得自己挣脱了一道封建枷锁，在精神上感到轻松愉快。

爱国运动中的杰出女战士

1919 年，声势浩大的五四运动震动了全中国，激荡着每个热血青年的心。5 月 5 日，北平学生运动的消息传到天津，郭隆真和天津女师的同学们再也按捺不住心中的激动，满腔热情地投身到这场伟大的爱国运动中。当晚，郭隆真主持召开了各班同学代表会议，她在会上揭露了帝国主义和卖国政府的罪行，列举了一些国家亡国的悲痛教训，郑重地说："国难当头，妇女应当从深渊中跳出来，冲破封建束缚，救国救民。爱国不分男女，救国不能后人！"

天津女师的学生们纷纷被发动起来了。在郭隆真的倡议下，5 月 25 日，天津女界爱国同志会宣告成立，刘清扬担任会长，郭隆真、邓颖超担任演讲队队长。她们组织学生进行演讲，张贴标语，参加示威游行。郭隆真平时不爱讲话，可当她领着同学们上街演讲时，却会滔滔不绝地向群众讲述反帝爱国的道理。随着郭隆真在群众中的影响越来越大，与群众的关系也愈来愈密切，大家都亲切地称她"郭大姐"。

五四运动爆发后，亲日反动派恼羞成怒，变本加厉地镇压学生运动。天津反动当局见对爱国学生使用高压手段不灵，就变换手法，妄图挑起民族矛盾，分化离间回汉学生的团结，破坏学生爱国运动。为了粉碎敌人的阴谋，郭隆真以女阿訇的身份，秘密进行了一系列革命活动。回到天津后，她又动员回族群众集会，公开揭露了卖国贼马良的丑恶嘴脸。

1919 年 8 月 23 日，郭隆真等 10 人被推选为天津各界赴北平请愿代表团代表，要求北洋军阀政府总统徐世昌惩办刽子手马良。徐世昌对请愿代表拒不接见，郭隆真带头在总统府前高呼"打倒卖国贼""还我山东"等口号。经过一天一夜的斗争，反动政府如临大敌、惊恐万状，急忙派军警逮捕了学生代表。郭隆真大声责问警察："爱国有什么罪？难道只许有人卖国，不许我们爱国吗？"她在被关押期间，不怕威胁、不怕利诱，与反动当局针锋相对地进行斗争，并说："你今天放我出去，明天我照样进行爱国活动。"

请愿代表被捕后，全国各地强烈抗议。天津各校学生闻讯，群情激愤。周恩来等人率领几百人的代表团到北平营救。北平学生联合会等群众组织，也在李大钊等人的领导下，积极配合、支持天津代表团的斗争。在汹涌澎湃的群众运动压力下，反动政府被迫于8月底释放了郭隆真等请愿代表。

9月初，郭隆真和周恩来等人回到天津，共同组织了进步团体——觉悟社，其社员不用本名，而采用化名。邓颖超化名为"逸豪"，周恩来化名为"伍豪"，郭隆真化名为"石珊"。觉悟社刚一成立，就邀请李大钊来指导，传播马克思主义。不久，郭隆真和周恩来被推选为天津代表，参加全国七省市代表团活动。为解决山东问题，郭隆真等人再次到总统府请愿。双方在新华门前对峙一天。郭隆真站在大门前的石狮上，面向新华门，大骂徐世昌，历数反动政府卖国和压迫人民的罪行。当晚，反动军警又一次将郭隆真等32位请愿代表逮捕。在场的群众纷纷对被捕代表尤其是郭隆真表示同情和敬佩。由于郭隆真等请愿代表的坚决斗争和全国人民的声援，北平反动政府于11月10日被迫释放了全体代表。

郭隆真第二次出狱后回到天津，又立即投身火热的斗争中。听闻日本帝国主义势力在福州制造了惨案，天津各界在南开广场举行国民大会，焚烧日货。反动当局又一次对学生运动进行了镇压，当场逮捕20人。天津各界联合会发动1000多人到直隶省府门前抗议，并推选郭隆真、周恩来、于方舟、张若名4人为代表，找省长曹锐当面交涉。省公署大门紧闭，省长避而不见。周恩来、郭隆真等人奋不顾身，从大门门槛的空隙中挤了进去，但遭到警察逮捕。

在狱中，郭隆真身患重病，却仍坚持参加绝食斗争。他们的绝食斗争取得了成效，1920年4月7日，被捕代表被移送到检察厅，得到了看书学习、互相往来和开展娱乐活动的权利。4月11日是郭隆真的生日，她给大家写了一封饶有趣味的信，信上说："蒙你们诸位祝我的生日，我实在感激！一鞠躬。劳你们诸位的精神，做个纪念品！再鞠躬。叫我的精神愉快百倍！三鞠躬。"天津各界联合会组织24人到检察厅，要求替换被捕的24位代表。经过近半年的斗争，7月17日，被捕代表全部出狱。当日，周恩来、郭隆真等在法庭门前被欢呼的人群包围起来，人们为他们戴上了镌有"为国捐躯"4个金字的纪念章和大红绸花。

赴法国、苏联学习

为了寻求救国之道，郭隆真与周恩来等197人于1920年11月赴法国勤工俭学。在那里，她广泛接触法国工人特别是华工，亲身感受到法国资本家对劳动者的压迫和剥削。这段经历使她认识到资本主义制度的腐朽黑暗，更加坚定地信仰马克思主义。1923年4月，经周恩来、尹宽介绍，郭隆真加入了中国社会主义青年团，同年转为中共党员。1924年，她被党组织派去苏联莫斯科东方大学学习。东方大学是一所培养各国青年干部的政治学校，设在莫斯科市区的一条宽阔大街上，紧靠着普希金广场。东方大学开学后，学生们每天都去广场上做体操，那里也成为学生们散步、休息的地方。学校楼前还有一个小型花园，学生们下课后常去那里透透气、聊聊天。

东方大学的学员大部分来自苏联远东地区的各少数民族，另一部分来自中国、朝鲜和日本，名誉校长是斯大林。校内专设"中国班"，学生百余人，所学课程有哲学、政治经济学、东西方革命史、俄文等，授课的苏联老师都用俄语，另有一位翻译人员会将授课内容即时译成中文。当时，学生们的学习和生活是非常艰苦的，大家白天上课，晚上冒着严寒和冰雪到街上站岗，星期日还要到工厂做工。在东方大学，郭隆真学习了马列主义著作和苏联社会主义建设的经验。虽然学习时间只有半年，但她亲眼看到了世界上第一个社会主义国家蒸蒸日上的情景，增强了对中国革命前途的信心。1925年春，在国内革命运动热潮高涨的形势下，她满怀革命激情回到了北平。

在北平参加革命运动

郭隆真回国时，正值第一次国共合作时期，北平成立了国民党特别市党部。她除了担任国民党北平特别市党部的妇女委员会委员外，还主持创办了掩护党的地下活动的缦云女校，在里面发展党员骨干，为党培养妇女干部。同时，郭隆真和张挹兰等还负责国民党妇女部主办的《妇女之友》刊物的相关工作，但这一进步刊物很快遭到反动当局的查禁，无法在北平印刷。于是，郭隆真便每月把编好的稿子送到天津印刷，印好后再由她用大网篮装起来，当作行李带回北平发行。这是十分冒险的行动，但郭隆真胆大心细，顺利地完成了任务。《妇女之友》共发行12期，内容涉及城乡妇女界工作，是当时很有影响力的刊物，直到革命失败才被迫停刊。

1927 年 4 月 12 日，蒋介石在上海发动反革命政变。4 月 28 日，李大钊等人惨遭反动派杀害。此时，北平城里人心惶惶。郭隆真明知处境危险，但仍坚持斗争。这时，郭隆真已是中共顺直省委委员、香山慈幼院党支部书记。一天，她得知敌人要搜查缦云女校，便对同事韩幽桐等人说："你们先走，通知党员疏散隐避，我处理一下文件再走。"同志们安全转移了，但郭隆真为保住党的机密而耽误了时间，被敌人关进了陶然亭附近的京师第一监狱。

敌人既没有找到证据，又没有逼出他们想要的口供，却仍然判处郭隆真 12 年徒刑。在敌人的监狱内，她牢记党的教导：一个共产党员，走到哪里就要在哪里战斗，就要在哪里开展革命活动。她坚持鼓舞同狱难友的斗志，向看守人员宣传反帝爱国的道理，启发他们的觉悟。后来，那些负责看守她的女狱卒，成了她从狱中向外传递信息的交通员。经党组织营救，加上军阀混战等原因，郭隆真于 1928 年底出狱。

正当郭隆真徘徊街头，苦于找不到党组织的时候，看到敌人报纸上有一篇报道，说上海的共产党活动"猖獗"。她急忙离开北平赶往上海，寻找党组织。

在上海，她经过多方打听，终于见到了邓颖超。郭隆真在接上组织关系后，暂住在党中央直属机关，等待分配工作。

战斗在东北

1929 年春，郭隆真被派往东北，在中共满洲省委做职工运动工作。为了加强东北地区党的工作，党中央于 1929 年 6 月决定派刘少奇任满洲省委书记。7 月，刘少奇到达满洲省委所在地沈阳。当时，哈尔滨爆发了"中东铁路事件"，于是刘少奇又亲自到哈尔滨指导中东铁路工人斗争，并派郭隆真到中东铁路哈尔滨总工厂指导工人斗争。

三十六棚总工厂是一个具有反帝斗争光荣传统的工厂，五四运动前后曾发动过 4 次大罢工。为了把工人群众发动起来，郭隆真到那里后，进行了艰苦细致的工作。刚开始，有些工人不愿意与她接近，郭隆真便虚心向工人学习，丝毫没有知识分子的架子，生活上与工人打成一片，很快就取得了工人的信任，打开了局面。为了交流情况、讨论问题、研究办法和组织斗争，她常常从清晨一直工作到深夜，有时一天只睡三四个小时。工人们劝她保重身体，她总是微笑着说："不要紧，我身体好，顶得住。"她深入工厂、车间、工人住处，宣传和发动群众，开展复工斗争，扩大工人权利。当时，刘少奇给予郭隆真的评价是：在工作上最积极、在政治上又正确的大姐。这之后，郭隆真被选为中共满洲省委委员，后任中共满洲省委职工运动委员会书记，在省委机关做了一段时间的领导工作。

刘少奇调离东北后，李子芬接任中共满洲省委书记。不久，省委机关遭到大破坏，30 余人被捕。一天，郭隆真在沈阳南郊与其他省委领导人秘密开会，引起了警察的怀疑。当敌人盘问时，郭隆真编了一个逃婚的情节，说和她在一起的有未婚夫、媒人、亲戚等。敌人因抓不到什么证据，只好将其他人放走，却以"背夫窃逃，有伤风化"的罪名，将郭隆真拘留了 10 多天。

党中央考虑到郭隆真不宜继续留在东北工作，决定将她调离沈阳，于是她又回到当时的党中央所在地上海，等待分配工作。

1928 年后，王复元、王用章弟兄二人先后叛变投敌，使中共山东省委连续几次遭受极大破坏，省委领导人多次发生变动，党中央决定让郭隆真到山东任中共山东省委妇委书记。

那时，山东省委机关设在青岛，整个山东处在反动军阀韩复榘的统治之下，警察、便衣特务在济南、青岛等地大肆搜捕和屠杀共产党人和革命群众。1930 年 8 月，郭隆真到达青岛后负责妇女、工人运动等工作，经常和陈少敏、董汝勤等战斗在一起。

郭隆真经常深入青岛大英烟草公司、内外棉纺厂宣传发动群众，组织工会、发展党组织、散发小报，与英、日资本家虐待、迫害工人的罪行展开斗争。敌人多次企图逮捕郭隆真，而工人们一次次掩护她脱险。敌人对郭隆真又恨又怕，经常派密探跟踪她。1930 年 11 月 2 日，郭隆真被尾随的密探逮捕。敌人用尽伎俩，却依然连她的真实姓名、身份都搞不清楚，更别说获得有价值的线索了。11 月 17 日，敌人将郭隆真押解到济南第一监狱。在狱中，面对敌人的种种折磨和酷刑，郭隆真坚称自己叫"张李氏"，从济南来，是无业游民。国民党省政府主席韩复榘曾出面审讯，"劝"她投降，许诺只要供出共产党组织的信息，写下"悔过书"，便可立即获得自由，她坚定地回答："宁可牺牲，决不屈服！"她坚忍不拔、大义凛然的革命精神，使狱吏都十分敬佩，认为这样的人实在少见。敌人多次严刑审讯后，在一无证据、二无口供，甚至连真实姓名、籍贯都不清楚的情况下，判处郭隆真死刑。1931 年 4 月 5 日凌晨，济南上空阴云密布，郭隆真等 22 名共产党人被押赴刑场。在牺牲的 22 名共产党员中，郭隆真是唯一一名女性，时年 37 岁。

郭隆真在其短暂的一生中，6 次被捕入狱。她在敌人的酷刑面前，始终无所畏惧、坚贞不屈。她一生追求革命理想，为共产主义事业而不顾一切、百折不挠，直至献出年轻的生命。

2009 年 9 月，在纪念新中国成立 60 周年之际，郭隆真烈士被评为"山东省百位英模人物"；2010 年，在纪念山东省妇联成立 70 周年活动中，她又被评为"70 年山东妇女杰出人物"。她的英名将在中国革命史上永久流芳。

【作者简介】王艳艳，女，山东济南人。山东大学外国语学院毕业，留学法国取得硕士学位。山东财经大学外国语学院讲师、法语系主任，常在省直部门接待外宾的外事活动中做翻译工作。

山东妇女运动的先驱

——记山东省最早的女共产党员王辩

◎刘　芳

王辩，字慧琴，1906 年生，后改名为黄秀珍，山东诸城相州人。她出身于书香门第，父亲王翔千是山东最早的共产党员之一，也是山东共产党早期组织的主要成员和济南马克思主义学说研究会成员。在父亲的影响下，王辩接受了进步思想，积极投身于革命运动，在血与火的革命斗争中，锻炼成长为一名坚定的革命者。1924 年，王辩经其父王翔千和山东党组织最早的组织者、领导者王尽美介绍，加入了中国共产党，成为山东最早的女共产党员。从此，她为中国革命和社会主义事业奋斗了一生。

为妇女解放而斗争

王辩自幼受到父亲的熏陶和影响，接受了进步思想。1917 年，她随父亲来到济南读书。1919 年，五四运动爆发后，学生运动蓬勃发展，王辩与同学们积极参加游行、请愿，声援北京的学生运动。

1920 年秋，王辩以优异的成绩考入山东省立女子师范学校。当时，学校虽然为女子求学创造了一定的条件，但仍奉行封建教育宗旨和管理制度，不许女学生参加社交活动、过问政治。

前排左一为王辩

五四爱国运动的潮流冲击了这所沉闷的学校，使女学生的思想豁然开朗。她们毅然举起反帝反封建的大旗，勇敢地冲向社会，和男学生们一起游行、示威。

王辩积极地为争取妇女解放而斗争。她带头剪发、放脚，是山东省第一个剪发、放脚的女子，此事也成为轰动一时的社会新闻。她冲破学校禁令，公开社交，发动女生走出校门，上街示威、游行，参加反帝斗争。有时，她还会在星期天和男生到大明湖游泳。她的这种"争自由、求解放"的斗争精神得到了进步师生的赞扬，大家都称她是"反封建礼教、求自由解放的闯将"。1921年秋，她加入了由王尽美、邓恩铭、王翔千发起成立的马克思主义学说研究会，并且是第一个加入的女同志。从此，她更加积极地学习、宣传共产主义理论。

光荣地成为共产党员

1921年7月，中共一大在上海召开，王尽美、邓恩铭代表山东早期党组织参加了会议，下半年便建立了中共山东省地方委员会。1923年11月，经王尽美、王翔千介绍，王辩和另外一位女同志侯志加入了中国社会主义青年团，成为山东第一批女团员。随后，王辩担任了学校团支部的宣传委员，成为学校里的骨干力量。王辩在革命活动中不断得到锻炼，眼界更加开阔、思想日趋成熟、作风愈发干练，后经山东党组织审查，于1924年光荣地转为中共正式党员。

1924年，国民党改组，第一次国共合作正式形成，山东的共产党员差不多都参加了国民党（跨党）。王辩也以个人身份加入了国民党，并在国民党党员中开展工作，吸收了一部分优秀分子加入共产党和共青团。为了更好地发挥妇女的作用，经党组织批准，王辩等人筹备成立了山东济南妇女学术协进会，王辩担任负责人。这是共青团的外围组织，用以向女学生、女青年宣传社会主义思想，引导她们积极参加党、团组织领导的各种社会活动。

1925年1月，在王尽美的领导下，山东国民会议促进会成立。王辩等人也积极响应，于1925年2月成立了山东女界国民会议促进会，并向全省发出了宣言。1925年夏，王辩从女子师范学校毕业后，到济南竞进女校任教员。她经常与其他女同志一起深入鲁丰纱厂，接近工人群众，开展妇女工作。

1925年6月，社会主义青年团济南地方执行委员会书记李耘生调任青岛团地委书记，王辩（化名宫琦）接任济南团地委书记。1925年7月，山东国民党召开省代表大会，王辩当选候补委员。8月，王辩被推举为山东妇女代表。后来，军阀张宗昌疯狂镇压群众革命运动。在形势日趋恶化的情况下，根据组织安排，王辩又被调往上海团市委做妇女工作，与向警予一起工作了一段时间。

被派往苏联留学

1925 年，作为党组织重点培养的女共产党员，王辩被派往苏联莫斯科中山大学学习深造。在莫斯科中山大学，王辩与邓小平、左权、傅钟等同志在一个班里学习。此时的苏联，国内战争和帝国主义武装干涉的创伤尚未愈合，各项经济建设还没有走向正轨，经济十分困难。学校每天只给每人一小块黑面包，午餐是每人一勺汤，汤内只有几块土豆、萝卜，有时加一点咸鱼。冬天，学校发给每人一件薄麻布做的黄色衣服、一件军大衣、一条皮带和一顶尖尖的帽子。夜里房间很冷，睡觉时要再加上一条毯子，大家一个挨着一个，挤在一起互相取暖。虽然条件异常艰苦，但大家都情绪饱满，表现得非常坚定和乐观。

除生活艰苦外，学习任务也很繁重。莫斯科中山大学的学制是两年制，中国学生来到这里的重要任务就是学习。学生首先要学习俄语，其次还要学习政治经济学、俄国革命理论与实践、中国革命运动史、马克思主义哲学、列宁主义原理等十多门理论课，并参加军事训练。王辩坚持认真刻苦地读书，取得了优异成绩。在此期间，她目睹了苏联十月革命后发生的崭新变化，对共产主义事业有了更深的体会，思想理论水平获得了很大提高。

负责艰苦的地下工作

1927 年，根据党中央的指示，王辩和一批留苏学生提前毕业回国。同年 10 月，王辩被党组织派到广州工作。广州起义失败后，她又回到上海。1928 年 1 月，党组织委派王辩到芜湖任中共安徽省委宣传干事。由于芜湖互济会被破坏，王辩遭到国民党的逮捕，后被押送到安庆。在狱中，她经受了两年半的严峻考验，直到 1930 年夏才被营救出狱。

1931 年春，党组织分配王辩和她的爱人赵志刚一同去沈阳，在中共满洲省委文书处工作。由于日本帝国主义强占了中国东北三省，对共产党地下组织成员严加搜捕，中共满洲省委不久就遭到了破坏，于是王辩和赵志刚转移到安东（今辽宁省丹东市）独立开展工作。为了维持生活，赵志刚贩卖干鱼之类的杂货，王辩则做糕点沿街叫卖。两人在异常艰苦的环境下，仍旧坚守岗位，利用一切机会开辟党的工作。在这期间，王辩生下了第一个孩子，但不久就夭折了。

1933 年，王辩夫妇和中共满洲省委重新取得联系后，回到沈阳的地下省委交通处工作。中共满洲省委建立吉东局后，夫妇二人又被派往吉东局工作。

1934年2月，吉东局书记孙广英派他们夫妇到穆棱县（今穆棱市，下同）的一处很隐蔽的小房子里编印《反日报》。他们既是记者又是编辑，采编、刻印、发行都是自己干。为了做好掩护，赵志刚白天上街卖菜，晚上工作。5月的一天，赵志刚被敌人发现，被捕入狱。王辩在房东及当地群众的帮助下，将赵志刚营救了出来。入冬以后，一部分党组织被敌人破坏，其间也出现了叛徒，赵志刚的潜伏工作已有危险，中共满洲省委指示他尽快转移。于是春节刚过，王辩夫妇就带着女儿离开了穆棱县，回到了赵志刚的河北老家。因为旅途困顿潦倒，他们不满周岁的第二个孩子又生病夭亡了。两个孩子相继离世，作为母亲的王辩忍受了巨大的痛苦。王辩和赵志刚在河北住了一段时间后，于1936年又回到北平参加学生救亡运动。

无怨无悔在基层

抗战爆发后，1937年秋天，王辩夫妇和董昆一同志一家遵照党的指示回到山东从事抗日工作。他们按照北平党组织的安排，先通过平津学生流亡分会的负责人邹鲁风与山东党组织接上了头，然后以"安置家属避难"为名来到诸城县（今诸城市，下同）相州镇，住在王辩的父亲王翔千家，并得到王翔千的大力资助。此时，诸城正长期笼罩在白色恐怖下，党组织工作一度瘫痪。王辩等人回来后，成立了中共诸城临时特别支部，赵志刚任书记。他们积极开展工作，以各种形式进行抗日宣传活动，激发群众的抗日热情。王辩发展了弟妹入党，组织成立了相州支部并亲自担任书记。

1938年1月，青岛沦陷。国民党诸城县政府的官员和当地驻军、地主豪绅早已闻风而逃，诸城县城一时成为无政府状态的"真空"地带。赵志刚、董昆一、王辩等"特支"成员经过认真分析，果断抓住有利时机移驻城内，迅速成立了中共诸城临时县委。临时县委下辖相州、北杏、府前小学3个党支部，共有党员十几人。赵志刚任书记，董昆一任副书记，王辩、王乃征、王少云等3个党支部的主要负责人为临时县委成员。

中共诸城临时县委成立后，加强了党对诸城抗日斗争的领导，积

后排左三为王辩、右二为王翔千

极发动各方武装力量投身抗日斗争的洪流中，使抗日武装队伍得以不断发展壮大。1938年底，按照省委指示，赵志刚和董昆一率领一部分党员和进步青年参加了游击队，离开了诸城。王辩留在家乡继续发动群众，团结进步的妇女青年，不断向解放区输送力量，形成了一个隐蔽的敌占区联络点。

1940年，在山东分局书记朱瑞的亲自安排下，王辩到达解放区，先后任《大众日报》编辑、《沂蒙导报》记者、沂南县委宣传部干事等职。以王辩当时的年龄和资历，她完全可以留在上级机关工作，但她还是坚持到群众中去，在做基层工作的同时前往党校学习、补课。她愿意和老百姓交朋友，每到一处都和劳动妇女在一起，同吃住、同劳动，了解民情，帮助妇女冲破长期以来受到的封建思想束缚，针对落后山区存在的包办婚姻、"童养媳"等封建陋习进行广泛、积极的宣传教育。1946年，王辩当选省妇联理事兼保育部部长，但她还是甘愿在基层做具体工作。

热情关心党史工作

新中国成立后，王辩先后在山东省图书馆、北京图书馆（今中国国家图书馆，下同）工作，任北京图书馆苏联图书室主任。她工作勤勤恳恳，为我国图书馆事业的发展做出了积极贡献。

1978年离休后，王辩仍热情关心党史工作。1981年，党中央发出了"向老干部征集党史资料"的通知，号召老干部们把头脑中的"活资料"抢救出来，这再度激起了她对党史工作的热情。几年间，她先后抱病撰写了《从"五四"到山东党组织的成立》《济南八年》《白山黑水》《我在莫斯科中山大学的前前后后》《青年拓荒者——记王尽美同志建党初期活动》等10多篇回忆文章，共计20余万字。

当时，山东各地研究党史、青年运动史、妇女运动史的有关部门和其他一些省市党校、高校的党史工作者纷纷与王辩联系，希望能得到她的指教和帮助。面对来访者，她都一一接待；对于来信求教者，她都按时答复；各地寄给她的党史资料，她都认真翻阅，并提出修改意见。在党史工作中，她始终严格要求自己，以实事求是的精神求真去伪，为党留下了宝贵的历史资料。

【作者简介】刘芳，女，山东省临沂市沂水县人。中共党员，沂水县政协委员，山东沂蒙建设科技集团副总经理，高级经济师。

革命功臣　大爱无私

——记"沂蒙母亲"王换于

◎临沂市总工会

王换于铜像

沂蒙山革命根据地是闻名天下的老革命根据地。沂南县地处沂蒙山革命根据地的中心，在革命战争年代，这里被誉为山东的"小延安"，罗荣桓、徐向前等老一辈革命家都曾在这里战斗生活过；这里也涌现出一大批先进英模人物。其中，"沂蒙母亲"王换于就是沂蒙人民爱党爱军、无私奉献的典范。为铭记历史，激励后人，沂南县委、县政府在沂南县马牧池乡建立了"沂蒙母亲王换于纪念馆"，国家军委原副主席迟浩田将军亲笔题写了馆名。2003年9月19日，纪念馆举行了隆重的开馆仪式，王换于铜像与国家审计机关、山东省直机关党工委革命传统教育基地同时揭牌。当日，王换于的大女儿——当年战地托儿所的成员、83岁高龄的北京市离休干部于淑琴，以及胡奇才将军之子胡鲁克等人出席了开馆仪式。在那战火连天的艰苦岁月中，"沂蒙母亲"王换于感天动地的先进事迹被广为传颂，她坚定的共产主义信念和无私奉献的精神成为中国共产党人在新的历史条件下学习、实践的巨大精神财富。

无私创办战时托儿所

王换于（1888—1989），沂南县岸堤镇圈里村人。出身贫寒的她19岁就嫁到马牧池乡东辛庄于家。旧社会的女性普遍地位低下，王换于那时候连自己的名字都没有，嫁到夫家后就两姓合在一起，被称为"于王氏"。抗战爆发后，她曾任中国共产党情报联络员，积极参加抗日活动。1938年腊月，她光荣地加入了中国共产党，不久又被选为村妇救会会长和艾山乡副乡长，并将"于王氏"

改成了"王换于"。那时,她已经年过半百,平日里大家都称呼她"于大娘"。

1939年夏,日寇"扫荡"的时候,八路军第一纵队司令员徐向前、政委朱瑞来到了东辛庄。这个村庄因为被汶河顺着山势绕了大半圈,"三面环水水连山",只有一面可进出,遂有"兵家绝地"之称。领导同志看准时机,就驻扎进了东辛庄。日寇虽然猖狂,却不敢随便进村。不久,大众日报社也把办公地点搬迁到她家里。从那时候起,她便认识了徐向前、朱瑞、黎玉、王建安、胡奇才、陈若克、毕铁华等许多首长和同志。她和他们朝夕相处,结下了深厚的情谊。那时,山村虽不富庶,但老百姓会千方百计地为部队提供食物。她操持着家务,有时一天做了7顿饭,天还没黑。同志们工作忙碌,吃饭不及时,你走了,他来了,来的人定是饿着肚子的,这样王换于做饭就不分钟点了。

王换于的4个孙子孙女曾先后夭折,可她却无私创办了战时托儿所。当时,她看到部队领导干部的20多个孩子都饿得精瘦,便向徐向前建议说:"这样下去不行,得给孩子们找奶娘,分散喂养。那样既能很好地照料孩子,打起仗来也好掩护。"徐向前高兴地接受了这个建议,于是便安排她去完成这项任务。

她有两个儿子、两个闺女,对扶养孩子是有经验的。山村里穷,没有细食滋补,孩子主要靠吃奶。她挨村挨户地打听,谁家的孩子夭折了,就动员孩子的母亲不要把奶退回去,把需要哺乳的孩子送给这位母亲扶养;稍大一点的孩子,就送给抗日"堡垒户"照料。这样一来,机关里的27个孩子就全被安置妥当了,她自家也扶养着两个。她除了当村妇救会会长和艾山乡副乡长外,又当起地下托儿所的所长。地下托儿所的孩子最多的时候达50余个。她想:扶养孩子也是为了抗战。所以,不论到哪个村里发动抗战工作,她总忘不了到户里去看看被扶养的孩子。一次,她到西辛庄看望由一位烈士的爱人所寄养的孩子。扶养孩子的人家没有奶,山村又缺医少药,孩子瘦得不像样,她一阵心酸,就将孩子抱回了自己家。当时,她的二儿媳妇正在哺乳期。她便对二儿媳妇说:"把这个孩子'拉扯'大吧,这是烈士的后代!让他吃奶,让咱的孩子吃粗的。"二儿子学荣是个党员,这事自然想得通,因此二儿媳妇就留下了这个孩子。后来,二儿媳妇的头两个孩子都不幸早夭了,她扶养的几个革

地下托儿所的孩子们

命后代却得以健康成长。她家先后扶养过罗荣桓的女儿罗琳、陈沂与马楠夫妇的孩子陈小聪等。

王换于在残酷的战争环境里毫不畏惧。1941年冬，日寇对沂南进行大"扫荡"，30多个孩子被她分别掩藏在村外两个"地屋子"里达两个多月。还有一次，听说日寇要过大梨峪，她立刻跑到那里，通知扶养孩子的一个妇女带着孩子赶快转移到亲戚家里。妇女和孩子刚转移，敌人就来了，没来得及转移的王换于经过一番周旋才摆脱了危险。

尽管那个时期形势紧张，但由于安排得周全，各户扶养的孩子均得到了良好的照料。孩子们长大后依然不忘沂蒙山区的养育之恩：有的在来信中直接称呼扶养他们的老人家为"父母大人"；有的每年会将扶养他们的亲人接到自己所在的地方去团聚；有的经常往山沟里寄东西；还有一些首长和同志常到山里来探望亲人。中国人民解放军工程兵原副司令员胡奇才从北京来过，上海市委原副书记陈沂从上海来过……2001年春，罗荣桓之子罗东进还专程来到山村看望王换于的二儿媳妇张淑贞老人。沂蒙山区的人民同子弟兵在战争年代结下的深厚友谊，将世世代代传承下去。

精心保存联合会会刊

1940年夏天，山东的工、农、青、妇、文各界代表，冲破了敌人的层层封锁，冒着酷暑，跋山涉水，聚集到沂南县青驼寺，参加山东省各界代表联合大会。大会从7月26日开始，整整开了一个月。会上，选举成立了山东省战时工作推行委员会（山东省人民政府前身）。这次会议在山东的抗战史上具有重大意义。会后，出版了一本《山东省各界代表联合大会会刊》，全书20多万字，但由于当时印刷材料获取困难，这本书的印数有限，是一份珍贵的抗战史料。书中收集了所有在会上做报告的领导人的讲话稿，登载了山东省行政机关和群众团体所有领导成员名单。

在日寇发动对沂蒙山区大"扫荡"的紧急关头，山东省参议会副参议长马保三同志把这本书交给了王换于，并语重心长地对她说："您为抗日斗争做了大量工作，同志们永远不会忘记您。现在把这本书交给您保藏，这要比掩护一个战士或干部重要得多。您要千方百计地把这本书收藏、保存好，等战争胜利了，我们再来取。"她双手接过这轻轻的一本书，心里却沉甸甸的。看到马副参议长把书交给自己后十分放心的样子，她顿时增加了百倍的信心和斗志。

为掩护革命干部，她在村庄隔河靠山的隐蔽处挖了许多山洞，家中的东屋里也挖了地洞。她把那本书当成心肝宝贝，用一块印花棉布包好，收藏起来，等待着抗日战争胜利的消息。由于后来战事频繁，许多首长离别后没有再回来，而这本书一直保存完好，没出问题。

抗日战争胜利了，这本书该见天日了，她时刻盼望着马保三同志来取，可是国民党反动派又发动了内战。邻近村子里出了叛徒，投奔到敌人那里入了还乡团。这些人了解底细，知道她过去常和首长们接触，家里或许还保存着什么重要的东西；他们也知道山上有洞，知道哪个山洞能藏人、哪个山洞能藏东西。为了给这本书找个安全之地，她不得不将它频繁转移，有时还带在自己身上。她想，哪怕自己牺牲了，也要保全这本书，绝不能让它落到敌人手里。

1947年冬季的一个中午，国民党还乡团到解放区烧杀掳掠。她得到消息后，准备带上这本书转移。忽然，一伙匪徒闯进了她家，匪徒们晃动着明晃晃的刺刀，恶狠狠地问道："你叫王换于吗？听说你给八路军藏过东西，赶快交出来！"

"俺是个大老粗，听不懂你们的话。过去打鬼子的到俺家也不过是喝水、吃饭，俺没见过什么东西。"

一个匪徒打了她两个耳光，她被打得两眼直冒金星。匪徒把刺刀架到她的脖子上威胁道："你这老东西，装糊涂！今天要是交不出东西，就要你的老命！"

她定了一下神，说："你们愿意要我这条老命就拿去吧！"她摆出一副不在乎的样子，其实心扑通扑通直跳，因为这本书正掖在她的棉裤腰里，她担心：万一他们要搜身怎么办？

敌人威胁了一通却问不出一句话，便气势汹汹地到处翻找起来，屋里屋外、箱子里柜子里，甚至连老鼠洞都掏遍了。敌人搜查了一番后一无所获，就把注意力转到王换于的身上。一个匪徒朝她走来，刚要动手，她就急中生智地大喊大叫起来，并骂道："混账东西，你想干什么？我老妈子60多岁的人了，过去日本鬼子也没能把我怎么样，你想怎么样？你有没有父母？你是不是你爹妈生的？你是不是个中国人？"她这一招还真有效，只见那匪徒缩了手，脸红到脖子根。可是，冷不防背后一个匪徒用枪托朝她的腰部狠狠地捣了一下，她疼得猛一缩肚子，那本书一下子滑到裤筒里去了。她想，这帮坏家伙总不能向她下身搜吧，书滑到裤筒里，双腿缠着带子，反倒更安全了。她顾不得腰疼，故意提高了嗓门说："你们不用打，也不用翻，我自己脱下衣裳给你们看看，你们尽管睁开狗眼，可别闭上！"说着，她便解开大襟扣子，露出了半个肩膀，接着又做出要解裤腰带的样子。匪徒们见她一本正经的架势，断定她身上不可能有什么重要的东西，也实在不愿意在她这60岁的老妈妈面前出尽丑态，便灰溜溜地走了。就这样，书被保存了下来。

新中国成立后，她常常把那本书拿出来晒一晒，以防虫蛀，等待有朝一日首长来取。时间一年一年过去，她已经成了年逾九旬的老人，1978年，她便把这本书交给了沂南县委。县委送来一张奖状和一些奖金，奖金说什么她也不肯收。

随后，这本书被征调到山东省档案馆，填补了省档案馆关于山东省第一届各界代表联合大会的资料空白。1983年，《山东党史资料》第四期根据这本书集中整理、翻印了新本，分发到各地。

《山东省各界代表联合大会会刊》一书在王换于的手中几经波折，仍安全地被保存下来，并且发挥了它的作用。对此，王换于感到无比欣慰。

悉心掩护抗日干部

在抗日战争的艰苦岁月中，王换于多次冒着生命危险掩护、救助八路军伤病员和抗日干部。

1941年11月，日寇开始对沂蒙山区进行"铁壁合围"式的"扫荡"。一天下午，依汶村的王洪山推着独轮小车把一名伤员送到王换于家。那时候，家里来个伤员不是什么奇事，她像往常一样赶紧收拾铺盖，帮忙将伤员抬到炕上。

伤员的伤势很重，浑身血肉模糊，前胸后背和四肢的皮肉都像烙熟了一样，一块一块地往下掉，身上流出来的不像脓也不像血，是奇臭难闻的恶水。他面目全非、神志昏迷，仿佛只有一口气了。王换于见过不少伤员，可是从来没见过伤成这样子的。她怀着一丝希望，立即进行抢救。她像喂孩子一样，把伤员轻轻地揽在怀里，用左胳膊托着他的头，叫老伴用火镰（过去农村打火用的小钢片）慢慢地撬开他咬紧的牙齿，大女儿淑琴用汤匙将红糖水慢慢送进他的嘴里。时间一分一秒地过去，看到伤员的气越喘越粗，她和家人打心里欢喜。

经过抢救，伤员终于睁开了眼睛。他先是惊疑，然后目光到处搜寻着什么。当目光落到王换于的脸上时，便开始凝视。他干裂的嘴唇动了两下，轻轻地喊了一声："于大娘……"她听出声音有点熟悉，情不自禁地问道："你是……"他非常艰难地答道："毕——铁——华……"她一听到这个名字，再也控制不住自己的感情，眼泪像断了线的珠子，扑簌簌地落了下来。两年前的情景又浮现在她的眼前。

那是1939年初冬，大众日报社从牛王庙迁到了她家里。铁华这小伙子在报社发行科工作。他模样俊俏、头脑机灵、手脚勤快，常常帮她挑水、扫地、推磨、碾米……有时候和她家的那些孩子互相打闹，那股子乐呵劲儿实在讨人喜爱。

1940年3月，孙祖战斗后，大众日报社从她家迁走了。她听说铁华被分派到依汶村搞采购工作，可是一直也没与他见过面。没想到一年半后，他却伤得让她无法辨认。她既心疼他，又痛恨敌人，热泪一个劲地往下滚。

经过三天三夜的抢救，铁华终于脱离了危险，这才慢慢向她叙述了遇难的经过。1941年11月"留田突围"之后，大部分敌人被罗荣桓政委牵着鼻子带离了中心根据地。一天下午，在依汶村北大山坚持游击活动的毕铁华、王雁南等同志回到村子，查看大众日报社埋藏的印刷材料和其他物资。就在这天夜里，铜井根据地的敌人突然包围了依汶村。铁华竭尽全力对付前面的敌人，不料竟被身后的敌人拦腰抱住。他被捕后，敌人对他严刑拷打，进行逼问。但不管敌人怎么拷问，铁华都拒不回答。敌人狗急跳墙，吼叫着把铁华的衣服脱光，用点燃的香在他身上一点一点地灼烧。铁华怒骂翻译官是狗汉奸、民族败类。翻译官恼羞成怒，命令部下点燃一堆木屑，用烧红的刺刀烙他的身体，从夜里一直折腾到第二天上午。铁华身上80%的皮肉都被烙糊了，可是敌人没有从铁华口中得到一点信息。

铁华虽然暂时脱离了危险，可是他的伤是一时半会难以治好的。王换于跑了许多地方，到处打听治烙伤的民间验方。后来听说"老鼠油"是专治烧伤的特效药，她又想办法搜集来。搽敷后没几天，铁华的伤处就结了痂，不再流脓淌血了。尽管铁华伤得很厉害，可他从不喊一声疼，叫一声苦。王换于让大女儿淑琴侍候他，铁华说啥也不依，说："我身上又脏又臭，叫大姐给我擦洗，我实在过意不去！"王换于就说："孩子，眼下养伤是你的头等大事。你烧成这个样子，是为了什么？还不是为了咱穷苦人民得解放，为了打败日本鬼子？往后可别说那些见外的话。"

铁华的伤治好了，可是身子弱，一时上不了前线。为了安全，王换于把他转移到山洞里，还让老伴在外站岗。铁华在山洞里坚持锻炼，还在洞口准备好许多石头，以防万一。她去送饭，怕饭凉了，就把刚摊好的煎饼揣在怀里。铁华看了不忍心地说："大娘这样还了得！当心把您的胸膛烫坏了。"她说："再烫也不会烫成你那样子，即使烫伤了，还有老鼠油呢！"说着，他俩都笑了。

40多天后，铁华恢复了健康，他决定重返工作岗位。临别那天，大家痛哭了一场，从那以后，很长时间没再见面。

1983年9月8日，县上来人通知王换于，说从广东来了个姓白的同志要看望她。她想，自己啥时候交往过姓白的同志呢？当吉普车开进村后，倒是二儿媳妇先认出了来者："这不是小毕吗？"王换于揉了一下昏花的眼睛，认真端详了一会儿，就是他——毕铁华，原来他现在改姓白了。见面后大家高兴极了，几十年来的悲欢离合涌上心头，激动的热泪洒在了当年曾经一起流血流汗的热土上。

含泪掩埋烈士遗体

1941年冬，当铁华的伤势刚刚好转的时候，又传来了一个不幸的消息：陈若克同志在沂水县城被日寇残暴地杀害了。听到噩耗，王换于只觉得天旋地转、脚底无根，便一下子昏倒了。

陈若克是当时八路军一纵政委朱瑞同志的爱人。她老家在广东，出生在上海。她在苦水里泡大，从11岁就开始做童工，是共产党指引她走上了革命的道路。陈若克在1936年加入共产党，1938年同朱瑞同志结婚，1939年从太行山来到沂蒙山区，开辟抗日根据地，那时住在王换于家的南屋里。1940年8月，在山东省各界代表联合大会上，她代表全省妇女做了题为《山东妇女运动的任务》的报告，并且当选为山东妇女救国总会的执行委员和常务委员。1941年冬，日寇大"扫荡"时，她已经怀孕8个多月了，可她毅然决定跟随部队转移。王换于不让她走，她倔强地说："咱们革命哪能逃避艰险！我是个领导干部，要是找个地方躲起来，怎么去号召同胞们抗战？"王换于实在留不住她，就说："你一定要走，就化一下装吧。"王换于把自己的大襟褂子给她穿上，又帮她梳理了一下头发，打扮成一个农家妇女的样子。陈若克走后，王换于的心一直提到嗓子眼儿，整天为她的安危担忧。万万没有想到，这一别竟是与她的永别！

1941年12月中旬，中共山东分局、八路军山东纵队负责对敌工作的同志，把陈若克的遗体从敌人的虎口里运到根据地，不久又秘密地运到东辛庄村。打开蒙在遗体上面的被子，只见陈若克面目全非、四肢不全，衣裳全部破烂，只有一条苏联产腰带（这是朱瑞送给她的结婚礼物）还能辨别清楚。旁边还有一具婴儿的尸体，用白纱布裹着，头戴的白纱小帽上有一颗红色五角星。

护送遗体的同志含着热泪说，陈若克是拖着快要临产的身子，在11月7日从大崮撤退的时候不幸落入敌人手里的。起初她要求速死，但敌人强制着把她带到沂水县城进行审讯。敌人拷问她叫什么名字、是干什么的，丈夫姓什么、是干什么的。陈若克冷冷地回答："我和丈夫都是抗战的，打日本鬼子的！"陈若克大骂敌人的残酷暴行，敌人就把她吊在梁上拷打。昏死了，就用凉水泼醒；苏醒后，再用杠子压。在敌人的摧残下，陈若克同志早产了。敌人看用硬的手段不行，就改用软的，拿来牛奶给孩子喝，企图用她疼爱孩子的心理诱使她屈服。陈若克对敌人的卑劣行为极端蔑视，把牛奶泼在地上，和孩子一起展开绝食斗争。敌人使尽了招数，最后下了毒手。陈若克同志怀抱婴儿，大义凛然地走向刑场。敌人过去强夺她的孩子，陈若克拼命地把孩子抱在怀里不放，高喊着："中国共产党万岁！"　"打倒日本帝国主义！"敌人用刺刀将她们母女俩活活刺死。牺牲时，陈若克年仅22岁……

听着来人声声血泪的诉说，王换于的心像被撕碎了一般。晚上，她坐在昏黄的油灯下，边哭边为若克和婴儿做寿衣。大滴大滴的泪珠模糊了她的视线，手指被针扎出了血都觉不着疼。她和陈若克相处时的情景，一幕幕地在眼前浮现：陈若克乍来她家的时候，偎在王换于的怀里，甜甜地说："大妈，我从小就离开了母亲，就让我做您的女儿吧！"她向王换于倾诉了自己的身世，讲述了许多革命的道理。从此，王换于和她亲如母女，她们有时在一个铺上睡觉，有时一起参加妇女会议，一起搞抗战宣传……

王换于一边回忆，一边穿针引线，密密的针脚缝进了无限的哀思。寿衣缝好后，王换于仔细地给她们母女俩穿上，并整理了遗容，又将陈若克的遗体装进棺材，将婴儿的遗体单独装进一只小木匣里，放在棺材上面。婴儿和母亲一样光荣！她来到这个世界上没有几天，就和母亲一起进行了一场英勇悲壮的斗争。

第二天，在村头举行了陈若克母女的葬礼。那天，天空阴沉沉的，汶河的流水呜呜咽咽地向远处流去。大家怀着无比悲痛的心情，悼念陈若克烈士。她的丈夫朱瑞同志也来了，他声调低沉地说："若克同志是为着党、为着革命、为着妇女解放而牺牲的，我特别难过和悲愤。"他昂起头来，号召大家一直斗争到最后，直至胜利。在场的男女老少无不失声痛哭，心里燃烧着复仇的怒火。这天夜里，陈若克和婴儿的遗体一起被隐蔽地埋葬在村后的黄土地里。后来，坟头上长出了一大一小两棵苦楝树。

为了缅怀先烈、铭记英雄事迹，1953年，沂南县人民政府将陈若克和其孩子的遗骸迁葬到孟良崮烈士陵园内。陈若克虽然牺牲了，但是她永远活在王换于的心里，也永远活在沂蒙人民的心里。

1989年，101岁的王换于与世长辞。她的优秀品德、伟大精神激励着人们为共产主义事业而奋斗……

"沂蒙母亲"王换于，是人民的功臣，人民永远怀念她。2009年，在庆祝新中国成立60周年之际，王换于被评为"山东省100位为新中国成立、建设作为突出贡献的英雄模范人物"。

红色沂蒙的丰碑

——记"沂蒙红嫂第一人"明德英

◎郭广阔

明德英

"红嫂"，这个亲切而凝重的称谓，体现着红色沂蒙爱党爱军、无私奉献的厚重内涵，从20世纪60年代叫响全国，如今已成为一种尊称，成为女性拥军模范的代名词。

沂南县马牧池乡横河村的明德英，正是"沂蒙红嫂"的代表人物之一。在日寇铁蹄肆虐的血雨腥风中，她毅然敞开博大的慈母胸怀，用乳汁救活了子弟兵，在自己无声而平凡的人生中，成就了一种伟大的精神。

2011年是"沂蒙红嫂"明德英的百年诞辰。深秋时节，我有幸随山东省散文学会、临沂市作家协会的10余位作家，先后两次来到红嫂的家乡。站在这片土地上，我真想轻轻呼唤她老人家的在天之灵，恭请她重返巨龙腾飞的中华，重返锦绣沂蒙大地，回到想念她、热爱她的人们中间。

一株苦命的山草

一个创造生命奇迹的女子，注定要经历风雨，甚至是经受异于常人的苦难。

明德英，1911年出生于孟良崮脚下、汶河岸边小山村里一个近乎赤贫的农家。这一年，孙中山领导的辛亥革命一举推翻了清朝的封建统治，催生了中国的民主革命。也许是出于对那个腐朽世道的无比厌恶，她一出生便"喳、喳、喳"地连连尖叫了几声，可怜瘦小的身体竟发出了异常的啼哭声。就像贫瘠的黑石山涧里的一株山草，穷苦人家的小山丫开始了艰难而顽强的生根发芽。

转眼过了一年，在秋风萧瑟的季节，刚刚开始牙牙学语的小山丫一夜之间烧得烫人。她昏睡了几天，又喝了爹娘从山上采来的草药，终于醒了，但她似乎听不到爹娘的呼唤，小嘴巴紧闭——她成了一个可怜的聋哑孩子。

小山丫的家里很穷，半年糠菜半年粮，有时连糠菜都没有。因此，小山丫长得面黄肌瘦。

后来，娘又生了一个儿子，更顾不上疼爱她了。相反，她还得哄着弟弟。家里若有一点好吃的，自然也全进了弟弟的口中，她仍旧面有菜色、形容枯槁。

小山丫8岁那年，娘一病不起，苦挨了几个月后离开了人世。她哭干了眼泪，哭没了声音，天天吃力地背着弟弟在家门口和娘的坟地间转悠。

3年之后，爹又续了弦。

后娘虽不歹毒，但总不如亲娘。在此家境中，她那本就因聋哑而内向的性格，变得更加内向、更加倔强。

她听不见外面的世界，说不出内心的想法，就用眼睛观察、用心体悟。别看她长得瘦小、干枯，可她心里有想法、身上有力气，同龄的孩子们都服她。一天中午，她和几个小山丫挖野菜归来，正遇上村里地主的儿子牵着一只大花狗，横在路上想对她们撒野。一看这个阵势，小山丫们吓坏了，大气都不敢出一口，她们知道又要挨一顿欺负了。因为是东家的小公子，他欺负人时没人敢还手，大家总是逆来顺受。她不服，"啊啊，啊啊"地示意小伙伴们跟着自己走——她挺起小胸脯，手里挥舞着挖野菜的铁铲子，大胆地迎上去。身后的小山丫们学着她的样子，举着、晃着手中的铁铲子，大胆地走了过去。那小地主见她们雄赳赳、气昂昂的架势，也不由胆怯了，他翻了翻白眼没敢发威，连大花狗也没吭一声。

山丫的人生就跟她脚下的路一样，总是坎坎坷坷。长到16岁时，她那过门5年一直不怀孕的后娘竟然生下了一女，这使她的处境更加悲苦。

山丫18岁那年，更大的不幸又来了。唯一疼爱她的父亲生了一场大病，再也没有醒过来。

离她家10多里的马牧池乡有个横河村，村里有个李开田，父母早亡，从8岁起就给人放羊、砍柴，为人勤劳、朴实、善良、厚道。因为既没有父母也无一点家产，李开田直到过了40岁还是光棍一条。后来，由大伙儿帮忙、明德英的二叔牵线做媒，商定了两家的亲事，紧接着就按照山区最简单的送亲方法操办：新娘子换上一身新衣，骑上毛驴，由两位亲人送到婆家。这一年，明德英25岁，丈夫李开田大他20岁。

她说不出，可她什么都懂。她知道李开田是他的男人了，往后的岁月很长，她要生儿育女，过日子。

一腔正义的情怀

在抗日战争和解放战争时期，沂蒙山区是中国共产党领导的革命根据地，有120多万名群众参军支前，村村有烈士、乡乡有红嫂。在那斗争形势极为残酷、艰辛以及物质条件极端匮乏的年代里，沂蒙女性在中国共产党的领导下，全面参与了艰苦卓绝的对敌斗争，做出了巨大的牺牲和不可磨灭的贡献。广大青年妇女提出了"宁为抗日阵亡将士遗妇，不做怕死懦夫娇妻""宁为死难者孤女，不做活汉奸的掌珠"的口号，老年妇女也发出了"宁愿儿孙当兵为国尽忠，不叫儿孙逃兵役膝下承孝"的誓言，沂蒙老区呈现出"父母送儿上战场，妻子送郎打东洋"和"一粒米，当军粮；一块布，做军装；一个儿子，送战场"的感人场面。

1941年11月3日晚，盘踞在蒙山一带的大批日伪军秘密出动，于次日拂晓突然包围了驻扎在马牧池村的山东纵队司令部。

部队很快突出重围，转移到东边的鲁寨山。一名小八路在完成掩护任务准备撤退时，被两个鬼子发现了。他机警地转身跑到村西，越过河往李家林（墓地）跑去。突然，两颗子弹飞来，击中了他的右肩和臂膀。小八路一个趔趄钻进了李家林，借着树木、坟墓和石碑，迅速地躲闪、周旋着。

情急之中，他钻进了墓地北头林荫深处的一间团瓢屋。这间简陋不堪、风雨飘摇的团瓢屋，就是明德英一家在看护李家林时就地搭建的窝棚。

对眼前发生的一切，躲在团瓢屋里的明德英看得清清楚楚。她知道，鬼子又要杀人了。下意识地，她一把拉过小八路，示意他赶快躺到床上，随即拽过盖在两个孩子身上的破被子，把它盖在这个血迹斑斑的小八路身上，又随手端起地上的尿罐子，出屋向旁边的麦地走去。

气势汹汹追赶过来的鬼子正巧与她碰上，鬼子端着明晃晃的刺刀，比画着问她小八路的去向。她明白鬼子的意思，学着他们的"八"字手势，向西一指。

诳走鬼子后，她赶紧回屋，吃力地把已经昏迷不醒的小八路背到不远处的一个空坟里。她心里明白，一旦鬼子发现上了当，再返回来搜屋，自己和孩子都会没命。

时近中午，看见路上有人了，她觉得安全了一些，便顾不上孩子的搅闹，悄悄地到空坟里去看那个小八路。看到昏迷中的小八路的右肩上有伤，且还在流血，她四下瞅瞅，没有一丁点可用的东西，就撩起衣襟撕下一块大襟布，给小八路包扎上。

一阵剧痛，小八路醒了过来，他张了张嘴又昏迷了过去。此时，小八路的嘴唇干裂，面如枯槁，呼吸微弱。她知道，要是有口热水喝下去，也许他还能活下去，不然的话，这孩子恐怕撑不过几个时辰了。

怎么办？丈夫随部队转移了，鬼子还在四周搜查着，回家烧水既要很长时间，又有暴露的危险，万一引起鬼子的注意，那就全完了。情急之中，一种母亲特有的慈爱心肠、一种甘为儿女牺牲奉献的念头涌上心头，她感到眼前的小八路就是自己的儿子，为了拯救孩子的性命，做娘的什么都能豁出去。她解开衣襟，轻轻抱过小八路的头颅，让一滴滴甘甜的乳汁流进他的口中……

滴滴乳汁，万缕慈母情。小八路醒了过来，他知道是眼前这位哑妇救了自己的生命，感激得什么也说不出来，大颗大颗的泪水滴到了这位再生娘亲的手上和胳膊上。

此后，她又倾其所有，收养小八路半个多月，使其康复归队。

在我们这个受了数千年封建思想影响的国度里，在几十年前的封闭落后的沂蒙山区，一向视露乳如失节的中国妇女，在人民子弟兵生死未卜的紧要关头，毫不犹豫地解开了自己的衣襟，这是一种何等伟大的奉献和付出啊！

一座红色的丰碑

也许有人觉得费解，在那风雨如磐的年代，一个小山村的哑妇怎会在一家人生死攸关的时刻，不顾可能遭受的灾难，毅然选择去救护一个八路军小战士？她一生听不到什么，所有对世界的感知和认识都来自自己的亲眼所见、亲身所感。她的所见所感是：穷人和富人不一样，八路军和鬼子、汉奸、国民党军队不一样。当她凭借自己的双眼分辨出"不一样"后，她做到了爱憎分明，对不一样的人就不一样地对待。她觉得八路军战士好，就肝胆相照、生死与共。正如红嫂研究专家杨桂柱先生在专论中总结的："一个哑妇在

无声世界里，凭自己的视觉和感官断定共产党、八路军是穷人的大救星，是好人。她之所以能够做出感天动地的事迹，缘于她被'三座大山'的压迫剥削，缘于她对日本侵略者的憎恨，缘于她对共产党、八路军的爱戴，缘于沂蒙妇女那种纯朴、善良、勇敢的传统美德。"

她很平凡，与古往今来千千万万个面朝黄土背朝天、相夫教子围着锅台转的沂蒙妇女一样。但她的生命又是那样的热烈、与众不同。想起她、忆起她，我们眼前便会浮现那血乳交融的感人事迹，心底就会迸发出一个令人激情满怀的名字——红嫂。

对于这个名字，老将军说："蒙山高，沂水长，好红嫂，永难忘！"老战士说："喊一声'红嫂'泪花流！"

是啊，当抗日烽火燃烧在沂蒙大地上的时候，当共产党和八路军最需要人民帮助和支持的时候，沂蒙山中站出了一群受尽压迫却爱憎分明、纯真善良且无私无畏的妇女同志们。她们挣脱封建枷锁、舍弃儿女情长、抛开懦弱羞涩，为了解放、为了胜利，她们舍身忘我，以大德大爱，用汗水、乳汁、鲜血和生命谱写了一曲血与火的千古绝唱。

有了春天的默默播种，才有秋天的丰收报答。就在明德英暮年临近的时候，她从未向往过、追求过的收获却频频向她走来。

1992年3月6日，作为57位被命名为"山东红嫂"妇女中的第一位，她受到隆重表彰。聂荣臻元帅亲笔题词，赞誉她是"革命的先进妇女光辉形象"。

庆祝新中国成立60周年前夕，在由中宣部、中组部、解放军总政治部等11个部门联合组织开展的评选"100位为新中国成立做出突出贡献的英模人物和100位新中国成立以来感动中国人物"活动中，她荣膺"100位为新中国成立做出突出贡献的英模人物"称号；同年，被山东省委评为"山东省百位英模人物"。2010年，在"三八"国际劳动妇女节100周年暨山东省妇联成立70周年纪念大会上，明德英又被评为"70年山东妇女杰出人物"。

她从没想要获得什么，但却收获了许多，人们对她的关注、宣传更是从未间断过。半个多世纪以来，先后前来对明德英学习致敬、拜访慰问的人员数以万计，虽然老人无法跟他们说什么，但他们都受到了心灵的洗礼，人生境界得以升华。

如今，以明德英为代表的红嫂群体爱党爱军、无私奉献的感人事迹和追求，已升华为具有完整理论和实践体系的"红嫂精神"，当之无愧地成为红色沂蒙的重要组成部分，并在新时期得以发扬光大。正如中共沂南县委原书记刘淑秀在专论中说的："红嫂精神有着鲜明的地域性，但她又不仅仅是一种地域文化，而是和井冈山精神、延安精神、红岩精神一脉相承的红色文化。红嫂精神不仅在战争年代为民族解放和新中国成立做出了杰出贡献，而且在社会主义和谐社会建设时期仍发挥着巨大作用。"

平凡而又伟大的"沂蒙红嫂"明德英在中华人民共和国的历史上、在人们的心目中、在红色沂蒙的大地上留下了一座不朽的丰碑。

（本文写于2011年"沂蒙红嫂"明德英百年诞辰之际）

【作者简介】郭广阔，男，汉族，1964年11月出生于山东省临沭县。山东省散文学会会员，临沂市作协主席团委员。20世纪90年代初开始在乡镇、县（区）党委从事专职新闻宣传工作，先后在《人民日报》《经济日报》《中国文化报》《大众日报》和《临沂日报》等报刊发表新闻宣传稿件1600余篇，连续10余年被《大众日报》《临沂日报》等评为优秀通讯员。2004年至今，一直在临沂市河东区委宣传部从事宣传思想工作。曾参与编撰出版专著3本，原创长篇纪实小说《陈毅在沂蒙》于2014年由山东友谊出版社出版。

"沂蒙红嫂"祖秀莲

◎武善森　武善云

祖秀莲（1891—1977），原名祖玉兰，山东省沂水县院东头镇桃棵子村人。中共党员，沂蒙山区著名的红嫂之一。

1939年初，祖秀莲参加了桃棵子村妇女救国联合会，积极参加抗日活动。1941年冬，在日本鬼子对沂蒙山区进行"铁壁合围"的"扫荡"中，她和本村的干部群众多次救护八路军伤病员，掩护八路军干部，筹军粮、做军鞋，为八路军掩藏枪支、弹药、机要文件等。特别是在1941年11月，她们救护了八路军山东纵队驻沂水县院东头镇西墙峪村司令部的侦察参谋郭伍士。祖秀莲避开鬼子，冒着生命危险给藏在山洞里的郭伍士送水、送饭，熬鸡汤给他补养身体，上山采药为他疗伤，使郭伍士身体快速痊愈并重返部队。

当地干部、群众为支援抗战做了大量工作，"红嫂"只是沂蒙群众参加抗日活动的代表群体之一。红嫂的事迹感动了社会，她们的故事广为流传，被写成小说，拍成电影，编排成芭蕾舞剧《沂蒙颂》和京剧《红嫂》《红云岗》等，使红嫂精神薪火相传、历久弥新。

祖秀莲

桃棵子村地处革命老区

早在20世纪60年代，著名作家刘知侠在《沂蒙山的故事》《红嫂》等著作中就生动地记述了红嫂的故事；2009年至2010年，在中央电视台及其他电视台热播的电视连续剧《沂蒙》中，也突出讲述了红嫂的故事。说到桃棵子村，人们可能不熟悉，但提到"沂蒙红嫂"，人们并不陌生。在抗日战争时期，沂蒙山区抗日根据地的沂水、沂南、蒙阴等地区涌现出的红嫂数不胜数，而祖秀莲正是其中的典型之一，桃棵子村便是祖秀莲的故乡。20 世纪 70 年代，芭蕾舞剧《沂蒙颂》剧组的演员们，曾长时间深入这个小山村体验生活，有的就住在祖秀莲的家里。电影《沂蒙颂》的首映式也是在桃棵子村所在的院东头镇举行的。小说《红嫂》还被改编成京剧《红云岗》，并被拍成了电影。"蒙山高，沂水长，军民心向共产党。心向共产党，红心迎朝阳，迎朝阳。炉中火放红光，我为亲人熬鸡汤。续一把蒙山柴炉火更旺，添一瓢沂河水情深意长……"歌曲《沂蒙颂》中这动人心弦的唱词和深情悠扬的唱腔，曾使多少人感动得流下热泪。红嫂那光辉的形象，永远留在了人们的心中。

桃棵子村，地处沂蒙山区腹地，在沂水县城西南方向约 30 公里处的崇山峻岭中，是沂水县院东头镇最西边的一个小山村，与电视剧《沂蒙》中提到的马牧池村仅一山之隔。那时，桃棵子村的邻村西墙峪村就是八路军司令部的临时驻扎地，王建安、胡奇才将军的指挥所就在西墙裕村南山的半山腰上。20 世纪 40 年代，桃棵子村仅有 60 多户人家，分散成 10 多个自然村，像星星一样散落在数里长的山沟里。这里山高、沟深、坡陡、路窄，正是我军建立抗日根据地的好地方。桃棵子村的党组织建立得也比较早，群众对党所领导的革命事业有着深厚的感情。

1937 年冬，日寇进犯山东时，山东人民在多处举行了抗日武装起义，并建立了抗日根据地。为加强山东的抗日力量，1939 年，党中央派遣八路军主力 115 师一部，在陈光、罗荣桓的率领下挺进山东，使山东抗日根据地得到了进一步巩固和发展。在 115 师一部的帮助下，闻名全国且被称为"铜墙铁壁"的沂蒙山抗日根据地建立了起来，并成为山东抗日根据地的指挥中枢，被誉为华东的"小延安"。沂蒙山这个革命老区，在解放战争时期，又成为反击国民党重点进攻的战场。刘少奇、徐向前、罗荣桓、陈毅、粟裕、陈光等都曾在这里战斗和生活过。

桃棵子村所在的院东头镇，在战争时期是大众日报社和省委许多机关的所在地。桃棵子村地处革命老区，当地淳朴的人民群众较早地接受了革命风雨的洗礼和党的优良传统的影响。在革命战争年代，干部群众积极参军参战，掩护过八路军伤病员、干部、工作人员 100 多名，还掩藏过大批文件、武器、粮食等，涌现出许多可歌可泣的动人事迹。

救护八路军伤病员

1941 年至 1942 年，是中国人民抗日战争最困难的时期。日寇对沂蒙山革命根据地发动了大举进攻，进行了"铁壁合围"的疯狂"扫荡"，沂蒙人民也进行了艰苦的反"扫荡"斗争。

1941 年 11 月，八路军山东纵队司令部派侦察参谋郭伍士，到西墙峪村临近的桃棵子村南的挡阳柱山一带执行任务、侦察敌情。正好有一小队鬼子在进行"扫荡"，郭伍士不幸遭到追捕。许多鬼子向他包围过来并连续开枪射击，郭伍士中弹倒下，此后又有几个鬼子端着刺刀冲上来，向郭伍士的腹部刺了两刀。身负重伤的郭伍士浑身是血，连肠子都流了出来。残忍的鬼子又踹了一脚，见躺在血泊中的郭伍士再无动静才离开。当天下午两三点钟，郭伍士奇迹般地苏醒过来，他用裹腿布将腹部一捆，强忍着剧痛向桃棵子村爬去。大约爬了两个小时，他终于爬到了一户人家门口，这就是祖秀莲的家。恰巧这时祖秀莲从屋里走出来，看见大门外躺着一个"血人"，她惊呆了。眼见这个"血人"脚蹬草鞋、穿着军裤，用裹腿布包着腹部，祖秀莲便知道这一定是个受伤的八路军，于是她毫不犹豫，立即将伤员扶进屋里、放到草铺上，用加盐的温水擦洗了伤员身上的 7 处伤口，并予以简单包扎。这时，伤员抓住祖秀莲的手，指着烧水壶，祖秀莲马上意识到伤员口渴要喝水，她就用酒杯舀起温开水，往伤员嘴里慢慢地倒，但水随即从嘴里流了出来。她将伤员的头搂在自己怀里仔细查看，原来是一颗子弹从伤员的口中穿过，又从脖子后面穿出，伤员的几颗牙被打碎在口腔里，牙齿同淤血粘在一起，把口腔填满了。她小心翼翼地将牙齿和血块抠了出来，但伤员还是咽不下水，她急得脸上冒出了汗，又把手伸进伤员口腔的深处，从喉咙里抠出几个血块，伤员这才能咽下水。她连续喂下几杯水后，伤员终于能说话了。祖秀莲用家里仅有的一点面粉和绿豆做了一碗汤面，一口一口地喂给伤员吃。这时，天色已晚，桃棵子村西面又响起了枪声，祖秀莲叫上自己的侄子张恒军和村里的张恒玉、老庄长张恒斌，把伤员转移到村后山崖下的高粱秸垛里掩藏起来。鬼子进村后，乱翻乱抢一阵，

祖秀莲和郭伍士

抓了几只鸡就走了。

秸垛终究不是一个安全地方，第二天，他们又将郭伍士背了回来。祖秀莲烧了盐水给他擦洗伤口，又进行了包扎。然后，他们将伤员背到西山半腰的一个洞里藏了起来。后来鬼子又进村时，果然将高粱秸垛点着了。他们庆幸自己及时转移了伤员，保护了他的安全。

从此，祖秀莲就担负起给伤员送水送饭、打扫卫生和治病疗伤的重要任务。为了救助伤员，她天天躲开鬼子，以砍柴作掩护到洞里送水送饭、喂水喂饭。为了给郭伍士做些有营养的米粥，家中的米面没有了，她就东凑西借；她日夜纺线，用卖线赚的钱买些粮食，维持郭伍士的生活；为了给郭伍士补养身体，她把自家的母鸡杀掉，熬成鸡汤送到山洞里。哪怕自己吃不上饭，她也从未间断给郭伍士送饭。

由于医疗条件很差，郭伍士的伤口感染了，祖秀莲揭开一看，里面生了蛆，于是连忙给他清洗，并用手捉蛆。但蛆太多了，伤口外面的蛆清理完了，里面还有很多。情急之下，她想起了平日腌咸菜时用扁豆叶灭蛆的办法，但当时已是初冬时节，扁豆叶都落完了，她只好找来一些干扁豆叶，用水泡软了，塞进伤口里往外引蛆。果然，大大小小的蛆都被引出了伤口。她不仅用民间土方杀蛆、贴伤口，还用艾蒿、败毒草熬水后清洗伤口，用艾蒿熏伤口。这些方法不仅杀死了蛆，也起到了消炎的作用。经过一个多月的精心治疗和护理，郭伍士的伤势渐渐好转。后来经打听，她了解到八路军医疗所就在山那边的沂南县马牧池村，便托张恒军、张恒斌和张恒玉将郭伍士送到了马牧池村，郭伍士这才跟上了大部队。这个真实故事中的祖秀莲，就是《沂蒙颂》《红嫂》《红云岗》剧中红嫂的原型，红嫂祖秀莲救助八路军的故事感动了无数人，被广为传扬。

在抗日战争时期，沂蒙山区各县不仅涌现出为数众多的红嫂，还有很多和红嫂密切配合、共同奋斗的男同志，笔者在此称他们为"红哥"。红嫂和红哥的感人故事数不胜数。

1941年秋，八路军的一名话务员韩波在疏散时来到了桃棵子村，村民张玉祥把他藏在自己挖的洞里。韩波在这里隐藏了32天，在此期间，张玉祥的母亲每天为他送水送饭。韩波后来和部队取得了联系，安全返回。

1942年秋，鬼子又对这一带进行了秋季大"扫荡"，八路军野战医院将15名伤员安排到桃棵子村掩藏。老庄长张恒斌接受任务后，把伤员分散到15家"堡垒户"挖的洞里，由各户负责掩护、治疗、照顾。在此期间，"堡垒户"里的红嫂和红哥们对待伤员像对待亲人一样，把自己仅有的米、面和鸡蛋拿出来给伤员调剂伙食、补养身体，并用民间土方为伤员疗伤。经过他们的精心照顾，伤员们都慢慢恢复了健康。之后，在上级要求这批伤员进行转移时，各户群众都拿出自己的衣服给同志们换上，将15名同志全部打扮成老百姓的模样，帮助他们顺利完成转移任务。

同年，党的干部许光明因病在桃棵子村调养，组织把他安排在张道恒家。张道恒和妻子无微不至地照顾这位干部。有一天，鬼子来到了张道恒家。由于许光明不是当地人，说话口音不对，引起了鬼子的怀疑，鬼子要带走他。邻家张恒谦的妻子在场，她抱住许光明不放，并向鬼子的翻译解释说："他是我干儿子，家是外地的。"鬼子最后被糊弄过去，许光明同志就这样被保护了下来。

在鬼子来"扫荡"时，老庄长张恒斌还曾保护过另一名八路军战士。当时由于鬼子来得很急，八路军战士来不及躲避，张恒斌急中生智，在附近种植黄烟的烟沟里挖了一个坑，让八路军战士躲了进去，上面盖上木板子，再撒上土。鬼子从边上走过没有发现他，八路军战士得以平安脱险。

掩藏文件、武器、粮食

1942年8月，组织将4包文件交给张恒玉和张恒斌保管。他们二人接受任务后，乘着黑夜把文件藏进山上的石堆里，并将一块瓦片砸成两半，自己收藏一半，另一半交给有关同志当作信物，当有人来取文件时，以此为据。文件得到了有效保护，有关领导和同志为此深表感激。

同年，八路军有8支长枪、100多个手榴弹和一部分子弹需要隐藏起来。村民将这些枪支弹药埋到了山沟的石头堆里。8天以后，部队从这里取走枪支弹药并完成转移。鬼子"扫荡"期间，该村干部、群众积极配合搞好"空舍清野"，仅1941年至1942年间，桃棵子村的红嫂和红哥就为我军筹送粮食20多万斤。

参军参战 积极支前

1945年，为迎接抗日战争的胜利，我军开展了扩军运动，桃棵子村随之出现了参军的热潮，当时全村60多户人家，700多口人，第一次征召就有10位青年积极参军。为了支援前线，村民有的组成担架队，运送军粮；有的踊跃参军，跟随我军主力部队南征北战。解放战争时期，桃棵子村共出民夫250人次，其中张道恒、张道恩还跟随解放军打过了长江；妇女们为部队碾米20000余斤、烙煎饼10000余斤、做军鞋260余双。

战争年代，桃棵子村的干部群众同八路军同甘共苦，亲如一家。1942年，八路军后勤有关部门和医疗所在这里驻扎时，伤员同志们被分散到各家各户。由于这里土地贫瘠，群众家的存粮并不宽裕，但当地群众仍尽最大努力照顾伤病员。同志们住在谁家就吃谁家的饭，要吃地瓜窖里拿、要吃瓜干囤里扒。在党的领导下，军民们舍生忘死、群策群力、无私奉献，终于度过了艰难的战争岁月，赶走了凶残的日本鬼子，打败了妄图破坏抗战胜利果实的国民党反动派，迎来了人民解放战争的胜利，迎来了新中国的诞生。

沂蒙山区的人民，尤其是撑起"半边天"的妇女同志，在艰苦卓绝的斗争中为革命做出了巨大牺牲和贡献，也体现了水乳交融、生死与共的沂蒙精神。沂蒙山革命根据地作为中国共产党在抗日战争初期开辟、创建的全国著名的几大革命根据地之一，为山东成为华东解放区的战略中心做出了突出贡献，在中国近代史上留下了光辉的一页。

红嫂故事后话

被祖秀莲等人救治的八路军侦察参谋郭伍士伤愈归队后，始终心念这份恩情。1947年复员时，他没有回山西老家，而是主动申请留在了沂蒙山区，组织安排他在沂南县隋家店村落了户、成了家。他念念不忘祖秀莲的救命之恩，几年间一路"寻母"，几经坎坷，终于寻到了祖秀莲的家，并认祖秀莲为母。1958年，为方便照顾祖秀莲，郭伍士带着爱人和两个孩子，从沂南县搬到了沂水县桃棵子村，在村里安了家。从那以后，郭伍士每月都会从残疾军人补助金里拿出一部分钱给祖秀莲，把组织发放的生活用品也送给祖秀莲，还经常买好吃的孝敬老人。郭伍士的爱人后来又生了三男一女，祖秀莲也帮着照看孩子，这些后辈与祖秀莲奶奶十分亲近。

1977年7月，祖秀莲以86岁高龄去世，她的墓坐落在桃棵子村东北部的一个山坡上，墓碑的碑文这样记颂祖秀莲：战争年代的红嫂，建设时期的模范。据《沂水县志》记载，抗战时期，祖秀莲不顾个人安危，帮助"抗大一分校"（中国人民抗日军政大学第一分校）掩藏文件和伤员，并同妇救会其他人员一起积极救护八路军伤员；在社会主义建设时期，祖秀莲不顾年老体弱，积极参加集体劳动，1970年底，快要80岁高龄的她，还外出到南墙峪水库工地参加劳动，可谓"人老心红"。在去世的前一年，祖秀莲加入了中国共产党。

1984年，郭伍士也去世了，家人把他埋葬在了村南的山坳里，和祖秀莲的墓地隔村相望。

红嫂的故事已经过去几十年了，但红嫂精神并没有远去。史学家、作家、艺术家把红嫂的故事写成著作、搬上舞台，通过多种形式广泛宣传。在北京举行的"沂蒙精神展"上，红嫂的事迹占了重要版面；在热播的电视连续剧《沂蒙》中，也突出讲述了红嫂的故事。红嫂的故事深入人心，感动了成千上万的人，红嫂精神更是一笔宝贵的精神财富，对于新时代也有着深远的现实意义。

【作者简介】武善森，男，中共党员，山东沂水县人，"沂蒙红嫂"祖秀莲的老乡。曾任小学教师，后调沂水县院东头公社，历任计生办主任、管理区书记、乡党委宣传委员兼秘书，其间曾在桃棵子村长期蹲点，对红嫂经历进行了实地调研。曾先后在院东头镇、许家湖镇任副镇长、老干部办公室主任、土地所所长等职。

武善云，女，中共党员，教授。山东沂水县人，山东师范学院（现为山东师范大学）政治系毕业，先后在山东农业大学、济南大学任教。

忆往述怀　励志奋进

◎杜景如

在纪念建党 90 周年之际，我满怀激情，回顾自己跟着党干革命的 70 多年人生历程，几多悲壮、几多慷慨、几多豪迈。

我怀念那风雷激荡、战火纷飞的年代，怀念那些为民族独立和解放而英勇奋战、壮烈牺牲的战友。

中国共产党的历史是一部波澜壮阔的奋斗史，是用鲜血和生命铸就的斗争史，是可歌可泣的英雄史，也是一部开天辟地的发展史。"忘记历史就意味着背叛"，我要把历史告诉后代，这是一种教育，更是一种传承。我要让后代知道前辈的创业艰难、铭记前辈做出的牺牲，让后代从历史中汲取营养，借古知今，继往开来。

举家抗日　英勇悲壮

1. 抗日救国的先锋

1931年"九一八"事变后，日本帝国主义强占东北，入侵多地，国难当头，中华民族濒临危亡。消息传到山东省立第二师范学校（时称"曲阜二师"），激发了学生的爱国热情。"曲阜二师"在当时是一所很出名的学校，早在1931年，共产党就在该校建立了地下党组织。与此同时，国民党也加强了对学校的控制。学校的地下党组织闻风而动，成立了学生自治会，组织爱国师生反对蒋介石的"不抵抗主义"，开展抗日救国运动。我的二姐和其恋爱对象边裕鲲及其他同学一起秘密参加了共产党的行动，并组织了学生自治会，经常发动学生上街进行游行示威，在曲阜鼓楼大街发表演讲，号召民众参加抗日、抵制日货，抨击国民党的"不抵抗主义"。三姐也在二姐的带动下，积极参加了一些抗日活动。师生们听到蒋介石的"攘外必先安内"政策后非常气愤，随即决定赴南京请愿，但因受到警察的阻挠拦截而不能南下，就在兖州姚村镇的火车站卧轨拦截火车，以此向当局表达抗日决心。国民党出动警察强行将请愿学生赶回学校，并将学生中的共产党员李介人逮捕。边裕鲲闻讯寻机逃走，二姐则被学校开除，后经党组织安排，到莘县一所小学当教师。当时，二姐每月有22元的工资，除自留生活费和交家中一部分外，剩余的钱全部用来办夜校，发展党组织。她的活动引起了国民党的怀疑，国民党暗中指使地痞流氓趁夜砸学校、搞破坏。为保证二姐的安全，党组织把她调往泰安山口镇任教。1933年，二姐与边裕鲲结婚，并一起加入了中国共产党。边裕鲲毕业后回到家乡莱芜，在共产党办的农民夜校和师范讲习所开展地下抗日工作。不久后因身份暴露，边裕鲲被党组织调到长清，与同学张耀南一起开展教育工作，随后被调往宁阳开辟革命根据地，在汶河两岸开展武装斗争。

1938年1月1日，根据省委的指示，张北华、夏振秋、崔子明等10余人，携带11支枪，在夏张小学举行抗日武装起义，成立了山东西区人民抗敌自卫团。同年4月6日，自卫团在泰安道朗镇与日军发生激战，政治部主任壮烈牺牲。自卫团力量减弱，遂派夏振秋去省委汇报工作，请求指派干部。经省委领导林浩同意，派倪冠英、边裕鲲来自卫团工作。不久，自卫团与马继孔、左平组织的抗日游击队及武圣域领导的抗日队伍合并整编，改建为八路军山东纵队第六支队，边裕鲲任财政科科长。我二姐也被调回家乡，随边裕鲲一起工作。在二姐、二姐夫的直接带动下，在父亲的大力支持下，家中的兄弟姐妹和两位叔伯都走上了革命的道路。我的哥哥杜鲁涛，于1938年4月参加了自卫团举办的青年学生训练班，结业后被分配到六支队做后勤工作，同时，我也在六支队当上了宣传员。哥哥又带领大姐的长子梁山到六支队当了通信员。当时，梁山才11岁，是名副其实的"小八路"。我四姐杜伟杰于9月经于秉奕、崔杰介绍，加入了中国共产党，随后担任了泰西县十区妇救会会长。

1938年，日寇已占领了泰安大部分地区。为便于与日寇作战，当时以津浦铁路为界，划分铁路以西为泰西、以东为泰安。泰西县政府机关人员多数在汶河以北活动。我家位于泰西、宁阳、汶上三县交界处，因二姐夫和我家多位成员参加抗战，所以我家成了三县联络站，也是泰西县政府的重要据点。泰西县抗日民主政府县长武圣域、县大队队长李一民和宁阳县县长马继礼、区长徐梅村等领导经常来我家开会研究工作。每有抗日人员来我家，父亲便会忙于传达通知、传送文件，母亲则负责烧水做饭、安排食宿，兆温、兆良两个哥哥则站岗放哨。在我们家的带领下，河岔口村有40余户参加抗战，建立了抗日村政权，成为泰西县抗日根据地。我二叔家的大哥杜兆温担任了村自卫队队长、民兵队队长；二哥杜兆良参加了中国共产党，并担任村副主任。随后，村里的妇救会成立，由奉玲大婶和奉尚大娘担任正、副会长。

2. 坚忍顽强，两次勇脱恶寇虎口

我是 1939 年 6 月入党的，介绍人是李秀梅和明旭。当时，我不满 17 岁，心情很激动。他们问我为什么要当兵，我说是为了打倒日本帝国主义，争取我们中华民族解放。他俩说，只要坚决抗日就能参加中国共产党，我表示我一定会坚决抗日。在入党的时候，李秀梅、明旭带着我举起右手，在党旗前进行了郑重宣誓。从此，我成为一名共产党员，坚定了跟着共产党走的决心。

从 1940 年开始，泰西的抗日形势日益恶化。随着抗日政权普遍建立，日寇也在加紧摧毁我们的抗日根据地，并在安驾庄、高淤等集镇设立了据点，成立了泰安维持会，还在不少村庄建立了伪政权。鬼子、汉奸经常到各村"扫荡"，抢钱、抢粮、搜捕抗日人员。正月初三，我和张秀显去高淤开展工作，这里距秀显家——张家楼村比较近。下午回家时，因天色已晚，我就住在了她家。第二天，我们吃午饭时，鬼子、汉奸突然包围了张家楼村，我和秀显、耀显哥等十几人从小路跑出村庄。冬天的田野没有什么能用来遮挡，敌人很快就发现了我们。男同志分散跑开，我和秀显一直没有分开。4 个敌人骑着马直奔我们而来。我们开始跑得很快，但不久便出现体力不支的情况。这时我俩发现，马在大路上跑得快而在麦地里跑得慢，于是我们就拐向麦地。当跑到一棵大树下时，发现了一口井，我俩便站住了。这时，鬼子已经下马走近，向前抓了我一把。我奋力挣脱，趔趔趄趄，当时只有一个念头：决不当俘虏！我毫不犹豫地跳下井，秀显也接着跳下井。鬼子接连向井里开了几枪，子弹擦身而过，鬼子又向井下扔了几块大石头，激荡的井水让我俩上下浮动，喝了不少水，并把我俩冲到井壁边。这口井的井口直径也就一米多，而井深则有三米多。我俩都不会游泳，只得紧紧抓住井壁，这才稳住没有沉底。区武工队得知鬼子在张家楼村"扫荡"后，便在邻村塔房向张家楼村的方向开枪，有意引开鬼子。鬼子认为我俩不是被打死了就是被淹死了，同时又听到了枪声，于是骑上马，向开枪的方向赶去。冰冷的井水透过棉衣，把人冻得浑身颤抖，但我俩没有哭，而是紧紧抓住井壁，表现得很坚强。鬼子走后，张家楼的村民得知消息，急忙赶来把我们从井里救了出来，这时我俩已在井里待了 4 个小时，被"打捞"上来时已不能行走。村民抬着我们到张在邵大娘家里换了衣服、吃了饭，然后把我们送回了家。这是我参加革命后的第一次遇险，如今我双腿静脉曲张，每到阴雨天便疼痛不已，就是那时留下的后遗症。

这次鬼子年关大"扫荡"，我们的妇女干部陈紫萍、姬玉梅被捕，还有几个男同志被捕，张荣显壮烈牺牲。虽然当时我的身体状况不好，但仍坚持参加了他的追悼会。被捕的同志绝大部分经受住了考验，不管鬼子如何严刑拷打，他们都英勇顽强地保守着秘密，唯有姬玉梅叛变投敌。姬玉梅与我同期参加革命，多次在我家吃住，对我家的情况十分了解。1940 年 3 月 10 日凌晨，她带领鬼子和汉奸来到家里抓捕我。鬼子、汉奸首先包围了我们的村庄，当我们往外跑时，发现门口已站满了鬼子。鬼子端着枪冲我而来，我马上回头跑，想跳后墙逃走。我的一条腿已迈过了墙头，但这时一个个子较高的鬼子一把将我拉了下来。汉奸随即把我绑了起来，推向院子中间。由于我家是泰西县政府驻地，抗战的财物存放得比较多，鬼子把我推到院子中间后就忙着进屋抢劫财物，我身边站着姬玉梅和两个汉奸。我四姐临危不惧，挺身而出，指着姬玉梅说："姬玉梅，我家哪点对不住你？你在我家吃饭、在我家住，俺都把你当客人对待，你不能没有良心。"四姐接着对两个汉奸说："她还是个十几岁的孩子，能干什么事？中国人不能打中国人，你们要积点德！"随后，她拿出了 4 块银圆分别塞给他们。姬玉梅与两个汉奸羞愧难当，离开了我家。这时我家门口已挤满了乡亲，兆峨大哥、兆山二哥找到妇救会会长奉玲大婶，说："五妹被捕了，赶快去救！"奉玲大婶立刻赶到了我家，见我被捆着，鬼子正在屋内抢东西，汉奸也已离开，她灵机一动，冒着极大的危险给我解开绳索，连推带拉地把我带进厨房，抱上了炕，给我盖上被子后，让我四姐和母亲赶快把我藏起来。四姐和母亲来到厨房后，把我藏在炕的后面，四姐则坐在炕头上，接着两个外甥立森、边鹏和一个外甥女润凤也坐在了炕头上。同时，我母亲在灶中点燃了柴火，冒出的浓烟布满了厨房。紧接着，奉玲大婶从院内跑到大街上，边跑边喊着我的小名："五香跳井了！"群众也一起喊。鬼子听到喊声，见院内没有了我，急忙往院外跑，四处寻找后，又到附近的两口井察看，都没有找着，于是返回院内。有两三个鬼子闯进厨房，先是盯着我四姐的脸看。我四姐非常镇静，面不改色地偷偷拧了两个外甥一把，几个孩子很机灵，大声哭闹起来，小外甥边哭边说："姨娘，日本鬼子来杀我们了！"四姐也接着大声哭了起来。在浓烟和哭闹声中，鬼子胡乱地在床上摸了摸，又用刺刀在床上刺了几刀，没发现什么情况就出去了。鬼子没抓到我，就把我的父亲抓了起来。鬼子走后，兆岭五哥赶到我家，在厨房里让我穿上男装，领着我沿着河边逃了出去，找到了组织。

3. 坚贞不屈的民族气节

鬼子把我父亲带到庙口，并将 300 多个村民集中到庙口，在四面架起了机枪。鬼子还把父亲吊在大树上，用铁棍抽打。父亲大义凛然，怒斥日寇。鬼子几棍打了下去，父亲便皮开肉绽，鲜血流了出来，随即昏死过去。鬼子队长气势汹汹，大声叫喊："谁藏了女八路杜景如，快把她交出来！交出来赏 500 块大洋！

不交就统统枪毙！"大家都默不作声。鬼子气急败坏，先是抓起一把土慢慢撒下，看了看风向，又在上风口处架起毒气筒，放出毒瓦斯。村民们被熏得有的趴在地上，有的呕吐流泪，有的则昏了过去。有个妇女抱着小孩，小孩被吓得大声啼哭，鬼子便惨无人道地开枪将这名妇女和小孩打死；有个村民被吓得神经错乱，不顾一切地往外窜，鬼子也开枪将他打倒在地。乡亲们怒目而视、默不作声，鬼子只好作罢，把我父亲带回了据点。

鬼子的残暴并没有吓倒河岔口村的村民，反而大大激起村民对日寇的仇恨和爱国的热情。大家纷纷参与到抗日救国斗争中，奉尚大娘送孙子杜宪广参军，奉玲大婶送独子杜秀安（杜兆田）参军，其三女儿杜美英也加入了共产党，后嫁到李家炉村担任村妇救会会长，在村抗日救国活动中发挥了骨干作用，还有父亲的学生杜兆岭、杜兆崇、杜兆水、杜奉吉、杜宪金、赵林爱、赵松林、赵林晋、王树俊等10余名青年都参加了八路军。当时，这些举动对周围村庄产生了很大的影响，推动了抗日救国运动的开展。

父亲被带到据点后，敌人立即对他进行审讯。他们把父亲的衣服脱光，吊在梁上，一棍子就打断了父亲的三根肋骨。父亲顿时大汗淋漓、呼吸困难，昏了过去。待父亲醒后，汉奸提出条件，不是用我一个人来换父亲，而是要用全家的抗日人员来换，否则就继续严刑拷打。

安驾庄镇的维持会会长是死心塌地的汉奸，父亲过去曾和他是熟人。当鬼子要他去做父亲的工作时，他竟向父亲提出"让两个女儿、女婿来交换"的建议，气得父亲破口大骂，骂他是卖国求荣的汉奸，旧时的友谊一扫而光。第二次刑审，鬼子给父亲上了压杠，将父亲的十指缠起来用人拉、绑在长凳上用压杠压。父亲强忍疼痛，大骂维持会会长是民族败类。父亲还怒斥他："我死后定有儿女来找你报仇，你不会有好结果！"

此后，敌人改用皮鞭抽打父亲全身。父亲身上的棉衣都被打破了，血肉模糊。父亲再次昏死过去，被汉奸拖回牢房。大姐的婆家就在安驾庄镇，每次大姐去送饭，父女俩都会相对而哭。

父亲被捕后，抗日政府对此十分关心，通过多种渠道来设法营救。我家又卖了土地，凑出200块大洋，终于在10月份将父亲保释出来。在父亲坐牢的半年多时间里，家中只有我母亲和四姐的儿子立森，他们还要受汉奸、特务的监视。虽然抗日人员不能在我们家住了，但他们仍在暗中保护着我们，还送了一些粮食，帮助我家度过难关。当时为了保护我，组织上把我从泰西县调往肥城县（今肥城市，下同）四区任妇救会会长。父亲为保护我而被捕入狱，并遭到残酷的严刑拷打，几乎丧命。我天天挂念着狱中的父亲，还想念家中的亲人。父亲出狱后，我收到家信，顿时泪流满面——真是"烽火连三月，家书抵万金"啊！知道父亲安在，我整日揪着的心才放下。两年后见到父亲，我大哭起来，父亲劝我说："我受了点苦，使你一生有清白的历史、纯洁的身心，很值得。"

1941年6月23日，县长武圣域去东五乡传达重要指示，哥哥跟随保卫。他们完成任务后，不好找住处，又因我哥参加抗战后也有两年没回家了，于是他们便回到我家住下。暗藏的汉奸、特务看到我家来了两个人，立即去安驾庄镇报告。次日清晨，敌人先包围了村庄，又包围了我家。这时家人虽已经起床，但没来得及躲藏，敌人先捆了哥哥，又问："哪个是武圣域？"父亲挺身而出说："我就是武圣域。"敌人又问武圣域："你是谁？"父亲抢着说："他是我邻居家的侄子。"父亲又对武圣域大声说："你走吧，这里没有你的事。"敌人见我父亲一表人才、文质彬彬，不像农民而像个干部，便把我父亲捆了起来。武圣域随即跑到了大门处，由我二哥杜兆良带领，钻进了芦苇荡，顺着河边逃了出去。家中的善后工作就由大哥杜兆温操持起来，他加紧了对这件事的调查，查明了暗藏的汉奸，给予了惩处。

鬼子把父亲和哥哥带进了据点——安驾庄监狱。狱卒对父亲说："老头又回来了？"父亲说："我要把牢底坐穿。"狱卒说："那就由不得你了。"第二天开始审问，汉奸首先问父亲："你放走的是谁？是武圣域吗？"父亲说："那是儿子在路上遇到的一个人，不知道名字。"汉奸气得暴跳如雷，把父子俩的衣服脱光，将他们吊在房梁上轮番抽打。哥哥要求汉奸打自己，不要打父亲；父亲要求汉奸杀了自己，放了哥哥。鬼子、汉奸哪里肯听，依然狠狠地抽打父子二人。因为父亲冒充了武圣域，被打得更狠。他们质问八路军在哪里，哥哥说，"我在哪里，八路军就在哪里，现在此地就有八路军"。敌人气急败坏，抽打得更狠了，将他们打得口中流血，昏死过去。敌人又往他们身上泼凉水，让他们一直保持清醒。后来，敌人虽不打父亲了，但打哥哥时让父亲在一边看着。有一次，敌人因哥哥不提供领导的姓名、常住地址，便把哥哥捆上双腿放进大水缸里，并盖上盖板，派一个汉奸看管，也让父亲站在缸前。敌人不停地压下盖板又掀开盖板让父亲看，哥哥强忍痛苦，不哭不语，免得父亲难过。就这样，哥哥被折磨了一天一夜才从缸里被放出来，躺在床上时，已无力说话。另有一次，他们给哥哥上老虎凳、压杠子，把哥哥压得死去活来。但只要父亲在眼前，哥哥总是咬着牙不出声。他们还把哥哥绑了手脚捆在板凳上，用小铁钎把嘴撬开，往肚子里灌辣椒水，灌到肚子像鼓，再用汽油来灌，然后站在肚子上踏压，让哥哥再吐出来。敌人因怕哥哥越狱，晚上就把哥哥关进木笼中。哥哥在木笼中伸不开腿脚，若想翻身就会被铁钉子扎身。这样残酷的刑罚哥哥受了二十多天。

1941年7月的一天下午，敌人用尽了刑罚，押着五花大绑的哥哥和几名抗日人员拉出去枪毙。临行时，哥哥跪在父亲的身边说："爷，就此告别，以后不能尽孝了，您就靠姐姐和妹妹养老吧！如有来生的话，我还要做您的儿子。"父亲说："为国尽忠虽死犹生，你放心地走吧。"晚上，哥哥又被拉回来了，他告诉父亲，有的同去的人牺牲了，枪响时他也倒下了，后来被人拉起来才知道自己没有死。实际上，这次是鬼子使的"假枪毙"的计策，企图威吓父子二人，迫使他们投降，但鬼子的阴谋又没有得逞。

安驾庄镇离我家近，鬼子怕哥哥逃跑，不久便把他押到了兖州，仍将父亲关在安驾庄。为保出父亲和哥哥，我家又卖了4分地，县政府也出了200块大洋。有一个狱卒叫徐金城，长清人，他为父亲的铮铮铁骨所感动，动了恻隐之心。8月的一天，他对父亲说："我给你一把斧子，你赶快逃走吧。"这天半夜，父亲用斧子在墙上凿出一个洞，跑到了大姐家。大姐怕鬼子追来，当夜就让大姐夫梁人禄和大哥杜兆温用独轮车迅速地将父亲推到了沈家庄，隐藏在我姑姑家，父亲总算逃出了虎口。

在抗战最艰苦的日子里

1940年冬至1942年，是泰西地区抗日根据地对敌斗争最为艰苦的阶段。泰西地区的地理位置十分重要，不仅紧靠济南，而且有京浦铁路贯穿其中，日寇要巩固对城市和铁路沿线的统治，自然视这里为心腹大患，所以多次对这里进行"扫荡"和"围剿"。1941年春，日伪军纠集大批兵力，对泰西抗日根据地发动了两个多月的"围剿"，大量根据地变为敌占区或游击区。地委决定实施战略转移，大批抗日人员被迫转移到黄河以西活动。到了1942年，形势更加恶化，日伪军、"红枪会"在泰肥山区烧杀抢掠、奸淫妇女，强化"治安化运动"。肥城县的县妇女干部向黄河以西转移时，因交通和信息不便，未能找到我。此时，魏区长的爱人赵大姐，还有孙琦和我都没有转移。我们只好与四区的罗书记和李广岭等同志在一起，坚持对敌斗争。我们紧紧依靠人民群众，转移到地下继续工作。在白色恐怖中，我们冒着生命危险，开展隐蔽斗争，发挥了宣传员、战斗员、交通员、服务员的作用，与敌人进行了殊死斗争，不少同志被敌人杀害，壮烈牺牲。这段最艰苦的日子，使我切身体会到了斗争的残酷、和平的珍贵、爱国的神圣和胜利的艰难。

1. 团结互助，共渡难关

当时，肥城县农民的生活本来就非常困难，再加上日寇多次进行"扫荡"，实行"杀光、烧光、抢光"的"三光"政策，使农民苦不堪言，抗日人员的生活也非常困难。1941年11月，天气十分寒冷，而抗日人员冬天的棉衣还没有着落。有家的同志一般就回家拿衣服或向村干部借，而我还是穿着秋季的单衣。罗书记发现后赶忙宽慰我，李广岭同志也赶紧把我带到他家，并拿出他爱人出嫁时的衣服给我穿，帮我解决了御寒问题。这时，区公所通讯员告诉我，在专署工作的哥哥来找我，给我送来了棉衣、棉裤等。二姐生前还给我打了一条很大很长的围巾，并做了内外套衣，因没有找到我就放在了上固留村妇救会会长的家里。

"慈母手中线，游子身上衣"，我在外地参加革命，离家百里之外，家中又遭受那么大的灾难，但父母在国难当头时仍以大义为重，全力关怀、支持我在外参加革命，真是可怜天下父母心！

1941年至1942年，我们的总后勤部设在五虎门葛家台。为防止晚上敌人袭击，我们就选了几个山洞、地道，视情况栖身。五虎门的村头是刘志军家，这个村的北面是一片梯田，有个大台阶的堤堰。我们在堰上挖了一个能住十几个人的洞，等人进去后，再在外面垒上石块，封上洞口，这样不易被敌人发现；在葛家台吴克让同志家的厨房的风箱下面，也挖了一个洞，出洞口是邻居家的夹道，出来夹道口就能爬到山上去，很容易逃脱；在老僧台的北面大洼里也有我们挖的一个地洞，这个地洞分两大间，男女可分开住。1940~1942年，将近3年的时间里，我们从没有在屋中睡过觉，都是在地洞里住，有时一晚上要转移两三个地方，内衣长满了虱子，身上长满了疥疮，而且是人人都有，我们叫它"抗日虫""抗日疮"。

1942年，肥城县遭受特大旱灾，赤地千里、粮食歉收，山区的坡地甚至颗粒无收。农民没有粮食吃，当然没法交公粮，我们经常处于饥饿之中。三四月份青黄不接，我们便学着农民把高粱壳和玉米棒子在碾上压碎后，掺上野菜做成窝窝头。窝窝头非常难吃，需要很大的毅力才能将其咽下去，但我们如同完成革命工作一样，坚持把窝窝头咽了下去。孙琦饿得面黄肌瘦，我也如此。如今，我的胃不好，经常疼，就是那时留下的后遗症。

当时的工作和生活特别艰苦，但我们非常乐观，充满了对敌斗争必胜的信心。困难没有吓倒我们，反而使我们的意志更加坚强了，大家互相帮助，始终保持着昂扬的斗志，不屈不挠地同敌人作斗争。

2. 机智灵活，逃脱敌人魔爪

演马庄的鲍维鑫、胡玉河等人发动暴乱，配合日军四处"扫荡"，逮捕杀害抗日人员。在白色恐怖中，我们的抗日工作人员外出时，既要化整为零，又要互相掩护；既要化好装，也要机智灵活，时刻保持高度的警惕，以防被敌人发现。

当时，我们与日伪军面对面走过是经常的事，从没有被发现过。但由于"红枪会"的人员大多是本地人，有的认识我们，这对我们构成了很大的威胁。一天，我接到通知要到上固留村开会，也顺便取回哥哥放在妇救会会长家里的包袱。开完会刚一到胡同口，我就发现有四五个人扛着红缨枪迎面走来，像是认识我。我马上意识到不妙，扭头就跑，他们在后面猛追。我跑出胡同，朝罗汉庄方向跑去，边跑边喊："广岭！'红枪会'来了！"同时，又甩掉了随身带的包袱。他们听到我叫喊后一惊，停了下来，我乘机跑得更远了。李广岭同志和罗书记在山口鸣枪迎接我，那几个"红枪会"的人听到枪声便不敢往前追了。这是我又一次与敌人碰面而没有被捕。战争年代处处有亲人，罗汉庄的村长拿出了自织自染的布，请村中的巧媳妇给我做了件合身的棉衣，让我度过了寒冬；肥城新调来的县委书记李运同志表扬我机智勇敢，成功地甩掉了敌人、逃出魔爪，并一再嘱咐同志们对我多加保护。

3. 铲除"红枪会"，拔掉鬼子据点

日寇在对抗日根据地"扫荡"的同时，实行"铁壁合围"，在较大的集镇和交通要道设立了据点，由少量日军和十几个伪军、"红枪会"人员驻扎，以加强对周围地区的控制。"红枪会"利用封建迷信愚弄群众，不少群众受到蒙蔽和欺骗，为求庇护而加入了"红枪会"。

1940年冬季至1941年春季，是"红枪会"最活跃的时期。以四区演马庄为基地，二、三、五、六区的不少村庄都成立了"红枪会"，与村庄抗日政权对抗，带领鬼子到各村抢粮烧杀、追捕村干部，不少村的村干部被杀害，"红枪会"成为当时的一大祸害。

为平息"红枪会"暴乱，泰西地委提出"以政治瓦解为主，军事打击为辅，团结多数，严惩首恶"的方针和政策。1940年11月，泰西军分区攻打"红枪会"总团部。12月，我们区选择了最为活跃的阴山"红枪会"作为重点打击对象，区大队集中力量对其进行攻打，除掉了这个最顽固的据点。紧接着，1941年2月，我们攻下了演马庄"红枪会"总团部。"红枪会"从组织上被摧毁，也打破了其自封"刀枪不入"的神话。参加"红枪会"的群众知道上了当，不少群众唱道："羊角号一吹喔喔响，丢下锄头上山岗，都说枪刀不入身，机枪一响见阎王。"

在军事打击取得胜利的同时，我们秘密地向村干部、群众宣布胜利消息，做分化瓦解工作。在我们军事打击取得胜利的高压下，在强大的政治攻势下，肥城县的"红枪会"很快土崩瓦解了。

我们的对敌斗争也很活跃。为了打击日寇，粉碎"铁壁合围"，军分区和县、区大队选定了两个活动频繁、祸害大的据点——王瓜店村、南尚任村，先行予以打击。打这两个据点，我都参加了。战斗打响后，我主动请缨，申请了一支枪。当我满怀仇恨地向敌人射击时，由于过于激动，我的身体抬得高了一些，子弹总是与敌人擦身而过，旁边的战士把我往下摁了摁，并嘱咐我"注意隐蔽，保护自己"。出现伤员后，我便为伤员包扎伤口，用担架将他们抬出战场。在打南尚任村时，我冒着枪林弹雨找到敌人的监狱，救出了被关押的抗日人员及家属。这两次战斗，我表现得很勇敢，得到了组织上的奖励。在我们打掉这两个据点后，其他据点的敌人受到震慑，再也不敢轻举妄动了。全区的群众闻讯后欣欣鼓舞，增强了对敌斗争胜利的信心，全区对敌斗争出现新的局面。

4. 勇克险阻，确保联络畅通

1942年的春天是对敌斗争最艰苦的时段，敌人的第五次"强化治安"开始，在肥城四区又增设了十几个据点。我们的活动只好化整为零，最多两人一伙，多是单独活动。我和孙琦一起活动，孙琦是本地人，她的爱人陈兴国是军区地下联络站站长，与军区始终保持着联系。孙琦带我找到陈兴国，从此我开始参与交通站的工作。交通站处在枢纽的位置，活动面较广。我们的任务是负责把地委、军区的信件送到各县，并转送铁路东山分局和冀鲁豫的文件。

在严密封锁的白色恐怖时期，交通站的工作从某种意义上来说，关系到党的政策的传达、上下级之间的联系。交通线是敌人破坏的重点，传递信件的任务非常危险，组织上把这项光荣的任务交给我们是对我们的信任。我们所在的交通站共有4个人，交通员在执行任务时必须化装。化装的花样很多，一般是根据自己的情况，有的化装成算卦的，有的化装成卖布的摊贩，有的化装成挑着担子卖杂货的货郎等。当时没有什么交通工具，全凭两条腿。我和孙琦经常化装成走娘家、串亲戚的小媳妇，把文件缝在衣服里。有时收到紧急文件必须连夜送出，就顶风冒雨，翻山越岭。夜间经过敌人据点时，要应对从碉堡向山上扫射的探照灯。灯一照过来，我们就趴在地上或石头旁边，等灯光扫过后再走。我们还曾机智巧妙地躲过了敌人派出的巡逻兵。肥城山区是有狼的，夜间送文件时，每人拿着一根茼蒿秆子。有狼时，将茼蒿秆子点燃来回晃动一下，火头就大了，狼不敢靠近就跑了。遇到阴雨天气，也不知道要跌多少跤，才能完成任务。

组织上为了让我们顺利通过敌人的据点和封锁线，还千方百计地把我们的人安插进敌人的据点，及时给我们报信，或掩护我们过据点。这样，即使敌人出动"扫荡",我们也能平安把信送出。为了完成任务,就算再劳累,我们也无怨无悔。敌人用尽心机破坏我们的交通站,但交通站刚被破坏,我们就会马上再建起来。

我们冒着生命危险,千方百计、千辛万苦地保证联络畅通,准确、按时地把情报和上级的重要指示传递给区党政军领导;将党中央的声音传递到干部和群众当中,使同志们在白色恐怖的黑暗中也能看到光明。因此,领导和群众称我们是"肥城的光明信使"。

5. 全力以赴,支援部队作战

1942年7月的一天,四区的李广岭同志来到交通站,通知我调离肥城,和地委组织部部长王晋亭同志一起到湖西区党委报到。湖西区党委书记张霖芝同志见到我,问了我的情况和在肥城的工作后,表扬我是"坚持对敌斗争的模范",遂把我分配到冀鲁豫的实验县工作。这个县是新划的县,叫昆山县(今梁山县),由东平九区和寿张县、范县几个边缘区组成,最大的村庄是戴庙、斑鸠店,这是冀鲁豫唯一没有敌人的地方。

实验县的县委书记是邵子言,县长是佘少余,妇救会主任是路斌。我从敌占区来到湖西区,在冀鲁豫抗日总妇救会见到了郭军、孟凡石,并与泰安的一伙大姐又见面了,大家都非常高兴。我被分派到实验九区任抗日妇救会会长,当时的妇委书记是李健,我们两个的工作配合得很好,这一段工作也很顺利。

实验区的工作主要是摸索工作经验,再进行全面推广,也就是现在说的"抓点带面"。地方干部有项很重要的工作就是配合、支援军队作战,围绕部队的战前战后,做好工作、搞好服务。因此,地方干部经常和部队一起参加活动。

1943年9月27日,日本鬼子为彻底摧毁我军冀鲁豫抗日根据地、围歼我军主力部队,调动了济南、济宁、兖州、泰安等几个城市的兵力,还调集了32师、59师、35师和骑四旅共3万人,调集汽车270辆、飞机3架、坦克9辆,采用长途奔袭、"铁壁合围"的计划。日寇从济南、徐州、济宁等地大举进攻范县、濮县、朝城、鄄城等几个地区,采取"三光"政策,进行了长达20余天拉网式"扫荡",企图彻底摧毁冀鲁豫平原根据地。得到情报后,军区司令员杨得志紧急指挥区党委行署和二地委的领导机关、学校等向外县转移,越过黄河到濮阳、滑县、汤阴等地,但地方组织没有来得及通知我们转移。

9月28日晚,我和吴瑞英、辛立清住在左营村小学校长家中。天还没亮,大娘就听到外面有车辆和马蹄声,出门一看,日本鬼子已经到了。大娘说:"孩子们快藏起来,不要出门,钻到床底下和地瓜窖子里去。"这次敌人路过没有进户,我们幸免于难。下午,区委书记金风同志和王众英带领干部20余人和村干部、群众100多人向西北突围。这一夜，我们走了200多里地，经过了濮阳、范县、清丰、南乐等县，到达了滑县和沙区无人区。

这一夜的长途行军使我们又渴又饿，急需休整。正在休息时，看见大路上尘土四起，大批的部队赶了过来，我们不明情况，不知对方是敌是友，就赶紧四散躲藏，我藏在了附近的棉花地里。这时，一个人骑马过来，我便躺在地上，大马从我身上跳过去。那人下马，问我伤到没有，我起来一看，是段君毅主任。他问我："你们跑出来多少人？"我说："20多个干部、80多个村干部和群众，我们的区长和几个同志牺牲了，有些同志被捕了。"他说："把你们的人都集中起来，到村中吃饭。"我们到了村里，两天来总算吃了顿饱饭。我感觉腰、腿都疼，脚上磨起了大泡。在此住了几天后，"扫荡"过去，我们的体力也得到了恢复，于是回到了工作岗位，开追悼会、找人，到烈士家中去看望家属，处理一些善后工作。

在这次反"扫荡"中，我军教导三旅政委曾思玉带领七团、八团的各一个连，共400余人，被包围在合围圈内。他们熟悉地理环境，趁敌人没有准备好，让机枪连向敌人扫射，发起了总攻，将鬼子一个中队全部击溃，将"铁壁合围"打开一个缺口（约一个区的面积），迅速带领干部和群众1000多人突出重围。此战共毙伤敌人100多人，我军伤亡20余人。

在那腥风血雨的岁月，我们面对的是凶恶的敌人、恶劣的环境、苦难的生活、复杂的斗争形势，时时都要经受生与死的考验，每个人在危难关头都要做出抉择。有的人害怕了，脱离了革命队伍；有的人为图个人荣华富贵，叛变投敌。那时的我虽然年轻，但我选择了坚决抗日、跟党走的道路，经受住了严峻考验。经过战争的洗礼，我的信念更加坚定了。我学会了斗争，学会了生活，学会了做一名真正的共产党人。我深深地体会到，人生的"关键时刻"就在于那一两步的选择，现在看来，我当时的选择是正确的。

（本文写于2011年）

我们的母亲"厉大娘"

◎怡　然

再读《大众日报》1944年10月5日第五版《我们的母亲》一文，我不禁感慨万分。那是硝烟弥漫的年月，当年20多岁戎装征战的我，现今已成80多岁、白发离休的老人。转眼几十年过去了，再读这篇带有火药味与血腥气息的报告文学，真是别有一番滋味在心头。

那时，我是大众日报社的一名通讯员，人们传颂的山底庄的厉大娘拼死掩护八路军及其孩子的动人事迹就是我记录撰写的。此文稿曾得到过文学家周扬先生的肯定。

一家人

北面大路上的日军队伍慢慢地进了庄，霎时间，庄西头接连起了10多处浓烟大火。厉大娘的家被敌人烧了，一家人趴在石头后边。厉大娘跟她的大儿子永才和儿媳妇一起流着眼泪，看着熊熊燃烧的大火……

卫生所的药剂员孙琳同志抱着自己6个月大的女儿和厉大娘在一起，劝她道："大娘，别哭啦！民主政府不会让咱老百姓住在露水地里，辛所长那天不是说了吗，有俺就有您……"

厉大娘的二儿子——青年抗日先锋队模范队员厉永民，气冲冲地跑上来，朝着一家人说："哭啥！真没出息，烧了房子咱们再盖新的，看他敢再来烧！"

这一天晚上，大家又回到庄里。

"辛所长，您放心吧，俺一时心疼，您可别搁在心上。"厉大娘面色平静地说道。

厉大爷叫了一声"同志"，接着就说起十多年前"马子"（土匪）把全家烧得只剩一个猪栏的故事。他又说："这两年，打从咱自己的队伍来，我才把这几间屋盖上……"

没等厉大爷说完，厉大娘又安慰辛所长："等俺盖好新屋，俺还请您来住，咱到老都是一家人。"站在旁边的厉永民把牙咬得咯嘣响，朝南指着骂道："等我参加了'老六团'，非得杀死几个鬼子不可！"

从这一天起，住在南边坪上的敌人就不断地出来抢东西、杀人、放火，厉大娘成天拉着孙琳同志往山上跑，每到停下来歇息时就说："不要怕，小孙。有了事，为娘的一定保护你，你就是我的亲闺女，孩子我帮你抱着，你还年轻，能跑就跑……"

厉大爷在一旁一手摸着胡子，回想起早年闯关东的经历，就拿定主意说："光说孙同志是咱们闺女那不行，她不大像庄户人。我给你说个办法，先预备好，到时候别叫鬼子看破。要是碰上鬼子跑不及，你就说早年是我把你带到了大连，你在那里成了家，这次回来是看你娘的！"

厉大娘点了点头笑了，赶忙把孙同志打扮妥当，转脸嘱咐二儿媳妇说："碰上鬼子，我就说你是我的二闺女，你叫孙琳个'姐'，到老不准改口。"

那时，八路军伤病员就住在老百姓的家中养伤、治病，争取早日康复后再上战场打鬼子。抗日根据地的人民和军队结下了鱼水之情，亲如一家人。日军放火烧老百姓的房子，特别是对住过八路军的人家，他们不分青红皂白点火就烧，后来竟提出"烧光、杀光、抢光"的"三光"政策。在伤病员住的地方，大家相互商定，万一跑不掉，就说是"一家人"。

"青抗先"，即当年的青年抗日先锋队，它由农村里满腔热血、抗日热情很高的一群年轻人组成。厉永民就是这支先锋队中的一员，他所说的"烧了房子咱们再盖新的，看他敢再来烧"，反映了他打击日本鬼子的意志和决心，在他的心目中，"老六团"主力军是他的精神支柱和信念的源泉。药剂员孙琳同志说的"民主政府不会让咱老百姓住在露水地里"，反映出人民政府是人民的靠山。我从当时采访的素材中，感受最深的就是军民关系亲如一家人。

掩　护

1943 年 8 月 26 日清晨，1000 多名敌人出来搜大山，"老六团"的团长贺东生带领着何万祥，一连打死好几十个敌人。这是躲在石洞里的厉大娘亲眼看见的。

就在这时，一个镶着铜牙的汉奸在洞口吆喝起厉大娘来，于是大家都走出洞来。

"老家伙，你藏了八路军没有？枪放在哪里了？"

"那一伙子八路军不正跟您打着仗吗？这是俺的两个闺女，这是孩子他爹。"

镶铜牙的汉奸用枪托打厉大娘的腰，又拿着刺刀直指她的胸口。厉大娘说："您行行好，别打俺，俺就是这个庄的老百姓。"

那汉奸转身就把二嫂的头发扯开了，把孙琳同志的小纂儿也拉掉了，又恶狠狠地举起枪来，用刺刀背照着厉大娘的头上打，大娘的左眼被打得肿了起来，左脸上被打出一条血痕。汉奸指着孙同志狞笑着说："这不是八路军太太吗？"

"俺这小孩子去年秋天才从大连回来，俺就怕您说她是八路，才叫她娘给挽上一个假纂儿……"厉大爷的话还没说完，大娘就朝他抱怨起来："前些日子我说送回大连去，你偏要等到秋后送，要是早点送走还有这一场事吗？"

汉奸还是劈头盖脸地毒打着厉大娘，血从她的头发里往外淌着，雪亮的刺刀尖在她的胸口上一闪一闪，汉奸威逼她说："老家伙，你不说实话，就马上刺死你！"

"俺天生是老百姓，你叫俺到哪去，俺就到哪去。不信，你把俺闺女送到大连吧……"厉大娘挥着手，还要再说下去，孙同志和厉二嫂一齐抱住了她。孙同志哀告说："您行行好，可别刺死俺娘，俺就是回家看俺娘的。"

那个镶铜牙的汉奸一把拉过孙同志，"哗啦"一声把子弹推上膛对准了她，恶狠狠地说："你不说实话，我就枪毙你！"

孙同志呆呆地站在枪口前，两只眼睛望着厉大娘。大娘跟发疯一样，一下子扑到她身上。

突然，西南山坡传来了"嗒嗒嗒"的声音。"老六团"的机关枪像刮风似的扫动着，鬼子的炮也不响了。这时，汉奸都慌慌张张地赶来。大娘害怕一家人的口径不一样，急忙朝汉奸说："俺这一家都给裹来了，这是俺的二儿，这是他的两个姐……"

"快走，快走！不准说话！"那个汉奸吓得满脸焦黄。二嫂看见永民，眼泪从眼角滚下来，她低声对娘说："娘、娘，你别叫孙同志喊我妹妹了……"厉大娘回头瞅瞅那镶铜牙的汉奸，恨恨地照二嫂身上打了一下："你憨了！不管怎样也要一口咬到底，改了口，你就不是我的儿媳！"

镶铜牙的汉奸在后面拼命地喊："快走，快走，不准说话！快走，快走！"

厉大爷趁着这一阵慌乱溜走了。厉大娘带着满身伤，和她的儿女一起被押着向坪上镇方向走去。半路上，汉奸叫厉大娘一个人回去，可她舍不得自己的儿媳，更舍不得新认的闺女。鬼子拿马刀背疯狂地打厉大娘，汉奸们交头接耳地议论："这不会是假的，看这老太婆不舍的样子……不会假……"

孙同志伤心地劝着厉大娘："娘，您别再跟着俺了，俺们的死活您也别问了。我的孩子……您回去找个人家养活着……"

厉大娘把孩子接过来抱在怀里，身子晃了几下，脚底下实在站不住了，她重重地跌在地上。一个穿皮鞋的鬼子走过来狠狠地踢她，孩子被踢到了大路上，大娘拼命地把孩子拉回到怀里，洋马笨重的蹄子扑通扑通地从她跟前踏过去……

厉大娘的掩护行动被当作榜样，为后来被关押在敌人军营里历经严酷拷问的人们，提供了强大的精神力量和丰富的斗争技巧。

拷　问

当天下午，孙同志、厉二嫂都被押到了坪上镇，敌人严刑拷问她们。第一个被拷问的是姓薄的新儿媳妇。薄大嫂因为不承认孙琳是"八路太太"，被鬼子用竹竿打、用开水浇头顶，鬼子逼她供出"哪里有伤兵""哪里有八路的东西"。但是，薄大嫂回答敌人的总是"不知道"三个字。

第二个被拷问的是孙同志，她照着厉大娘的嘱咐应对敌人。

"你的男人姓什么？"

"姓薄！"

"大连的城墙有多高？"

"有两个屋高！"

"那里的老百姓吃什么？粮食是从哪里来的？"

"吃苞谷和高粱，是发的，大人一顿十二两、小孩一顿六两……"

"你在什么公司干活？"

"俺女人家知道什么，只知成天扛着洋油筒，出来进去的。"

……

镶铜牙的汉奸举起竹竿子，又把她毒打了一顿，另一个汉奸说："这大概是老百姓，你想想，她娘都疯成那个样子了……"接着，敌人便开始狡诈地审问起厉二嫂："你快说，刚才那个剪头发的是不是八路军太太？她自己都承认了，你还瞒着做什么？"厉二嫂这时耳门轰轰的，她像是还能听见娘在严厉地对她说："改了口，你就不是我的儿媳！"于是，她依着厉大娘的话，壮着胆对汉奸说："您行行好吧，那明明是我姐姐，才从大连回家的，怎么能成了八路军呢？要是她真说自己是八路军，您可别信她，那准是她一时吓傻了……"

拷问失败了，她们被关进一间西屋里，鬼子的翻译官又拿着抢来的衣服和糖饼去哄骗她们。厉二嫂和孙同志都齐声说："俺庄户人家不敢穿花衣服。"

翻译官无可奈何地拿文明棍儿指着她们，大声嚷着："你们这些女人，不识好歹！皇军好心慰劳你们，你们都不要。"说着，他就拿着东西走了。

"总算尽了做娘的一点心意"

1943 年 8 月 29 日，天刚亮，厉大娘的儿女们由孙琳同志带着一起逃回到她的跟前，大家一见面都欢喜地流出了眼泪，七嘴八舌地向大娘报告敌人拷问他们的情况、她们又是怎样翻墙逃跑的……

大娘从病床上坐了起来，兴奋得像忘记了身上的伤痛，说："这总算是水帮鱼、鱼帮水地救了咱们八路军的两条命……"

她长出了一口气，又拉着孙同志的手说："小孙，你在俺家住了这些日子，成天帮俺忙里忙外，和一家人一样。掩护你是应该的，俺总算尽了做娘的一点心意。八路军才是老百姓的队伍！"

战士和人民群众唱着"困难是炬火，把我们锻炼……谁能熬过这艰苦斗争的锻炼，谁就能达到胜利的明天……"那时，军民正需要厉大娘这样真实的事例作为榜样，厉大娘的故事深深地打动了我，我用三天三夜的时间写出稿子，并刻出木刻像。厉大娘有着沂蒙山区特有的扮相——一缕头发从耳后垂到肩上，使我久久难忘。

再读《我们的母亲》一文，那些事又在我的心中激起浪花，像鞭子抽在老骥的身上，催促我再次拿起笔来，尽快完成长篇小说《征途》，并似乎在深沉地告诫我："这是你的责任和历史使命。"

我之所以能再次读到《我们的母亲》这一文稿，要感谢我的老战友张寿松同志和他的夫人温广兰同志。张寿松同志是一位严重的瘀证患者，我给他治疗时，提出过请他复印《我们的母亲》文稿一事。在温广兰同志的积极帮助下，张寿松同志以顽强的毅力战胜了病魔，恢复了健康，二人委托大众日报社资料档案室的同志，费了很大功夫才找到这份文稿，可惜报纸因年代久远而老化得酥了，不能再去复印，他们便托摄影师拍下了照片，使我得以重读。他们和报社同志们的责任感令我感动和钦佩。

【作者简介】怡然，离休干部。抗日战争时期曾在八路军山东军区卫生部工作，后为《大众日报》通讯员。

沂蒙女儿赤子情

◎宗树荫

宗树民

我二姐宗树民逝世5年多了，她的音容笑貌仿佛还在我的眼前。她追求卓越、勇为人先的精神值得我永远学习，她的人格、品德值得我毕生怀念……

"给我一支枪，我要打东洋"

宗树民自幼深受爱国主义教育。1938年5月，大哥宗树琴，大伯父之子宗树杰、宗树英跟随姨母刘浩（原名刘立徵，开国中将张仁初的夫人）参加了八路军。姨母和3位哥哥的爱国行为对少年时代的宗树民影响很大。

树民姐5岁时被父亲宗润岩送到抗日小学幼儿班读书。《语文》课本第一课上有一个"人"字，上面画了一个顶天立地的人；第二课——"中国人"；第三课——"我是中国人"；第四课——"我的爸爸妈妈都是中国人，我爱中华，我爱我的国家"；还有一课——"日本鬼子在小岛，当军阀做强盗，给我一支枪，我要打东洋"。语文老师叫王在民，是一位中共地下党员，他一直向孩子们积极灌输爱国主义思想。他教幼儿班和小学，会给每个学生发一根前端削尖的木棍，再用稻草扎成日本鬼子的模样，让孩子们学习怎样攻击；冬天他会砸开村边小河的薄冰，让孩子们用冷水洗脸，然后带着他们跑步锻炼……

树民姐还深受几位父辈的影响。1939年夏天，十大爷宗润溥被任命为抗日民主政府六区区长；1940年夏天，三大爷宗润霖、四大爷宗润泽先后被推选为峙山庄村村长；我父亲宗润岩担任了首任村抗日自卫团团长；宗树仪（又名宗立斋）的父亲也曾当过近一年的村抗日自卫团团长。父辈老人们积极拥军支前，送子女参加革命，家族中共有18人加入了中国共产党的抗战阵营，其中宗树民的年龄最小——1944年10月，她当八路军卫生兵时只有10岁。

树民姐当了卫生兵后还办成了一件大事：一名青年战士被日寇的弹片炸伤，

脸上缠满了绷带，整日消沉不语，且拒绝吃饭，院领导劝说也无济于事。因为二姐年龄小，性格活泼，伤员们都喜欢她，教导员就让二姐给那名伤员做工作。经与二姐多次谈心，那位伤员终于开口说话了——原来他担心自己毁容后，家乡的未婚妻会弃他而去。树民姐立即向院领导汇报了情况。教导员高兴地拍着她的肩膀说："小小宗，你是好样的，有功！"于是，部队给那位伤员的家乡政府发了函，也给他的未婚妻写了信。那位农村姑娘很快赶来了，表示愿意与那位伤员永远不离不弃，部队还为小两口举办了一场隆重的婚礼。伤员病愈后，部队派人把他们送回了家乡，交由当地政府安置。

教导员称二姐"小小宗"，是因为他叫我大哥宗树琴"小宗"。大哥时年18岁，任鲁中军区后勤部警通连文化教员，他对二姐负起了兄长兼首长的责任，既关怀有加，又严格要求。女孩子本性都爱美，二姐刚参军时，部队发的鞋太大，被大哥战友的妈妈发现了，便给她做了一双绣着红花的布鞋。二姐还没舍得穿，就被大哥看见后批评说："你现在参加了八路军，八路军战士哪有穿花鞋的！"说完就走进伙房，抓了一把锅灰，把鞋上的红花涂黑了。

由于宗树民喜欢唱歌跳舞，后来被调到后勤部宣传队，成为全队最小的队员。行军打仗时，宣传队的任务就是说快板，在行军途中发挥宣传和鼓动的作用；队伍到了村庄，队员们就教村里的儿童团团员种消息树、唱抗日歌、演活报剧。战友和领导都很关心树民姐，特别是后勤部女书记孙敏，把她当作女儿一般疼爱，部队行军时把她搂在怀中，与她同骑一匹马，到了宣传队说快板的地方再让她下马。

二姐还曾几次与村里的儿童团团员一起站岗放哨。夏日的一天，二姐与村中一群儿童站岗放哨数小时，又热又渴，儿童团团长比她年龄稍大，于是将众人邀至自家苹果园中。时夏，苹果已熟，红艳诱人，群童皆雀跃摘食，唯她站立不动并说："部队有纪律，不拿群众一针一线。"儿童团团长闻之肃然起敬，伸出大拇指称赞道："你是真正的八路军！"

1945年5月，树民姐在日寇对沂蒙山区的最后一次"扫荡"中差点牺牲。当时，宣传队把她剃成光头，打扮成农村男孩子模样，送到司马店子村，扮作一位黄姓老奶奶的孙子隐蔽下来。17日晚，山东军区政治部进驻该村。18日凌晨，日寇骤至，动用机枪、小炮向村内疯狂扫射，八路军和民兵奋勇反击，树民姐在跟随群众转移时中弹，差点牺牲。

由于我大哥、二姐热心抗战，我父亲因而获得了"抗日军人家属优待证"。这张由区政府填写的优待证，使我家得到了照顾，缓解了家中当时的困难。

与病魔抗争的岁月

1945 年秋天，宗树民与战友李民被保送到泰南中学读书。不久，该校并入鲁中公学，两人成为公学的正式学员。1946 年 3 月，树民姐得了黑热病，她长期不规律发烧，肝脾肿大严重。因部队无力治疗此疾，就派人护送她回家乡用中药治疗，由当地政府供应春、秋两季口粮。

二姐久病不愈，父母亲就变卖了家产为她治病，姨母刘浩也伸出了援手。部队经常派人看望她，让她等彻底病愈后再归队。在潘士林、刘慕韩两位乡医的精心治疗下，树民姐的病情终于有所好转。

此时正是国民党重点进攻山东解放区的时期，十几位在部队和地方工作的哥、姐分别参加了鲁南、莱芜、孟良崮等战役；回乡的老八路宗树杰、残疾军人宗树欣以及因病从鲁中地方单位返乡的宗树春，也积极充当担架员参与支前……树民姐见证了孟良崮战役时，全村人支前的动人情景：家家忙着推磨摊煎饼，户户争先恐后做军鞋……许多人家都把细粮留给住在家里的伤员吃。我家住了十几名伤员，我母亲杀掉了几只正在下蛋的母鸡，熬鸡汤给他们喝。做军鞋时，我母亲最为积极，她还跟在妇救会会长赵常英的身后挨家挨户地收军鞋、收煎饼，带着民兵把支前物资送往地方支前机关。

1951 年，宗树民在漯河当护士时留影

5 年来，宗树民的病情时好时坏，但她非常乐观，忍着病痛坚持读书学习。我家祖上是书香门第——清朝光绪年间，祖上有数人考中进士、举人；家中藏书既有《康熙字典》《辞源》《辞海》等工具书，也有《红楼梦》《水浒传》《西游记》《三国演义》等文学名著，还有《唐诗三百首》《宋词三百首》等诗词集，以及民国时期的小说和散文……这些书籍都是宗树民的宝贝。她一边治病一边勤奋攻读，经常晚上喝过中药后，在油灯下读到天亮。母亲既欣慰又心疼地骂她："你快回部队去吧，我管不住你了！"宗树民几十年的勤学不辍，使其受益匪浅。她聪颖机智、办事多成，这与其酷爱读书、拥有文化自信有很大关系。

追求卓越　勇为人先

　　1951 年夏天，宗树民身体康复，父亲送她到曲阜看望姨母刘浩和姥娘，受到姨母一家的热情接待。当时，宗树民的老部队已编入河南陈留军分区，大姐宗树坤在那里工作，来电报催她速去参加军区卫生训练班。此时，她的战友李民在留守处当干事，到外地出差未归，树民姐等不及与他见上一面，便跟着父亲踏上了赴河南的旅程。临行前，刘浩带着她参观了孔林。

　　宗树民在陈留军分区经短期培训结业后，被分配到漯河解放军医院一所当护士。1952 年部队整编，一所人员集体转业到郑州市第一人民医院。

　　由于工作业绩突出，宗树民于 1953 年 7 月 1 日加入了中国共产党。因为政治学习积极，于同年被评为"郑州市卫生系统理论学习模范"，同年底被评为"郑州市甲等劳动模范"，她和几个甲等劳模的事迹在《郑州日报》上被刊登了一个版面。1953 年底，宗树民被调到郑州工人医院药剂科当司药。由于她工作出色，医院党委决定让她到南京药学院读书，毕业后接任药局主任。尚未成行，1954 年初，宗树民又被调到郑州市委组织部秘书科任干事，负责保管供市委常委阅读的机密文件、收缴市委机关人员党费。1955 年，她与大姐宗树坤同时被评为"郑州市转业军人建设社会主义积极分子"，姐妹俩共同出席了表彰大会，宗树民在主席台就座。

　　1955 年 4 月，宗树民与郑州第一五三陆军中心医院药局主任李志干结婚。李志干，山东沂源县（今属淄博市）人，1926 年 12 月出生，1946 年入伍，参加过莱芜、孟良崮等战役，并荣立三等功，1948 年入党，1955 年授上尉军衔后考取上海第二军医大学药学系。1956 年春天，为庆祝河南省的省会由开封迁往郑州，郑州市开展了植树造林活动，市委书记、市长宋致和带头劳动。宗树民当时生下女儿刚满一个月，不顾身体虚弱积极参加，结果在挑水浇树苗时扭伤了腰，造成腰椎骨折，留下了后遗症。1956 年，国家着手解决工作人员的夫妻分居问题，11 月底，宗树民被调到上海市提篮桥区委组织部当干事，1957 年 9 月，她的儿子李伟出生，一家人在上海生活得其乐融融。

　　1958 年 3 月，广西壮族自治区成立。上级号召有志青年支援广西边疆，她主动报名，随丈夫李志干到达南宁。当时，组织决定让他们在自治区卫生厅工作，但被她婉言谢绝，提出要到艰苦的边远地区进行锻炼，于是他们被分配到百色地区德保县。宗树民任县卫生局局长兼县卫校校长，李志干任县人民医院院长。

　　不久，进入三年困难时期，德保县有许多人得了浮肿病，很多青年妇女因患妇科病而影响了生育，大量孩子也因饥饿而患病……形势严峻，宗树民重任在肩，被增选为县委候补委员。人民生命重于泰山，她顾不上照顾自己的两个年幼的孩子，深入各公社调研。德保县地处偏僻山区，12个公社里有6个不通汽车。宗树民带领医护人员跋山涉水，走遍了村村寨寨，所见所闻让她触目惊心。她根据卫生部的文件精神，决定以各公社医院为中心，修建多所"营养食堂"，收治二度以上浮肿病人、妇女子宫严重脱离者和因饥饿患病的儿童……建立"营养食堂"困难重重，在县委授权下，宗树民时常下乡检查工作，并当场拍板解决一些难题。不久，她也得了二度浮肿病，却拒绝在"营养食堂"就餐。有一天，她正走在一个土坡上，突然栽倒在地昏迷过去，被随行人员紧急送往附近公社医院注射葡萄糖。醒来后，她立马拔掉管子继续工作。"营养食堂"的建设卓有成效，挽救了许多人的生命，德保县也因此被自治区评为"除害灭病先进县"。1959年10月，宗树民出席了广西壮族自治区除害灭病卫生工作先进会议，而她的身体却越来越差。

1962年初，宗树民参加了自治区党校举办的理论学习班，结业后被任命为县委党校常务副校长、县委委员。她带领全校教职工"白手起家"，在荒草地上建成了一座新型党校。除完成中心工作外，她还举办了多期县委机关、公社、大队的党员干部培训班，使党校工作在百色地区县委党校中名列前茅。宗树民曾在地委组织部、宣传部召开的大会上就此做了经验介绍。

宗树民在德保县共工作6年，因其不适应广西湿热的气候，身体每况愈下。在上级党组织的关怀下，1964年初，她被调到桂林地区卫生学校当秘书；1966年3月，被提拔为卫校党支部副书记；1974年，她调任桂林地区计生办副主任，主持全区的计生工作，不久被提拔为主任（正处级）兼地区卫生局副局长。

由于多年来超负荷工作，她患上了多种疾病。1984年，她申请调到其丈夫所在的桂林南溪山医院工作。这所医院直属自治区卫生厅领导，由于当时院领导班子已经满员，无法将她平级安排，而地区卫生局局长即将离休，地委书记便劝她留下来接任局长一职，被她谢绝。当年7月，她调任南溪山医院大外科党支部书记，享受正处级待遇，在新的岗位上又取得了新的业绩——她领导的大外科党支部连续几年被评为医院的先进党支部。

人送外号"慈善家"

"慈善家"这一称谓是20世纪50年代初，宗树民在郑州工作时"荣获"的。

她心地善良，乐于助人。当护士时，宗树民主动替家里有事或要照顾孩子的女同事顶班；她还十分关心病人的疾苦，几次主动为病人献血。有一位抗战期间参加革命的女干部患败血病，宗树民为她献血多次，还因献血过多而得了急性痛风，疼痛难忍，打针数月才痊愈。在郑州市委组织部工作时，宗树民仍热心于帮人做好事，于是她"慈善家"的外号不胫而走。

"慈善家"宗树民走到哪里都做善事。她任德保县卫生局局长时，曾一度苦于找不到称职的县卫生防疫站站长。后经她多方考察，县医院的一位医生能担此重任。这位医生是共产党员，曾入伍参加抗美援朝，后来考上了军医大学，工作一贯表现积极。树民姐如实向县委书记汇报并得到支持，使这位医生很快当上县卫生防疫站站长。当时他已二十多岁，未婚，树民姐给他介绍了一名年轻的护士，两人很快谈婚论嫁，树民姐还送了两床缎子被面作为贺礼。后来，这位站长被提拔到自治区机关工作，并被委以重任。首次成功给人介绍对象，让宗树民得到很大鼓舞，后来她愈发热衷于当"红娘"。经其牵线搭桥，成就了多对美满姻缘。

1959 年夏天，宗树民还顶住压力办成了一件大好事。某公社的某村山洞里死了一位疑似患有麻风病的黄姓老人，山洞下有一大片成熟的稻谷，社员们不敢去收割，公社党委就把这件事汇报给了县委。县委书记便委派县委候补委员、县卫生局局长宗树民去调查并全权处理此事。宗树民到达该公社后，建议立即召开公社党委扩大会议，听取有关人员汇报。在会议上，公社卫生院院长汇报说，之前黄老汉左脚起了一块白斑点，用手捏着没有知觉，老汉怀疑自己得了麻风病，这事让全村骇然。虽然村里没有人逼他，但黄老汉还是主动拿着一领席、一床棉毯、一捆稻草在村外山洞里住了下来。平日里由他老伴送饭到半山腰，撂块石头通知他下来取饭。有一次，他没有下来取饭，老伴去看时发现他已经死了。

情况弄清楚后，宗树民动员说："我们共产党员死都不怕，还怕一名疑似麻风病的病人吗？若真是麻风病的话，也是结核式的，是不传染的。我们要处理好这位老人的后事，不能让他曝尸荒野！"与会人员都纷纷表示同意。大家到公社石灰厂里挑上石灰、担上水，跟随宗树民、公社党委书记等一行人来到黄老汉去世的山洞里。妇联主任把老汉的遗体用被单覆盖好，然后大家用生石灰、三合土把山洞门垒起来做成了一座坟墓。村民们的衣服都被汗水浸湿了，宗树民表扬说："同志们辛苦了，但是我们做了一件大好事——没有让黄大爷的尸体被野兽吃掉！"一行人下山时，村里社员纷纷议论："县里来的领导都进山洞了，看来真的不传染，我们去割稻谷吧！"

宗树民回到县里，向县委书记汇报了黄老汉事件及其处理结果。县委书记表扬她说："你处理得很好，符合国家有关政策。"不久，在县委扩大会议上，县委书记又点名表扬了她。

对同事和部下，宗树民怀有满腔热情。1966年5月初，桂林卫校有一位女教师因患癌症需要到上海治疗，学校决定另派一名女教师陪同，但派谁谁都不愿意去。此时宗树民刚任党支部副书记两个月，她主动要求陪同女教师前往上海。到上海后，因暂时住不上院，女教师就和她一起在一个小旅馆住了两天两夜。房间里只有一张大床，两人睡在一起，女教师不断咳嗽、吐血，宗树民不怕脏和累，一直耐心照料她。第三天，女教师住进了全国著名专家病房，病情很快有所好转。不久，学校通知宗树民回校。两个月后，女教师也出院回校，精神状态很好。但几个月后，女教师病情复发，再次住进了医院。宗树民时常去看望她，有时因忙于工作几天没去，女教师就会让丈夫来找树民姐。一见树民姐的面，女教师就会抓住她的手不让她走，说"你不走，我就不会'走'"。

宗树民曾两次把自己的调资名额让给部下。第一次是她任德保县委党校常务副校长时。当时，教师的工资普遍偏低，但调资名额不够，按照资历和业绩，宗树民理应上调一级工资，但她主动把名额让给了一位符合调资条件、家庭困难的骨干教师。第二次是她当桂林地区计生办主任时。由于计生办是全优单位，下发的调资名额很多，除去一个因病住院数月、按规定不能调资的女同志外，其余人员每人上调一级后还多出一个名额。因为宗树民的贡献大家有目共睹，组织决定再给她上调一级工资，被她断然拒绝。她找到地委书记和负责调资的主管部门领导，为那位工作出色、因病住院不能调资的同事求情，使她获准上调了一级工资，皆大欢喜。

晚霞生辉

1989年12月，宗树民以正处级干部身份离休，享受副厅级医疗待遇。她虽患有多种疾病，但依然保持着严格的组织纪律性和坚定的党性原则。她担任南溪山医院离退休职管科党支部委员10年，继续为党工作着，协助党支部书记组织老干部参加政治学习，开展一些有益于身心健康的文体活动；她坚持天天读书看报，时常会对医院的改革和发展提出自己的建议；她时刻关心国家大事，2008年汶川大地震时捐款2000元，还曾荣获中组部颁发的特殊党费证书。

树民姐性格豪放乐观，对生活充满热情。她喜欢阅读诗词、小说和散文，又有丰富的生活阅历，离休后有了闲暇时间就勤于笔耕。1995年8月，为庆祝抗战胜利50周年，她回忆起当时在沂蒙山军民联欢时的动人情景，创作了叙事诗《胜利狂欢夜》，并将其发表在 1995 年 8 月 19 日《桂林日报》第 3 版；2009 年，她写的散文《我读书，我快乐》，在当年南溪山医院读书月活动中荣获优秀奖；她写的回忆录《不能忘却的记忆》，详述了父亲宗润岩当村自卫团团长时寻找宗润芳（我堂叔）烈士遗体的经历，这为我写爱国家族的纪实文学提供了资料。

2012 年 5 月底，为完成纪实文学《我的老兵哥姐》一书，我开启了对当时仍然在世的老兵哥姐的"抢救采访"之旅，到桂林采访树民姐是第二站（第一站是在杭州采访堂哥宗树义）。原计划住半个月，谁知被她留了一百多天（其间她患病住院，我当护工一个多月）。树民姐有超强的记忆力——谈起几十年前的往事滔滔不绝，时间、地点、人物讲得很清楚。她拿出手写的诗集让我欣赏，并笑着对我说："这是我的著作，拥有著作权，你不能修改！"

2005 年、2015 年，宗树民先后荣获抗战胜利 60 周年、70 周年纪念章

宗树民好客，她多年居住在风景如画的桂林，热情招待了许多前去旅游的亲友和战友。1995 年 3 月，她创作了《春日赠友》七言律诗一首："客居桂林几多春，每逢春日忆知音。雨湿青山千峰翠，鸟鸣幽林万木欣。漓江水暖展罗带，叠彩山高入青云。安得长缨缚春住？万紫千红赠予君！"树民姐十分怀念故乡，1995 年 10 月创作《故乡恋》五言诗一首，摘录如下："半生沂蒙恋，最恋是崅山。青山隐绿柏，茅屋罗山前。环村泌河水，千古永潺湲。村中众乡亲，淳朴少刁顽。男儿事躬耕，妇女乐桑蚕。解渴清泉水，充饥地瓜干。莫道生计艰，知足苦亦甜。今生何其幸，降生在其间。少小不知愁，欢乐度童年。春日多美景，山花红欲燃。休说春寒峭，野菜腹中填。夏日多乐事，捕蝉桑树巅。幽巷逐流萤，游泳戏清涟。秋日景更好，谷熟金灿灿。全村少闲人，举家忙农田。冬日享闲暇，风雪柴门关。合家围炕坐，茅屋笑声喧。十岁从军去，倏忽五十年。思乡情愈切，日夜绕心间。何当归故里，结庐对青山……"诗集中更多的是对沂蒙山区抗日根据地的歌颂与怀念，其中有《沂蒙颂》七言绝句诗 6 首，既有"八年抗倭留青史，沂蒙山是英雄山"等战争年代的颂诗，又有"沂蒙儿女多壮志，绘就蓝图奔小康"的新时期赞歌，表达了沂蒙儿女不忘乡愁的赤子情怀。

　　改革开放后，宗树民时常关心家乡的发展。她多次向村党支部建言献策，并帮助村党支部起草报告给县委，成功申请专项资金为村里安装了电灯。峙山庄村有近千亩山林，但没有承包给农户，她与大姐宗树坤回乡探亲，特意登上峙山考察，向村委会建议将山林承包给农户栽培果树，这个提议得到了村干部的重视。1994 年 5 月，我与大姐宗树坤、二姐宗树民、四姐宗树青回家探亲，与堂姐宗树正等家人结伴到峙山观光，看到满山遍野的栗子树郁郁葱葱，大家十分高兴，一起在山脚下合影留念。

　　在抗日战争时期，桂林人民奋力抗战，做出了艰苦卓绝的贡献。桂林的新闻媒体对抗战老兵也格外重视，于是，10 岁当八路军的宗树民成为重点报道的对象。由《桂林晚报》记者彭敏翎、唐林洪，实习生庄盈，通讯员张超群采写的《10 岁小八路》一文，刊登在《桂林晚报》2005 年 8 月 10 日第 7 版，该文还入选 2007 年 1 月广西师范大学出版社出版的《民间记忆：桂林 1937~1945》一书；由《桂林日报》通讯员张秀英撰写的《一个沂蒙山女儿的故事》一文，发表在《桂林日报》2001 年 5 月 1 日第 7 版；由张秀英撰写的《她把一切献给党》一文，入选《老年知音》杂志"建党 80 周年征文"，并发表在该刊 2001 年第 8 期，宗树民的戎装半身照刊登在当期封面上。树民姐的事迹还上过新华社专稿。宗树民当兵时间虽然不长，但根据中央关于军龄计算的相关规定，其军龄从 1944 年 10 月算起已有 70 多年了。她在 2005 年、2015 年，先后荣获抗战胜利 60 周年、70 周年纪念章。

　　虽然宗树民在部队文工团的时间很短，但部队首长和战友没有忘记她。2006 年，由解放军总政治部原副主任华楠将军主编的《烽火中的文艺战士》一书出版，她和大姐宗树坤均书中有名。她对这段历史非常怀念，2012 年夏天我采访她当文艺兵的经历时，她还给我唱起了当年学

1994 年，于老家峙山留影

会的《八路军军歌》："铁流两万五千里，直向着一个坚定的方向……"树民姐高亢的歌声在她小小的客厅里回荡，她完全不像一个身患多种疾病的老人——目光炯炯、神情庄重，仿佛她又回到了烽火连天的抗战岁月。我从她的歌声中，读出了一个抗战老兵的执着与坚毅。宗树民1934年12月出生，2017年3月7日11时因病在桂林逝世，享年83岁。

（本文写于2022年）

【作者简介】宗树荫，笔名鲁蒙，号沂蒙山人，中共党员，山东省沂水县人。原新疆石河子广播电视局副总编辑，主任编辑职称。从事写作50余年，发表了多篇新闻和文艺作品，作品入选多家出版社出版的各类专集，获各类大奖30余次；采写的关于当代诗坛泰斗艾青的3篇文章入选《艾青纪念文集》（1999年作家出版社出版）；主创的电视散文《塞外绿城》荣获2003~2004年度"新疆电视文艺星光奖"一等奖。写作之余，还致力于书画理论研究和书画创作，曾有10余幅作品在国内参展并获奖。1992年，被聘为中国书画函授大学（中国书画国际大学前身）石河子分校名誉校长。现为中国广播电视学会会员，中国纪实文学研究会会员，新疆作家协会会员，新疆生产建设兵团作协、书协、美协会员。

无悔人生

◎宗树荫

解放战争时期，宗树坤和杨廷坤摄于河南

我大姐宗树坤今年92岁。1944年，14岁的她参加了八路军，先当文艺兵，后当卫生兵，于1955年转业到地方工作。她对故乡沂蒙山和那里的亲人充满深情，谈起几十年前的往事，仍然历历在目……

爱国启蒙

我家祖上曾经是有名的大户人家，不仅很富裕，而且很重视读书学习。世代耕读传家，家中有很多藏书，常以读书、藏书为荣。我母亲刘立德出身于沂水县名门望族的刘南宅内，在明清时期，祖上曾有数人考取过进士、举人等。但后来家道中落，树坤姐出生时已是门户萧条。家中人口不断增加，她7岁时，全家已有9口人，全靠6亩薄田为生，生活非常艰难。树坤姐对父母极尽孝道，从小就学干家务和农活，帮助父母分挑生活重担。树坤姐自幼嗜读，我家的书籍成为她少年时代的精神食粮。

随着社会的发展进步，家族的长辈和我们这一辈受中国革命风潮的影响，思想也在不断进步。民国时期，我的大爷爷宗铆堂在日本留学期间曾追随孙中山加入了同盟会。回国后，大爷爷宗铆堂在我曾祖父宗效孟的支持下，在我们峙山庄村建起新式学堂，教书育人，实现他教育救国的理想；他还积极与沂水城的周建镐、郑瑞麟等同盟会领导人频繁接触，参加反帝反封建运动。大爷爷宗铆堂执教的村校虽然简陋（只有数间茅屋），但却发生过很多感人故事。由于峙山庄村地处偏僻，大爷爷又是同盟会老成员，沂水的革命党人时常在村里的学校集会，共商革命运动计划。

受宗铆堂教育理念和爱国思想影响，抗战爆发后，不少族人走出山村，或求学读书，或从军抗倭，先后共有 3 人在抗日战场上以身殉国。贡献最大的是宗铆堂三子宗润溥（又名宗明）：他在青岛当校长 10 余年，曾冒险掩护中共地下党员和进步师生；青岛沦陷前，宗润溥回家乡创办了两所抗日小学。

1939年7月，宗铆堂被任命为抗日民主政府六区区长。1941年，山东公学成立。在他的推荐下，他的长子宗树铮，他的侄子侄女宗树杰、宗树梅、宗树义、宗树棠、宗树春等人先后到该校读书并参加了革命。

宗树坤的哥哥及其他亲属都参加了革命，这对她产生了极大的影响，她决心将来要当个女八路。

入伍"宣大"

1940 年秋天，宗树坤与堂哥宗树智、宗树平到红峪庄抗日小学读书。这所学校是十大爷宗润溥创办的。

1943 年秋天，宗树坤在抗日小学毕业。刚回到家中，妇救会会长赵常英就找上门来，让她教村里"识字班"的学生学习文化知识。赵常英的娘家在埠前庄村，几年前嫁到峙山庄村的刘家。3 年前，她与我父亲宗润岩、三大爷宗润霖一块当上抗日民主政府村干部：三大爷当村长（任期至 1941 年底），我父亲任村抗日自卫团团长，赵常英当妇救会会长。她与我父亲在工作上配合默契，父亲对她的提议很支持，于是树坤姐就到"识字班"当了老师。

1944 年春天，日军将两万余人抽兵南调，只在山东留下日军 2.5 万人，这是抗战以来日军在山东兵力最少的时期；伪军则增加到 20 余万人，代替日军守备。山东省军区首长决定抓住有利时机，对日伪军发动进攻。为了补充兵源一举歼灭日伪军，各县抗日民主政府都下达了征兵指标。关键时刻，宗氏家族起了模范带头作用：宗树欣、宗树坤、宗树兰、宗树美、宗树民相继参加了八路军。1944 年1 月，宗树坤参军入伍。春节刚过，她听说八路军招收文艺兵，就向父母提出报名意愿。母亲把她的替换衣物扎成一个小包袱，父亲替她背着东西，找到了在鲁中行政公署工作的宗润溥，由他把树坤姐送到鲁中文协儿童工作团报了名。鲁中文协并入"鲁迅艺术宣传大队"，宗树坤终于穿上了八路军军装，成为一名光荣的文艺战士。树坤姐从小喜欢唱歌跳舞，还会拉胡琴，参加了很多节目的演出。

鲁迅艺术宣传大队简称"宣大"，是当时活跃在山东的一支文艺劲旅，主要负责人是王绍洛和华楠。宗树坤进入"宣大"后，旋即参加了鲁中军区第三次讨伐吴化文战役，经历了解放沂水、蒙阴等城市的战斗。"宣大"队员除战地演出外，也深入部队工作：男队员到连队参加战斗，女队员随后勤保障部队做兵站工作。树坤姐曾随野战医院的医护人员到前线抢救伤员。"宣大"队员还积极参加了瓦解敌军的工作。"宣大"队员在战斗中收集素材，创作文艺节目。如八路军解放沂水城后，他们很快编演了《大战沂水城》《沂城大合唱》两个节目；八路军巧拔袁家城子据点后，马上编演了两幕话剧《智取袁家城子》，杨星华还用山东快书对这次战斗做了细致入微、生动传神的描述，受到观众们的普遍好评。

1944年秋天，宗树坤被调到四军分区宣传队工作。1945年春天，她曾在日寇对沂蒙山区的最后"扫荡"中遇险。当时，她与几位战友所隐蔽的山村被日军包围，全村人被赶到打麦场上，由各家小孩指认家人。一位男战友因异地口音被日军发现后残忍杀害，宗树坤与其他几位战友被各自房东的小孩认作哥姐才得以脱险。1945年7月，八路军山东军区发动了讨伐伪山东国民自卫军第一集团军张步云部的战役。此战役前，树坤姐所在部队文工团到参战部队进行慰问演出，堂哥宗树欣、族叔宗润锡在台下观看节目。宗树欣在这次战役中腿部负伤，战后被定为三等乙级伤残军人。树欣哥负伤后，树坤姐曾两次到医院看望他，他的手术由名叫杨廷坤的青年军医主刀。杨廷坤在埠前庄村观看"宣大"演出时结识了树坤姐，4年后，两人在河南结婚。

战火卫生兵

在抗日战争、解放战争时期，我有6个姐姐先后当了卫生兵。她们的参军时间及年龄如下：1944年3人，宗树美16岁、宗树坤14岁、宗树民10岁；1945年2人，宗树仪17岁、宗树萱16岁；1949年3月，我堂姐宗树芬在28岁时加入解放军，成为一名卫生兵。

1946年春天，宗树坤被调入鲁中军区后勤卫生训练队学习，经过短期培训后，被分配到野战四所当护士。次年，国民党军队开始重点进攻山东解放区，扬言要把我军消灭在黄河以南。在中央军委领导下，华野首长陈毅、粟裕先后指挥了鲁南、莱芜、孟良崮三大战役，粉碎了国民党军队的重点进攻。

宗树坤参加了莱芜战役、孟良崮战役的伤员救护工作。1947年春天，在部队向黄河以北转移途中，天上有敌机轰炸，地面上有追兵的大炮攻击，她一路护理着在莱芜战役中负伤的伤员，经历了生死考验。部队深夜乘木船强渡黄河时，有些木船被炸沉了。宗树坤登船时失足摔了下去，腿被摔伤，此时正巧有一颗敌人的照明弹在上空划过，战友们趁机把她拉上船去。渡过黄河后，在岸边沙滩上，有一些伤员和担架员又在敌机的轰炸下牺牲了。在解放战争中，宗树坤因在护士岗位上的出色表现，两次立功受奖。

情系沂蒙

1948 年，宗树坤、杨廷坤随部队到达河南。宗树坤先后任豫皖苏军区第五军分区医院司药、河南省军区教导大队女生分队队长、陈留军分区司令部卫生所司药。杨廷坤任陈留军分区卫生科科长等职。1949 年 1 月，两人在河南鄢陵县结婚，后来又同时被调到焦作的河南省军区干部疗养院任职。1955 年春天，两人一起转业到郑州工作。宗树坤 1984 年离休，先后荣获抗战胜利 60 周年、70 周年纪念章，建国 70 周年纪念章。

宗树坤无论在何种工作岗位上都能取得优秀的成绩：1955 年底，她转业当年就被评为"郑州市转业军人建设社会主义积极分子"，并出席了表彰大会。同时获此殊荣的还有我二姐宗树民，她被安排在主席台就座。姐妹二人同时出席了表彰大会，这事一时在同事和熟人中传为美谈。

新中国成立后，树坤姐虽然远离家乡，但她不忘乡愁。在外工作的诸多哥、姐中，她是回家最勤的——她挚爱着生她养她的沂蒙山村。她不仅孝敬父母，还关心着家庭中的每一个人，尤其关心弟弟妹妹的学业。1953 年春天，我 9 岁，我与 5 岁的五弟宗树磊跟随父母来到了焦作——这是大姐几次写信催来的。当时，她与杨廷坤在河南省军区干部疗养院工作。因为父母身体不好，树坤姐想让我们在焦作定居，便于她就近照顾，也能减轻老家的负担。我们到焦作的第二天，树坤姐就把我送到了焦作市第一小学读书。

在我少年时代的记忆中，树坤大姐就是家里的主心骨——只要有大姐在，任何困难都能解决。大姐转业后有了固定收入，每月她都会从几十元工资中节省出十元寄给家里；每年中秋节前，家里都会收到她寄来的月饼。她还多次寄来河南特产"小磨香油"，供父亲在冲鸡蛋汤时调味。有一件事让我记忆犹新：1960 年，因遭遇特大洪灾，家里空前困难。春节前，树

宗树坤

坤姐用历年积攒的粮票购回 30 斤大米，乘火车转汽车背回家中，全家人度过了一个欢乐的春节。那年春节期间大雪纷纷，直到年后才雪停天晴。正月初九，二哥宗树春送大姐到姚店子镇乘汽车返豫，全家人把他们送到村东。大姐和二哥在红日映照下那渐去渐远的背影，永远镌刻在我的记忆中。

　　我大姐、二姐非常关心家乡的发展。改革开放后，她们回家时登上崤山考察，随后向村委会建议把近千亩林地承包下去种植果树，这个提议得到了村干部的重视。1994 年夏天，我与大姐宗树坤、二姐宗树民、四姐宗树青相约回乡探亲，与堂姐宗树正等家人一同登上崤山观赏风景，承包户种植的栗子树满山遍野，大家高兴地一起合影留念。回家途中，一个堂侄笑着逗大姐："大姑，你为什么老爱管家中的小事？"树坤姐正色回答："我能干成这些'小事'，今生无悔！"

（本文写于 2022 年）

莫道桑榆晚

◎赵书荣

回忆入党的日子

1947年，我在山东省临邑县原渤海二中读书，学校是半工半读制，女生多数被分在磨面粉组。8月6日这一天，我和李光兰同志一起推磨，在磨完面粉后，光兰同志对我说："根据你加入共青团后这半年多的表现，经党组织讨论，同意吸收你加入中国共产党，由我和田培克老师做你的介绍人。"我听了之后非常激动，因为从加入共青团那天起，我就盼望着能早日成为一名共产党员。我早就立志跟着共产党干革命，接受党的教育和培养。虽然当时我还不到15岁，但已深深体会到"爹亲、娘亲，不如党的恩情深"，认识到只有共产党才能救中国。我表示愿为实现共产主义奋斗终身，并高兴地写下了入党申请书。

一周后的8月15日晚上12点，在学校的图书馆里，我们用棉被挡住窗户，在一张方桌下放了一盏油灯，全体党员（共7人）围坐一周，书记王志涵（老师）宣布开会。我读了入党申请书，介绍人谈了对我入党的意见，同志们也提了意见，最后表决通过，同意吸收我为中国共产党预备党员。组织对我提出了很多期望和要求，并告诉我，正式入党还要报上级党组织批准。

学校放秋假后，我回了家。除参加劳动外，我还主动参加村里的"土地改革"，动员村民支持解放军的工作。9月中旬，我的一位同班同学——共产党员裴振荣同志骑着马来接我，告诉我："上级已批准你入党，根据党的需要，决定让你参军。"我很高兴。那时，正是国民党进攻山东解放区的关键时期，战况十分激烈。我怕祖父母一时想不通，于是和同学商量，决定以学校放假后工厂缺人、要我回校劳动为理由离开家，好让他们放心。匆匆吃过午饭，我们就走了。两天后，我们就到了部队。

因为年龄小，所以直到1949年12月，经过两年多的预备期之后，我才转为中共正式党员。建党90周年时，我已入党64年之久，为纪念党的生日，我再次穿上军装，和部分离休同志一起上台唱红歌。

行军和战场救护

行军打仗对军队来说是家常便饭，我的经历虽然不能和战斗部队相提并论，但我仍愿把我的这段经历记录下来。

1948年春节刚过，我们卫生学校受命参加山东省军区的"春季战斗"任务——渡过黄河，从章丘县（今济南市章丘区）步行直达潍县（今潍坊市）城西。每天黄昏时出发，每个人除了背着自己的全部物品外，还要多背一个4斤重的粮食袋。年龄大的同志配有一支步枪，我15岁，没有枪。每天夜里，我们要行少则70里、多则100里路，途中经常遇到国民党飞机的骚扰。飞机飞得很低，敌人有时打照明弹，有时用机枪对地面扫射。为了避免被敌人发现，每次敌机来了，我们便就地卧倒，等飞机走了，我们再继续行进。我们第一夜行军时就遇到一场较大的春雨，棉衣、背包全淋透了。由于部队挖战壕，路两边全是挖出来的新土，被雨一淋，新土全成了泥，我们就走在泥窝里。路又黏又滑，由于我们是初次行军，没有经验，在路上滑倒了很多次，有时刚爬起来就又倒下了。可行军必须跟上队伍，为了不掉队，我们每人的背包上都会用一条白毛巾或小绳子拴在前面同志的背包上，另一头连在自己胸前的背包带上。那天夜里，行军前炊事员准备的鸡蛋、油菜，有的被摔进沟里，有的被撒到泥地里，最后菜筐都空了。

到了临时目的地，大家从头到脚全是水和泥，但是没有一个人掉队，没有一个人叫苦。多数同志的脚上都起了泡，为了继续行军，他们洗脚后，便用女同志的头发扎破血泡，让脓血流出来。数天后，我们到达潍县城西。我们离战场只有几里路，任务是担任救护员，把前线的伤员救下来，进行简单的包扎后送到我们队里，故被称作"第二道火线"。

战斗开始后，我们到老百姓家借门板给伤员当床，没有门板就将柴草铺在地上当床；借老百姓的碗、筷、盆、勺、水桶给伤员领饭打水。每次部队转移前，我们必须将百姓家的物品如数奉还，如有损坏就给予赔偿，这是解放军"三大纪律八项注意"所规定的。有时伤员很多，我们根本不能到住处休息，夜间就睡在伤员旁边。如果有重伤员牺牲了，我们就给他换上新衣服，填写好上报表，用白布裹好遗体，抬到指定地点安葬。由于条件有限，我们只能在一个小木牌上写下他的名字和部队番号。所以时间一久，很多烈士的名字都不可考了。

有一个伤员的面部受了枪伤，伤到了舌头，整日张着口，既不能说话，也不能吃饭喝水，血水不停地向外流，药、饭、水只能一勺一勺地向嘴里送。那时已到了夏天，苍蝇赶不走，又没有蚊帐，我就把我的被子拆了，撑起来当作蚊帐。换药时没有无菌盐水，我就用铁壶把水煮开了，在壶嘴放一块消毒的棉花，把水过滤一下，倒在用锅煮沸过的换药碗中，以此来为伤员冲洗伤口。那时没有静脉输液的条件，口服的消炎药也很少，外用药品只有一点酒精和碘酒。所以，很多伤员因细菌感染、破伤风、失血过多而牺牲。

今昔对比，感慨万千。无数英雄用鲜血和生命换来了我们今天的幸福，我们应该教育年轻一代，不要忘记革命的胜利是我们党领导全国人民奋斗的结果，而未来的伟大目标还需要几代人甚至是几十代人的努力才可能实现。我们要继续奋进，直到取得最后胜利！

九年寒窗

新中国成立后，经过三年的国民经济恢复期，开始了第一个五年计划。国家建设需要各行各业的人才，但是革命队伍中大多数人的文化水平偏低，更缺少科学技术人才。于是，中央决定在全国各地创办工农速成中学，让工农干部及广大青年先学文化，再到各类大学学习科学技术。我于1954年被送到山东医学院工农速成中学学习。

我当时已经结婚生子，虽然是有8年工龄的临床助理医生，但文化程度较低，迫切需要学习。组织给我这样的学习机会，是对我的关怀和培养，我十分感激。在9年的学习生涯中，我遇到的困难是现在的青年人难以想象的。

首先是经济上的问题。原先我和我爱人都享受供给制，在我们先后到速成中学和上海第一医科大学上学期间，学校只给最低生活保障的助学金，住房、孩子等问题组织上就不管了。我们租了一间房子，在旧货商店里买了两张旧铁床，家里连一张桌子都没有，更没有积蓄。有一天，刚3个月大的孩子发烧，我们到医院看病，却没有钱缴费，我爱人急得连夜给上海市委写信。第三天，上海市委派人来我家了解情况后，很快批了定期补助，保证了我们学习和家庭的安定。我的同班同学钱跃贤、汤惠英同志家在上海浦东农村，家中有富余的房间，知道我的情况后，他们决定邀请我们搬到他们家住，且为我们提供生活用品。他们一家三代人都对我们十分热情，帮我度过了最艰难的日子。因孩子小，我爱人需要每天回家，一趟最少两小时。我所在的学校很远，只能星期日回家。两年后，上海市卫生局知道了我们的情况，分给我们两间很好的房子，从此，我们在上海有了一个家。

两年多的困难时期过去了，我的身体也垮了。在从学校回家的电车上，我多次晕倒。1960 年生活困难时期，家中粮食少，两个男孩子又都到了能吃饭的时候，我在学校的粮食供应不能带回家，只好托同学到农村买萝卜缨子给孩子们充饥。但无论生活有多困难，我们夫妻都互相鼓励，且坚持学习的信念从未动摇。9 年的学习生涯，确实锻炼和考验了我们。

在上学时，我的年龄比其他同学都大，文化基础也不如别人，精力更达不到，可负担的班内党团行政工作却比较重。大学期间，每班一个党支部，需要开展的活动特别多，无论什么事，党员都要带头干。我是党支部的组织委员，思想工作、党的发展工作样样都要抓得很紧，我们班在三年级时就发展了几个新党员，我负责做外调工作。现在回忆起来，那时的生活真是团结、紧张，学习气氛高涨，我也深刻地体会到了先苦后甜——没有 9 年寒窗苦读，就不会有在大学教学、医院工作的机会。直到今天，在我离休 20 多年后，仍常有患者找来，我从不感觉麻烦，反而觉得这是很大的精神安慰——自己 80 岁了还能为人民服务，还能为建设小康社会尽一分力量，这就是人生的价值。

莫道桑榆晚

1985 年，我爱人怡然离休了，他在职时主持的《扶正化瘀剂与联合化疗治疗肺癌》对照研究课题还未完成。当时，济南市历城区还没有区医院，区领导与怡然同志商量，有意向建一个高水平的三级甲等医院。我爱人先后到泰安钢铁公司、张家港等地商谈，那个年代，经费都比较紧张，因此未能办成。历城区自身的经费也不够，怡然便打算先自费办个研究所，再逐渐扩大。区卫生局当即批示，支持创办"济南齐鲁瘀证研究所"。结果，在找房子时落到了天桥区，所以研究所后来归天桥区管理。1986 年，我们开始筹资，无钱则向亲友借，连徐州市和山东省平原县的农村老家都借遍了，到 1987 年春节后共筹集了 3 万元。我们把钱存进了银行，作为研究所的启动资金。所里的领导由抗日战争时期我的战友担任，有原济南军区医院副院长张建忠同志和济南市中医医院国士超同志。所里又收了十几名初、高中毕业的青年学生，以专家带徒弟的形式进行工作，还请了各类离退休的专业人员主持业务上的工作。由于得到领导和社会各界的大力支持，工作进展得很顺利。1987 年 5 月，病房、实验室、药房都已初具规模，我们便开始筹备开业。开业时，周围有关单位的领导和专家纷纷出席了开业仪式。

一天晚饭后，我们发现怡然同志有点口齿不清，问他有何不适，他回答有点牙痛。回家后测血压也不高，我就让他早点休息了。第二天，我陪同他到医院检查，CT 结果显示为脑出血。怡然同志当时还不到 70 岁，平时身体很好，突发此病使大家都很紧张，但因出血量不大，故未进行手术。治疗 3 个月后复查，大部分血肿已被吸收。这时，大家谈到研究所的工作，问他今后的打算，他很干脆地回答："继续干！"我们已共同生活 40 多年，互相都很了解，他想干的事，再苦再难也从来不怕。

而我一夜未眠，我从家庭和事业两个方面考虑：若要两全，只有我从工作岗位上退下来帮他一起干，也只有我能帮他完成他想干的事，同时保证他的健康。

1987 年 9 月，我没和任何人商量，上班后在实验室里写了"离休"与"请假"两份报告，来到党支部和科办公室，交给了赵献村主任。赵主任看后很惊讶，问我："怎么了？昨天上班还好好的。别人现在都是想办法把年龄改小，不愿退休。"组织上对我十分关心，和我谈话后，让我先休息，过一段时间如果仍决定离休，再办手续。就这样，1988 年过完春节，我就提前离休了。

我虽然在医院工作了几十年，但一直做业务工作，真正独立地建一个医疗科研单位，不是一件容易的事。在同志们的热情帮助下，我们首先解决了技术人员的问题。我的好朋友——铁路医院内科主任丁尔芬，主动承担起病房的医疗任务，一干就是十几年；山东医学院附属医院的老专家们也先后来到研究所，如小儿科原护士长郑杏娟同志、检验科的老技师王惠英老师，还有药剂科的老药师王焕文、张金华同志，更让我高兴的是会计科原副主任辛峰同志的到来。大家很快建立起各科室的工作制度及工作安排，并且逐步开始接待病人和安排住院。我们不仅开办了"济南齐鲁瘀证研究所"，而且又获批了"济南师范路瘀证专科医院"，共设有 30 张病床。1988 年 3 月，济南市卫生局原局长李效禹和各处处长来我院验收。他们发现院里的很多医生都是认识的专家，而且院里的各种制度基本上是沿用"山医附院"（山东省医学科学院附属医院）的管理方法，所以很顺利地通过了验收。因为收治的绝大多数是疑难和危重病人，工作比较紧张，且病床住满了，出现了等床位的现象。为了值班，我只好住在办公室。就这样，一边工作，一边建设，我们只用两年时间就建成了具备中西医药治疗、常规检查、临床抢救、输血、骨髓细胞检测、细菌培养等条件的医院。院内还盖了伙房、餐厅、洗澡间，员工的工作和生活既热闹又很有序。

1989 年，我们刚刚还清借款，医院仍处在建设中，可在报纸、电视上看到国家举办亚运会在经费上有困难、希望大家捐款资助的消息时，我们仍拿出5000 元送到北京亚运会筹委会，没想到多家报刊对此做了报道。我们觉得为国家做点贡献是应该的。1991 年，我和爱人回他的老家徐州探亲，晚上多次听到狗叫，第二天问及原因，亲属告知是因为当时村里偷盗频发，赌博成风。了解情况后，我们为家乡现状感到不安，商量着要为村里办个图书馆，鼓励青年人学习技术和文化。我们到县委找到高书记，谈了我们的想法，高书记非常赞成，立即将负责文教的干部请来，对建立"铜山县（今徐州市铜山区）怡然书馆"给予正式批文。我们回村后向村党支部、村委会做了说明，决定在自家老人的院子里建一座二层楼。图书馆设施齐全，有办公室、借书室、大小阅览室、书库，还有一个老年人活动室。就这样，我们请了村里的建筑队来施工，盖起了200多平方米的图书馆。我们又买了木材，制作了很多桌椅、书橱、书架，又从山东专车运来了10000多本书刊和沙发等家具。建立图书馆共花费10万多元，把医院和家里的钱全用光了，但我们为家乡办了一件好事，再苦再累也高兴。

【作者简介】赵书荣，女，1932年12月23日出生于山东省平原县坊子乡王通庄。1947年3月加入中国共产主义青年团，同年8月加入中国共产党，同年9月参加中国人民解放军。先后任护士、班长、护士长、助理医生。

1954年至1963年，先后在上海工农速成中学、上海第一医学院医疗系学习。1963年，到济南市中心医院内科任医师。1965年，到山东中医学院学习，毕业后，留山东中医学院任教师。1974年，到上海中山医院参与血液病的进修，为期一年。1979年，到山东医学院附属医院血液病科任主治医师。1986年，晋升为副主任医师。1988年离休。

离休后和爱人怡然创办了"济南齐鲁瘀证研究所""济南师范路瘀证专科医院"及门诊部，主持医疗和科研工作，总结出中药抗癌的有效方剂。

曾荣立二等功1次、三等功3次，被评为山东医学院附属医院先进工作者。

痴迷咏泉忘耄耋

◎陈衍涛

九岁随师韵略知，龄方十二学填词。
吟声久绝浑如梦，白首逢春又赋诗。
——王泽惠《思诗》

王泽惠，原籍安徽合肥，自幼在私塾就读，性情聪慧，又极勤奋，熟读《诗经》《左传》《古文观止》《唐诗三百首》等。她雅爱诗词，深谙音律，为其写旧体诗奠定了良好基础。

王泽惠

1937年抗战伊始，她同丈夫鲍兆宁背井离乡，辗转于湘鄂一带，从事教育工作。新中国成立后，夫妻二人带着家人来到济南，王泽惠执教于铁路教育部门，其丈夫执教于山东师范大学教育系。

1996年初春的一个夜晚，王泽惠翻阅丈夫遗作时，甚感不安：丈夫从教一生，为后人留下了诸多篇章，我也不应该枉活于世，也应为后人留下点东西。王泽惠思考再三，拿定主意：济南泉水为世界罕见，泉水哺育了我大半个世纪，以诗相报，才不愧对于她。

一位高龄女性要对济南名泉一一赋诗咏之，谈何容易？王泽惠虽在济南生活了50多年，但却很少接触泉城诸泉。济南有多少泉，泉在何方？对泉的来历、掌故、传说，王泽惠知之甚少；再说，已有众多咏泉的佳作名篇，她能有新的突破吗？尽管困难重重，但是老人的咏泉意志十分坚定。

1996年夏天，雨水连连，济南市的地下水位猛升到近30年来少有的水平，全市呈现出百泉齐涌的壮观景象。这一天赐良机对于王泽惠来讲，恐怕今生再难遇到。于是在1996年盛夏，王泽惠老人以查、访、观、闻、品的方式，开始对济南名泉寻访。

首先，她到省图书馆查借史料。在这里，她虽然查阅到了《齐乘》《历乘》等书，但是这些珍贵资料只准翻看，不能外借。她只好又到一些老朋友家去借阅书籍。当朋友得知她的想法后极受感动，便打开自家书橱任她挑选。就这样，她在一诗友家借到了《历乘》，在山师一教授家借到了《泉城组游》。这些资料对她来说十分重要。

为了争取时间，她夜晚看资料，白天访友。她来到被称为"济南通"的严薇青教授家。严老对她热情相助，不仅借给她有关资料，而且详尽地向她介绍了济南泉水形成的原因以及许多名泉的传说、掌故。

由于过度劳累，她本就患有白内障的双眼变得越来越差。为了对名泉观察得更细致、更准确，她毅然走进医院，做了白内障手术。术后视力恢复良好。紧接着，她便让女儿利用双休日陪伴自己进行有目的的访问。在五龙潭公园，她倾听导游对园内多处名泉的详细讲解；在芙蓉泉畔，她请在这里住了50多年、时年75岁的爱泉老人张含骧介绍了芙蓉泉的今昔……

一次，她只身一人悄悄去了珍池街。在那里，她查泉观水，走街串户，访老问古。她的行动和意愿感动了许多市民，有人提来马扎，有人端来茶水，大伙围坐在她身旁，像拉家常一样，讲述"珍池"的往事，叙述"珍池"的遭遇和后期修复的过程。因此，她得知了"珍池"之水从何而来，又流向何方。这是她最得意的一次走访。回到家中，她顾不上休息，展纸疾书，一首《珍池》跃然纸上：玉色双栏如画图，一池碧水吐玑珠。街人与我泉边叙，共话珍池莲子湖。

历代多少文人以诗词歌赋盛赞泉城之水的清洌甘醇。如："滋荣冬茹温常早，润泽春茶味更真"（宋·曾巩）；"盘谷清泉一派长，味甘却似饮天浆"（明·晏璧）。就连当年乾隆皇帝在品尝了趵突泉水之后也赞不绝口，称趵突泉为"天下第一泉"。

王泽惠虽在济南住了半个世纪，但所饮之水都是自来水，如今，她要亲口尝尝泉水的滋味。于是，她先后品尝了市区的"玉泉""南芙蓉泉""漱玉泉"之水，而后又到市郊品尝了"浆水泉"之水。王泽惠来到泉边时，巧遇一村民来此担水，她躬腰将双手伸进水桶，掬一捧送入口中，又掬一捧，边饮边赞："水质甘醇，美哉，美哉！"回到家中，她提笔挥就《浆水泉》一诗：浆水村东浆水泉，琼珠滴滴石缝间。品尝一掬甘如醴，羡住山鬼日饮鲜。

王泽惠虽不饮酒，但要写"酒泉"，于是她与女儿曾三访酒泉。一日，王泽惠与女儿对坐，畅饮泉边，兴趣盎然之时，赋诗一首：石池幽美自然圆，何处寻觅老酒仙？亦可无愁相对饮，兴来蘸笔咏清泉。

在王泽惠的咏诗中，有两首颇为笔者费解，一首是《晴雨》，一首是《福泉》。作为爱泉者的我，在5年中寻到200多处泉池并为之拍照，但从未听说过这两处泉。那么，王泽惠为何写这两首诗？对于《晴雨》，她解释道："在趵突泉公园内，有一处似泉非泉的长溪，每逢天气晴朗，水面上就会接连泛起波光，如同雨点显现，景致极佳，故而咏之。"对于《福泉》，她解释道："济南并无'福泉'，在黑虎泉东侧立有一块石碑，上刻'福泉'二字。无泉为何有泉碑？于是我询问泉边的老人，有一位长须老者笑指'福'字说，这是为给来这如诗如画境界的游人增添一点福气。"于是，她便题《福泉》一首：南岸河边细细观，滴涓未见怎称泉？长须老叟欣然笑，画里游人点福添。

呕心沥血两千日，咏泉诗篇100首。100处名泉，各有各的相貌，各有各的性格，成于诗人笔下，一一展现在读者眼前：或水涌若轮，或细雨飘洒；或声如虎啸，或泉流湍急；或吐珠溅玉，或平如明镜；或九女下凡，或秦琼回马；或清照填词……1999年，她出版的《咏济南四大名泉》诗集一册，受到了诸多文人的厚爱与赞许。著名画家于希宁为诗集题写了书名，徐北文教授、乔岳教授分别为其写了序。更难得的是，已是古稀之年的北京著名诗人吴寿松还亲自将此书做成线装手抄本，被济南档案馆征集收藏。

山东师范大学宋遂良教授曾为王泽惠老人的这种"痴迷咏泉忘耄耋"的精神赋诗赞曰：寻踪访古写名泉，诗人苦乐不知年。山水有情能解意，春风泽惠满人间。

王泽惠老师曾被评为济南市"爱泉护泉"先进人物。她的事迹被多家媒体报道。

【作者简介】陈衍涛，男，山东省十佳记者。

一张旧照片

◎李晓虹

　　20世纪60年代中期，机关、学校和工厂贴满了大字报，街道上的喇叭里不断传来各种口号声、呼喊声，我就是在那样的特殊环境里度过了我的少年时代。那时，学校里的老师无法教书，学生没有课上只好闲在家里。在我这棵幼苗最需要知识浇灌之时，我家的"珍宝"——由3个大木箱子装的、爸妈在新中国成立后省吃俭用购买的、近千册文史书，却被烧成了灰烬，这令我和哥哥姐姐既无比气愤又无可奈何。没有学上，没有书可读，我——"走资派"的孩子，因为出门玩时常常遭到其他孩子的歧视和追骂，也就较少走出家门了。寂寞无望之中，唯一令我感兴趣的事情，便是翻看爸爸妈妈保存的照片。

　　那时，家中的照片大多是黑白的。有爸爸妈妈的，也有他们领导、战友、同学和朋友的。因为妈妈曾经当过中学校长，里面还有她学生的照片，其中有的当了解放军，有的做技术工作，他们风华正茂，令我羡慕不已。此外，还有一些风景照，如北京的自然风光、名胜古迹及苏杭美景等。这些照片林林总总地装满了好几个大信封，给我郁闷、孤独的少年时代带来了乐趣与向往。

　　有一张照片让我总是看不够，那是妈妈与刘孟阿姨的半身合照。照片上的刘孟阿姨脸庞俊秀、双眸睿智，刚刚烫过的头发，花型自然流畅，既漂亮又有风度，洋溢着朝气和神采。妈妈没有烫发，而是把短发梳理得整整齐齐，一条白色的纱巾系在脖子上，露出文静、和蔼的神情。照片的背面有几行俊秀的小诗，使我油然起敬。"小小的江南姑娘（妈妈在1939年15岁时参加新四军），有着火一般的炽热心肠，奋起参加民族救亡。昔日相识于硝烟弥漫的渤海战场，携手抵御国民党的重点进攻；而今相聚在红旗飘扬的北京，共叙战友深情……"刘孟阿姨的小诗，字里行间流露出不凡的文采，流淌着浓厚的战友情谊，还描绘出了解放战争时期，我们党在山东渤海区的妇女工作的轮廓。听妈妈说，刘孟阿姨时任国家最高人民法院民事庭副庭长。她在维护我国妇女、儿童权益，促进家庭和睦、社会和谐稳定方面做出了较大贡献。刘孟阿姨是山东淄博人，当过教师，抗日战争爆发初期投笔从戎，参加了八路军。虽已是几个孩子的母亲了，但为了抗击日寇侵略，她舍家撇业，将孩子托付给年迈的老母亲，义无反顾地在烽火连天的抗日战场上冲锋陷阵……

沈曦（左）、方志（中）、刘孟（右）

在抗日战争的硝烟刚刚散尽之时，解放战争的战火又悄然燃起。1946年，妈妈拂去了身上与日寇鏖战时的烟尘，曾在抗战中受伤的身体也已康复，她服从组织调动，由淮海区北上来到渤海区，与刘孟阿姨并肩做妇女工作。当时，刘孟阿姨担任中共渤海区总妇联主任，妈妈担任渤海区总妇联秘书，她们并肩战斗在渤海南岸的鲁北平原上。当时的解放区时常遭到国民党还乡团的反扑，敌我双方经常处于"拉锯"状态。1947年初，国民党军队开始对山东解放区进行重点进攻，共出动24个整编师60个旅，约45万人，在4个月内先后向山东解放区发动了3次进攻，与此同时还对山东解放区进行了经济封锁，渤海区的妇联工作人员时常遭遇敌人的袭击，随时都有生命危险。为了实现远大的革命目标，解放全中国，让人民过上幸福生活，她们置生死于度外，服从解放战争的大局。当时，刘孟阿姨将自己的孩子全部委托给别人抚养，全身心地投入动员渤海区人民生产自救、纺纱织布、下地种田、支援前线的工作中。妈妈也在我大哥出生才1个月的时候，毅然割舍母子亲情，将大哥送到老百姓家抚养，全力以赴地投入战时群众动员工作之中。她们根据渤海区党委的部署，化装成走亲戚的农家妇女，走门串户，顶风冒寒，翻深沟趟小河，深入百姓家中动员群众参军参战、开展大生产支援前线，发动妇女离开锅台、走出家门，做军衣、送军粮，支援前方打胜仗。有一次，她们在去王家村途中，遭遇到还乡团的追击，不得不在春寒料峭的初春蹚过没膝的小河。腿和脚在凛冽寒风的劲吹及冰碴的刮碰下，裂开了道道血口。可情况十分危急，她们顾不得这些，赤脚奔跑，最终机智地甩掉了敌人，到达了目的地，回到渤海人民的怀抱中。她们传承"党密切联系群众"的作风，对群众嘘寒问暖，帮助群众解决实际困难，与妇女群众促膝谈心，开展调查研究，总结妇女支前工作的经验。她们发动妇女学习生产自救知识，开展科学种田，并且树立种田、纺纱织布典型，以点带面，在全渤海区推广。她们卓有成效的工作，掀起了渤海区生产自救的热潮，还培养了大批女干部、女生产能手，让妇女真正顶起了渤海解放区的半边天，成为抵御敌人重点进攻的有生力量。她们生产的粮食、布匹、衣物、鞋袜等，极大地丰富了解放区的市场，粉碎了敌人的经济封锁，既发展了解放区的经济，又使人民的生活水平得到了较大的提高，还出现了母送子、妻送郎和父子一起参军上前线的大好局面。在党中央和山东省战时委员会的正确领导下，前线捷报频传，华东及渤海解放军一举粉碎了国民党的重点进攻，大步迈向解放济南、支援淮海战役、解放全中国的美好未来。

1949 年 10 月 1 日，五星红旗高高飘扬在天安门广场上，新中国巍然屹立在世界的东方，人民翻身做了国家的主人。根据工作需要，刘孟阿姨被调到北京工作，妈妈也离开渤海区总妇联，先后担任了惠民地委妇联副主任、惠民地委工会副主任。之后，妈妈担任了广饶三中校长，后在济南商业局工作。在半个世纪的革命征途中，妈妈保持了战争年代的那一股劲，那一种革命热情，那一种密切联系群众的作风，那一种拼命精神。她艰苦朴素、遵守纪律，时常帮助有困难的人。新中国成立后，她的行政级别被定为十三级，在之后的数十年里，遇到几次调级，她都婉言谢绝，让给了别人，直到离休时赶上普调工资，她才升为行政十二级。她不仅自己艰苦朴素、很少买衣服，也要求孩子们艰苦朴素，一件新衣服从老大穿到老小；她时常教育孩子要珍惜劳动人民的成果，节约粮食、不挑食；在工作上，她遵守纪律，认真负责、一丝不苟；对待同志、朋友，她一向和蔼可亲，谁有困难便解囊相助。她这样做并不是因为收入相对高，而是出于对同志和朋友的关心、爱护。我大哥出生在国民党重点进攻的年代，被送到老乡家里扶养，当时发高烧无力医治，患上了癫痫病。妈妈抚养了大哥一生，给他治疗了一生。她共养育了 5 个孩子，这样的经济负担，妈妈在助人时从不提起。

日月穿梭，时光荏苒，十几年过去了，刘孟阿姨与妈妈各自在不同的工作岗位上辛勤地工作着。经历了"大跃进"的忙碌，扛过了 1960 年中国历史上罕见的自然灾害……1962 年，她们怀着胜利的喜悦重逢于首都北京，在共叙战友情谊之余，拍下了这张照片。"文革"中，在饱受冲击的情况下，刘孟阿姨与妈妈还时常通信，互相鼓励着度过了那段难忘的岁月。我中学毕业后还去了北京，住在刘孟阿姨家里。那时的我用了 1 个月的时间，饱览了北京的秀丽风光和名胜古迹，祖国悠久的历史、灿烂的文化、淳厚的风土人情令我难以忘怀。

我喜欢这张照片，它不仅帮我排解了少年时期的郁闷与孤独，增添了我摆脱困难的决心和勇气，还让我懂得：远大目标与现实困难总是形影相随的，做人要树立坚定的理想信念，要像前辈那样，将国家与人民的利益放在首位，并不遗余力地为之奋斗；要自强自立，不断学习，增强修养，做对社会有用的人。它还让我明白生活中要珍视友谊，无论顺境还是逆境，要让友情相伴人生。

半个世纪过去了，改革开放以来，我们的祖国发生了翻天覆地的变化。尤其是进入 21 世纪之后，中国的经济总量逐年递增，人们的生活水平也节节攀升。在工作之余，人们可以尽情地看电视、上网、读书、绘画，我也乐在其中。随着时光的流转，很多革命前辈已乘鹤西行。尽管如此，我依然珍惜、珍藏着那张妈妈临终前念念不忘的旧照片，因为它展现了革命传统和战友深情，不仅给我的成长以启迪，而且承载了我和哥哥、姐姐们无尽的思念。

【作者简介】李晓虹，女，1957 年 7 月出生，1976 年 5 月加入中国共产党。2003 年任山东省民政厅地名研究所（山东省地名档案资料馆）研究馆员，正高级职称；2005 年兼任山东省民政厅机关刊物《当代社会》副主编，山东省社会工作协会副秘书长；2016 年兼任山东省社会工作协会副会长；2017 年 8 月退休。

吕剧艺苑不老松

——记著名吕剧表演艺术家郎咸芬

◎张莉莉

郎咸芬

郎咸芬，中共党员，著名吕剧表演艺术家，国家一级演员。山东省吕剧院名誉院长，艺术总监。

"吕剧皇后"郎咸芬

郎咸芬，1935 年出生于山东省潍坊寿光市，1951 年考入潍坊市文工团，1952 年调入山东省吕剧团。在 20 世纪 50 年代，郎咸芬在吕剧《李二嫂改嫁》中，成功地塑造了贤淑、勤劳、敢于反封建的年轻寡妇"李二嫂"这一典型艺术形象，从此奠定了她在吕剧艺苑中挑大梁的位置。

郎咸芬 16 岁进入文工团，最早曾学小生、青衣、花旦等行当。在现代戏中，她经常扮演中年或老年农村妇女。17 岁在山东省吕剧院时，她第一次接演《李二嫂改嫁》中的主角——21 岁的农村寡妇"李二嫂"。一个 17 岁的年轻姑娘，一直生活在城市，要演好一个 21 岁的农村寡妇，其中的困难可想而知。

接到这个任务后，郎咸芬十分紧张。虽然排练了两个多月，但领导看完节目后说："她不像农村妇女，更不像农村寡妇。"有人提议将郎咸芬换掉，但领导没有同意。最终，在领导的支持下，郎咸芬和她的同事们于 1952 年冬天来到了博兴县阎家坊村体验生活。村干部找来了当地的寡妇刘大嫂，这个刘大嫂的经历与剧中"李二嫂"的经历十分相似，她的身世吸引了郎咸芬。郎咸芬回忆说："当时的博兴农村十分落后，这个刘大嫂也是被卖到这个村里的。后来丈夫死了，她就一直守寡。在那个年代，这样的女人，生活在社会的最底层，走路都贴着墙根，不敢抬头。"起初，刘大嫂拒绝与郎咸芬交流，认为自己是"有罪的"，怕玷污了别人。郎咸芬索性住到她家里，和她在一个炕上睡觉，可她却坚持两个人分别睡在炕两头。郎咸芬没有气馁，帮助刘大嫂打扫院子、喂鸡、搓棒子，和刘大嫂同吃、同住、同劳动。精诚所至，她们的关系变得亲近了。剧中"李二嫂"的"上鞋"动作，是刘大嫂手把手教的；"拉碌碡"也是郎咸芬跟着刘大嫂一遍一遍学会的。

回到济南后，为了练好"拉碌碡"的动作，郎咸芬还让人找了一块大石头，自己拴上绳子天天练，最终她找到了感觉。两个月后，当地再度上演《李二嫂改嫁》，这个 17 岁的女孩彻底脱胎换骨了，演出获得巨大成功。演出结束以后，好几个妇女在后台徘徊，不肯离去。一开始，演员们以为她们是天黑迷了路，一问才知道，她们是当地的几个寡妇。她们不安地走上前，问道："你们是工作队的吗？俺们也能改嫁吗？"这出戏震撼了这些农村妇女。

1953 年，《李二嫂改嫁》在大观园演出，一票难求，轰动一时，很多观众大冬天带着铺盖卷、拿着小马扎连夜排队买票。1954 年，《李二嫂改嫁》参加"华东六省一市会演"。作为开幕式的演出剧目，该剧一炮打响，包揽了当年所有的一等奖，获得巨大成功，具有里程碑式的意义。毛泽东、周恩来、朱德、刘少奇、邓小平等党和国家领导人都先后观看过此剧，《人民日报》也在头版头条报道了此剧演出的盛况。1957 年，经过反复修改，该剧被长春电影制片厂拍成戏曲艺术片，搬上了银幕，这部影片在真正意义上让"李二嫂"扬名大江南北，享誉全国。从此，山东吕剧作为一个新生的地方剧种，开始登上全国的戏曲舞台，并在几代人的心里扎下了根，而"李二嫂"的扮演者——郎咸芬，也迅速为全国人民所熟知，成了全国人民的"李二嫂"，被尊为"吕剧皇后"。

后来，郎咸芬又在《蔡文姬》《穆桂英挂帅》《丰收之后》《沂河两岸》《亲事》《母与子》《梨花狱》《山高水长》等现代戏和新编历史剧中扮演主要角色，成功地塑造了不同时代、不同年龄、不同性格的女性形象。她在几十年的舞台实践中形成了独特的艺术风格，给观众留下了深刻印象。

华彩出自艰苦的磨炼和坚持

谈到目前吕剧事业的发展状况，郎咸芬还是给予了充分的理解和宽容，但对于当前的吕剧演员，她却表达了困惑和不解："虽然现在演员的工作条件和生活环境都变好了，荣誉也获得的足够多了，但是为什么对吕剧事业的热爱程度却远远赶不上我们那一代了呢！""我真的希望这些中青年演员能够超过我们这一代老演员，因为这才符合社会发展的需求。科技再发达，也代替不了一个演员一朝一夕的苦练，代替不了他们的唱腔。""吕剧现在在很多演员的眼里就只是一个饭碗，不再是一项事业，不再是生命中重要的东西。这哪像我们那时候啊，我们那一代就知道勤奋练功，从来不知道星期天是什么滋味，也没有双休日，周末练完功后，就赶紧出去买些生活必需品，然后回来继续练，探讨角色。这种精神在现在的演员身上恐怕很少见了。"当被问及为何这个年纪了还如此刻苦，郎咸芬对记者说道："这一辈子，除了'文革'关起来的那6年不能练功外，没有一天落下过！"60多年来，不论环境条件如何，郎咸芬艺不离身，曲不离口，始终坚持勤学苦练。

郎咸芬是伴随新中国诞生、成长起来的第一代吕剧演员，也是迄今为止最有影响力的吕剧代表人物。几十年来，她遵照老一辈革命家的谆谆教导，牢记周总理的深切嘱托，刻苦钻研吕剧唱法，不断提高表演技巧，舍身忘家、服务人民大众、服务子弟兵，以旺盛的精力和对艺术高度负责的精神，排演了众多历史剧目和现代戏，完成了几千次的演出。半个世纪以来，郎咸芬以非凡的艺术业绩和人格魅力赢得了广大观众的喜爱，以实际行动兑现了一个人民艺术家的庄严承诺。

20世纪90年代末，她又在吕剧《苦菜花》中成功地扮演了一位革命母亲。她的唱腔仍那么清丽婉约、深情动人，身段扮相仍那么利落贴切、光彩照人，让在场的许多老观众发出了"郎咸芬不老"的感叹。郎咸芬在长期的艺术实践和深入生活中，继承发扬吕剧鲜明的地方特色和浓郁的生活气息，其表演质朴无华，注重从生活实际、人物个性和特定的环境出发，把深切的内心体验与准确的程式体现相结合，形成了真实质朴、富有激情的表演风格。她的演唱深沉含蓄，情浓韵淳，她充分运用自己声音洪亮、穿透力强的嗓音特点，以情带声，声情并茂。她灌制的多部戏曲唱片、盒式带深受广大听众的喜欢。1957年，《李二嫂改嫁》由长春电影制片厂拍成戏曲艺术片，获得了当年的大众电影百花奖。郎咸芬是吕剧界的代表人物，并在全国戏剧界享有一定的威望。1955年冬，她参加了全国人民赴朝慰问团，任副团长。在零下20多度的寒冷天气里，慰问团深入阵地哨所巡回演出，受到广大志愿军官兵的欢迎。1956年冬，她跟随全国人大代表团出访苏联及东欧六国。1990年，她率省吕剧院参加了在中国香港举办的中国地方戏曲展，她主演的《蔡文姬》选段获得香港各界人士好评。1986年4月，她以团长身份率中国电影、戏剧家代表团出访澳大利亚、新西兰，为促进中外文化艺术交流做出了贡献。

郎咸芬于1963年被评为全国三八红旗手，1982年被评为山东省劳动模范，1987年被评为山东省拔尖人才，1988年和1992年被评为山东省三八红旗手，1989年被山东省人民政府授予"有突出贡献的文艺工作者"称号，1991年被授予"文艺工作者模范党员"称号，1992 年被授予"齐鲁女杰"称号；先后当选全国"人大"第一至第七届代表，山东省第四至第十届人大常务委员会委员。她曾任中国戏剧家协会常务理事、山东省文联副主席、山东省剧协主席、山东省吕剧团团长，现任山东省吕剧院名誉院长、剧协山东省分会名誉主席。郎咸芬的名字已辑入《中国艺术家辞典》《中国当代艺术界名人录》等。

破除因循守旧　生命在于创新

郎咸芬的表演风格秉承了吕剧所特有的朴素自然，并有所拓展。她在艺术上最显要的特点是不拘泥于技巧程式的羁绊，而以人物的情感为依据，以扎实的生活体验为根基，所以，她的表演更加易于被人们接受，同时也使其到了晚年仍保持着旺盛的艺术创新能力。《苦菜花》中母亲的形象获得 1998 年第八届文华奖、1999 年第六届中国戏剧节优秀表演奖和 2000 年第六届中国艺术节金奖。2004 年，《李二嫂改嫁》又获得"中国戏曲现代戏突出贡献奖"。

郎咸芬的"不老"还表现在她对吕剧这个传统剧种的不懈探索和创新实践上。郎咸芬说，在 1996 年山东吕剧会演的 11 台参演剧目中，原汁原味的吕剧已不多见，大多都进行过创新，如《无品芝麻官》以轻喜剧的形式出现，《荣辱悲歌》又融进了歌剧的韵味，《红花椒绿山岗》则明确打出"吕剧音乐剧"的牌子。郎咸芬对这些尝试给予了肯定，她认为在商品经济大潮的冲击下，旋律变化单调的吕剧再不改革，将面临失去观众的危险，而失去观众就意味着剧种的消亡。但改革的前提是保持吕剧的地方特色，郎咸芬举例说，样板戏《杜鹃山》好听，但是剧中即使有了伴唱、合唱等，它也没脱离"京"字。吕剧应积极向别的艺术形式、其他兄弟剧种学习，但要坚持"万变不离其宗"，否则，吕剧将失去自己的特色和生命力。

献身吕剧事业　培养吕剧名角

作为剧院领导和前辈艺术家，她更关心队伍建设和对新人的培养。进入 20 世纪 90 年代，她把主要精力放在了培养吕剧事业的接班人上，精选由青年演员主演的剧目，亲自授课、具体指导。她的两位学生主演的《石龙湾》《军嫂》均获国家级大奖。她倾其毕生精力为吕剧事业的发展做出了重大贡献。

谈到吕剧今后的发展振兴，郎咸芬不无忧虑地说："要尽快让年轻优秀的吕剧代表脱颖而出。一个剧种的生存发展离不开演员的表演，要想吸引、影响观众，就要求演员具备一定的表演水平和知名度。我年轻时就感受到了，很多时候一个剧种受不受欢迎的关键与这个剧种有无名家名角是分不开的。而目前吕剧的问题在于，那些具备优异素质的演员，如何能早日成为名角？现在的青年演员中，有的嗓音条件好，但不懂得好好利用，唱戏时只是简单地把作者的词曲唱出来，没有感情的投入，所以唱得平淡，缺少吕剧的韵味。演唱需要声情并茂，在词情、曲情具备的情况下，需要演员用心处理好词、曲之间的关系，使之完美结合，再加进自己的感受，不要只是被动地跟着乐队走。"近些年来，郎咸芬始终致力于培养学生。她说青年演员不会处理戏，让人焦虑；又说尽管现在条件优越了，可年轻人的刻苦、勤奋劲儿却差了，他们应该发扬爱岗敬业的精神，献身给吕剧事业。

如今，已经离开舞台多年的郎咸芬仍旧像年轻时一样，每天早上坚持练功。在她家客厅的正中间，始终摆放着一把椅子，她每天都会坐在这把椅子上坚持练唱40分钟。在整个练唱过程中，她都非常投入，每当唱到动情之处，依然会眼角含泪。

【作者简介】张莉莉，女，山东淄博周村人。1986年毕业于山东大学中文系。出版专著《话中国》丛书7本及报告文学集《红星永不落》《热流》《使命》3部，发表散文、小说、通讯达数百万字。《齐鲁巾帼》第二卷编委会副主任。现任《人民权利报》副刊部主任、高级记者，兼任山东散文学会理事、山东电影电视剧评论学会办公室副主任。

为马铃薯事业执着奋斗的女科学家

—— 记著名马铃薯育种专家孙慧生

◎ 杜纪群

孙慧生，1929 年 2 月出生，山东青岛人，1949 年考入山东大学农学院（1952 年，国家对高校进行院系调整，山东大学农学院便从山东大学独立出来，成立了山东农学院）。中共党员，研究员，国家技术发明二等奖主持人，国内外知名马铃薯专家。

孙慧生

1953 年 7 月，孙慧生从山东农学院农学系农学专业毕业，随后被分配到山东省惠民专区农业技术指导所工作。一年后，她响应祖国"支援边疆"的号召，到条件艰苦的黑龙江省克山农业实验站（今黑龙江省农业科学院克山分院）工作。她历任助理农艺师、农艺师、高级农艺师、研究室主任等职。1979 年，她调至山东省农业科学院蔬菜研究所工作，历任高级农艺师、研究室主任、研究员、副所长等职；曾任山东省农业科学院和蔬菜研究所学术委员会主任，中国作物学会理事及马铃薯专业委员会主任委员，山东农学会理事，济南市蔬菜学会副理事长，济南市战略委员会委员，还是《马铃薯》杂志编委会成员。孙慧生长期从事马铃薯种质资源、遗传育种和组织培养脱毒的技术研究，曾主持国家及省部级课题 12 项。她主持育成了 12 个不同特性和用途的马铃薯品种，有 9 项研究成果分别获国家发明奖和省部级奖，其中克新 1 号、2 号、3 号、4 号四个品种在 20 多个省份推广，被国家农作物品种审定委员会审定为国家级品种。她引种鉴定推广的鲁引 1 号，占山东省马铃薯总播种面积 60% 以上。孙慧生育成的马铃薯品种之多、推广面积之大、提高马铃薯单产增加农民效益之显著，在马铃薯育种领域是少有的。1987 年，她被授予"山东省专业技术拔尖人才"称号。

尽快培育出适合我国种植条件的高产抗病品种

1953 年，孙慧生毕业于山东农学院农学系农学专业，分配到山东省惠民专区农业技术指导所工作。一年后，她就响应祖国"支援边疆"的号召，与爱人抱着刚满月的孩子奔赴冰天雪地的黑龙江省克山农业实验站工作。为了不影响科研工作，她的两个孩子都在 10 个月大时就被送回山东的姥姥家抚养。由于经济条件的限制，她只能每两年回家一次，每次也只能陪伴孩子几天。这种状况一直持续到 1979 年她调到山东省农业科学院工作时，而那时，孩子们都已长大成人。就在这整整 25 年的艰苦岁月中，孙慧生克服了各种困难，为黑龙江省的马铃薯事业做出了突出成绩。

马铃薯是高营养的粮菜兼用作物，中国是世界上马铃薯生产大国，但新中国成立初期却没有自己育成的马铃薯品种。作为全国马铃薯生产基地，黑龙江省所栽培的主要品种是从日本引入的"男爵"，该品种因极易感染病毒病、晚疫病而减产严重。要从根本上解决马铃薯低产、病害等问题，必须要解决马铃薯的育种问题，尽快培育出适合我国种植条件的高产抗病品种。因为我国缺少这一育种技术，孙慧生和她的同事们便开始了艰苦而富有成效的马铃薯育种工作。孙慧生一步一个脚印地在"北大荒"走过了 20 多个春秋，在她的主持下，终于育成了"克新 1 号""克新 2 号""克新 3 号"和"克新 4 号"等一系列抗病、高产的特色马铃薯品种。其中，"克新 1 号"品种不仅抗病毒病和细菌环腐病，而且耐旱、适应性强、增产潜力大，已推广到全国 24 个省市种植，推广面积在全国马铃薯品种中居第一位，其产量和抗病性远远超过同期美国、荷兰种植面积最大的"Akersegen"和"Bintje"马铃薯品种。据不完全统计，该品种累计种植面积达 2000 万亩，增产鲜薯 400 万吨，创造价值 3.2 亿元。该品种在 1978 年获全国科学大会奖，1987 年获国家技术发明二等奖。40 多年过去了，该品种至今仍在全国各地广泛种植，仅内蒙古自治区西部（如乌兰察布市等）就有 500 多万亩，占当地马铃薯播种面积的 90% 以上。孙慧生主持育成的"克新 2 号""克新 3 号"和"克新 4 号"也曾获全国科学大会奖和省科技进步奖。对光照不敏感的"克新 3 号"已是广东、福建等栽种马铃薯地区出口创汇的主要品种。"克新 4 号"则是我国育成的第一个早熟品种，曾是山东、河南、江苏和浙江等省的主栽品种。上述 4 个品种已被国家品种审定委员会定为国家级推广品种。这些品种的育成，彻底扭转了我国马铃薯生产长期依赖外国品种的被动局面。

对马铃薯病毒性退化的研究获得成功

1979 年，孙慧生调到山东省农业科学院蔬菜研究所工作后，又为山东省的马铃薯生产问题而殚精竭虑。当时，山东乃至整个中原地区马铃薯生产的主要问题就是种薯因感染病毒而退化，产量大幅度下降。农民每年都要从高纬度、高海拔地区大批量调种，一旦调来的种薯不合适，或种薯遭受晚疫病等病害，就会造成大量种薯腐烂，损失惨重。

为了解决马铃薯病毒性退化的问题，她又开始了新课题的艰苦研究和实验。她与课题组的同志一起，在吸取国内外先进经验的基础上，开展了"茎尖组织培养脱除病毒研究"，在解剖镜下剥离了上千个针头大小的茎尖。培育成苗后，又通过十几种鉴定不同病毒的特定指示植物，进行了数千盆的接种鉴定，最终获得了数个品种的脱毒苗和脱毒种薯。为了尽快将脱毒种薯用于生产，她又主持研究了脱毒苗快速繁殖技术。同时，她还利用同位素标记法，阐明了脱毒种薯增产的生物学原理；调查研究了山东省传毒介体有翅桃蚜迁飞与脱毒种薯病毒再侵染的关系及其防治措施，建立了一套适合山东省的脱毒种薯繁育体系，并在基点试种后，取得了产量翻番、薯种自给的效果。经国内专家鉴定，这一系列的研究工作在我国中原地区处于领先地位，达到了国内先进水平。作为项目主持人的孙慧生带领她的课题组，还参加了国家科委下达的"马铃薯无病毒种薯生产技术及繁殖体系"协作研究，并获得成功。1986年，该项研究获中国科学院科研成果一等奖，选入《1979~1988年中华人民共和国重大科技成果选集》。

为加快脱毒种薯的繁育推广工作，方便农民调种，孙慧生和她的同事们一起研究了微型脱毒种薯工厂化生产技术。通过这种方式生产的种薯每个只有1~2克重，每亩用种量仅8~10千克，是正常种薯用量的4%~7%，且微型种薯经过一季繁殖即恢复正常大小。同时，她们在许多技术环节上进行了改进和创新，大大降低了脱毒苗、微型薯的生产成本。根据联合国粮农组织在1986年公布的资料显示，国外生产微型薯种，每平方米仅产100~150个块茎，而利用孙慧生课题组的方法则可生产1000~1500个块茎。微型脱毒种薯工厂化生产技术于1988年通过专家鉴定，属国内领先，并达到了国际先进水平。

培育适合山东生态条件的品种

在解决马铃薯退化问题的同时，孙慧生针对山东省特殊的生态条件，开展了马铃薯育种研究工作，先后育成了抗病毒、早熟、丰产并适于春秋两季栽培的"鲁马铃薯 1 号""鲁马铃薯 2 号""双丰 5 号"等新品种。其中，"鲁马铃薯 1 号"品种于 1988 年获山东省科技进步二等奖。

心里装着农民、热爱农民，是孙慧生在马铃薯育种事业上不断取得成功的巨大动力。有农民来信询问技术问题，她总是快速回复；对来访的农民，再忙她也会放下工作，热情接待；她还经常到田间地头传授技术，教农民识别和防治病害。老百姓种植了脱毒种薯苗，提高了农业技术，经常能取得马铃薯大丰收，大家伙儿都忘不了她。有一次，肥城县（今肥城市）郭新村的一位农民在丰收后，迫不及待地冒雨背着一袋大土豆就给孙慧生送来了，衣服淋湿了也不在乎，这让孙慧生非常感动。

对农民和马铃薯的热爱，对工作追求的尽善尽美，也使孙慧生放弃了家庭生活的乐趣，她在黑龙江的 20 多年正是孩子成长中需要人费心的阶段，她把一切都托付给了自己的父母。调回山东后，她由于工作繁忙，很少有机会和父母长住，也没有精力照顾家庭。谈起家人，孙慧生充满了愧疚。然而，家里人都理解她，并为她出色的工作成就而感到骄傲。

孙慧生对待工作无私奉献，对荣誉却大度从容。1999 年，山东省农业科学院申报脱毒两薯繁殖与推广项目获国家科技进步三等奖，她主动将自己的名额让给了年轻的科技人员，使他们获得了国家级奖励并顺利通过了研究员、高级农艺师的职称评审，这也调动了大家的积极性。她课题组里的部分青年人才已能独立主持国家或省部级课题和自然基金项目。

为国际技术合作做出了贡献

作为一名著名的马铃薯育种专家，孙慧生于 1984 年受农业部（今农业农村部）委派到国际马铃薯研究中心（总部设在秘鲁首都利马）进行合作研究。合作研究期间，她惜时如金，工作时间与外国专家一起搞研究，业余时间则起早贪黑地查阅和翻译资料，撰写论文。回国前，应国际马铃薯研究中心的邀请，她向 10 多个国家的 60 多位专家做了"中国的马铃薯育种"学术报告，并将其登载于该中心出版的通讯刊物中，促进了各国对中国马铃薯研究和生产状况的了解。

回国时，她带回了一批马铃薯种质资源、20 多本专业书刊、几十篇重要文献、4 套经她翻译成中文的有关马铃薯病毒检测和快速繁殖技术等内容的幻灯片（后复制了 80 余份供国内同行参考）。1988 年，她又在云南召开的亚洲马铃薯会议上宣读了《中国马铃薯二季作地区无病毒生产的策略》论文，为促进世界各国对中国马铃薯研究情况的了解和国际技术合作做出了贡献。

长期的育种实践和理论探索，使孙慧生在学术上成绩斐然。她笔耕不辍，先后发表《马铃薯病毒性退化与防治》《马铃薯退化与抗病毒育种》《茎尖脱毒马铃薯的丰产性与光合作用及磷素营养的关系》《马铃薯育种新途径》等论文 30 余篇，出版著作多部。1976 年，她编著了我国第一本《马铃薯育种与良种繁育》，由中国农业出版社出版发行，书中提出的许多论点和方法，为当时全国相继开展的马铃薯育种工作提供了宝贵经验。《中国马铃薯栽培学》是目前极具参考价值的马铃薯栽培学专著，孙慧生参与编写了该书中关于种质资源、品种选育、种薯繁育的部分，并对全书 50 多万字进行了统稿定稿。为普及科学种植马铃薯的知识，孙慧生又编写了《马铃薯育种学》《马铃薯生产技术百问百答》并于 2005 年出版，该书深入浅出地解答了生产中的 300 多个问题，深受群众喜爱。

鉴于孙慧生做出的突出贡献，国家和人民也给了她很多荣誉。她先后获得国家技术发明二等奖、国家科技进步三等奖等 10 多项成果奖；连续两次被评为山东省专业技术拔尖人才；1998 年被评为富民兴鲁先进个人，获得富民兴鲁奖章；多次被评为山东省三八红旗手、三八红旗标兵、山东省农业科学院先进工作者、模范共产党员。她曾担任中国作物学会第五届理事会理事兼第三届马铃薯专业委员会主任委员，因热心于学会工作，1988 年被评为中国作物学会第五届理事会先进工作者。

"人生的价值在于不断地为社会无私奉献"，是她的人生格言。

【作者简介】杜纪群，女，汉族，山东沂水县人，本科学历，汉语言文学专业。沂水县院东头镇中心小学任教，小学一级教师。她工作勤恳、成绩优异，先后多次获得镇优秀教师称号、县级优秀教学奖、县级讲课一等奖。

我的乡村女教师生涯

◎吴士美

吴士美

今年的教师节是我从教以来度过的第29个教师节，看着一条条学生们发来的问候、祝福的短信，勾起了我对乡村教师生涯的回忆，一件件往事涌上心头，让我魂牵梦萦，挥之不去。

坚定志向

很小的时候，我就常听父亲讲述孙中山先生"三民主义""天下为公"的革命故事。父亲早年当过乡村小学教员，1927年加入国民党北伐军。1938年日本侵略者占领徐州后，父亲改行经商，并积极参与当地的抗日宣传活动。日本投降后，父亲当过徐州市参议员、国民党"伪国大"江苏省工界代表。1948年12月1日傍晚，华野第十二纵队和第一纵队侦察营先行进入徐州，22时，渤海纵队奉命进入徐州实行军事接管。至此，徐州全境获得解放。徐州解放的第二天，父亲随同在徐州的地下工作者佟蔗佳到徐州军事管制委员会公安部办理了脱党、自首登记手续，受到了信任和宽大处理，留在徐州市工商业联合会任办事员。那时，母亲自食其力，我和弟弟妹妹安心读书。

在我刚上学时，父亲就教我演讲，并帮我写演讲稿，其中的一句话让我至今铭记在心："学好文化是为了做官吗？不是。是为了发财吗？不是。是为了求得个人的享乐吗？都不是。是为了报效祖国，振兴中华！"从那时起，"学好文化，报效祖国"便成了我一生的理想，我为此而奋斗终身。

1950年，全市开展扫盲运动，正读小学六年级的我积极参加，把家当成课堂，动员邻居家没有入学的孩童都来我家识字。我用一年时间完成了《扫盲识字课本》的教学任务，被评为市级"模范小先生"，同年加入了共青团，考入了中学。初一时，我通过演讲，竞选上了团总支文娱委员和学生会文娱委员。我怀着当年的理想努力学习文化知识，积极参加学校组织的各项社会活动，如参加了土改宣传队、参演了歌剧片段《抗美援朝》等。那时，校园里的爱国热情高涨，我也似一团燃烧的火焰，和同学们共同用实际行动热爱着我们的祖国。

岁月悠悠，1955年秋季开学不久，在全国肃清反革命分子的运动中，父亲因历史问题被关押入狱进行劳改，母亲和弟弟妹妹则被驱赶到农村，家庭发生了重大变故。当时，我面临着高考，但生活已没有了来源。我时常在深夜眺望夜空中无数闪亮的星星，不知自己将何去何从。父亲有时会从监狱给我寄来明信片，上面总少不了"务必将学习进行到底，报效祖国"这句话，丝毫不见他牢狱生活的凄凉困苦。在这个时刻，让我感到幸运的是，我的一位同年级同学，也就是我忠诚的男友（现在是我的先生），始终用他那有力的手臂支撑着我。在他的全力帮助和支持下，我顺利地完成了高中学业。

践行理想

20世纪50年代至60年代初，新中国正值社会主义建设的高潮时期，犹如一座火热的大熔炉。在这座大熔炉里，我稚嫩的心灵得以与那个时代同步——崇拜英雄、学习英雄、争做英雄。高中毕业时，受苏联影片《乡村女教师》里主人翁瓦尔瓦拉事迹的感染，我立志也要成为一名优秀的乡村女教师，把知识传播到农村去。于是，我踊跃响应祖国号召，报考了曲阜师范学院（曲阜师范大学前身）历史专业，并被录取。大学生涯使我增长了知识，增强了我的自学能力和工作能力。1958年，我大学毕业后积极响应党的号召——"到祖国需要的地方去""到最艰苦的地方去"，主动要求到交通不便的山东峄县（今枣庄市峄城区）。当时，徐州每天只有一班开往枣庄的火车，从枣庄到峄县还要步行30多里路，到了冬天还得摸黑赶路。我被分配到山东省立峄县师范学校（两年后，峄县师范学校改为枣庄师范学校），花样年华的我满载豪情地踏进了这所校园，从此开启了既艰苦又快乐的乡村女教师生涯。

学校让我负责教中级师范一年级4个班的世界历史课和二年级两个班的中国历史课，并兼任一年级（4）班的班主任。班里共有60人，学生的年龄大多和我相仿，有的还年长我几岁，更有几位原为小学校长，他们作为调干生而来，为人既成熟又老练。1958年9月1日开学后，全校教师开赴枣庄参加大炼钢铁运动，我则带领学生们去距离学校十几里路远的小转弯村参加秋种。一个月的时间里，我和学生一起拉犁、翻地、浇水、施肥、播种……大家同吃、同劳动，思想感情相互融合，亲如兄弟姐妹。一个月后，我们返回学校，开始了正常有序的教学生活。

第一次走上讲台，我的心情既激动又紧张，我仿佛能听到自己的心在怦怦跳动，早已背得滚瓜烂熟的讲稿倾泻而出，45分钟的内容只用了30分钟就讲完了。在余下的15分钟里，教室一片寂静，我面对着一双双充满信赖的眼睛，不知所措……下课的铃声终于响了，我慌忙走下讲台，只听见一位同学喊着："老师，您的手表！"这时，我才猛然发现手中紧握着的是一个黑板擦。

由于学生们的年龄大、阅历广，一些学生的历史知识比我的还要丰富。为了讲好课，从那天起我总是利用晚上的时间在煤油灯下潜心备课，利用节假日和休息时间站在讲台上不厌其烦地试讲。功夫不负有心人，到年底时，我终于驾驭了这三尺讲台，自此一干就是近30年。

在这所学校里，我同其他年轻教师一样，与学生在一个宿舍同住、在一个食堂同吃、在一个农场同劳动，亲身感受和体会着学生的疾苦。学生们来自周边各县农村，家境大多贫寒，冬天只有盖的被子，没有铺的褥子，夜间冻得睡不着觉时，大家自动两人合一个铺。我不仅有被子和褥子，还从家里带了个热水袋来暖脚。看到学生们的困难情景，我就偷偷地将热水袋收了起来，主动与学生合铺，但不久便长了一身虱子。到了星期天，我和学生们一起烧开水烫内衣，在太阳下晒被子、晒席子……

在那个"甩开膀子干活，敞开肚皮吃饭"的年代，吃饭是没有定量的，学生的伙食费由国家包了，我们这些在学生食堂就餐的教师则每月要交10元钱。每天跑操、洗漱后，教师会和学生一起站在食堂前，排着整齐的队伍，唱着革命歌曲等着开饭。开饭后，10个人围着一张桌子站着吃。那时的食堂纪律非常好，值班人员打饭、收拾都尽心尽力，吃饭时也无人说话，只有吃饭声，每顿饭都吃得有滋有味。寒假时，我回到家里，家人说我又白又胖，像变了个模样。

流年似水，一转眼3年过去了。送走了一届毕业生后，学校的历史课取消了。1961年暑假后，我被调到薛城区西仓公社中学（今枣庄市第十二中学）。与之前相比，这里的交通方便多了——从徐州老家乘火车，在薛城站下车后走七八里路，再蹚过一条河即可到达学校。

学校让我负责高中俄语课的教学工作，而我的俄语只是高中水平，许多语法、单词也已忘记。我担心无法胜任这项工作，心中惆怅、困惑。那时，我的未婚夫仍在北京大学攻读流体力学，他写信跟我说，教俄语应该不会很难，不会的就去学，记住"功夫不负有心人"。他的话如醍醐灌顶，令我茅塞顿开。

我以饱满的热情边教边学，先教起来再学。我白天讲课，晚上就在煤油灯下用心阅读俄语课本、教学参考书和相关的俄语书，认真钻研并写出详细教案，总是到深夜十一二点钟才回宿舍。早晨，我提前起床，按照教案反复朗读、试讲，努力做到熟练，好让讲课时有灵感、有气场。我有自己独特的一套教学方法，即让学生先把俄语日常用语熟记在心，如老师好、同学好、起立、坐下、回家、去学校，然后要求学生"指物说语"，如书、桌子、黑板、椅子、粉笔、纸，同时要求在课堂内外均用简单的俄语进行对话并表达内心的情感。这样一来，就调动起学生学习俄语的极大兴趣，顺利地完成了高中一年级的俄语教学任务，受到了领导的表彰和学生的赞誉。

那时候，天气比现在冷，尤其是在偏僻的乡村，严冬时气温一般会在零下十三四度，遇上雪雨天，房檐下能结一尺多长的冰溜。我们全校一台取暖设备都没有，到了冬天即使穿着棉衣、棉鞋，腿脚也没暖和过。去教室上课时，学生总会在讲桌上给我放一杯开水，并把门窗关严实，生怕他们的老师冷。到了晚上，被窝半宿也暖不热，我还常常咳嗽不止，后来，咳嗽发展成慢性支气管炎、肺气肿，大面积的支气管扩张，最后落下了病根。

1962年寒假，我和在北大读六年级的未婚夫在徐州老家举行了婚礼。我们的蜜月是以一种特殊的方式度过的：他潜心读书、撰写毕业论文、准备毕业论文答辩，我备俄语课，两人互不干扰。寒假结束时，我们俩各回各的学校。

1962年7月，学校分配来了俄语专业的毕业生。当年，全国实行"调整、巩固、充实、提高"的"八字方针"，市文教局把我调到枣庄市台儿庄区涧头集公社中学（今枣庄市第六中学），让我担任3个班的语文老师。从家乡徐州到涧头集，需先乘火车到徐州贾汪，再坐一边坐人一边放行李的手推独轮车，然后走30多里的山路。学校是新建的，只有教室和办公室，没有宿舍，没有电灯。晚上，男教师集体住在教室里，由于只有我一个女教师，于是学校把我安排在距学校和村庄均约3里路的、半山腰上的破庙里。庙门是两张挡不住风寒的破木板，庙内端坐着个"神仙"，在"神仙"的右侧有张用土坯筑成的"床"，上面铺个草苫子就是我睡觉的地方。每当晚上回到这个"家"的时候，我都仿佛与世隔绝，静静的夜、冷冷的风，只听见远处传来的狗吠声和风打着门的响声。孤寂和

1962年，吴士美与丈夫徐厚骏的结婚照

恐惧像毒蛇似的向我袭来，常常吓得我夜无眠、泪湿枕。每当这时，我先生的声音都会依稀响在耳畔："当一名乡村教师是你的正确选择，我坚信你一定能成为优秀的乡村教师。""要想得到幸福，首先要学会吃得起苦。"先生的话不知伴我度过了多少个不眠之夜。到了白天，在学校从朝气蓬勃的学生那里汲取了力量和快乐，使我又振奋起来。真挚淳朴的学生和学生家长们那信任与期待的目光，给了我坚持、坚守、坚忍下去的力量。

同年，我的爱人毕业。当年，第二机械工业部、国防科工委和大庆油田都在争抢这 30 多个"第一届六年制流体力学专业毕业生"。分配方案几经变动，直到 11 月下旬，我爱人才被分配到煤炭部唐山煤炭研究所，但因他的档案已被别的单位拿走，所以迟迟没被安排工作，于是在 1963 年春节时，他歇了第一个"探亲假"，回家团聚。

1963 年暑假，我已怀孕，生活越来越不方便，枣庄市教育局为照顾我的生活，便把我调到交通比较方便、有教师宿舍、有食堂的薛城区周营公社中学（今枣庄市第四中学）。学校是一所初级中学，让我担任历史课老师。秋季开学后，我只上了一个多月的课就回徐州老家生孩子了，产假和寒假加起来，有 100 多天。到儿子 3 个多月时，由于自知无法继续带养孩子，就给孩子断了奶，将他留给年近六旬的婆婆喂养，我返回学校上班。

返校后，党支部书记告诉我说，我的工龄已满 5 年，按照政策可以给我涨一级工资，但我却把这级工资让给了更加困难的同事。学校有教师宿舍，但我觉得学生年龄偏小，为了及时帮她们解决困难，我便主动搬去了学生宿舍与她们同住。学生宿舍的大小与教室相仿，能放十五六张双层床，分上、下铺，可容纳 30 多个学生。我住下铺，每次夜间有学生起来上厕所，我都会陪同。一个风雪交加的早晨，起床铃响了许久，仍不见初二甲班的王成凤同学起床，我用手摸了摸她的额头才发现，她发高烧了。我急忙向领导请假，带她去 15 里路远的韩庄医院看病。路上，我用我的大红色羊毛围巾包裹住她的头和脖子，由于过了吃午饭的时间，我又给她买了一碗面条、两个鸡蛋。30 年过去了，1995 年春天的一个上午，王成凤从北京专程来济南看我，她眼含热泪地说："老师带我去韩庄医院看病，那条大红色的羊毛围巾、一碗面条、两个鸡蛋，我记一辈子。"至今，我们仍保持着联系。

学生全部住校，每周六上完课才回家，周日晚自习前返校。我和几位同事按预定路线，在周日晚饭后分头去 10 里路外接学生，帮学生将煎饼和咸菜罐提回学校，这是我们浓厚的师生情谊。那几年，学校师生学习毛主席著作的热情空前高涨，我也不例外。学校定期召开学习心得体会座谈会，领导往往点名让我发言。通过学习，我的政治思想觉悟有了很大提高。省教育厅来人调研我的先进事迹并帮学校整理材料，把我树立为"枣庄市可以教育好的子女""中宣部融化政策的好典型"。

1965年暑假，我回家探了亲，刚返回学校后不久便赶上了学校扩建，师生的主要任务是去离校约5里远的陶庄公社砖瓦窑厂运砖。那时我30岁，正

1964年，吴士美返校前与儿子合影

是能干的时候，我不顾自己已有身孕，每天一放学就去背砖，每次都背18块，一块砖约5斤重，总计90斤重。往返的10里路，我几乎是一路小跑，每天最少能背两趟，有时还会更多，而且兴致盎然。几个月过去了，到了寒冬，我穿着一身棉衣，加上怀孕，行动更加笨拙，又因劳累过度，导致先兆性流产。公社医院的医生让我卧床保胎，可我又坚持了两个多星期，直到放寒假后才回到徐州家中住院保胎，好在胎儿保住了。1966年4月10日，女儿出生了。由于我的体质较弱，产后腹泻不止，我先生马上请了一周事假从单位赶来照顾我，加上医治及时，我的身体状况逐渐好转。先生的假期结束了，可我的产假还没休完，他就将我和只有40天的女儿送到了学校。

师生情深

1969年，我被调到枣庄市齐村区北庄公社中学（今枣庄市第七中学）。学校坐落在距离枣庄市区50多里的山区地带。那里空气新鲜、山清水秀、风景宜人，是读书学习、生活休养的好地方，然而交通却极为不便。那时，我先生仍在千里之外工作，两个孩子一直留在徐州老家由婆婆悉心照顾，回一趟家需要先跋涉50多里坑坑洼洼的山路才能坐上火车，严冬大雪天顶着凛冽的寒风回家更是难上加难，离愁别苦时常在我心中隐隐作痛。每每到了周日和节假日，我都会去家访学生。学生家大多住在陡峭的山上，去时还能艰难地爬上去，学生家长会热情真诚地用新烙的地瓜干煎饼和老咸菜、炒鸡蛋招待我；返校时就不敢直立下山了，都是坐在山石上由学生和家长左右陪护着慢慢地向下滑。虽然条件艰苦，但能感受到厚重如山的乡情和桃李情，也是一件苦中有乐的事情。

1970年4月，我先生被调到薛城焦化厂（距北庄120里，其中50里是山路）。当年，薛城焦化厂在土法炼焦的基础上建起了机械化焦炉。70年代的设

施建设，实行的是"边设计边施工"政策，厂里的技术人员少，我先生一边要设计新的图纸，一边还要去安装工地解决现场出现的技术问题，往往是白天在工地处理问题，晚上在办公室画图，大概每隔一个多月才能骑自行车跑一趟120里外的北庄公社中学，我们仍是聚少离多。

两年多后，经过多方努力，我被调到薛城区金河公社学校（含小学和初中）教初中语文。在距薛城焦化厂10里远的公社学校里，我用芦苇围出了一间屋，结束了我们11年的分居生活。屋内除了能放下两张单人床和一张带两个抽屉的桌子外，连放凳子的空间都没有了，更艰难的是必须从井里打水。我先生一早去上班，晚上才能回来，回来后的第一件事就是为我们打够第二天用的水。学校的教师和学生都是周围村庄的，大家都会回家吃饭，我也急需解决在家吃饭的问题。于是，在我们屋外，一个男学生用"干打垒"的方法垒起两面墙，里面垒了一个炉灶，算是我们的厨房，但我还是喜欢在地上放3块砖架起一个锅，用秋天的枯枝落叶来烧火做饭。这位学生是吴庄的李元法，家境非常困难，他们母子二人住在一间低矮的茅草屋内，屋内是泥土地，只有一张床和一个小板凳。我和我先生去他家家访时，因屋门太矮，进门必须低下头。

1973年，在徐州的婆婆因脑出血住进了医院，我们便把两个孩子接了过来，一家四口就在这里安了家。那时，儿子9岁上三年级，女儿6岁上一年级，两个孩子就在金河公社学校的小学就读。学校课桌是用土坯筑成的土台子，学生需要自带小板凳。地上满是黄沙，铅笔、橡皮掉了都不容易找到。难以忘怀的还有张吉兰老师，那时的她是一位刚20岁的女孩子，家住在与学校隔路相望的薛庄，她高中毕业后在这里当民办教师，因离家近，帮我们解决了不少困难，她1973年考上大学后便离开了家。学生及家长、周围的村民都纯朴善良，我们相处得非常融洽。每当换季时，学生家长会送来新烙的煎饼和新鲜的时令蔬菜，浓浓的乡情令人难以忘怀。

一年后，我被调到与我先生工作的薛城焦化厂只有一路之隔的省重点薛城中学（今枣庄市第八中学），担任历史课老师和高一（2）班的班主任。当时的学制是初中两年、高中两年。我的历史课讲的是儒法斗争史，学生在物理课上则学习"三机一泵"（柴油机、拖拉机、电动机、水泵），学生的主要任务是学工、学农，这种情况一直持续到高考恢复。学校有十几亩地，分给我们班几亩地来学农。我们班的学生绝大多数来自农村，都很朴素、勤劳，从割麦子到种玉米，样样在行，秋收时更难不倒他们。我总担心累着他们，让他们歇一会再干，可我越说，他们的干劲越大，大汗淋漓也不休息。学生很担心我，认为我瘦弱，不会干农活，怕我受累。那年割麦的前一天，我很发愁，觉得地多、任务重，一夜未睡好觉。次日一早，当我赶到麦地时，麦子已全部被学生收割完了，捆绑得整整齐齐，堆成一垛一垛，我真的好感动。每次干活时，团支书孙丽，班长张伯杰，班委刘顺平、刘雁他们几人都会事先周密地计划好，到干活时一马当先，带领全班同学把事情办得妥妥当当，从不让我操心。我们的师生情谊之深，只能意会难以言表。

高考恢复

1977年高考恢复了，科学教育的春天到来了，阳光照亮了每个角落，人们充满希望，到处奔走相告。此刻的我正担任高考文科班的班主任，并负责该班的教学工作。我满怀豪情地踏上了庄严的讲台，那颗炽热的心又重新燃烧起来，夜以继日地努力备课，拼命工作。那时，我只有一个愿望：我要和学生一起把失去的光阴补回来，要把自己所有的知识毫无保留地传授给学生。

1977~1985年，我连续担任高考文科班的班主任。1978年，孙占元同学考取了山东大学历史系，后又攻读了硕士研究生；1981年，文科班的升学率达95%（包括中专），其中种衍岭同学的历史成绩是全省最高分；还有王新厚同学，前两次高考均差一两分未被录取，家境困难的他不愿再考，先生和我在暴热干裂的玉米地里找到了他，又去他家说服了他的父母，他坚持复读一年，终于在1981年考上了山东财政学校（后并入山东科技大学）；我的儿子1980年考上山东冶金学院，女儿1983年考上枣庄师范学校（后并入枣庄学院）；还有张杰同学，他是我在公社中学任教时发现的一个可造之才，我想尽办法将他转到薛城中学，后来他也考上了山东冶金学院。每每有学生来我家看望，总不忘说是我改变了他们的人生命运……其实，我不过是尽了一名教师应尽的责任。

无悔选择

时光飞逝，1985年我随先生工作调动来到济南，结束了乡村女教师的生活。儿子1984年毕业被分配到枣庄，女儿正好当年被分配在济南，1986年儿子调来济南，我们全家得以团圆。悠悠远去的陈年往事仿佛历历在目，那些校园岁月是那么火热、充满激情，师生情谊是那么深厚，令人神往。已

1971年春，吴士美的两个孩子

枣庄的学生来祝贺老两口金婚

近耄耋之年的我每每谈起学生、谈起过去的时光，总像小孩子似的兴奋。我迷恋三尺讲台的魅力，陶醉于桃李春风的情谊，挥洒的汗水没有白流，亲手浇灌的新苗已成为中华人民共和国的栋梁。我自豪，这是一个属于我的金色理想，一个为之付出全部心血的辉煌理想。

为了实现这个理想，我爬过陡峭的山，住过半山腰上的破庙，吃过无数的苦，然而在乡村教育这片热土上辛勤耕耘近 30 年的我，日复一日，年复一年，以知教人、以情感人、以行育人，始终执着无悔，这是我一生值得骄傲的事业。

绵绵的桃李情，如涓涓流水般始终没有中断。在济南的学生每年中秋节和春节都会到我家来探望；枣庄的学生每到济南来，也都会到我家看我；学生的孩子在济南上学，把我家当作自己的家。2012 年春天，枣庄 4 个区的 9 个学生聚到一起，专程开车来济南祝贺我和老伴金婚。

日子一天天过去，黑发染上了银霜，鼻梁上架起了老花镜。每当一批批学生走上了工作岗位，每当学生带着工作成果来到我的面前，每当突然听到一声"吴老师"，我的内心都会涌起一股春潮，我真正领悟到了作为一名乡村女教师的意义，我无悔于自己的选择。

（本文写于 2014 年）

困知勉行　天道酬勤

◎林育真

林育真，女，民盟盟员，山东师范大学教授（现已退休），研究生导师，多年担任动物学硕士点负责人，长期从事生态学及动物地理学的教学与研究。个人撰写、译著及参编出版图书 30 多部，国内外发表论文 52 篇。1989 年通过国家级德语考试，得到教育部、德国学术交流中心及德方高校的研究资助，多次公派赴德国实施并完成国际合作科研课题，多项研究成果获省级奖励，1996 年获山东省科技进步二等奖（第一位）。她一贯热心科普工作，致力于科普创作，2018 年和 2020 年先后获得山东省首届、第三届科普创作大赛一等奖，2021 年获评山东省科学技术奖二等奖（第一位），撰写的《地球不能没有动物》（全 10 册）原创科普图书入选 2020 年度全国科技部优秀科普作品名单。现为中国科普作协会员、山东省科普团成员、山东省青少年科普专家团成员。曾任第七届、第八届山东省政协委员、常委，先后 3 次被国务院及民盟中央表彰为"全国先进工作者"。

林育真

我出生于抗日战争全面爆发的 1937 年，父母、爷爷、奶奶、外婆都是缅甸归侨。我的祖辈几乎都是文盲，他们年轻力壮时和许多乡亲一样，背井离乡远赴南洋（缅甸仰光）谋生，经过多年的勤劳打拼，积攒了些钱供养我父母回国求学。我的母亲曾就读于福建集美中学，父亲曾就读于复旦大学（1958 年，我于山东大学毕业准备工作时，发现家里有一枚镌刻"复旦"二字的戒指，它曾被我母亲用作系晾衣绳的"小铁环"）。我的祖辈和父辈大多是在离散奔波和劳碌中走完了自己的人生。

我比祖辈们幸运：童年时期虽生活在重男轻女严重的旧社会农村，但有幸能够上完小学；新中国成立后，在侨汇断绝、学费没有着落的年月，依靠奖学金和免学费的政策得以继续求学；在直系亲属蒙冤20年的情况下，仍能坚定信念照常进行教学工作；在服从分配承担副课和新兴课的情况下，顺利晋升为教授；在五旬之年通过了国家级德语考试，获得了出国的资格和资助，多次作为高级访问学者公派赴德国实施并完成多项国际合作科研课题；我加入民盟不久，被推举为学校民盟总支部主委，并被选为山东省第六届民盟省委常委，得以有机会为广大盟员服务；我先后担任两届济南市政协委员，后又担任两届山东省政协委员、常委，有机会参政议政。

从小学、中学、大学到毕业工作，从助教、讲师、副教授、教授到通过考试走出国门，之后海归，我和同时代的人们一样，经历了大大小小的考试、考查、评审和评议。现在回想起来，自己之所以能够成为教授级知识女性，关键在于通过了三场重要的考试。

三场考试   记忆犹新

幼时，我家居住于厦门鼓浪屿，20世纪40年代初，父母为躲避日寇侵袭，举家迁到农村老家。当时，老家和附近村庄都没有小学，多亏几位归侨和侨眷联手办了一所农村学堂。我就在这所只有二三十名学生和两三名老师的简陋学校里读完了小学。上小学时，无论冬夏，我都光脚上学。

至今难忘的第一场考试，就是小学升初中的考试。1948年夏，我11岁，先报考了福建集美中学并被录取，但因负担不起学费，转而报考了福建省立厦门中学（今福建省厦门第一中学）。当时，从老家到厦门只能乘坐一种很小的木帆船：顺风顺流时，船夫张起船帆，船行较快，3~4小时就能到达厦门；逆风逆流时，要靠船夫摇橹，船行极慢，需8小时才能到达。我至今仍能回忆起海上颠簸、晕船、呕吐等各种情状，且由于整个航程毫无安全保障而令人惊恐不安，更让人刻骨铭心。

小升初的考试中有个细节至今难忘，就是考题中有一名词"狼狈"，我自感解答不好，出了考场还在懊恼。有同学笑道："这回你可要'狼狈'了。"这更让我以为自己没学上了。不久，录取名单公布，我居然榜上有名！这才让我的"狼狈"之情得以释然，也因此我母亲重新把家迁回了厦门。从此，我牢记"狼狈"一词，并努力避免在以后的学习中再次与它相遇。

至今难忘的第二场考试是参加1954年的高考，考场设在80公里之外的漳州市，考生都必须在那儿住宿，考试科目为数学、物理、化学、语文、英语、生物，连考 3 天。当年的高考情景和现在完全不同：考前没有强化辅导或模拟训练，所有考生均无家长或亲友陪同，也没有什么电讯联络。记得生物考试是在最后半天，那天我发着烧，感到浑身不舒服，但依然提起精神入场应考，并答完了整张卷子。随后，我顺利被山东大学生物系录取。实际上，早在我的学生时代，考场就已经像人生的战场一般了。如果当年不是坚持"小病不下火线"，可能我后来的人生轨迹就不是"学习——教学——研究生物科学"了。

1958 年，大学毕业前的林育真

至今难忘的第三场考试是在改革开放后，即 1989 年的国家级德语考试，我是为争取当时稀少的公派出国名额而自愿报名参加的，那年我已 52 岁。1987 年我才从本校地理系调入生物系，工作忙、时间紧，按理说很难准备好这种高端的考试。但我知道，如果能通过考试，将得到教育部的资助，学校也会予以批准。我其实不忍离家远行，但新工作需要我出去开阔眼界，去学习了解新兴学科生态学的研究前沿、硕士生培养方向和实验室的建设经验。

那时，教育部设立的德语考点在上海第二外国语大学，动身前我还在学校忙着本科生的毕业论文工作，匆忙地购买了火车票，也来不及带任何吃食。当年从济南到上海的车程要 10 多个小时。下火车后，我一手举着雨伞、一手拿着地图找路，冒雨到达考场附近，住进一家宾馆。第二天一早就要开考，可当晚直至深夜，宾馆外面马路上的汽车声仍不绝于耳，令人难以入眠。第二天，我早早起来，本想饱餐一顿以应对 3 个小时的"国考"，没想到这个廉价宾馆的早餐只有开水泡剩米饭，我就这样半饥半饱地参加了考试。

尽管这场考试距今已 30 余年，可当年考试的情景依然历历在目。我是理科教师，自学德语以掌握语法、会阅读翻译为主，考前几乎没有条件和机会进行听力测试，在考场上是头一回头戴着耳麦考听力。起初，我很不习惯，似乎什么也听不懂，于是我赶紧提醒自己："集中注意力，注意！注意！"靠着多年当老师的定力，我把全部的注意力拉回考试中来。当耳麦里传来关于"酸雨的形成和危害"长篇报告的十几个问题时，我已经完全放松了，因为"酸雨"是我熟悉的科普内容，后面所考语法、翻译和阅读理解等题型，对我来说都没有什么困难了。

当年学校规定，参加此类考试，如果通过就给报销全部费用，通不过就全部自费。走出考场时，我已确信自己能达标。

1990 年，我安顿好年迈的母亲和离休在家养病的老伴，第一次飞出国门去往德国。在德国工作期间，我用德语作为工作语言。由于勤奋努力，我申报的课题先后获得德国学术交流中心、王宽诚教育基金会、德国菲利普大学以及哥廷根大学动物研究所等部门的资助。20世纪90年代，我作为高级访问学者和科研学者，先后多次去往德国，实施并完成多项国际合作科研课题。回国后在职期间，我还多次受教育部和山东省外办委托，接待来华讲学、访问交流的德国教授、博士，组织安排他们在山东师范大学、曲阜师范大学、中科院动物研究所及山东黄河三角洲国家级自然保护区等地做学术报告，并在我校实验室帮助指导研究生，共同取得了比较丰硕的国际学术交流成果。

自学德语　学以致用

1960年"三八"国际劳动妇女节时，我的内心萌动出一个念头，希望能掌握一门新的语言，因而开始自学德语。在60年代，"小语种"德语还少有人问津，起初连课本、教材都难见到。我克服种种困难坚持学习不放弃，并努力做到将这门外语"学以致用"，为国家、社会和学校做了一些有益的工作。

在就读农村小学的整个阶段，我什么外语字母都没见过；中学阶段则从初一开始每年都有英语课，那时的英语学习只能靠老师课堂讲授，没有课外辅导培训和音像、视频等辅助教学。记得高中有一段时期，我感觉英语课听不明白了，旧课还没有消化吸收，新课就一堂接一堂压下来，这回真的又"狼狈"了！恰巧这时，班里的同学们都在议论我班的陈姓"学霸"在家阅读英文版《红楼梦》的事，这让我实在自愧不如，也触动了我的心弦。那年暑假，我拿出初中几年所学的所有英语课本，由浅入深，一课一课地向后"捋"，边复习边巩固，硬是靠自己把所学的英语知识给理顺了！开学再上英语课时，居然学得有兴趣了！

1954年秋，我考入山东大学，当时规定大学生只许学俄语。这对我们这些中学时期一直学英语的学生来讲，又得从"零"开始，而从上海考来的新生在高中时已学了3年俄语。我和大部分同学一样，必须"重打锣鼓另开戏"，从学俄语字母开始，但奇怪的是，我被老师指定为班级的俄语课代表。我想，老师指定的依据可能是高考的外语成绩吧，想来我利用暑假自学英语还是颇有成效的。

世事难料，我们这拨大学生辛苦地学习了3年俄语，刚刚尝试参阅专业图书时，却因中苏关系的大环境变了，既找不到俄语资料也用不上这门外语了。我学习了英语和俄语，但都没能进入应用阶段。参加工作后，在20世纪60年代初期会议少、课程少的情况下，我开始自学德语，坚持下来很不容易。1962~1964年，我脱产两年专门学习自然地理学。1965~1966年，我被派遣为"四清"工作队员。在此情况下，德语学习几乎难以坚持。

我之所以还能坚持下来，主要是因为我遇到了一位极好的德语启蒙老师，他就是1926~1931年留学德国获得理学博士的孙方锡老师，他也是我见过的外语藏书极多的老师之一。当年，他教年轻人学德语纯属热心教学，没有分毫收益不说，还拿出许多德文图书和字典送给学生。1963年，校领导请孙老师开办"业余德语班"，起初有60多人报名听课（均为免费学习），到结业考试时只剩6人了。在德语班，我认识了省图书馆的研究馆员，得到了他们的帮助，使我能够借到或买到当时难得的德语教材和参考书。"文革"期间，孙老师的很多藏书都被"抄"走了，幸亏我手里还有德文版的《毛主席语录》《毛泽东诗词》和《毛泽东选集》等资料。我把它们带在身边，得空就阅读几行，既能背诵语录和诗词，又能积累德语词汇、熟悉语法。

20世纪60年代后期，在中央"抓革命、促生产"的方针指引下，山东省开始引进部分西德的设备、仪器及专利发明，想不到这为我带来了"学以致用"的机会。"文革"期间，我曾先后应邀为省内一些工矿企业、研究所、医院和大学翻译了数十万字进口机器、仪表的应用保养指南和专利的说明书等。1978年，济南市教育局原局长袁驼出访西德，他带回了一本《西德教育综合报告书》，并通过学校教务处让我为之笔译全书。虽然这些工作全是无偿的，但它们都成了我人生中宝贵的财富。

"文革"期间，地理系改名"十一连"，管理趋于半军事化，这类和"洋文"打交道的工作须经当年革委会的同意和安排才可去做。我知道，承担这样艰巨的任务没有任何报酬或奖励，有的只是应负的责任。1968年，山东新华印刷厂送来"罗兰两色胶印机"的全套德文安装、使用、保养指南，领导让我帮助将材料译成中文。在我提交中译资料后，该厂领导请专家师傅来济南进行安装调试，我也应邀到现场对机器上的一些德文标志进行即时翻译和解释。这项工作对我而言着实是一次难忘的考验。几天后，印刷厂的师傅来到学校，送给我一百多张第一批彩印出来的《毛主席去安源》图片。我知道，这台进口的印刷机已经开始正常运转了，我那颗悬着的心这才放下来，感到由衷的高兴！

"文革"期间，我翻译的许多资料都超出了我的专业范围，难度大、责任重，无名无利又操心费力。然而回想起来，我为自己当年能够勇敢、果断地接受这些工作并最终细致认真地完成而感到欣慰。无疑，这些磨炼也为我学习德语夯实了基础，使我在20年后的半百之年，能够轻松顺利地通过国家级德语考试，并在德国真正进行课题研究工作。

1990年，林育真摄于德国菲律普大学生物系楼前

1977年国家恢复高考后，头几年的山东省高考德语试卷由我进行评阅。80年代中期，我还曾分别在山东省科技馆和山师大开办的德语培训班担任讲课老师。即使古稀之年，我仍能鼓起勇气，学习应用网上字典和CorelDRAW等软件，完成40万字的《地球的生态带》、16万字的《向动物学习》两本德译中书稿，这两本书分别于2010年和2013年在高等教育出版社和山东教育出版社出版。为此，原著作者一再诚挚地邀请我前往德国，我因需要照顾家庭而不能远行，但仍感受到了德国同行的热情和敬业精神。

立足教学　尽职尽责

我是教师，教学是本职工作。与同时代的其他教师一样，我一生都在高等学校的教学、科研第一线，承担和完成了大量基层教学工作。从教以来，先后为本科生、专科生、函授生、研究生、助教等讲授动物地理学、生物地理学、动物生态学、生态学原理与应用、山东动物区系与生态等课程，对教学工作始终认真负责，深得广大学生的尊敬和爱戴。

1958年我大学毕业时，工作必须由学校分配。起先，我被分在山东师范学院（山东师范大学前身）生物系，报到时见不到教学和研究的景象，学校最热火朝天的地方是几处自建的土高炉，全校教职工都在为"大炼钢铁"而忙碌，我也被安排干了几周捡矿石、砸焦煤的工作。不久后，学校恢复了正常的教学秩序，我本希望能进入动物学教学领域，然而一纸调令将我调入了本校的地理系，理由是"学习苏联莫斯科大学，地理系准备开办生物副系，目前先招教师开设植物地理课和动物地理课"。于是就这样，开启了我在地理系教授动物地理学长达27年的生涯。

在地理系，我得到了良好的自然地理学的熏陶。当时这门课在国内属于少数大学新设的学科交叉边缘课，我努力搜集材料、自编教材、油印讲义、认真备课，靠着自己曾是山东大学优等生的底气，很快把这门新课独自承担起来，得到了领导和学生的认可。随后，通过脱产两年进修自然地理学，参加自然地理野外实习，参与山东河流志调查、山东农业地理调查，参加中科院地理所组织的"华北地区旱涝碱虫灾害调查与制图"等工作，使我逐渐提升了自己的生物地理学素养，提高了自然地理认知能力，由此逐渐取得在地理学科业务方面的发言权，并发表了一批论文，出版了多部图书。

例如，1976年，在由山东省农林局革委会主编、山东人民出版社出版的《土壤普查与诊断》一书中，我除了负责编写第一章外，还得到业务主管部门的信任，负责全书的统稿、地图清绘工作；1982年，我单独撰稿和绘图的16万字《动物生态学浅说》一书，在山东科技出版社出版，其中"山东动物区系与生态"的相关内容，是有关山东省动物界概况及其生态地理分布的最早报告；1982年，以我为主编译的《世界地理图说》一书，由山东科技出版社出版；1984年出版的《富饶的山东》一书，是专门为国庆35周年而著述的，书中与山东省陆地野生生物、海洋生物、淡水动物、畜禽蚕业等有关的部分由我撰写，全书也由我统稿；1987年，我作为主编之一参与出版《山东省地理》一书，这本书后来被美国两所大学图书馆引进为数字化出版物；1981及1986年，我作为主要参编者，在东北师范大学出版社和高等教育出版社先后出版两版《动物地理学》，后者为部颁教材。此外，我还主编和参编出版了多部科普图书。

伴随着改革开放的脚步，教育事业得到迅猛发展。到了个人可以自主选择从教课程和研究方向时，我申请调至本校生物系。挽留、谈话、协调……使得申请拖延了一年多时间才通过，直至1987年春我50岁时才调入生物系。1992年，在全省职称评定冻结3年又解冻时，我被评为教授，并于同年担任动物学教研室主任、硕士研究生导师及动物学硕士点的负责人。1990年起，我开始主持招收本校动物生态学专业的研究生，连续培养研究生11届，至2003年我66岁退休时才"交差"。

我知道，要教好新兴学科生态学，不仅要储备好学科知识体系，还要密切联系地区自然条件和生产实际。为了研究和积累宏观生态学的教学资源，我曾不惮野外条件艰苦，带领研究生做了大量实地的调查、采捕、取样及分析研究工作。在我出访德国期间，一方面考察了欧洲的一些自然保护区、

20世纪90年代，担任研究生导师

生态实验场，另一方面利用其先进的实验室平台，进行了微观的生理生态实验研究。通过这些科研实践活动，我不仅取得了丰硕的研究成果，还充实了教学内容，既掌握了理论体系，又熟悉了实践例证，从而使我在课堂教学中能将国内国际的著名生态实例与前沿的知识点相结合，并用生动的语言传递给听众，给学生留下深刻印象。

截至 2003 年退休时，我在国内外专业刊物发表学术论文 52 篇，其中 5 篇发表在美国《实验动物学报》《形态学报》及德国《哥廷根自然科学》杂志上；个人撰写及合作编著并出版图书 15 部；发表科普文章 40 多篇。几项研究成果获省、校级奖励。其中，1995 年获省教委科技进步三等奖，1996 年获山东省科技进步二等奖（第一位）。我曾被选为全国动物地理研究会常务理事、山东省农业生态环保学会常务理事、山东省实验动物管理委员会专家组成员等；由于做了较多科技推广与普及工作，曾于 1986、1988、1992 年 3 次获评"山东省优秀科技工作者"；1999 年获颁"全国归侨侨眷先进个人"；2001、2011 年，民盟中央两次授予我"全国先进个人"称号。

在多元化的社会，这些荣誉和奖励并不能说明什么。但令我欣慰的是，我能调到生物系工作，并为当时"气息低微"的动物学硕士点增添了活力；我在国外研究发表的几篇论文，为当年学院申报获批"动物抗性生物学"省级重点实验室增添了分量；我的努力为后来生命科学学院研究生教学点的建设和发展起到了承前启后的作用。

本着传道、授业、解惑的为师之道，我不断努力将自己的授课内容转化、提炼为正式出版的书刊、教材。退休后我也没有休息，主编的新世纪教材《生态学》于 2004 年由科学出版社正式出版，并于 2011 年再版。退休至今，我笔耕不辍，先后又出版了 10 余部原创图书，其中大多为彩色印刷，深受青少年的喜爱；另有 60 篇科普短文问世。我一生所撰写的书稿或短文都是"科"字当头，内容全是有关科学的、科技的或科普的。不管是在古稀之年还是耄耋之年，我都会不断鞭策自己，不忘初心、牢记使命，把传播科学知识、弘扬科学精神、倡导科学思想、传授科学方法，当作自己永恒的责任。

我在民盟基层服务二十年

◎林育真

从 1985 年加入中国民主同盟（以下简称"民盟"），到 2007 年民盟山东师范大学总支部换届交接，我在民盟基层担任支部委员、副主委、总支部主委前后历时 20 多年，这是提升、锤炼我基层服务能力的 20 年，也是丰富我人生经历的 20 年。

前辈指引 组织信任

1958 年 7 月，我大学毕业后被分配到山东师范学院（1981 年更名为山东师范大学）工作，从此便和这所高校结下了不解之缘。20 世纪 80 年代初，改革开放的春风吹遍了神州大地，在民主党派恢复组织建制的新形势下，我加入了民盟。我的入盟介绍人是田凤翰先生，当时他是山师生物系知名教授、民盟支部主委。田凤翰先生是我的入盟引领人，也是我学习、研究生态学的良师益友，我为有这样的先贤前辈而感到荣幸。

我在民盟的基层服务是从负责支部的宣传工作开始的。当时我毫无经验，眼见盟员们分散在不同的科系，想让大家共享信息、凝心聚力，却不知从何入手。支部里的老支委苗永明先生建议"依靠盟员投稿，创办支部盟讯"，并指点我向田仲济先生约稿。田先生是民盟的老领导，又是大文豪，当时他正担任副校长，我心里很是忐忑，不知他是否会为基层的这份油印"盟讯"拨冗撰稿。但令我意外的是，当田校长得知我的来意后便满口应允，而且第一个交稿。他审时度势，写了题为《发挥优势，为建设两个文明而努力》的文稿。这篇文稿观点鲜明，号召力强，正好可以作为《山东师大盟讯》第一期的开篇。有了田老的带头示范，支委和盟员们都纷纷热情投稿，并积极参与支部的工作。后来，《山东师大盟讯》和《支部简讯》成为当时我们盟内成员加强联系、交流思想、推动学习、传递信息的良好媒介。

学校民盟支委会的工作锻炼了我，增强了我服务基层的信心，使我深入学习和领悟到改革开放后民盟的党派属性及盟员职责，更加拥护和坚持以中国共产党领导的多党合作和政治协商制度，积极宣传中国共产党的一系列路线、方针、政策。

1990~1995年，我作为高级访问学者、研究学者，先后3次被公派前往德国，其间近3年缺席了副主委的相关工作。1995年初，我第3次海归返校，支委和盟员同志们依然热情地欢迎我重返民盟支部工作。这时的支部主委是武殿勋教授，在他的举荐下，经各方民主协商和全体盟员大会投票，我被推选为主委。后来我才得知，为了做好新老交接工作，武老师拖着病体，协助校统战部、民盟省委会做了大量认真细致的工作。1999年，病魔夺走了武老师的生命，我失去了一位谦和诚恳、悉心为盟员服务的良师楷模。

心系民盟　尽力而为

在担任学校民盟总支部主委的11年里，我始终初心不改：不辜负广大盟员和组织的信任，心系民盟，尽力而为。在民盟支部里，我带头贯彻执行学校党委、民盟省委会的各项指示要求，积极开展各项活动，团结支部委员和全体盟员，把组织建设、思想教育、宣传工作、妇女工作、参政议政、社会服务等工作开展得更加蓬勃兴盛。

通过各种活动和渠道，我认识了支部里的每一位盟员，制作了完整的盟员信息表，以便民盟省委会在遴选人才、组织活动时做参考，同时在支部内部也将表印发给各位支委和小组长，便于盟员间互相联系。1999年3月，根据民盟省委会的建议，成功组建了包括山师大两个附中的支部盟员在内的总支部，组建了4个新的支委会，理顺了组织结构，让各项活动开展得更加生动活泼。

我及时关注到基层盟员队伍年龄老化的情况，并采取有力措施多层次、多渠道地发展新盟员，两三年间发展了30多名中青年骨干盟员。后来在这批素质好、学术造诣高、年轻肯干的盟员中，多人成长为民盟省委会、民盟市委会的委员或领导干部。

在思想建设方面，总支部有意识地结合"三点"——民盟的特点、时事的热点、学校工作的重点，通过精选学习材料，吸引广大盟员积极参加总支部组织的学习活动。在新老交替、新盟员日益增多的情况下，总支部坚持要求每位新盟员都要参加一期民盟省委会举办的新盟员学习班。这项培训对于盟员深入学习盟章、了解盟史大有助益，通过宣传教育，切实提高了盟员的自身素质，使民盟总支部能够保持积极活跃、稳定团结的好局面。

山师民盟总支部先后于 2004 年和 2006 年被评为"山东省民主党派为经济建设服务先进集体""中国民主同盟先进基层"。成绩的取得是全体盟员共同努力的结果，我个人也因此而更加努力，除了定期向民盟省委会做好工作汇报外，还在《联合日报》《山东民盟》等报刊发表多篇专题文章，如《基层组织工作大有可为》《提高盟员整体素质，开拓参政议政新局面》等。

盟友情谊　山高水长

1988 年，我荣膺民盟第六次全国代表大会代表并列席大会，结识了盟员曾呈奎院士，这使我有机会向曾老请教。我从这位德高望重的院士身上汲取了奋进的力量，学习了他"活到老，工作到老"的精神。

1997 年底，我再度当选民盟第八次全国代表大会代表。赴京参会前，省委统战部领导嘱咐我照顾好时任全国妇联副主席孔令仁教授。那时，孔教授的身体和精神尚好，对会议程序、日程安排等一应事宜了然于心，反倒是她照顾我了。我还记得，孔教授交代我注意收集女同胞的诉求，时时心系妇女工作，这让我很有感触。

我退休后，决心像曾老那样"退而不休"，继续做一些力所能及的工作。我不断撰写并出版教科书、译著、科技及科普图书，举办公益科普讲座，为科普事业尽心尽力。

当年，我花费了很多时间和精力做基层工作，因为那时交通不便，尚无手机、网络等通信条件，很多时候要靠人力传递信息，我忘不了吴俊良、谢勇等支委和盟员对我的帮助，是他们帮我分担了许多工作，感谢所有支委和盟员的团结协作，使我能顺利走完服务基层的征途。

2020 年 2 月至 4 月，新冠疫情较严重时期，盟友程道平、耿越顾念我年事已高，多次帮买生活物资送至家门，使我们老两口得以安全、放松地生活。

盟友情谊，山高水长。

一个当代知识分子的情怀与风度

——记山东师范大学教授张景焕

◎王　慧

张景焕

从接受大学教育开始，张景焕就与师范结缘。最初，她在大学当了几年的大学教师，后选择进一步深造，东北师范大学、山东师范大学、北京师范大学分别是她攻读学士、硕士、博士学位的母校。毕业后，她一直工作于山东师范大学。她热爱自己的教学和科研工作，投入了大量精力和时间，拥有耀眼的职业发展经历：硕士毕业后3年晋升为讲师，任讲师3年后被破格晋升为副教授，任副教授满5年后晋升为教授；博士毕业后2年被遴选为博士研究生导师。张景焕一直耕耘于教学科研一线，用自己辛勤的汗水培养了一批又一批学生。

教书育人　学生知己

作为山东师范大学心理学院教育心理学的学科带头人，张景焕教授特别关注本学科的发展和教学改革，分别主持了研究生与本科生的教育心理学省级精品课程与教育改革项目，并于2002年获"山东师范大学教书育人先进个人"称号，2007年获校级优秀教学成果奖，2009年获"山东师范大学研究生教育与学科建设先进个人"称号。

作为一名教师，张景焕极具个人教学魅力。她的授课方式灵活多变：或系统全面地讲解理论知识，或结合实际提出一些发人深省的论题，引导学生做广泛、深入的思考。她深入浅出的讲解，为学生呈现了一幅幅多姿多彩的心理学图景，学生在她的课堂中总是受益匪浅。

对于学生而言，张景焕不只是一位有着丰富教学经验、传道授业的良师，更是一位可以倾心交谈、解答人生疑惑的朋友。她不仅教会了学生以认真严谨的态度对待学习与科研，更重要的是，学生都以她为榜样，学会了如何做一个实现自我、奉献社会的人。她说，作为一名教学与学术研究工作者，很多研究成果可能不会即刻产生效益，但是我们在一定的时间里做了应该做的事，这也是对社会的一种贡献。她经常提醒学生，现代社会更需要合作精神，"要想走得快，一个人走；要想走得远，和别人一起走"。每当有同学心情苦闷、内心迷茫时，她总能耐心疏导，鼓励学生积极乐观地面对生活。她常说，心理学是美的，作为一名心理学的学生，我们首先要用心理学的思想指导和创造生活，让自己的心态健康而阳光，然后我们才能够用自己的切身体验、用自己阳光的心态去影响和带动别人，让世界因为我们而更加阳光和美好。

孜孜不倦　潜心科研

20多年来，张景焕教授一直本着精益求精的态度致力于教学科研工作，在其研究领域取得多项成绩。她的研究涉及创造力发展与促进、心理咨询与辅导、人际沟通与交往等。她先后主持并完成全国教育科学规划课题2项、教育部人文社科项目2项、山东省哲学社会科学重点课题2项、山东省自然科学基金项目1项以及山东省教育厅人文社会科学课题、教育科学规划课题7项；在《心理学报》《教育研究》等心理学科重要学术刊物上发表论文70多篇，为心理学研究做出了突出贡献。

张景焕教授不仅取得了较高的学术成就，还将这些理论成果应用到实践中。她先后出版了《创造教育原理》《创造型教师》《尊重教育》《教育心理学》等学术专著、教材7部，主编小学生教学改革教材3部。其研究成果先后获得教育部基础教育改革与实验优秀成果一等奖，山东省社会科学优秀成果一、二等奖等奖励11项。她主编的《教育心理学》蕴含了其教学经验的精髓，并充分结合了教师的教学实践，为从事教师工作的一线教师和即将走上教师岗位的师范生提供了可行性教学范本。她编著的《创造型教师》综合了其创造力研究团队的研究成果，提出了"创造性教学"的观点，开拓了教师职业发展的新模式。

张景焕教授主持的"创造力开发实验与研究"曾被《人民教育》等刊物做了专题介绍，在国内引起较大反响；她构建的"一体两翼"创造教育模式被誉为"国内创造教育的主流模式"；她发表于《中国教育学刊》的《高端创造人才特点及对教育的启示》一文被《新华文摘》全文转载，发表的《科学创造人才成长历程分析》被收录进《超常儿童成长之路——中国超常教育30年历程》一书；她的研究成果"小学教师的创造力培养观与创造性教学行为的关系：教学监控能力的中介作用""具有创造成就的科学家关于创造的概念结构"获省社科优秀成果二等奖，"创造力的投资理论及其对创造性教学的启示"获省教育科学优秀成果一等奖。张景焕多次在国际会议上与同行们交流研究成果。2009年，她所做的"关于学校创新气氛作用机制"的主题发言引起了与会者的广泛关注，她也被邀请加入国际杰出人才开发研究会，成为该会的全职会员；她还应邀为欧洲高能力研究学会专业学术杂志作特约评论，在国际上产生了一定的影响。

不忘使命　服务社会

张景焕教授在致力于教学和科研工作的同时，还积极投身社会服务工作，发挥了一名心理学专家的社会作用。作为山东省人民政府应急管理专家组成员，她积极参与并完成了相关应急管理工作，先后2次应邀到山东电视台进行应急管理知识讲座，收到良好社会反响；她结合山东省政府应急工作的需要，开展了"突发公共应急事件关键技术研究"和"公众社会情绪及其预警机制研究"2项研究活动，研究成果直接用于指导应对突发公共事件应急处置工作之中。2011年，她被山东省政府办公厅授予"应急管理先进个人"称号。

作为山东省大学生心理健康教育中心特聘专家，她积极从事心理学与教育科研知识的普及工作，积极响应党的十七大报告中关于"加强和改进思想政治工作，注重'人文关怀'和'心理疏导'"的号召，深入工矿企业、学校、医院进行广泛社会调查，了解和解决民众所关心的心理学问题，设计并督导实施了"中小学教师心理健康教育""各类职业工作者压力来源与管理"等培训计划；作为山东省创造教育研究会副会长、国际杰出人才开发研究会全职会员，她主持了"中学生创造力培养与开发"课题并受到社会广泛认可，有力地推动了素质教育的深入开展，对培养学生的创新精神和实践能力起到独特作用，在山东省乃至全国产生了深远影响。

作为中国社会心理学会理事、中国心理学会社会心理学分会理事和山东省社会心理学会副会长，张景焕始终不忘自己的使命与职责，积极投身中国心理学事业建设，为心理学的蓬勃发展贡献着自己的力量。2011年12月，张景焕当选为济南市历下区第十七届人大代表。作为人大代表的她，将心理学研究工作带到了政府的规划与决策中，用自觉的劳动和行动实践着她的人生信条。

在她的身上，我们看到了当代知识分子的情怀与风度。正像她所说的：作为一名教师，不仅要有甘做云梯让后人扶梯而上的精神，更要苦练内功、静心自修，不断提升自己的人生境界；作为一名学生导师，不仅要有学术上的远见卓识，还要有心胸气度与格局，唯有如此才能帮助学生全面发展；作为一名当代的知识分子，也要有学者的"愚钝"与敏锐，从而能够沉下心来潜心钻研，登高望远，规划未来，服务社会。

【作者简介】王慧，女，山东教育出版社编辑。

山东省著名中医药专家——李碧教授

◎吕允涛

李 碧

李碧，女，汉族，1931年9月出生，籍贯广东省新会县（今广东省江门市新会区）。中国致公党党员，山东中医药大学教授，硕士研究生导师，山东中医药大学学术委员会委员。曾任《山东中医杂志》《山东中医药大学学报》审稿委员，中西医结合研究会山东分会副理事长，山东省第五届、第六届、第七届政协委员，中国致公党第一届山东省委员会委员，曾被选入《中国当代中医名人志》《中国当代人才荟萃》《世界优秀医学专家与人才名典》《东方之子》等书。1983年，被批准享受国务院政府特殊津贴；2003年12月，被山东省人事厅、山东省卫生厅授予"山东省名中医药专家"称号。

李碧少年时代曾在香港居住，抗日战争胜利后从香港回到家乡。1950年，她就读于齐鲁大学医学院（今山东大学齐鲁医学院），1955年毕业；毕业后，在山东省立医院任内科住院医师；1958年，参加山东省第一届西医学习中医班，拜山东省老中医王玉符先生为师，历时3年，获得了卫生部（今卫健委）颁发的西医学习中医毕业文凭；1975年，任山东中医药大学内科教研室主任和山东中医药大学附属医院内科主任；1980年，晋升为副教授、副主任医师；1984年，被批准为硕士生导师；1987年，晋升为教授。

李碧加入致公党、成为政协委员后，积极参政议政，切实履职尽责，提出了一些对社会、对人民、对卫生教育事业有益的提案，曾被评为"山东致公党优秀党员"。她也是山东省致公党组织的第一批赴菲律宾为华人、华侨义诊的成员之一，受到菲律宾群众的热烈欢迎。

李碧从事临床、教学、科研工作近 60 年，学贯中西医，擅长治疗内科杂症，尤其善于泌尿系统疾病的防治。她治学严谨，活用古方、创制新方，对中医脉诊和舌诊都做出了临床和基础研究。在山东中医药研究所工作期间，为了对布鲁氏杆菌进行研究，她在山东崮山乡间待了 3 年。除此之外，她还做了数年风湿与类风湿病的研究。学术上，她主张辨证与辨病相结合，运用现代医学的各种方法明确诊断、观察疗效，注重燮理阴阳、标本兼顾。在繁忙的诊务之余，李碧撰有《脏腑用药与代表方剂》《对于补中益气汤甘温除热的体会》《130 例无黄疸肝炎脉象的研究》等论文，参加过"舌象实验室检查复方及临床意义""阴虚阳虚症人舌象观察指标的初步分析"等科研项目。曾与山东省中医院首任院长李惠民共同研制脉象仪，先后总结了 28 种脉象图形，并对 300 余例临床脉象作了系统分析和总结，使中医脉象理论能用现代科技成果加以表现和证实。她所撰写的《中医不同辨证患者舌苔细胞脂酶反应的初步探讨》一文获山东省教育委员会（今山东省教育厅）科学技术进步论文三等奖；《中医不同辨证与唾液蛋白含量变化的关系》一文获山东省科协第三届优秀学术论文三等奖；"舌诊教学幻灯片的研制"获山东省中医药大学科学技术成果二等奖。主要著作有山东人民出版社出版的《中医内科学》。

1993 年 12 月退休后，李碧仍坚持在临床医疗第一线，每周在山东中医药大学中鲁医院坐诊 3 个半天，全心全意为病人服务，急病人之所急；带教山东中医药大学进修生、实习生工作，言传身教，培养了一批批专业技术精湛的青年医务工作者，带教硕士研究生两名，专业助手数人。李碧经常对青年一代说，她很感谢中国共产党，感谢山东省侨委、侨联和致公党对她的指引和关怀，她的工作和所走过的道路与他们是紧紧相连的，感谢他们让一个没有什么理想、什么也不懂的"小归侨"走出这样丰富多彩的人生，她决心把自己的一生都奉献给卫生医疗事业。作为全国知名的肾病专家和爱国人士，李碧学验俱丰、德高望重，在山东乃至全国享有较高声誉。尽管这样，她却淡于功名，热心奖掖后进，始终为中医和中西医结合工作辛勤而忘我地奉献着。

【作者简介】吕允涛，男，山东省淄博市人，山东中医药大学中鲁医院肾病科医师。2005 年毕业后即师从李碧教授，在山东中医药大学中鲁医院临床学习、工作至今，并得到李碧教授的悉心教导。临床学习期间，他不断总结李碧教授宝贵的临床经验，并深入研究、刻苦钻研，先后发表《李碧教授治疗慢性肾炎临床经验》《益肾汤治疗血尿》《李碧教授辨治慢性肾功能不全的经验》《肾癌术后存活 12 年验案一则》《肾病验案三则》等论文。

传播爱的白衣天使

——记我的母亲邸秀平

◎艾　邸

邸秀平

　　走进山东中医药大学的宿舍大院，在一座 20 世纪 70 年代老式建筑中的一个简单整洁的房间里，头发花白、70 岁的她正手持小勺，给更加年迈的、95 岁高龄的老母亲喂着牛奶营养粥，一边喂一边说："娘，吃饭了，张大嘴，使劲咽。"老人半天才能吞咽一口。这样的动作和话语一遍又一遍地重复着，一顿饭要吃 40 多分钟，一日三餐，日复一日。这位 70 岁的老人就是我的母亲——山东中医药大学教授邸秀平。

　　1942 年，她出生在山东济南趵突泉边的一个中医世家，清甜的泉水孕育了她聪明好学的性格。受祖父母的熏陶，她自幼就对医学产生了浓厚的兴趣，立志成为一名济世名医。1961 年，她以优异的成绩考入青岛医学院医疗系。大学期间，她不但学习成绩优异，而且在文艺和体育方面也崭露头角，是老师和同学们公认的全面发展的好学生。这也使得她在经历许多艰辛后，至今仍保持着年轻自信、开朗乐观的心态。由于工作上的突出表现，她被选派到山东中医学院进修中医，并留院从事中西医结合临床教学和医疗工作。她在山东中医学院一干就是 25 年，行医学、传医道，在治病救人和培育学生的道路上不断前行。2002 年，60 岁的她到了退休年龄，终于可以卸下肩上的重任安度晚年了，但她却放心不下医院和学校的工作，认为这是一份责任。于是，她虽已退休，可还是投入地工作着，她觉得自己离不开医院，离不开学生，离不开病人。

　　从事了 40 多年的临床工作和 20 多年的教学工作，始终奋斗在一线的她，可以说是救人无数、桃李满园，但她却说："我只是认认真真地做好了自己分内的事，名利从来都不是我想要的，我只想对得起病人、对得起学生、对得起良心。"

　　临床工作多年，她可谓经验丰富，但仍保持着阅读专业书籍和医学杂志的习惯。她说，人一天不学习，就会落后。每当遇到特殊的病例，她都会反复思考，查阅资料，辨证论治，设法找寻能医治病人的最佳方案。每治愈一例疑难病症，她都会毫无保留地将她的思辨和组方遣药的原则、方法教授给学生，耐心细致地讲解指导，直至他们真正心领神会。她教导我们专心读书、勤于思考，做专业一定要沉下心来，切忌华而不实，要善于学习、博采众长，一切都是为了医治好病人。多年来，她参与编写了《心脑血管疾病学》《中医汇编》等多部著作，独立发表论文 10 余篇，参与研制的"降脂延衰口服液"更是获得了山东省科技进步二等奖，并多次获得先进工作者、优秀教师等称号。每当我们聊起来，她总是表示："我希望自己能多做点事，我喜欢教学生，想把自己的知识都传授给他们；我喜欢看病，想让自己的这点本事多发挥点作用。"

很多人知道母亲擅长治疗老年疾病，如肺源性心脏病、心脑血管疾病等，可她却常讲："健康就是身体阴阳平衡，得病就是机体阴阳气血失衡，中医治病在于整体观念，辨证论治，调整阴阳气血，现代病人的情况复杂多变，要根据整体来辨证施治。一个好的中医大夫，应该不只是治一种病，而应是按证寻方、治病求本、标本兼顾。"

有一年秋季的一天，门诊上来了一位面色蜡黄的中年妇人，坐下就开始哭诉："大夫，我实在受不了了，吐了快半年了，这几天又咳嗽起来，吃什么药都不好使。听人说，您治病治得好，您快给我看看吧。"母亲耐心地安抚病人："别急别急，我先给你摸摸脉。"看到母亲凝神号脉的样子，病人和周围的人都安静了下来。母亲静静体会病人双手的脉象，又看过舌苔，询问其饮食、睡眠、"二便"等基本情况，然后说："你这属于肝气犯胃，胃失和降引起的呕吐、泛酸。我给你开服药，效果会很明显。"经过辨证和沉思，她很快开出了处方，给学生们讲解了组方特点，并耐心地告诉病人泡药、煎药和服药的方法、时间。4 天后，这个病号来到门诊，高兴地说："邸主任，您太神了，我呕吐的症状止住了，身上也舒服了。我是特意来谢谢您的。"像这种治愈后特意前来感谢的病号，几乎每次坐诊时都会遇到，母亲很替他们高兴，并表示治病救人是医生的天职，不用谢。

母亲不但擅长治疗常见病，而且对疑难病症的治疗也颇有心得。2011 年的盛夏，一个男孩由妈妈陪着来看病，他刚刚考上大学，有 18 年的癫痫病史，经西医诊断患有重症肌无力，几乎不能独立行走，治疗了很长时间都没有好转。本应是青春洋溢、前程光明的年纪，男孩却被疾病折磨得无精打采，他的家长也愁容满面。母亲详细诊断后，告诉家长："别怕，咱中西医一起治，中医以脾主四肢肌肉、肾为先天之本来论治，我给他开归脾汤和六味地黄丸，再配合活血药来健脾益气、活血通脉。西医方面呢，尽快给他打点球蛋白，增强免疫力，双管齐下。这病不能拖，一周后来复查。"一周以后，奇迹真的出现了，男孩可以自己走着来了，也面带笑容了。看到这一幕，母亲的脸上露出了欣慰的笑，鼓励他们说："只要辨证准确，再难治的病也会见效。治病如抽丝，要有耐心和毅力，以后会更好的。"

如今，年逾70岁的母亲与我95岁高龄的姥姥生活在一起，像母亲这个年纪的人也需要有人来照料了，可她每天都要花大量时间来照顾自己的老母亲——给姥姥洗漱、喂饭、端屎、端尿，侍候姥姥的饮食起居，想方设法地令姥姥舒适满足。母亲说："你姥姥在我最困难的时候陪我走过，我现在无论多苦多累也要和她在一起，她不喜欢离开家，我就一直陪着她！"

1990年的夏天，我的父亲因病去世，48岁的母亲带着我和妹妹两个未成年的孩子，侍奉着90岁高龄的婆婆。工作上，母亲又是科室的骨干，承担着临床医疗和理论教学两部分的工作，工作的压力和生活的重担都压在她的肩上，母亲劳累得消瘦而疲惫。时年已72岁的姥姥心疼自己的女儿，主动替母亲担起了照顾家的重担，为还在上中学的我们买菜做饭，操持各种家务，使母亲没有了后顾之忧。在父亲刚去世的几年里，母亲不但没有被累垮拖垮，还在工作中多次获奖，并先后晋升为副教授、教授。我和妹妹也都顺利地考上理想的学校，完成学业，走上了工作岗位。在最困难的那几年，姥姥的全力支持使母亲逐渐坚强乐观起来，渡过了难关。如果没有姥姥，母亲和我们姊妹的生活将不堪设想。现在，姥姥年迈了，失去了自理能力，母亲要陪伴和侍奉她，让她舒服安详地度过晚年。在母亲的带领下，我和妹妹也如她一样照顾着姥姥，就连我们的下一代也懂得孝敬老人，家中充满了尊老爱幼、和谐幸福的气氛。

母亲常说"百善孝为先"，也知道"老吾老以及人之老，幼吾幼以及人之幼"的道理，修身厚德才能为人父母、为人师表。有一次在专家门诊上，病号非常多，她耐心仔细地为病人诊疗，忙碌了一个上午，正准备回去休息，这时来了一个衣衫破旧、灰头土脸的中年人，他说："大夫，能给我开点儿药吗？俺只有十几块钱。"学生要求他去挂号，母亲却说不用了，接着就让病人坐下，询问病情，开方，嘱咐煎药时的注意事项。原来，这是一位建筑工人，他已经难受好多天了，但为了省钱，一直忍着没看病，今天实在受不了了才来医院。母亲对他说："你不要着急，这病不是很严重，吃了这些药很快就会见好，这是治你这病最便宜的药，你的钱够了。"这位病人千恩万谢地走了。平时，母亲给病人开方，从来都是根据病情能用便宜药的就绝不用贵重药，能三服见好的绝不开五服。时间长了，大家都愿找她看病，有好多医院里的职工、家属和老病号会在节假日打电话给她诉说治疗情况，母亲总是耐心细致地给他们指导，从不嫌烦。

有一年夏天，学校组织老同志到庐山避暑休养，母亲也随团前往。大家一整天在路上，直到傍晚才住进庐山上的宾馆。宾馆的经理得知是中医药大学的教授来了，忙将母亲请到大厅，迫不及待地诉说自己的病痛。母亲坐下后就开始诊治，分析着经理的病症，经理听后频频点头。母亲给他开完处方，一抬头，周围已排起了长队，都是等着看病的服务员、保安等工作人员。组织旅游的学校负责人看到这情况，赶忙上前阻拦，说邸教授刚上山，也累了，不能看病了。可众人说："我们这儿是山区，没有大医院，医疗水平差，好不容易来了一位好大夫，有好心肠，就给我们看看吧。"母亲看着人们急切的表情，听到他们恳切的话语，便又坐下来给他们一一详细诊断，诊完已是深夜。没想到的是，到了第二天，母亲刚起床，门外又有许多宾馆人员的亲友闻讯而来，有的还是从山里步行赶来的。母亲看着他们信任和渴求的眼神，便对学校负责人说："你们先去参观吧，他们这么远赶来了，我先给他们看完病再去找你们吧。"就这样，母亲在庐山住了5天，天天有闻讯赶来的山民找她看病。同去的人们都说，邸老师上庐山不是来休养的，而是来义诊的。离开庐山回济南的那天，很多当地人来为母亲送行，有挽留她的，有感谢她的，他们都拿着自家的山货来送她，母亲跟他们一一告别，并婉言谢绝了他们的礼物。这次旅行，母亲没能像其他人一样尽情游玩，却传递了医德和善举，同行的同事们都对她交口称赞。

她，自己也是老人，还依然侍奉在老母亲床前；她，年逾七十，头发花白，却掩不住高雅自信、风度翩翩；她，学识渊博、医术高明，言传身教、治学严谨，引领着无数后辈学生成长成才。她用她的品德、她的言行、她的医术激励着我们，在生活、学习、工作的方方面面给我们树立了榜样——业精的医生、慈爱的师长、孝顺的女儿、可亲的妈妈。愿她将医德医术传递给更多的人，愿更多的白衣天使像她一样，在人间传播爱的种子！

（本文写于2012年）

【作者简介】艾邸，女，39岁，山东中医药大学副教授。

生命科学领域的攀登者

——记山东省三八红旗手孟祥阁

◎王景科　赵新华

　　1943 年，孟祥阁出生于滕县（今滕州市）的一个书香门第。父亲从事教育工作，治学严谨；母亲性格坚强，在条件艰苦的时期顶住压力支撑着家庭。家庭的熏陶，造就了孟祥阁积极向上、锲而不舍的性格，并影响了她的一生。

　　孟祥阁常说，她一生中有多位恩师。首先是父母，他们教会她自立自强。1994 年，孟祥阁的父亲病重住院，而那时正是她研究试管婴儿技术最关键的时候，父亲安慰她"自古忠孝难两全""搞科研就是要创新，要争取时间"。其次是母校滕县一中（今滕州市第一中学）的原校长冯昌和学校的老师们，他们教给她发愤图强的精神和严谨的治学态度，并树立了她要对人类有所贡献的人生观。再次是山东医学院的老书记于勋忱、老院长王哲、老校长方春望，他们带领全国著名的专家、老师对学生进行德、智、体的全面发展教育，使她树立了正确的人生观、世界观、价值观。还有几位恩师是著名的张普云教授、马德美教授、傅正矩教授、苏应宽教授和江森教授。

　　孟祥阁说，在她成功的道路上，幸运地得到了"中国试管婴儿之母"张丽珠教授、"中国试管婴儿之父"庄广伦教授及陈子江教授、施少清教授等人的真诚、热心的帮助。1992 年，张丽珠教授举办首届试管婴儿学习班。孟祥阁是全国唯一一名来自计划生育研究所的学员，因而受到张丽珠教授的关注，张教授点名让她讲讲计划生育研究所为什么也要研究试管婴儿技术。孟祥阁说，试管婴儿技术可以为那些进行绝育手术后子女意外伤亡、复通复育失败的夫妻提供再生育的希望；为绝育手术提供生殖保险是十分必要的。此后，张丽珠教授特别关心、关注孟祥阁的试管婴儿技术的进展，经常在百忙之中通过书信、电话给予她指导和鼓励。1996年7月，张丽珠教授由刘平教授陪同，亲自到济南主持孟祥阁的试管婴儿技术课题鉴定会，并指导相关工作。1998年7月28日，张丽珠教授亲自写信给孟祥阁："你们的工作进展很快，我们要向你们学习。有机会要出国看看，会广开思路，今后你们还会有更大的贡献，以后还望多加联系……"

1992年4月，在上海全国内分泌学术会上，孟祥阁对庄广伦教授提出"想做试管婴儿研究"这一想法，庄教授沉思了一会说："你不要搞。"孟祥阁问："为什么呢？"庄教授很认真地说："你承受不了试管婴儿失败的压力，我每失败一例，都会难过的半天不能与人说话。"然而4个月后，孟祥阁却收到了庄广伦教授寄来的试管婴儿胚胎移植管并画图示方法。1994年3月，孟祥阁一行三人参加了庄广伦教授主办的试管婴儿学习班，庄广伦教授在学习班上采用电视同步直播的方式把有关试管婴儿的全部技术展示给学员，让学员看得清清楚楚，大家受益匪浅。孟祥阁看到庄广伦教授对学员特别真诚，当即向领导请示，希望邀请庄广伦教授来山东指导试管婴儿工作。1994年5月，庄广伦教授携同事一行三人应邀来到山东省计划生育科研所。当时，实验室的条件很差，庄广伦教授因陋就简，手把手地传授每一项技术，直至取得一例成功。1997年5月，孟祥阁要为一位患先天性输精管缺如而不育的夫妇治疗，请庄广伦教授帮助，庄教授欣然同意，携学生李蓉并带上所需监视器与显微镜"接口"等设备前来，顺利地完成治疗，并实现临床妊娠。庄教授及学生李蓉把相关技术毫无保留地传授给山东省计划生育科研所，并作了许多悉心指导，山东省计划生育科研所永远牢记庄广伦教授无私的帮助。

1963年，孟祥阁以优异的成绩考入了山东医学院。在山东医学院读书期间，她遇到了人生路上的恩师：张普云教授、马德美教授、傅正矩教授。老教授们的高尚品格和精深的医术深深地影响了孟祥阁，孟祥阁悉心向老教授们学习，并与她们结下了深厚的情谊。后来，也正是这几位老师把孟祥阁推荐给苏应宽教授。

大学毕业后，孟祥阁被分配到滕县山亭分院主持妇产科的工作。当时，分院的技术和设备条件都很差，无法开展手术，许多妇产科急症患者不得不转院治疗。年轻的孟祥阁抱着要为百姓排忧解难的决心，到县医院有针对性地进行妇产科临床实践的强化学习。半年的时间里她分秒必争，回来之后就在分院开始实施手术，有效地解决了妇产科急症患者无法手术的问题，把无数母婴从"死神"手中夺了回来。一次她值夜班，来了一位子宫破裂的产妇，由于失血过多而休克，需要马上输血并进行手术治疗，当时血库里没有血，孟祥阁立即到化验室说："我是O型血，快抽我的血。"抽完血，她马上为患者做手术，挽救了这位产妇的生命。孟祥阁在山亭分院工作的6年里还走村串户，普查普治，受到当地群众的爱戴和高度赞扬。滕县卫生局原局长王健很赞赏孟祥阁一心为病人的精神，将其树立为医疗卫生战线"学习英模李月华"的典型在县里宣传表彰。1978年4月，孟祥阁在生产后4个月就报名参加了研究生考试，10月份参加了山东医学院的进修生考试并获得录取资格。孟祥阁虽然未能如愿走进山医，但基于这两次考试，王健局长仍实事求是地把孟祥阁在基层的工作情况写进了推荐表，孟祥阁为此一直心存感激。

1980年，山东省计划生育科学技术研究所名誉所长、著名妇产科专家苏应宽教授，根据山东医学院研究生部耿洪祥部长提供的孟祥阁的进修生考试成绩和推荐信，选调孟祥阁到山东省计划生育研究所从事计划生育技术研究工作。当时，这个所设在省立医院，孟祥阁被苏应宽教授安排在省立医院妇产科学习，并重点学习妇科内分泌和不育症。孟祥阁如鱼得水，如饥似渴地学习妇产科知识、技能及外语。这期间，孟祥阁得到了苏应宽教授、江森教授的悉心培养。孟祥阁在苏应宽教授的指导下，每天坚持读《生育与不孕》（*Fertility and Sterility*，国际期刊），同时翻译了相关文章请苏应宽、江森教授审校，后发表在《国外医学》杂志上，江森教授还为孟祥阁主编并翻译的《实用不育症诊疗讲座》一书担任主审并作序。正是由于这一时期的学习和工作经历，为孟祥阁后来开展生殖医学研究打下了坚实基础。1987年，孟祥阁有机会调到离家较近的山东省千佛山医院工作。当时，研究所领导挽留她，孟祥阁犹豫不决，就请苏教授帮她拿主意。苏教授说："调过去虽离家近了，但研究工作少了，留在所里也许还能做点事。"就这样，她听从苏教授的建议，继续留在研究所开展研究工作。1994年，孟祥阁主持的生殖中心取得第一例试管婴儿的成功，苏教授特地从美国寄信祝贺，信中说："祝贺您们成功一例。您坚忍不拔的事业进取精神可贺，作风扎实，遇到困难迎着上。有领导的支持，您的一班人定会做出很大成功。做多了自然熟能生巧，还盼望注意总结失败的教训，这和成功的经验同样重要。"苏应宽教授还将查到的最新资料寄给陈子江教授并嘱咐复印后给孟祥阁。"苏应宽教授既是伯乐，又是恩师啊！"孟祥阁深情地说。

科学研究的清苦是不言而喻的，1990年，经过3年的艰苦努力，孟祥阁取得了第一项成果——"不孕原因和治疗系列研究"，获得山东省科学技术进步三等奖。

孟祥阁在临床中发现，越来越多的不孕问题需要用试管婴儿技术来解决。

1992 年，孟祥阁想搞试管婴儿研究的这个设想一经提出，就在业界引起了种种议论。然而孟祥阁认为，试管婴儿研究是生命科学研究的一个重要领域，有利于计划生育、有利于提高人口素质。1992 年，张丽珠教授在其举办的首届试管婴儿讲习班上讲道："体外受精胚胎移植技术（又称试管婴儿技术），外国人能掌握，我们中国人也能掌握，运用试管婴儿技术，一方面可以为不育症患者尤其是绝育之后子女意外伤亡、复通复育失败的夫妇提供治疗方法，同时，还能为提高人口质量提供技术保证，其社会意义非同小可。"孟祥阁大受鼓舞，经过反复争取，终于获得了时任科研所所长田奎武等领导的支持，在山东省科委立项。山东省原副省长吴爱英高度赞扬说："科研所运用试管婴儿技术解决计划生育中的疑难问题是难能可贵的。"

实验室开始筹建，一切从零开始。没有钱，山东省计生委原副巡视员钟爱平、原主任班开庆等得知后给予大力支持，经费得以解决；没有人，就选拔培养；没有设备，孟祥阁和她的同事们就跑到国家计生科研所、北京大学第三医院生殖中心寻求帮助，有幸得到施少清教授、陈贵安教授的真诚帮助；技术空白，有幸得到"中国试管婴儿之母"张丽珠教授、"中国试管婴儿之父"庄广伦教授的帮助和指导。在实验室建设过程中，孟祥阁和同事们迎难而上、坚韧不拔，一个问题一个问题地解决。

1994 年，试管婴儿研究到了最关键的阶段，孟祥阁父亲病危。老人嘱咐孟祥阁："自古忠孝难两全，你安心工作吧。"孟祥阁含泪离去，一头又扎进紧张的工作中。就在她忘我工作的时候，父亲永远地离开了她，孟祥阁遗憾终生。

长时间超负荷工作，孟祥阁积劳成疾。山东省立医院为她开了 3 次住院票，但为了不中断试管婴儿的研究，她一推再推，抱病坚持工作，直到试管婴儿的课题鉴定完成才入院治疗。

1995 年 1 月，一对双生男试管婴儿在山东省计划生育科研所诞生了。这是孟祥阁和她的同事们艰苦努力的结果。孟祥阁抱着这对试管婴儿，流下了喜悦的泪水。婴儿的父母是安徽凤阳的两位农民，给孩子取名"山山"和"东东"，以此表示他们对山东省计划生育科研所发自肺腑的感谢。孟祥阁和她的课题组又相继为禹城农民孟某、辽宁农民张某等人重圆了儿女梦。

1997 年，孟祥阁手术后仅休息了两个月，就又带领她的课题组开始了运用试管婴儿技术治疗男性不育的研究。1998 年 2 月 16 日，国内首例经过经皮穿刺附睾吸精子经卵细胞浆内显微注射技术受精的试管婴儿诞生了，新华社、中央电视台等全国各大媒体及多家海外华人报纸均给予了报道。更值得高兴的是，通过运用这项技术，使曲阜农民张某在男性绝育术后丧子、两次进行吻合输精管手术均失败、本人及其家庭几乎绝望的情况下，喜获龙凤胎试管婴儿。一传十、十传百，孟祥阁的研究成果吸引了全国各地的患者慕名前来。

这些年来，孟祥阁和她的同事们不满足于已取得的成绩，不断发扬科学创新精神，大胆探索、勇于实践，努力学习掌握当代先进科学知识，在生命科学领域开拓进取、攀登不止。孟祥阁认为，事业要开拓创新，就必须放开眼界，要敏锐地了解和掌握国际上本专业前沿领域最新的科研成果与技术。

在孟祥阁所从事的生命科学领域的研究中，最难能可贵的是她敢于面对困难，完成了胚胎种植前遗传学诊断技术的课题研究。利用该技术，能为某些有遗传病史的父母提供生育健康孩子的机会，但当时这项技术难度大，全世界仅有几个发达国家能开展这项研究。当时为了尽快掌握这一先进技术，孟祥阁在各级领导的大力支持下，先后 3 次到美国学习。"世上无难事，只要肯登攀"，孟祥阁及小组的研究终于在 2000 年喜获成功，为遗传病高危家庭生育健康婴儿提供了技术保障。

10 年来，孟祥阁和她的同事们共同努力，取得了多项研究成果。其中，孟祥阁主持完成的课题分别获得山东省科学进步二等奖 3 项、三等奖 2 项，国家计生委科技进步二等奖 1 项；她个人也被评为国家计生委科技先进工作者、山东省巾帼科技先进工作者、山东省三八红旗手，并享受国务院政府特殊津贴。孟祥阁说："在工作中，有领导的大力支持，有团结奉献、默契配合的课题组，有支持她的家庭，这是她取得成功的基本保证。她由衷地感谢领导们、课题组的同事们和她的家人，更感谢她的几位恩师！"

2000 年 9 月，孟祥阁被邀请参加了在美国华盛顿召开的世界第 16 届妇产科协会年会。她在试管婴儿领域的两篇论文被大会选用交流，引起一些外国代表的关注，向世界展示了中国的计划生育科研成果。

孟祥阁是完全靠国家助学金读完大学的，从那时起，她就下定决心，要用自己的一生报效祖国和人民对她的养育之恩。为此，她不断用先进的科学技术知识充实自己，以坚持不懈的努力拼搏进取、开拓创新，把自己所从事的事业奋力推向前进，以"回报社会、造福人民"为人生追求。而今，已经奋斗了 40 多个春秋的孟祥阁，更感到肩负的责任之重和时间之宝贵。眼下，有许多新的课题需要她指导着课题组的青年人去探索；将来，会有更多更健康的孩子从孟祥阁和她的同事手中诞生。

【作者简介】王景科，女，山东省滕州市人。1973 年大学毕业留校任教，曾任山东师范大学文学院写作教研室主任兼教工支部书记，中国现当代文学博士生导师、硕士生导师，教育硕士导师。中国写作学会常务理事，中国写作学会青少年写作专业委员会副理事长，中国解放区文学研究会理事，国际汉语应用写作学会理事，山东省写作学会会长，山东省散文学会副会长，山东省当代文学研究会常务理事，山东省社会科学界联合会委员，中国作家协会会员，中国散文学会会员。

赵新华，中国戏剧文学学会理事，中国通俗文艺研究会理事，山东省楹联艺术家协会理事，曾任济南艺术创作研究院院长（现为该院名誉院长）。个人作品曾获中国当代文学研究会全国征文特等奖、中国报告文学学会报告文学人物通讯全国大赛一等奖、中国戏剧文学奖戏剧论文奖、首届全国戏剧文化奖大型剧本奖、第八届全国戏剧文化奖银奖、中国京剧艺术节全国楹联大赛一等奖、济南市首届泉城文艺奖、山东省第22届电视艺术"牡丹奖"一等奖，山东省文化艺术科学优秀成果奖等。

沂蒙山飞出的"金凤凰"

——记湖南省信息产业厅原副厅长韩淑云

◎武善云

韩淑云

韩淑云，1945年生，山东省沂水县人，中共党员。1965年9月考入哈尔滨工业大学无线电通信专业；1970年7月毕业，分配至湖南省无线电厂工作，先后任技术员、工程师、车间技术主任；1984年调入湖南省电子工业局，历任副处长、处长；1993年兼任湖南省电子所所长、党委书记、高级工程师；1995年任湖南省电子工业局总工程师、党组成员，兼任湖南省政府信息化工作办公室主持工作的副主任；1999年兼任湖南省政府解决计算机2000年问题（"千年虫"问题）办公室主任；2000年任湖南省信息产业厅副厅长、党组成员，兼任湖南省政府信息化办公室专职副主任，湖南省信息化领导小组专家咨询委员会主任委员；2004年晋升正厅级巡视员；2006年退休。

韩淑云的先生是国防科技大学的博士生导师，既要带硕士生、博士生，又要教学并从事国家重大项目的攻关工作，无暇顾及家务。作为一位工程技术人员和湖南省电子信息行业的领导，又是两个孩子的妈妈，韩淑云在漫长的技术研发和管理工作过程中，只能加倍努力。她奋力拼搏，克服了各种困难，在迅速发展的电子信息产业和信息化工作中不断创新，为湖南省信息产业的发展贡献了自己的力量，取得了优异的成绩。为此，她不但得到群众的好评，而且在她工作的各个阶段都受到各级政府相关部门的表彰。她是山东沂水人，是从沂蒙山老区走出的一位既懂专业技术又懂行业管理的德才兼备的复合型人才、高级干部，沂蒙人对她十分赞赏，称她为沂蒙山革命老区飞出的一只"金凤凰"。

品学兼优的好学生

1945 年，韩淑云出生在一个农民家庭。1953 年开始上小学，其间，她一直是品学兼优的好学生、少先队干部，多次受到学校的表彰。

1959 年 9 月，韩淑云升入山东沂水县第一中学。在校期间，她全面发展，多次被评为"三好学生"，在班里先后任学习委员、班长、团支部书记、校团委委员。她不仅学习成绩名列前茅，同时还是一位体育爱好者，她是学校女子 100 米和 200 米短跑纪录保持者，也是学校女子篮球队的队长，时常带领沂水一中的女子篮球队去参加各种篮球比赛，为学校争得了荣誉。1965 年，高中毕业的韩淑云考入了著名的哈尔滨工业大学，学习无线电通信专业，并在班里任团支部组织委员。有人可能会认为，这样的工科专业更适合男同志去学，而韩淑云偏偏就选择了这富有挑战性的专业。

专业过硬的好干部

1970 年 7 月，韩淑云大学毕业后被分配至湖南省无线电厂，先后任技术员、车间主管技术员、工程师、党支部委员，从事高技术产品的开发、试制，生产工艺编制、检验以及车间管理等工作。由于工作兢兢业业、成绩突出，她多次被评为工厂的先进工作者。

1984 年 1 月，韩淑云被组织调到了湖南省电子工业局科技与质量监督处工作，先后任工程师、总工程师，副处长、处长、党组成员；1995 年，她兼任湖南省政府信息化办公室副主任，在此期间主要从事全省的科技管理工作，涉及范围有省电子行业新技术、新材料、新产品、新设备的推广应用及发展趋势研究；她组织并主持制定了湖南省电子行业"七五""八五"科技规划。她的出色工作，得到上级有关部门多次表彰，1987 年被评为湖南省电子局先进工作者；1988 年被湖南省经委评为技术开发管理先进工作者；1991 年被湖南省经委评为"七五"期间技术开发管理先进工作者；1992 年被湖南省经委评为技术开发管理先进工作者。她所分管的处室也多次获湖南省科技开发与管理工作先进单位荣誉称号。

迎难而上的攻坚者

1993 年 2 月，湖南省电子工业局原局长找韩淑云谈话，让时任科技处处长的她兼任湖南省电子研究所所长、党委书记。这无疑给她压上了一副重担，不是让她去镀金，而是让她去"啃硬骨头"，打一场攻坚战。

这个有着200多名科研技术人员，负债累累、人心涣散、濒临破产的省级电子研究所，多年来一直是全省出了名的"老大难"科研单位。当时省里其他单位的同志听到这个消息后，直言道："真为你捏一把汗。"从1983年到1992年底，湖南省电子研究所历经了三届领导班子，虽对科技体制改革进行了多方面的探索与尝试，但由于种种原因皆未奏效，并负债1000多万元。现实摆在眼前，想收拾好这个烂摊子，谈何容易。当上级领导在台上宣布新任领导班子时，台下职工议论纷纷："电子所这个样，谁来都难整治好，派个女的来，能行吗？""走着瞧吧！最多半年时间，她铁定哭着鼻子走人！"

其实，韩淑云有理由不兼任这个所长，在科技处处长的岗位上，她一向得心应手，没有那么大的压力，更不会在一上任时就遭受职工没信心、不买账、不欢迎而当场议论纷纷的尴尬局面。这种场景对任何人来讲，都是刻骨铭心的打击，但面对这样的局面，她选择迎难而上。首先，她把自己的工资关系转到电子所，以示与电子所的职工同甘苦、共命运的决心。其次是进行调查研究，摸清情况。在调查研究和周密分析的基础上，根据国家和湖南省关于科研院所体制改革的规定，对所内的体制改革和发展方向提出大胆设想，摒弃过去单一的科研开发模式，改走"科技与经济紧密结合，科工贸一体化、产供销一条龙"的发展之路，向企业化转轨。为尽快将所里的科研优势即通信产品的科研成果进行转化，韩淑云决定采用"借船出海"的方式与企业合作，共同经营HSD-256程控用户交换机。资不抵债的研究所连职工的工资都不能全额及时发放，更无法提供几十万元的生产经营资金。众人七嘴八舌，有人提议贷款，且不说是否有贷款资质，就算能贷款，办起贷款手续来也挺麻烦，远水解不了近渴。时间不等人，怎么办？韩淑云陷入了沉思。最终她冒着风险，大胆决策：由所里职工自筹资金20万元，利息20%，年终偿还本息。20世纪90年代初，大家的工资并不高，积蓄也不多，但20%的利息还是吸引了职工投资的积极性，一周内便筹到20万元。有的职工说："我把我老妈

2003.10.22

韩淑云（前排中）

的养老金都掏出来了。"说者无意，听者有心，这是沉甸甸的责任啊，此战没有退路！

研究所不乏技术人员，但技术人员向来都是在办公室里从事技术开发工作，很少到社会上去推销产品。因此，如何尽快组建产品推销队伍便成为第二个难点。韩淑云从别的单位借调来两位专业营销人员，由他们培训和带领所里人员，组成10余人的销售队伍，分赴全省各地进行产品宣传和推销。两个月过去了，一份订单都没签到，销售人员难免有些情绪低落、信心动摇。对此，韩淑云与销售人员一起分析销售形势，鼓励大家坚持就是胜利。功夫不负有心人，艰难地熬过近一个月后，终于迎来了转机——签到了一份50万元的订单合同，这极大地鼓舞了销售队伍的士气。

与此同时，韩淑云还对全所的组织管理体系实行了改革。一是对所内行政领导实行聘任制，二是对全所职工实行合同制，三是狠抓领导班子整体形象建设，以促进全所的"双文明"建设。此举调动了科技和管理人员的工作积极性，培养了他们的创新精神。电子所的气氛很快活跃了起来，工作推进成绩显著，当年电子所的人均创收、创利税、职工月收入，分别比上年增长119%、397%和42%。仅用不到一年时间，就使滑坡9年之久、人心涣散、难以为继的电子所打了漂亮的翻身仗，取得较好的效益，振奋了全所干部职工的精神，增强了凝聚力。她的开拓力度和务实精神，使工作取得突出成效，带领电子所不断跃上新台阶。

在成功面前，韩淑云并没有自我陶醉，她在敏锐地捕捉着新的目标，寻求新的突破。为了电子所乃至全省电子行业在"九五"期间的发展，为了摆脱当时全省交换机技术受制于人的状况，她决定采取新的举措——韩淑云带领全所职工自筹资金开发 HDS-2000 数字程控用户交换机及其他通信配套产品，将 HMU 系统心功能测试仪，以技术入股方式与其他企业合作，初步实现"造船出海"。她本人也进一步提高了在社会主义市场经济条件下驾驭经济和科技工作的能力，积累了深化科技体制改革和进一步抓好科技与经济相结合的经验。她主持开发的 HDS-2000 数字程控用户交换机获湖南省电子行业科技进步一等奖；主持并组织推广的 HSD-256 程控用户交换机获湖南省电子行业科技推广二等奖。在她领导电子所的 3 年时间里，她年年被评为电子行业优秀所长；1995 年，被省直工委授予"双文明建设先进个人"称号；1996 年，被省直机关授予"巾帼建功标兵"称号。1995 年，湖南省电子所荣获省直工委授予的"双文明建设先进单位"称号。

创新发展的领路人

韩淑云主持的工作之所以能不断迈上新台阶，是因为她深钻苦研，不断创新，始终以科研为先导，不断推动工作大步前进。

无论在工作的哪个阶段，遇到何种问题，她都能逢山开路、遇水搭桥，想出有效的办法。由于她的工作成效显著、业绩突出，深受领导和同事的认可，在单位推荐总工程师人选时，韩淑云高票当选。1995 年，经省委组织部批准，韩淑云晋升为湖南省电子工业局总工程师（副厅级），党组成员。1998 年 10 月，她主持完成了省政府下达的"现代电子信息技术发展态势与湖南省电子信息产业的发展、科技先导战略"研究课题，获得湖南省科技厅、经贸委等领导的肯定，为推动高新技术产业发展起到积极作用。她撰写的"湖南省电子信息产业面临的形势与思考"报告在全省电子行业会议上产生强烈反响，受到与会代表一致好评，领导纷纷表示"多年没有看到这样好的文章了"。

1998 年 8 月，她撰写的"电子信息技术与信息产业"一文，成为 1999 年 1 月全省电子信息行业工作会议参阅材料，受到普遍好评。1998 年 2 月，她主持了全省电子技术发展趋势研讨会，对促进软件产业发展共识的形成起到了积极作用；主持编写并审定的软件产业、计算机产业、广播电视产业、通讯产业、元器件产业的发展专题研究报告，对指导信息产业发展起到了积极作用。1999 年 4 月至 2000 年 3 月，韩淑云兼任省政府解决计算机 2000 年问题办公室副主任，主持编写并审定了"湖南省解决计算机 2000 年问题指南"。由于湖南省的电子信息工作深入细致，指导有方，在过渡阶段没有因发生"千年虫"问题而造成损失，受到全国解决计算机 2000 年问题专家组专家们的充分肯定和一致好评，工作经验向全国推广。

实至名归的好厅官

2000 年 4 月，韩淑云担任省信息产业厅党组成员、副厅长和省政府信息化办公室副主任；2000 年 5 月，任湖南省信息化领导小组专家咨询委员会专家组主任委员，在分管湖南省信息化工作中，对全省信息化总体框架结构和发展思路进行了深入研究，编写了"电子政务概论"提纲、"企业信息化"讲稿，并多次在省委党校厅级干部班及有关地市讲课。她撰写的《信息化带动工业化战略中政府的地位与作用研究》一文刊登在省经济信息研究杂志上；主持编写的《湖南省电子政务建设指导意见》由省委办公厅和省政府办公厅联合下发。上述工作对全省电子政务和企业信息的建设起到积极有效的指导和推动作用，产生良好社会效应。

2004 年 4 月，韩淑云晋升为湖南省信息产业厅正厅级巡视员，主要从事省市县区域信息化规划，省直部门的政务信息化规划，电子政务、业务应用系统、政务网络结构、信息资源体系、信息安全体系建设，以及对信息化产业发展的调查研究工作。2005 年，韩淑云撰写了报告《湖南省光伏产业的发展研究》，受到省信息产业厅及省政府办公厅相关部门的重视，为促进湖南省光伏产业的发展起到了积极作用。

公而忘私的好"班长"

人们常说，一个成功男性的背后必然有一个伟大的女性，那么，一个成功女性的背后又是怎样的呢？

韩淑云的先生是中国人民解放军国防科技大学的教授，博士生导师，正师级干部。他先后培养硕士生和博士生 60 多名，在教学中被评为优秀教师，曾荣获国家科技进步一等奖两次、省部级科技进步奖多项，荣获个人二等功一次、三等功一次、集体三等功一次，是享受国务院政府特殊津贴的专家。成果和荣誉背后是他精益求精、刻苦钻研的精神，是通宵达旦、夜以继日的辛劳和付出。韩淑云说："先生是为事业奉献一切的人。"

作为父母，他们对子女心存愧疚。大女儿曾在幼儿园不慎摔伤，致小臂骨裂，晚上疼得彻夜难眠。由于他们抽不出时间照顾孩子，第二天还是忍痛把女儿送去了幼儿园。邻居知道后，把孩子接回家代为照顾。小女儿 5 岁时突患急性肠炎，高烧 40 度，尽管一边敷着冰块一边打着点滴，但高烧不降反升，仍腹泻不止，昏睡不醒。作为母亲，韩淑云的心情难以言表。难熬的 5 个小时过去后，孩子才逐渐出现退烧的迹象。一连输液几天，孩子的体温正常了，但肠炎仍未好转，需继续住院治疗。正在这时，单位告知她彩色图形显示器项目到了交付时间。接到通知后，韩淑云第二天上午就给孩子办理了出院手续，下午就出差了。

孩子们从小学起，就从未享受过下雨天父母送伞的待遇，反倒要帮家里做一些买菜之类的力所能及的事。值得欣慰的是，两个孩子都已顺利大学毕业。

众所周知，军人以服从命令为天职。责任担当、义无反顾、勇往直前是军人的本色。军人家庭中照顾家庭的重担大多落在军嫂身上，可事业型的军嫂韩淑云却成了"家庭和事业难两全"的人。当提及家庭时，韩淑云内疚地说："我欠先生和孩子的，真是太多太多了。我是一个不称职的妻子、不称职的母亲。"

但是，电子所的职工可不这么看。他们亲眼看到，正是在韩淑云的带领下，电子所的科研、生产、经营上去了，事业兴旺了，大伙儿的收入提高了，劲头更足了。有的干部说，韩淑云是个好"班长"。她在参与重大决策时从不武断专行，总是先听取大家的意见。她心里装着事业、想着群众，办事公正、以身作则，不搞特殊化。而韩淑云则认为，电子所取得的成绩离不开全所职工的付出，自己只是做了一点该做的事情。

韩淑云几十年来始终战斗在电子信息行业和信息化发展的前线，努力学习国内外最新的电子信息技术，深入思考问题的解决之道。一路走来，她建立起省级科研院所向企业化转型的整套模式；在工作中不断有所创新，与同事一起完成多项产品的研发、试制和生产任务，为企业发展做出了突出贡献；在领导岗位上，她总结和提出的一系列开拓性意见不但为全省电子信息行业起到了指导作用，也为全国的信息化工作提供了交流资料和借鉴经验。

韩淑云在学习、实践中不断提高着自己的业务能力和领导水平。她既懂专业技术，又懂行业管理，且有着高尚的精神、优秀的品质，是德才兼备的人才。"宝剑锋从磨砺出，梅花香自苦寒来。"韩淑云取得的成绩是她血汗的结晶，沂蒙人民以她为骄傲，赞誉她为"沂蒙山飞出的金凤凰"！

【作者简介】武善云，女，山东沂水县人。中共党员，教授。山东师范学院（现为山东师范大学）政治系毕业，毕业后根据上级指示精神，被送至中国人民解放军原济南军区某部当兵锻炼，任班长。其间，被评为"五好战士""先进同志"，并加入了中国共产党。1971年12月，二次分配至山东农业大学做教学工作。曾在山东师范大学助教进修班进修1年，并先后在北京大学、中国人民大学研讨班短期进修。山东农业大学副教授，曾任教研室主任、党支部书记、党总支委员。她本人被评为"优秀共产党员"，山东农业大学"巾帼建功先进个人""教书育人先进个人""优秀教师和教育工作者""山东省农业系统优秀教师"。后调入济南大学任教，任教研室主任、教授、学校妇委会宣传委员。曾任山东省高校中国革命史教学研究会常务理事、省党史学会理事、山东省女性人才研究中心常务理事、全国妇女理论研究会女性人才研究会会员。共编著著作、教材20余部，在各级报刊发表论文、文章60余篇，获各级社会科学科研成果奖20余项次。于2005年4月退休。

千淘万漉虽辛苦　吹尽狂沙始"得"金

——记全国政协第十届、十一届常委，著名心理学专家张承芬

◎济南大学妇委会　民进山东省委妇委会

张承芬

济南大学原副校长、山东师范大学原博士生导师张承芬教授，在我国心理学研究领域享有较高的威望。她长期从事心理学教学与研究工作，对我国心理学建设和发展做出了突出贡献。其主持的研究课题填补了我国心理学研究方面的多项空白，深得同行的敬佩和赞誉。她热爱教育事业，治学严谨，勇于创新，深受学生的爱戴和敬重。在作为全国政协常委、民进山东省委主要负责人期间，她以高度的政治责任感参政议政，提出了很多有价值的提案和建议。

1967 年，毕业于华东师范大学教育系心理学专业的张承芬被分配到江西的一所工厂，从事职工教育。十几年间，她教过语文、数学、哲学，就是没有再接触过自己的本专业，直到 1981 年调入山东师范大学教育系任教，她才重续了与心理学的不解之缘。

时过境迁，迅猛发展的心理学早已不同以往。为了弥补十多年来对心理学的荒废，尽快掌握心理学的新成果，张承芬教授进行了疯狂的"恶补"。她利用一切可利用的时间查阅资料，不懈地探索思考，常常学习到深夜。张承芬说："那段时间，自己只知道拼命学习，补外语、补专业，调到济南十多年竟然都没出去逛逛。"当时，她生活极其艰难，孩子还小，爱人长期生病，且先后病危3次。重压之下，她仍未停下学习、工作的脚步，一节课都没耽误上过。同事们都称她为"工作狂"，说她"有着火一样的事业心"。1993年，她作为访问学者在美国内布拉斯加大学访学一年。这一年，她几乎没离开过学校，只在临回国前去了一趟芝加哥——参观考察芝加哥大学。她凭借不懈的努力，为日后的教学与科研工作打下了坚实的基础。

张承芬教授多年来一直坚守在教学一线，作为学科带头人的她在心理学学

科建设、事业发展、人才培养等方面取得了卓越的成绩。她调入山东师范大学之时，心理学正处于恢复创建阶段，教学任务极为繁重。从山东师范大学提供的资料中可以看出她的教学工作量很大：她每学期需同时教授3~4门课，却年年超额完成教学任务。比如有一学期，她完成的教学工作量是1410个学时，而全年的教学任务共计才1300个学时。除了承担着本科生的教学任务，她还承担了函授生、研究生、助教班、干训班等多项教学任务，先后开设8门心理学课程，培养了21届研究生。她还应邀到省内外许多学校和培训班讲授心理学，被多所学校和单位聘为兼职教授和顾问，如先后为山东大学社会学系研究生教授社会心理学课程，为原山东工业大学、曲阜师范大学教授管理心理学课程；先后为全国交通管理干部培训班、全国地质队长培训班、全国技工学校校长培训班以及各级中小学校长培训班讲授管理心理学、学校管理心理学；为各地师资培训班讲授教育心理学、教师心理学；最早为山东省劳教干警开设心理咨询……

张承芬被公认为在基础理论建设和开拓新学科、新领域中起了带头作用。她的课深受学生的喜爱，有学生这样讲道："从我上学到现在还没遇到能像张老师这样把课讲得如此精彩的……简直讲绝了。""语言清晰，论述精辟，旁征博引，板书优美，能给人带来艺术上的享受。"除了搞好课堂教学，张承芬教授还指导学生开展自学活动，组织学生投身到社会实践中，锻炼培养各方面的能力。她不仅关心学生的学习，还重视对学生进行思想、品德、学风等方面的教育，切切实实地履行了教书育人的职责。她的言传身教对学生产生了深远的影响，有学生毕业后还在来信中写道："在众多教师中，您留给我们的印象是最深的。""您认真负责的精神、严谨治学的态度令人难忘。""我们毕业后更觉得您的师德令人敬佩，也证实了教师的威信来自品德和才智。""张老师，我现在才知道怎样算一个好老师，请张老师放心，我会努力成为像您一样的好老师。"学校和社会也给予了她充分的肯定。职称评聘"解冻"后，她成为当时山东师范大学最年轻的教授，并获得了各种表彰和荣誉，先后被评为校优秀教育工作者、师德标兵、优秀研究生导师，连续多年获校优秀教学奖等，并于1991年被评为山东省优秀教师，1993获曾宪梓教育基金会颁发的全国首届高等师范院校教师奖，1995年被评为全国优秀教师，1998年荣获全国家教工作园丁奖。她教书育人的事迹曾被《山东师范大学学报》《济南日报》《大众日报》《中国妇女报》《联合日报》等多家媒体报道；《现代教育》《齐鲁名人》《山东人口》等杂志也分别刊登了她的事迹。

在承担着繁重教学任务的同时，张承芬教授还致力于教育教学研究，对心理学教材、教学内容和教学方法进行了不懈的探索、改革。针对教育心理学传统教材存在的内容庞杂、缺乏严谨的理论体系、与其他学科有较多重复等问题，张承芬教授在20世纪80年代编撰了《教育心理学讲义》。该讲义突破了原有教材的体系，构建了以学生学习活动为主线、以学生学习心理为核心的新框架，突出了教育心理学的特点和理论的实践价值。该理论体系得到我国心理学老前辈、知名教育心理学家丁之奇教授"如此明确的安排，确属国内首创"的高度评价。后来，该讲义又被编写成教材，几经修订，得到同行专家和学生的肯定与好评。我国教育心理学领域的老前辈、北师大知名教授章志光先生认为，该教材"对教育心理学的结构体系和内容都做了较大的改革……更好地突出了教育心理学的学科结构特点，体现了我国教育目标的要求……是一部既具有较高学术水平，又有较强的实践性的专著性教材"。在教学方法上，她兼收并蓄、博采众长，总结出一套"精讲、自学、讨论、总结"组合式教学模式，调动了学生学习的积极性，提高了学生独立思考的能力和分析解决问题的能力。她对于心理学教学内容与教学方法的改革，获得了首届山东省优秀教学成果一等奖，并入选《优秀教学成果选》一书；编写的教育心理学教材亦获得山东省教学成果一等奖；主持的"教育心理学课程建设和教学改革"项目研究成果在2005年再次获山东省教学成果一等奖。她还作为主研人员参与了我国著名心理学家黄希庭先生主持的"面向21世纪高师公共课心理学教学内容和课程教学改革"的研究，获得国家级教学成果二等奖。

多年来，张承芬教授一直坚持教学与科研相结合，积极开展科研工作。近年来，她主持了多项研究课题，其中省部级课题8项，已有7项完成并通过鉴定，分别有1项达"国际先进水平"、5项达"国内领先水平"、1项达"国内先进水平"。部分研究成果填补了我国相关研究的空白，如"关于我国学生汉语阅读困难的研究"，该项研究成果在第二届华人心理学家学术研讨会上引起了海内外同行的广泛关注，并得到我国心理学界多位著名专家的高度评价。当时的国务院学位委员会心理学科评议组成员、中科院心理学教授匡培梓在鉴定中写道："这项研究既利用了国际新概念和新方法，又自编了《阅读成就量表》，制定了符合我国学生阅读困难的诊断依据，又从认知心理学角度揭示了我国儿童阅读的认知特点……这些都表现出作者的独创性和学术水平。"华东师范大学知名心理学家杨治良教授认为"该项研究成果填补了我国这一研究的某些空白，有一定的创新性和突破性……特别是就研究方法和所获得的学术成果而言，该研究已经处于国际同类研究的先进水平"。她主持的"有关学习困难学生心理特点与教育"的系列研究也取得了颇有价值的成果。此外，张教授还撰写著作、教材（含主编、合著）24部，其中《教师心理》（1984版）、《教师素质学》（1990版）分别被认为是我国第一部系统研究教师心理、教师素质之作；《素质教育学概论》（1991版）也是首部有关素质教育的专论，在当时产生了较大影响，被济南市等地选作教师必读之书，对素质教育起了积极的推动作用；她撰写的《婴幼儿心理教育》一书被全国妇联选为"向全国妇女儿童推荐的最佳图书"，发行量逾20万册；撰写发表的专业论文有60余篇，其中有多篇发表在心理学重要学术刊物上。这些研究成果获各级奖励20余项，其中省部级奖励10项。鉴于张承芬教授在教学和科研上的成果，她先后被评为山东省专业技术拔尖人才、济南市专业技术拔尖人才，并于1993年起享受国务院政府特殊津贴，2010年获得山东省社会科学突出贡献奖，是当时获此殊荣的唯一女性。

做好教学、科研工作的同时，张承芬教授还积极参政议政，反映社会民意。从20世纪80年代，她被推举为全国妇联执行委员会委员后，历任济南市历下区人大代表、省政协常委、省人大常委、民进山东省主委、全国政协常委，20多年间，曾以组织和个人的名义提出上百条提案和建议，接受了新华社、人民日报社、光明日报社、人民政协报社、中国教育报刊社、中央电视台等众多媒体的采访。为了切实履行好一个政协委员的职责，不断提高参政议政的水平，除了自己熟悉的教育领域，她还积极学习其他领域的知识，关注其他领域的热点问题，抓住关系国计民生和发展大局的一些重要问题开展调查研究，所提提案和建议涵盖了教育、经济、文化、医药、民生等多个领域，很多提案得到国家相关部委的重视。部分国家部委还专程来济南召开座谈会，进一步听取她的意见，研究落实方案。她积极参加了全国政协、省人大、省政协、省参事室组织的多次调研和视察活动，并多次参与调研和视察报告的撰写，积极建言献策。

2002年，张承芬教授当选民进山东省主委，她又以高度的政治热情和责任感投身到党派工作中，带领全省民进会员参政议政，开展社会服务。为了建设一支高素质的参政党队伍，她和领导班子以机关工作为切入点，狠抓机关的思想建设、制度建设、作风建设、组织建设，使机关面貌焕然一新，得到民进中央和省委统战部一致好评。这些工作占用了她大部分时间，花费了她大量的精力，但她无怨无悔。她常说："只要是利国利民的事，自己都要尽力做好，不敢有丝毫懈怠。"张承芬教授就是这样一个执着奉献、认真负责的人。

"千淘万漉虽辛苦，吹尽狂沙始到金。"张承芬教授以刻苦钻研的精神、坚持不懈的努力实现了她的人生价值，用她对教书育人的热忱与真诚诠释了教育的真谛，用她坦荡与正直的人格感染着一届又一届的青年学子。

恪尽职守　勇于奉献

——记山东省科协原副主席、老科学技术工作者协会原副会长李云云

◎李雪莲

2008年的冬季，我第一次见到山东省科协的李云云副主席，当时她梳着干练的短发，穿着朴素。接下来的6年时间里，我逐渐发现这位女主席拼劲十足，丝毫不逊于男子，一年365天里，她至少有300天是在调研走访、埋头苦干，并且一直保持着那身特有的朴素打扮——老式平底鞋、普通小西服、蓝色牛仔裤。也正是在这6年里，我发现自己深深爱上了这位恪尽职守、勇于奉献的科技工作者。如果你能了解她在46年的超长工龄里都经历了什么，你也会跟我一样爱上她。

李云云

知青岁月

李云云14岁那年上了初中。在毛主席接见青少年学生代表的大会上，她作为代表，坐在主席台下第一排。之后，她带着骨子里的那种闯劲，下乡做了知青。

知青点的知青们几乎都是高中毕业，14岁的李云云是当时最小的女学生，但是她凡事都不肯落后，更不愿意拖大家的后腿。收割麦子时，她人小手小，体力也不及别人，于是逐渐赶不上大家的进度，可她一声不吭，坚持弯腰屈膝不停地割啊割，最后起身时才发现，自己的小腿骨不知道何时竟然折断了……

除了天生的一股子拼劲，李云云还很勤奋好学。据说在她下乡之前，当地虽然有一名赤脚医生，但是老乡们生病后全靠自愈，根本看不起病、吃不起药。回忆当年，李云云说："有一位年轻的小姑娘，因为得了医学上被称为'遗尿'

的病，情绪一激动就会小便失禁，她的家人就把她安置到堆放杂物的栅栏里，随便塞给她一些破烂被褥，不让她跟其他人一起住……说起来，不管得了什么样的病，老乡们都是硬扛，生死由天，真的是很可怜。考虑到针灸的成本低，不需要老乡们支付任何医药费，我就托人弄来一套针，照着书上说的穴位，拿自己练手，扎着扎着就学会了针灸。那时候我认穴很准，治好了很多人的病，其中就包括那位'遗尿'的女孩。女孩的病治好后，很快就嫁了人。她笑起来，脸颊上会显出两个小酒窝，特别甜。"

知青的岁月是一代人用青春写下的历史。在这段不寻常的历史时期，李云云成了老乡口中的小神医，十里八村口口相传，说有个小知青免费给人看病，医术超群。李云云那时每天都要忙到很晚，有时还要上门义诊，虽然身体疲惫，但心里充实，她觉得自己帮到了老乡们，特别地开心。

返城工作

知青返城，李云云被分到了纺织厂，成了一名光荣的纺织女工，她几乎年年都是厂里的生产标兵。如今，她的听力不太好，说话会不自觉地大声，那都是做纺织女工时落下的毛病。

李云云每月除了留下自己的生活费，其余的工资全都给了厂里的困难家庭，她说不能看着那些人挨饿。这些事情，对于没有经历过灾荒、物质生活丰富的我们来说，是不敢想象的。

几经周折，李云云终于加入了中国共产党，不久后又步入了婚姻的殿堂。李云云怀孕时恰逢工作调动，她被厂里选调进了省妇联工作。她格外珍惜这份光荣的使命，对待工作一丝不苟，即使生病也坚持工作，很快便在省妇联也闯出了名堂，却因此遗憾地失去了自己的第一个孩子，还落下了病根。

初心不改

一个人的秉性是天生的，而李云云的秉性就是永不言败，愈挫愈勇。从纺织女工到省妇联干部，再到山东省科协副主席，李云云始终保持着初心本色。

她热心助人，不求回报；她恪尽职守，忠于工作，却疏忽了家庭，连儿子被人抱走了都不知道。

当时，因为家里没人帮忙照顾孩子，李云云只能将年幼的孩子带到单位，让他躺在办公桌对面的沙发上自己玩。一天，李云云下班后才发现孩子不见了，当时把她吓得够呛。原来，附近有一对拾荒的老人家，他们发现李云云每天忙工作忙得头也不抬，小孩子一个人被扔在沙发上太可怜，实在看不过去，就没打招呼直接把孩子抱走了。最后，那拾荒的老人说："这孩子还是俺们帮你照顾吧！"自此一养好几年，直到孩子上了幼儿园。

以前的人就是如此单纯，彼此帮助也不图回报，如果换成现在，每个月雇人照顾孩子将是很大的一笔支出。也正是在那个物质贫乏、精神却很富足的年代，李云云时不时地会帮助身边的同事、朋友和邻居，帮助他们解决一些工作和生活上的困难。

看到这里，也许大家会问："你怎么对李云云的事情如数家珍？是记者吗？"

我不是记者。之所以对李云云如此熟悉，是因为她是我的婆婆。还记得有一天，我带着孩子遇到一位老人，闲聊时她说她认识我的婆婆，很感谢婆婆当年曾帮过自己。"你婆婆这个人好啊，帮的人多，而且还高风亮节。当年分房子，她本来应分到新房子，可是有分到旧房子的人不满意，你婆婆就主动要了旧房，把新房让给了那个人。"我听完之后，心里很感动，回家就跟婆婆说了这事。没想到，婆婆帮的人太多，早记不得了。她说，谁会帮个忙还记得自己曾施人恩惠，从年轻记到老啊！

科研探索

"为带动山东省的中药材和水果的飞跃式大发展，山东省科协副主席李云云亲自到新西兰安发国际集团总部去调研考察，并多次敦请高益槐教授到山东考察、洽谈合作，在多地建立安发国际天然药物的国际标准GAP原材料绿色生产基地，目前已经在山东签约多个大规模基地：乐陵小枣百万亩基地、泰山四宝基地、临沂木瓜基地。"这是一篇关于婆婆李云云的报道。说实话，我不太了解她在省科协的工作范畴，很多事情都是从报纸和网络上得知的，像是参加"山东省大学生科技节""山东省大学生科技外语大赛""山东省科协学术年会""山东省十大名医评选""山东省科学博客大赛"……她每天都忙于调研科普惠农工程的实施和开展情况。

除此之外，为探索示范基地的管理经验与运行模式，更好地发挥基地的示范带动作用、联合社会力量，在她和大家的共同努力下，终于在商河县建立了300亩的农业科技项目示范基地——黄河基地，并初见成效，顺利完成了机关单位绿色无公害蔬菜的供应工作，但她却因数次带病工作而影响了健康。

再启征程

2008年，医生再三嘱咐婆婆需要住院调养："你的各项指标严重不合格，早就该住院了。不能一直劳累过度，身体是扛不住的。"可是婆婆每次都因为工作繁忙而耽误治疗，这让医生很是头疼。之后的6年间，每年医生都劝婆婆住院调养，也总打电话催促她住院，不断提醒她身体多项指标异常，可她还是一如既往地忙着，住院计划无限期地被搁置……

2014年，李云云年满60周岁，从省科协退休了。退休后，她又加入了老科学技术工作者协会的领导班子，开始了新的奋斗征程。

从14岁的"小知青"到勇往直前的科技工作"带头人"，她给我们后辈做了很好的榜样。我常常庆幸自己遇到了这样一位恪尽职守、勇于奉献的老人，身边的朋友也很羡慕我。在她非同凡响的人生旅程中，我看到了人性的闪光点，它时刻提醒我，摒弃自己的狭隘思想，向她看齐。

她的身体不是很健壮，却有颗比年轻人还要火热的心，她想在新的岗位继续发光发热！这就是我的婆婆李云云。

【作者简介】李雪莲，山东济南人，2003年毕业于黑龙江大学俄语学院，俄语专业八级。在校期间，她曾获黑龙江大学晚秋文学奖，"校十大演讲家"之一，任校演讲协会组织部部长，连年领取奖学金。留学俄罗斯期间，加入远东国立大学文学社和戏剧社，在校庆和美食节上代表全球留学生做俄语发言，回国前曾在远东国立大学校报和弗拉迪沃斯托克市妇女报上发表若干俄文作品。大学毕业后，她作为一名翻译人员，负责同俄罗斯各州、区外联部门及俄罗斯驻华大使馆、乌克兰大使馆、白俄罗斯大使馆的联络工作，多次出访莫斯科市、新西伯利亚市、秋明市、鄂本斯克市、托木斯克市、萨哈（雅库特）共和国等地，曾先后参加了"中国俄罗斯年""俄罗斯中国年"一系列国家级活动。

"钻石姑娘"之今昔

——记"常林钻石"发现者魏振芳

◎张春梅

1978年1月3日，中央人民广播电台播出了一则消息：山东省临沂市临沭县岌山公社常林大队女社员魏振芳在田里发现了一颗特大钻石，并将其贡献给了国家，该钻石被取名为"常林钻石"。此消息轰动了国内外，共青团员魏振芳一夜之间成了世界名人，此事的发生也改变了她的人生命运。如今，此事虽已过去40多年，但人们还没有忘记。魏振芳现在的情况如何呢？大家在关心中似乎也带着好奇，尤其关心那颗价值不菲的大钻石的下落。由此，也引起了我的极大兴趣，并对魏振芳的今昔进行了探寻。

"常林钻石"的发现

那是1977年12月21日的下午，山东省临沂市临沭县岌山公社常林大队（今属于曹庄镇常林村）21岁的农家姑娘魏振芳与生产队的女社员一起扛着铁锨在田间翻整土地。下午4点多钟，人们陆续回家了。魏振芳挖完自己所分的地块，刚要收工回家，忽然发现邻近地块的地头上还有一片茅草没有挖完。于是她便走过去，挥动着铁锨挖起来，当她挖到一半的时候，一个亮闪闪的东西被挖了出来，她以为是玻璃瓶底就没太在意。当她挖第二下时，一个鸡蛋黄大小的东西滚到了她脚前，魏振芳好奇地捡起来一看，不由得瞪大了眼睛，她愣住了，"这是一颗大钻石！"她高兴地大喊起来。周围劳作的人们一下子聚拢过来，对着这颗罕见的大钻石啧啧称奇。

临沭县处在沂沭断裂带上，据县志记载，1668年常林村一带曾发生过8.5级的大地震，地下岩石错动断裂，使亿万年间形成的天然金刚石被冲击到地表，于是，临沭县成了我国著名的金刚石产地。魏振芳没有上过学，自然不知道这些，但她知道眼下手中的这颗晶莹的矿石是块"大金刚钻"！惊喜不已的魏振芳捧

去北京献宝的魏振芳

着钻石急忙赶回家。父亲看到那块钻石，双手发抖，脸上的表情很难看出是惊喜还是惊恐，他说："闺女，这要是在过去，你早就没命了。"他不由地想起关于"金鸡钻石"的悲惨往事。

1937 年秋天，"金鸡钻石"是在离常林村不远的莫疃村发现的，罗佃邦老人在金鸡岭干农活时从草沟内捡到了一块重达 281.25 克拉的巨大天然金刚石，再加上其形状像小鸡，故名"金鸡钻石"。有个在上海做皮货生意的老乡，得知罗老汉捡到了大钻石，便提出用 40 亩地、两头牛、一辆车换这块钻石。罗老汉不换，把钻石藏了起来。

到了 1938 年，附近南朱庄村有两个汉奸投靠了日本鬼子，两个人找借口把罗佃邦抓到据点，逼迫他交出钻石。罗佃邦的家人为了保住性命，无奈地交出了钻石。惨无人道的汉奸为了不泄露风声，竟残忍地把罗佃邦一家七口全杀了。村民不满这两个汉奸的行为，向李庄镇警察局举报。警察局长派人抓捕了这两个汉奸，成功拿回了钻石。不久，侵华日军顾问川本定雄又带人将钻石强行掠走，带去了日本。

魏振芳一家老少围坐在炕头上，听着父亲讲述往事，不知这块钻石究竟是福还是祸。魏振芳的父母一共生了 8 个儿女，4 男 4 女，魏振芳是老七，下面还有个弟弟，魏振芳母亲是在讨饭的路上生下的她。母亲瞅着眼前这个在磨难中长大的女儿，禁不住流下泪来。魏振芳捡到大钻石的消息传遍了附近村庄，来看钻石的人蜂拥而来。为了这个宝贝疙瘩，魏家老小不断变换着持宝人，上半夜由大哥守着，下半夜由二哥护着，一家人为了这颗钻石几天没吃好饭、没睡好觉。

向国家献宝

最早获悉有人捡到钻石消息的是附近八〇三矿的领导。矿党委童书记听说后，立即乘车赶到临沂市，向地委书记朱奇民反映了此事。朱书记听后非常重视，马上派地委的朱胜利等人随童书记一起到临沭县，找到公社党委书记李加廷。童书记说明了来意，并传达了地委朱奇民书记的指示：一是抓紧时间找到捡钻石的人，把钻石保护起来，决不能让投机倒把分子弄去；二是要注意保护魏振芳一家的人身安全；三是请公社负责同志配合，做好魏振芳家人的思想工作。李加廷等人走进魏家时，已是深夜。

经过多次劝说，拂晓时，魏振芳的家人终于把钻石拿了出来，县里的领导也闻讯赶来了。魏振芳一家经过反复考虑，最终，魏振芳年近七旬的父亲发话了："这块钻石谁买也不卖，谁要也不给，俺要领着闺女到北京，亲手把钻石上交……"魏家还为此召开了一次家庭会议，经过一番思想斗争，魏振芳下定决心把钻石献给国家。她说："这钻石没挖出来时就是国家的宝藏，挖出来后也是国家的财产。"于是，她托人代写了一封信，要把这封信和钻石一起交给上级领导。

1978 年 1 月 3 日，中央人民广播电台发布了魏振芳拾宝献宝的消息，各新闻媒体对魏振芳拾宝献宝的事迹进行了报道，使她一夜之间成了轰动国内外的名人。

为了表彰魏振芳的爱国精神和贡献，国家要给她物质奖励。领导征求她的意见时，她想了半天，只提出了一个要求："俺大队里太穷了，连台拖拉机都没有，要奖的话就给俺大队买台拖拉机吧。"魏振芳家里的经济条件很困难，她却首先考虑的是集体，她的这种公而忘私的精神令人感动，上级决定对魏振芳进行表彰奖励。

1978 年 1 月 7 日上午，中共临沂地委、临沭县委、岌山公社党委在公社驻地曹庄召开了千人庆功大会。会上，领导给魏振芳佩戴红花，奖给她 3000 元奖金，为她办理了农转非户口，并安排她到八〇三矿当了工人。国家也答应了她的要求，奖给常林大队拖拉机一台。后来魏振芳说，当时这 3000 元奖金全部交给了父母，还了家里欠的债务，自己一分钱也没要。最后还是在父亲的坚持下，花 120 元给她买了一辆"大金鹿"牌自行车。

国家在奖励魏振芳的同时，也奖给临沭县 100 万元，后来县里用这笔钱建了一个常林针织厂；奖励岌山公社 20 万元，公社利用这笔钱建了岭南头电灌站，极大地改善了当地的灌溉条件。很快又传来消息，这块特大天然钻石被命名为"常林钻石"。魏振芳知道这个消息后，流下了激动的泪水。她说："知道钻石交给国家了，我也放心了。"

中国科学院组织有关研究单位对这颗大钻石进行了全面鉴定，这颗钻石重 158.786 克拉，色泽透明，呈淡黄色，具有金刚光泽，折光能力极强，光彩夺目，除被掳走的"金鸡钻石"外，是迄今我国发现并保存下来的最大的一颗天然钻石，在世界上也是罕见的。科学家认为，这颗金

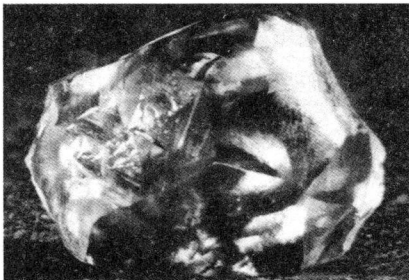

我国现存最大的钻石——常林钻石

刚石发现在太平洋西岸、我国的深大断裂带上，对于地球科学的研究、寻找原生矿及研究天然金刚石形成的环境等都具有重要的意义。

"钻石姑娘"的今天

据称"常林钻石"价值在千万元人民币以上，党和政府始终没有忘记魏振芳献宝的爱国义举。

1978 年 8 月，魏振芳以特邀代表的身份参加了全国第四届妇女代表大会。其间，她受到了党和国家领导人华国锋、叶剑英、邓颖超和当时的全国妇联主席蔡畅的亲切接见。

1995年9月，魏振芳参加了联合国在北京召开的第四届世界妇女代表大会，并被大会定为重点采访对象。9月16日，中央电视台《半边天》栏目播放她的专题节目，使人们目睹了这位"钻石姑娘"的风采。魏振芳成了大名人，全国各地纷纷邀请她去做报告，县里的许多会议也都邀请她参加。

1978~2007 年，魏振芳先后在八〇三矿、临沭县矿产站、电子材料厂、建设局工作，不管在哪个岗位上，她都抢最脏最累的活干。至今，魏振芳已经当选 4 届临沂市人大代表，7 届临沭县人大代表。魏振芳常说的一句话是："捡到钻石是我这辈子最幸运的事，而把它献给国家是我这辈子最自豪的事。"

党和国家给了她荣誉，但捡到钻石并没有改变她做人做事的原则。魏振芳 17岁那年，和邻村同岁的李洪轩定了亲。李洪轩是位勤劳朴实、性格内向的农村小伙。1978年，两人已相恋多年。捐献钻石后，魏振芳出名了，全国各地的求爱信从四面八方飞来。李洪轩感觉自己配不上魏振芳了，不由为这门亲事担忧，心中闷闷不乐，甚至躲着魏振芳走。魏振芳察觉到未婚夫的情绪，她找到李洪轩，动情地说："洪轩，你放心吧，在我心目中没有什么比你更重要，不管我有什么名气、荣誉，我都是一个普通老百姓，人不能忘本，如果你同意，咱们就结婚吧。" 为了证明彼此的感情，不久两人便领取了结婚证。结婚一年后，国家又给农民身份的李洪轩转了户口，安排在县水泥厂做供销工作。接着，魏振芳又生下一个大胖小子，取名叫李明。双喜临门，夫妻俩沉浸在幸福和快乐之中，对美好生活充满了憧憬，并一直相伴至今。

不论在哪里，魏振芳做人做事的原则始终没变。1984 年，魏振芳受领导之托，鉴定一颗 28 克拉的钻石，鉴定结束后，钻石就放在了魏振芳家里。当晚，有人闻讯而来，出价 100 万元想要购买，她不为所动，一口回绝。现在说起这事，很多人还对魏振芳交口称赞，她却淡定地说："钻石是国家的宝藏，我只是代为保管，而且我应该保管好并完整地归还。"

　　在八〇三矿场时，魏振芳本来可以任意挑选一些轻松的工作，但她却向组织表示自己没有文化，能力有限，主动要求到最繁重的水晶石车间当一名拣石工。不久，她被调入临沭县矿产站工作，还是原工种。不管有多累，她早晨总是第一个来车间打扫卫生，收工时总是最后一个走，她心里感到充实，觉得人活得有价值，这样一干就是十几年。

　　1984年矿产站改为公司，在选举公司领导班子时，魏振芳以全票当选。当领导找她谈话时，她却说："我能力有限，当个助手吧！"于是，又进行第二次选举，她还是以全票当选。最后，公司尊重她的意见，让她当了经理的助手。因她工作勤奋，没有名人的架子，关心职工的生活，被职工称为自己的"贴心人"。1998年6月，她被选为公司工会主席。由于她工作勤奋，群众威信高，先后被评为山东省三八红旗手、优秀共产党员和先进工作者。

　　在生活的道路上，魏振芳也遭遇过不幸的事。1980年，她患了乳腺瘤，在领导关心下，做了手术，直到1985年才痊愈。祸不单行，1990年，李洪轩到临沂市办公事，被扒手偷走了数百元公款。当时，魏振芳已经8个月没有发工资了，和其他特困职工一样，家庭生活非常艰难，李洪轩怀着痛苦的心情回到家，觉得很愧对妻子。魏振芳得知详情后，笑着安慰道："别难过，破财免灾，伤了身子可不值得。"不久，李洪轩由于在单位压力太大，又因公款被偷受了刺激，精神失常了。自己是特困职工，丈夫又患了精神病，这日子可怎么过啊！生活的艰辛对魏振芳来说是个严峻的考验。面对神志不清的丈夫，魏振芳流着泪说："就是砸锅卖铁，我也要治好你的病。"从此，她把全部的爱倾注在了丈夫身上，

2007年11月，山东临沭县第十四届人大常委会委员合影（二排右二为魏振芳）

领着丈夫跑遍了山东、江苏等地的大小医院，用了数不清的偏方，欠下了一屁股债务。其间，她流了多少泪，吃了多少苦，自己也说不清楚。3年后，在魏振芳无微不至的关爱下，李洪轩的病终于治愈了。

那几年，李洪轩的单位也不景气，一对夫妇都拿不到工资，还要供孩子上学，生活十分艰难，但这并没有影响他们和谐的家庭关系。儿子李明高中毕业后便参了军，要考军校时，他来信让妈妈凭她的名人身份找找关系。魏振芳回信说："儿子，不要靠妈妈，要凭自己的努力，先吃苦才能有甜。"李明是个很懂事的孩子，他在电话上说："妈妈，我能理解你。"谈起儿子，魏振芳感到很自豪。

虽然魏振芳夫妇生活窘迫，但是她从不向组织要求帮助，倒是县委、县政府的主要领导看到她生活的清贫，考虑到她的贡献，主动给她调动了工作。1999年7月，魏振芳被调入县建委做工会工作。

2007年，魏振芳退休，拿着不到2000元的退休金，丈夫下岗在家，生活虽然俭朴却也幸福。她是个知足的人，她说："只要一家人平平安安，生活清贫一些又有什么呢？"其间也有多家企业向她抛来橄榄枝，希望她能出任形象代言人，但她都一一回绝了。魏振芳解释说："我怕毁了国家给的这些荣誉。"

退休后，魏振芳也没闲着，邻里有什么事情，她都尽心尽力帮忙。大街上、菜市场、原工作单位里都能看到她的身影。遇见熟人时，她能和人家热乎乎地聊上好一阵子，对此，魏振芳儿子称她为"见人半小时"。年轻时的魏振芳有三个愿望：骑上"大金鹿"牌自行车，甩着大辫子，戴块上海牌的手表。这些愿望早已实现了，"钻石姑娘"现在最大的愿望就是去趟北京，去保存钻石的中国人民银行，再看看那颗30多年来让她魂牵梦绕的"常林钻石"。

2009年9月1日，《大众日报》记者杜辉升，通讯员李成彬、高奎来到临沭县魏振芳家对她进行了采访，那时的她正哄着怀里的孙子，一脸笑容。

40多年前，她把捡到的大钻石献给了国家，成为全国闻名的"钻石姑娘"，回忆起那个富有传奇色彩的傍晚，魏振芳眼睛里泛着钻石般的光芒。她这样描述当时的情景：钻石放在掌心，透过钻石能清楚地看到手心的掌纹，那种感觉至今难忘。

【作者简介】张春梅，女，汉族，山东沂水县人。本科学历，汉语言文学专业。任职于沂水县院东头镇初级中学，一级教师。工作勤恳，成绩优异，曾先后多次获得镇优秀教师、县教学能手等荣誉称号，多次获评县级优秀教学成绩奖、市级优秀教学奖。

戏比天大　影艺在心

——记莱芜新华书店刘云翠

◎张　敏

　　刘云翠,字白杨,山东莱芜人。中共党员,专科学历。山东省作家协会理事，山东省音乐家协会理事，山东省戏剧家协会理事，山东省女书画家协会理事。她自幼聪慧好学，德才兼优，爱好广泛，尤其钟情于诗歌、散文写作,多次参加全国及省、市文学征文比赛并获奖。2005 年 10 月，刘云翠被特邀参加泰山文化国际大会暨第 19 届世界诗人大会，其诗歌《说理》荣获优秀奖；2005 年 12 月，刘云翠参加首届山东省作家协会青年作家文学奖大赛，其散文《心灵驿站》荣获一等奖；2008 年，出版了诗文集《心灵驿站》。她同时痴迷书画和京剧艺术。国画擅长写意花鸟，2010 年参加由国家人社部举办的书画人才大型书画展，国画《秋韵》荣获特别奖；2011 年 11 月，国画作品《暖春》参加第二届中国女书画家优秀作品展，荣获优秀奖。在京剧表演上，多次参加各类比赛屡获大奖。2001 年 9 月参加中国京剧票友节大赛，荣获最佳演唱奖；2002 年 7 月参加山东省"戏曲金旋律"比赛荣获金奖；2007 年 12 月参加由中央电视台举办的第三届全国京剧戏迷票友电视大赛荣获银奖；2013 年 8 月参加华东六省一市京剧票友大赛，荣获一等奖。近年来从事影视创作，先后参演了莱芜本土的多部影视剧：贺岁片《老头也疯狂》《让子单飞》《土豪爹的婚事》，电视剧《叔公公和侄媳妇的战争》，电影《让爱绽放》。

刘云翠

　　在莱芜，提起刘云翠，很多人都不陌生，其京剧表演被名家盛赞，国画作品连连获奖，诗文集《心灵驿站》一经出版就好评不断。她还塑造了一系列栩栩如生的影视人物。

老来学艺

1955 年，刘云翠出生在一个革命家庭，父母都是革命军人。父亲在从军前曾是莱芜县（今济南市莱芜区）茶叶乡刘白杨村（今济南市莱芜区茶业口镇刘白杨村）京剧团主要演员，母亲是位吕剧戏迷。父母给了她美丽的容貌和一副天生的好嗓子，家庭艺术氛围的熏陶更让她自小就表现出了很高的艺术天分。但在那个特殊的年代，她并没能如愿以偿地走上艺术道路，而是在经历了"上山下乡"等一系列锻炼后，顺应时代大潮，来到新华书店做了一名图书发行员。

但对艺术的渴望和追求一直深埋在刘云翠的心底。退休后，她开始自学京剧、国画、写作，平时在广播里、电视上听到好听的歌，她也学着唱。为了方便学习，她省吃俭用，不知买了多少光盘、磁带，用坏了多少录音机、影碟机。46 岁那年，她开始拜师学艺，为学好京剧，她克服了种种困难，刘云翠说："在我心里，'戏比天大'这根弦一直紧绷着。"就是在这种信念的支撑下，她的京剧表演水平不断提高，著名京剧表演艺术家刘长瑜称赞她的表演风格"可一个'美'字概括：扮相美、声音美、身段美"。

就是这样一位潜心钻研艺术的才女，在年近 60 岁的时候却突然来了个大转身，拍起了乡土题材的影视片，塑造了卖弄时髦的寡妇、自私彪悍的农村妇女、隐忍要强的单身母亲、优雅端庄的阿姨等不同性格的人物形象。

"拼命三郎"演寡妇

2010年冬，莱芜本土知名导演韩克要拍一部乡土题材的贺岁片《老头也疯狂》，急寻优秀演员。刘云翠经介绍参加了剧组的拍摄。从未接触过影视创作

刘云翠在京剧《贵妃醉酒》中的扮相

的刘云翠，现在要饰演一个小市民，这一形象与她平时的生活有很大差距。为了将角色塑造好，刚拿到剧本，她就对自己要饰演的"寡妇"这一角色进行了仔细揣摩："从她的这些台词来看，'偷菜你会吗''斗地主你懂吗'，这显然是一个在农村人面前很有优越感，但自己本身并不真时髦的形象，我得表现出她身上这种市井味来才行。"拍

摄那天，刘云翠还专门找出她和女儿几年前淘汰的一大包衣服，并带到了拍摄现场让导演韩克挑选，最终，韩克选中了一件大红毛衣、一件毛呢短裤。零下十几摄氏度的天气里，湖面都结了厚厚的冰，湖边凉亭里，刘云翠就穿着这身行头上场了，这个举动感动了在场的所有演职人员。韩克说："当时气温低，风又大，我们穿着羽绒服还冻得够呛，刘老师只穿了那么点衣服却拍了整整一个下午。我们考虑到她的年龄，几次提出要改天拍，她都不同意，坚持把戏拍完。"刘云翠稍一受凉就会腰腿疼痛，但为了不影响拍摄进度，她从没有向剧组透露自己的身体状况。

拍完戏回到家，刘云翠又累又痛，在家躺了整整三天才缓过劲儿来，丈夫心疼地责怪道："你这么大岁数了还这么逞强，简直就是个'拼命三郎'！"刘云翠坚定地对丈夫说："拍戏和唱京剧一样，'戏比天大'，我既然干了就要干好！"

顶着压力演"悍妇"

刘云翠的付出赢得了大家的一致认可。第二年韩克拍电视剧《叔公公和侄媳妇的战争》时，首先想到了她。这次她饰演的女一号是一个精明、泼辣、自私、不讲道理的农村妇女。开机当天，正好赶上中央电视台等媒体前来采访。可对于她要扮演的角色，家人却并不支持，儿子对她说："扮演这个人物对您是一种丑化，妈，您别再去拍了！"丈夫也坚决反对："影片播出后叫别人怎么看你啊，不能拍！" 自从刘云翠痴迷地走上艺术这条道路，多年来无论是投入大量的时间和金钱拜师学艺，还是走南闯北访问游学，家里人从来都是全力支持她。这么强烈的反对，刘云翠还是第一次遇见。

拍还是不拍？刘云翠坚定地选择了前者。那段时间，她一边和家人周旋，一边偷偷揣摩这个角色，演戏的时候，她也没有半点放松。因剧情需要，必须把她装扮成又黑又强势的女人，导演还别出心裁地在她的嘴角上加了一颗黑痣。为保证每一场戏都妆容一致，定妆后她就将自己的剧照拍下来存进了手机

刘云翠（左一）与恩师——著名京剧表演艺术家翟萍合影

里，以后每次化妆，她都要打开手机仔细对照。

剧中有一场戏是和"丈夫"韩克吵架的戏，开拍前韩克和刘云翠沟通说："这场戏我可能会动手打你。"她听后很痛快地说："只要能让戏好看，我能承受，没问题。"但是真等韩克一个巴掌扇过来时，她还是有点招架不住了，"当时太入戏了，那个巴掌也太狠了，打得我两眼冒金星，整个人都一个趔趄。这是我这辈子第一次挨打，虽然是在戏里，还是有点委屈啊"。剧中人物的愤怒和现实中的委屈交织在一起，她的眼泪如决堤般流了下来，这场戏也因此拍摄得非常成功。

该剧播出后，很多人都说刘云翠的演技又上了一个新台阶，走在大街上也经常有人认出她来，纷纷夸赞她真人既漂亮又和善，戏演得也好。刘云翠在得到赞扬的同时，也承受着亲戚朋友的压力。邻居、朋友见了她都说："你平时那么注重个人形象，干吗演这个角色？把自己整得那么难看。"然而这些在刘云翠眼里都不重要，她说："在我心里'戏比天大'，越是有挑战性的角色我越愿意去尝试，越要演好。'反派大师'陈强老师演'南霸天'时，竟被愤怒的群演打，真是把人物演活了，那才是真正为艺术献身。我在演艺方面还差得很远，要向老一辈艺术家学习的地方还很多。"

刘云翠已经参与拍摄了四部影片，她饰演的角色栩栩如生，给莱芜观众带来了很多欢乐。2012年，刘云翠又参加了莱芜本土的首部青春励志爱情影片《让爱绽放》的演员海选，并顺利入围前20强，被聘为特约演员并饰演了角色。那时的她对于角色很是期待，她说："很想演好这个角色，同时和各位专业演员一起拍戏能多学点电影专业知识，也算圆我年轻时想当一名电影演员的梦了。"看到刘老师那神采奕奕的脸庞，我不由得涌起了敬佩之情，心中默默地祝福她永葆热爱，在艺术道路上越走越宽广。

【作者简介】张敏，女，山东省莱芜日报社鲁中晨刊记者。

新时期环卫战线的标兵

——记时家第三代"环卫劳模"时新春

◎张楠平

时新春，1962年出生于山东省德州市齐河县，1979年12月参加工作，中共党员，专科学历，助理工程师。先后担任胜利油田滨南采油厂105队采油工，胜利油田滨南社区胜滨环卫队工人，时新春环卫队队长兼政治指导员，胜滨物业管理公司副总经理。现任胜利石油管理局滨南社区管理中心工会副主席、胜滨环卫绿化队名誉指导员。作为中华人民共和国第一代劳动模范时传祥的长孙女，她继承了祖父的事业，从采油队来到位于滨州市区的环卫绿化队，当上了一名环卫工人。20多年来，她牢记党的宗旨

时新春

和先辈的教诲，踏着先辈的足迹，发扬"宁愿一人脏，换来万家净"的时传祥精神，把自己的全部精力投入到油田环卫事业中，在平凡的工作岗位上展现了共产党员的风采。她先后被授予胜利油田劳动模范、中国石化集团公司劳动模范、中央企业劳动模范等荣誉称号，荣获山东省"富民兴鲁"劳动奖章，全国五一劳动奖章，获全国巾帼建功标兵等荣誉称号。2007年光荣地参加了中国共产党山东省第九次代表大会。2006~2008年，获油田优秀共产党员和油田新时期十大标兵荣誉称号。2009年，她被提拔为胜利油田管理局滨南社区管理中心工会副主席。全国十几家媒体先后报道了她和她的团队，在油田和社会上产生了广泛而深远的影响。

三代传承环卫工

时新春是时家第三代环卫工。她的爷爷时传祥是20世纪50年代知名的环卫战线全国劳模，时传祥的四个儿女也都在环卫系统工作。时新春的叔叔时纯

时新春与时传祥塑像合影留念

利是全国五一劳动奖章获得者，曾任北京市总工会副主席。

时传祥的老家在山东省德州市齐河县赵官镇大胡庄村，他出生在一个贫苦农民的家庭。对于爷爷的人生经历，时新春小时候就听奶奶讲过多遍：1930年15岁的爷爷从山东逃荒流落到北京，受生活所迫，就在城郊宣武门一家私人粪场当了淘粪工，他为"粪霸"淘粪20多年，受尽剥削和欺辱。新中国成立后，时新春的爷爷由旧社会的"粪花子"成了新中国的清洁工人。1952年加入北京市崇文区（今属东城区）清洁队工作后，他不辞辛苦，"宁愿一人脏，换来万家净"，1959年被授予全国劳动模范称号。同年，他作为全国先进生产者参加了在北京召开的全国"群英会"，受到刘少奇的亲切接见。时传祥在平凡的环卫岗位上无私奉献了一生，为环卫事业做出了卓越的贡献。他经常回村看望乡亲，村里人都说："大街一干净，就知道时传祥回来了。" 时新春说："爷爷特别勤劳，劳动观念很强。每当我放学了，经常叮嘱我去割草、喂猪。""文革"时期，时传祥惨遭迫害，被诬为"工贼"。1971年10月，时传祥被遣送回山东老家，忧愤成疾。当时，9岁的时新春和爷爷相处了一年多，她儿时的记忆里，爷爷个子高，弯腰驼背，刚从北京回来时总是拄着拐杖站在村口张望。多年以后，时新春终于懂得，爷爷一直在等待一个清白。

1973年8月，病中的周恩来总理知道了时传祥被遣送回老家的事情，当即指示说："一定要把时传祥同志接回来，给他平反，向他道歉，给他治病，落实政策。"1978年6月30日，时传祥得以平反昭雪。时新春回忆说："爷爷在回到北京1年零8个月后的1975年5月19日不幸离开人世，终年60岁。"

时新春听叔叔时纯利说，爷爷去世前表达了自己的两个心愿：接班人和机械化。正是在时传祥的感召下，他的4个子女全部进入了环卫战线工作。年幼的时新春并没意识到爷爷的临终遗言会对自己的人生有何种影响，当时，她只是一个小学生，对未来的一切都还在懵懂之中。

1979年12月，17岁的时新春随父亲来到胜利油田，进入滨南采油厂105队，成了一名光荣的采油工人。她的第一份工作就是人人叫苦的采油工，但她却任劳任怨。冒着零下一二十摄氏度的严寒，要擦干净硕大的采油口，这样的工作，她一干就是8年。

1987 年，时新春面临着人生的第一次抉择：国务院落实劳模政策，北京市特批进京指标，让她全家迁到北京，由政府安排工作。全家人都非常高兴，但她却犹豫了，是走是留，一时难以取舍：在家里最困难的时候，是胜利油田接纳了他们；在她最需要帮助的时候，是油田干部职工给了她无微不至的关怀。她已经由衷地爱上了胜利油田，由衷地爱上了黄河三角洲这片热土和这里的人们，经过反复考虑，最终她决定留下来，扎根油田一辈子。时新春艰难地说服了家人。

1999 年，人生的第二次抉择又摆在她面前：随着油田改革和管理体制的变化，她被要求转岗，唯一的选择就是去油田下属滨南社区刚成立的环卫绿化队。虽然是著名劳模时传祥的孙女，出身环卫世家，并且父辈们都从事环卫工作，但时新春却从没想过自己有一天也会干起与爷爷相同的工作。这件事来得太突然了，她心理准备不足，面对世俗的偏见，思想一时转不过弯来，觉得干清洁工太丢人了。

上班第一天去扫街时，熟人见了她吃惊地问："小时，你怎么干起环卫工了？"一句话问得她满脸通红，好像自己犯了什么错误似的。一天，时新春打扫完厕所，刚摘下口罩，就听到路过的一位家长悄悄对孩子说："看见没有，再不好好学习，将来就像她一样打扫厕所。"虽然环卫工作条件好多了，不用像爷爷那样背大粪，但仍然会被人瞧不起。

一天早晨，一个中年人在草地内遛狗，时新春前去劝说，没想到对方一边抚弄着狗，一边说："我家这狗比人还懂事，最起码它不乱管闲事。"时新春回到家委屈地哭了，一连几天都在思考当初的选择是否正确。就在她彷徨的时候，已是全国五一劳动奖章获得者的叔叔时纯利知道侄女的情况后，特意寄来了《人生楷模时传祥》这本书，并告诉她爷爷临终前留给子孙的话：我干了一辈子清洁工人，你们要把这个班接下去。时新春第一次完整地了解了爷爷的故事。

其实，时新春上小学时就看过《让无产阶级的革命精神代代相传》这本爷爷写的书。如今再次走进爷爷非凡的生命历程，时新春心灵深处受到了震撼。刚直不阿的爷爷在旧社会淘了 20 多年大粪，受尽了欺辱，但在新中国，同样的工作却赢得了尊重和崇高的荣誉。她想到国家主席曾紧紧握住爷爷的手，总理同他拉家常，北京市市长也跟他一起背粪桶，爷爷那句"宁愿一人脏，换来万家净"是发自内心喊出来的。比起爷爷，自己面临的还算是困难吗？而且，爷爷的 4 个子女，自己的爸爸、叔叔和两个姑姑，也都从事这项工作，自己真的不能干吗？

"我们一人脏累，却给千百万人带来个好环境，所以我们的工作很光荣。"她反复思考爷爷的这句话，思想渐渐清晰起来，从中深刻感受到"工作无贵贱，劳动最光荣"的家族理想。时新春说："爷爷的精神真正给了我力量，很快我观念转变，又给姐妹们做思想工作，大家慢慢适应，脸上也有了笑容。"从此，她坚定了从事环卫工作的信心。

倾情服务小区居民

思想的转变为工作注入了动力，到环卫队工作的当年，时新春就当上了内环班的班长。这个班由15名刚刚从滨南医院转岗的年轻护士组成，这些小姑娘从白衣天使变成了环卫工人，抵触情绪很大，有的甚至戴上眼镜、蒙上口罩，扫几下便匆匆收场。有几个年轻姑娘不好意思出来扫楼道，时新春就替她们扫；打扫楼道不彻底的，就帮她们一起干。为了尽快帮助她们进入工作角色，时新春带领她们到花池、草地捡垃圾，姑娘们大热天把自己捂得严严实实的，不一会儿衣服就湿透了。在共同劳动中，她推心置腹地与她们交流对环卫工作的认识，引导她们认识油田改革的形势，用爷爷"宁愿一人脏，换来万家净"的事迹启发她们，用自己的行动带动她们。经过一段时间的适应，大家不仅勇敢地拿起扫把，而且工作中出现了笑声，工作有了明显起色，内环班也被评为社区青年文明班。

工作中，时新春要求自己一要"严"，二要"勤"，三要"细"。她坚持先动手，再动口。责任区清洁不力，她先动手打扫，再劝诫责任人；居民乱丢垃圾，她先把垃圾捡起来，再做规劝。为了不让居民在阳台外乱挂东西，她挨家挨户地劝说，反复地做工作，不知遭受多少白眼，但她总是心平气和、耐心细致地进行劝导。她所在的胜滨小区地处滨州市区，集居住、办公、生产于一体，人口密度大，流动人员多，卫生管理难度大。2001年，公司在小区内新设置了4个垃圾房。一开始居民不习惯，即使垃圾房近在咫尺也不愿将垃圾袋投到垃圾房里，随手就扔在地上，垃圾房成了摆设。时新春很着急，就向环卫队建议采用现场看管的办法，引导居民按规定投放垃圾。那时正值最热的七八月份，她和几个同事在不影响白天工作的同时，于早上6点到7点半、晚上6点到8点分头看管，一人守住一个垃圾房。白天顶着烈日，晚上忍受蚊虫叮咬，就这样坚持了两个月，居民们被她们的精神感动了，再也没有人乱扔垃圾了。

她们的努力得到了职工群众的信任和组织的肯定，2004年4月，时新春被委任为环卫绿化队队长。自此她更加严格要求自己，处处以身作则，每天早晨6点钟就去上班，一路上，晨练的居民纷纷热情地和时新春打招呼。看到路上的垃圾袋、牛奶盒她总是停下脚步，顺手扔到垃圾箱里，用她自己的话说，这个习惯是她的"职业病"。路上她还会检查公厕，包括男厕所。她说自己一开始也不好意思，但工作责任在那儿摆着，也就顾不了那么多了，在外面喊一声"有人吗"，确定没人后就"闯"进去了。这一趟转下来就是四五公里，时新春笑称"权当减肥了"。时新春来到办公室会先清扫院子，等绿化队职工来上班时，她再点评昨天的工作，指出检查发现的问题，安排当天的工作，然后出门继续检查小区卫生。

每次到卫生区检查卫生时，她手里总带着工具，有需要整改的就现场做示范。她说："我必须干得比别人好、比别人多，因为大家都看着我。" 为了给同事们做表率，她建立了"时新春示范区"，让同事们时刻监督自己。同时，她组织开展了"示范区""样板块"活动，在职工中掀起"追赶示范区，超越样板块"的工作热潮。

2005年大年三十下午4点，滨州市垃圾厂已放假关闭，小区内还有6个垃圾箱的垃圾无法及时外运，周围堆满了垃圾。为了让职工和家属过一个清洁祥和的春节，时新春和她的同事们冒着严寒，车推肩扛，及时将垃圾转移了出去。当所有的垃圾清运完已是华灯初上，看着团圆的万家灯火，听着耳边传来的鞭炮声，时新春和她的同事们忘记了疲劳和寒冷，心中充满了无比的欣慰和自豪。

从2003年开始，环卫绿化队陆续接纳安置了近百名协议解除劳动合同再就业人员。这些人对到环卫绿化队再就业普遍存在着思想情绪，有嫌工作量大的，有嫌待遇低的，有嫌"丢份"拒不出工的，有嫌受约束不愿意上班的……队长时新春又经历了一场新的考验。时新春非常理解这些人的心理感受，没有简单地用制度来约束他们，更没有将矛盾上交，而是坚持"政治上关心不歧视，工作上关照不责备，生活上关爱不疏远"的原则，采取贴近管理、跟班劳动；亲情管理、关爱职工；制度管理、规范行为的"三步走"管理办法。

时新春时刻牢记着爷爷的一句话："我们踏百家巷、串千家门，要为市民做更多的好事，密切同市民的关系。"随着时间的推移，时新春加深了对环卫工作的理解，她常说环卫工作不只是扫扫地、擦擦玻璃，还必须体现出对居民的尊重和热爱。她在工作中发现小区内有孤寡老人需要帮助，就联合几个同事成立了"送温暖、献爱心"活动小组，确定了六户老人为帮助对象，每周到这些老人家里做些家务活，赢得了居民高度赞扬。在她的影响和带动下，队里的职工工作积极性极高，干起活来个个认真仔细，先后有十几名同志收到了居民联名写的表扬信。她的"三步走"管理办法，再次取得了良好效果。几年来，这些同志不仅工作中服从安排，不怕脏、不怕累，更重要的是他们和环卫队完全融为一体，成为环卫队的骨干力量，还涌现出了"油田道德模范"邵自力等先进典型人物。

开拓创新谋发展

2005 年，时新春荣获全国巾帼建功标兵称号，在"三八妇女节"前夕，时新春出席全国妇联"巾帼建功标兵"表彰大会，期间特意拜望了与时家三代劳模结下深厚情谊的王光美老人。老人拉着时新春的手语重心长地说："时家出了第三代劳模，这是时家的光荣，也是环卫工人的光荣。你要努力学习，做新时期知识型的女性。"老人的话点燃了时新春心中的一盏灯，那就是"咱们工人有技术，才能更有力量"，她立志要做一名有技术、能创新的新时代环卫工作者，要为环卫事业贡献更多的新价值。

回到单位后，时新春带领她的团队开展了"科技绿化"活动。他们提出"只有无科技含量的人，没有无科技含量的岗"，为此，他们成立了 3 个科技创新小组，通过建立植物标本室，开展技术攻关，取得了盐碱地种植三叶草的成功；通过对"美国白蛾防治"和"法桐天牛防治"的攻关，使病虫害为害程度大幅度降低；改造了垃圾清运车内部排污系统，在车上拓展垃圾叉车功能，实现一车多用；成功研制了"车载机动喷雾机"，他们改造的喷雾机不仅轻便，而且大大提高了工作效率。当时，绿化班的队员需要定期给花卉喷洒农药，手推式动力喷雾机非常笨重，每次喷药除了把控喷头的人，还需要 3 个壮小伙专门推机器。时新春灵机一动，打起了废置数年的吸尘车的主意，经过焊接改装，把喷雾机安设在吸尘车上，这样喷药时仅需一人驾车一人喷药，即可实现轻松作业，效率提高 10 倍以上。

如今，滨南社区胜滨环卫绿化队已更名为时新春环卫队，主要负责胜滨小区 41.2 万平方米的外环保洁、496 个楼道的内环保洁、5 座公厕的卫生保洁以及两个小区生活垃圾的外运工作和 10.5 万平方米的绿化工作。面对新的形势和发展机遇，时新春在全队掀起了一个创新热潮，不断提高环卫和绿化工作的科技含量。

在劳模精神的鼓励下，时新春环卫队加大了设备更新：新型垃圾箱、机械推雪器、可拆卸拖把、多功能救生手锤、自制小型真空吸污车、枝条粉碎机等。新设备、新创新成果的使用降低了劳动强度，提升了劳动效率。时新春还组织职工定期进行政治学习和业务学习，并编辑出版了《绿化常用知识培训教材》，提高职工思想和文化知识。她下班以后，还用业余时间学习电脑，并运用到管理工作中去。

从承包油田部分采油机的清洗工作这一首次创收尝试起，她所带领的环卫队先后承包了锦城花园小区的绿化种植、玲珑商务会馆的鲜花摆放，以及市国税局职工小区的环卫工作等项目。借此，环卫队不仅有了可观的经营收入，队员们也尝到了甜头，觉得跟着时新春更有奔头了。

市场化的浪潮下，时新春看得颇为长远，她表示："到社区外经营创收锻炼了队伍，油田的机构改革今后会更加深入，物业管理最终要完全市场化。通过经营创收的磨炼，我们就不怕日后走向市场所面临的激烈竞争了！"

永葆环卫工人本色

平凡的岗位做出不平凡的成绩，2006年，时新春荣获全国五一劳动奖章、中央企业劳动模范、中石化优秀共产党员的称号。

2006年4月26日，庆祝"五一"国际劳动节暨"当好主力军，建功'十一五'，和谐奔小康"竞赛活动动员大会在北京人民大会堂隆重召开。时新春作为胜利油田全国五一劳动奖章获得者赴京参会，受到了时任中华全国总工会主席王兆国等多位党和国家领导人的接见，并应邀出席了庆祝"五一"国际劳动节劳模座谈会，做了题为"辛勤劳动，服务人民，让时传祥精神代代相传"的发言。作为10名发言者中唯一来自基层的女劳模，她的发言引起了强烈共鸣，为胜利油田赢得了巨大荣誉。时任中华全国总工会副主席、书记处第一书记孙春兰也在讲话中对时新春传承劳模精神、立足岗位默默奉献的精神给予了高度评价。

早在1959年，淘粪工人时传祥就被授予全国劳动模范称号，受到刘少奇的接见。后来时传祥的小儿子时纯利子承父业，也于1990年荣获全国五一劳动奖章。2006年，时传祥的长孙女时新春，作为一名出色的环卫工人，也光荣地戴上了全国五一劳动奖章。时新春成了新时期环卫战线上的时家第三代劳模。

时新春听家人说，爷爷临终前有两个愿望，一是儿女们能接他的班，二是希望环卫系统能实现机械化。时新春没有忘记爷爷的教诲，2006年，她获得全国五一劳动奖章后，特意回了一趟齐河县老家，到时传祥纪念馆和爷爷的雕像合了影。"我想告诉爷爷，和他那时候背着粪桶走街串巷比起来，我们的环卫系统已经逐步实现机械化了，他的第二个愿望已经部分实现了。"

跻身家族劳模行列，在爷爷的雕像前，她像孩子一样向爷爷炫耀："爷爷，我没有给您老人家丢脸，这是我的劳动奖章，比您当年的更有科技含量呢！"

时新春从环卫工人到环卫队长，从基层管理者到工会副主席，岗位变了，信念没有变；位置变了，本色没有变。如今，时新春虽然走上了领导岗位，但她始终未脱离一线工作，依然心系油田环卫事业，定期到环卫队参加劳动。她仍然是队内的业务能手，5公斤重的绿篱机一端就是三四个小时。她所倡导的"辛苦我一人，洁净千万家"的团队精神，已深深融入干部职工的心田，成为环卫队的灵魂，这也是对"宁愿一人脏，换来万家净"的时传祥精神的延续。她带领的团队连续4年被评为胜利油田金牌基层队，2010年荣获"油田环卫服务的标杆"称号，负责管理的小区被山东省建委评为花园式小区。

在谈到自己的荣誉时，她真诚地说："组织给了我那么多荣誉，我总觉得受之有愧。其实，我的荣誉是属于大家的，我要把荣誉当作今后干好工作的动力，绝不辜负大家的期望。"

"劳模文化"的丰硕之果

2009年，时新春被提拔为胜利油田滨南社区管理中心工会副主席，并负责社区共青团的工作。职务变了，但她作为一名普通劳动者的本色没有变，心里时刻装着职工群众，关心职工的疾苦，经常走访特困户、残疾人和遗属，把组织的关怀送到弱势群体中，使他们感受到大家庭的温暖。青年是社区生产经营的骨干力量，她积极引导广大青年紧紧围绕社区的中心工作，不断强化青年职工的思想教育和业务学习，提高青年职工的综合素质，凝聚青年队伍，激励青年积极投身到油田和社区的改革和发展之中。

时新春时时刻刻以党员的身份来严格要求自己，对事业兢兢业业、勤勤恳恳，表现出强烈的事业心和高度政治责任感，较好地完成了各项任务，为油田构建和谐企业做出了贡献。2010年，胜滨小区被油田评为"基层文化建设示范点"。

时新春环卫队多年来有一个不成文的规定，那就是每年都组织职工到齐河时传祥纪念馆参观学习。通过观看时传祥感人的工作画面、聆听讲解员对时传祥的事迹介绍，让职工亲身感受老一代环卫工人那种无私奉献、忘我工作的感人事迹，引导干部职工思考如何在平凡的工作中做出不平凡的成绩，增强大家干好本职工作的信心和责任感。通过经常性的学习活动，劳模精神在时新春环卫队深深扎下了根。"学习身边的劳模，追赶身边的劳模"成为大家共同的奋斗目标。

如果说"劳模文化"是该队的文化基石，那么他们的"春"文化则是一棵大树，为大家营造了一个温暖的家庭氛围。

时新春环卫队非常重视班组文化建设。在长期的工作实践中，时新春环卫队全体干部职工培育了共同的价值观和行为规范，先后形成了清运班以"效率、安康"为核心理念的"春燕文化",清扫班以"勤劳、奉献"为核心理念的"春风文化",清洁班以"热情、规范"为核心理念的"春雨文化",潜移默化地净化了职工心灵,塑造昂扬向上、文明和谐的队伍形象。目前,全队职工每人都有了自己的座右铭,"美化环境,净化心灵""心存高远,与美相伴"……这些激励人、鼓舞人的文化格言,不仅提升了环卫工人的职业形象,而且增添了环卫工人的自豪感。时新春环卫队之所以能够取得今天的成绩,是因为传承和发扬了劳模精神。

从 1959 年至 2006 年近半个世纪的岁月里,在环卫战线上诞生的时家三代劳模——时传祥、时纯利、时新春,如同三颗耀眼的明星,光彩照人,熠熠生辉。

【作者简介】张楠平,女,济南人,大学本科学历,任职于齐鲁工业大学(山东省科学院)生物研究所,经济师。

晚霞映菌业　余热暖菇农

——记兰陵县老科学技术工作者协会原会长、高级农艺师李桂兰

◎张广友

李桂兰

李桂兰，山东省临沂市兰陵县卞庄镇代村人，1940年10月出生，中央农业广播电视学校（农业农村部农民科技教育培训中心）毕业，专科学历，高级农艺师。1957~1960年任代村团支部书记、农业科技队队长、卞庄镇团委副书记；1960~1971年在代村入党，任代村党支部书记；1971~1984年任苍山县（2014年复名为兰陵县，下同）委常委、县委副书记、县革委会副主任、副县长；1984~1990年任苍山县人大常委会党组书记、副主任；1990~2001年任苍山县政协党组书记、主席。2001年退休。退休后，她志愿从事农村科普工作，创办了苍山（兰陵）县食用菌协会、兰陵县富民食用菌研究所。2006年9月，她当选兰陵县老科学技术工作者协会会长。这些年来，她放弃天伦之乐，无论春夏秋冬，都与菇农们在一起，共同发展食用菌产业，被当地群众称为"菇奶奶""菇大姨""蘑菇老人""菇农贴心人"。李桂兰同志退休不退志，甘将余热献乡亲，赢得了社会各界的赞扬。她先后获得全国优秀科普惠农兴村带头人、山东省农技协工作先进个人、山东省优秀农村科普带头人、山东省模范老人、临沂市优秀离退休老干部党员、临沂市首届振兴沂蒙科普奖等荣誉称号。2014年，李桂兰同志被列入中国科协、人民网联合推出的"乡村情·科技梦——全国100名优秀农村基层科技工作者"先进事迹展播名单。

注重调查研究　当好参谋助手

李桂兰常年带领农业技术人员走乡串村、上门进棚、到厂入市，与农民拉家常、与厂家谈发展、与商贩话销售，了解掌握食用菌的发展情况。她认为发

展食用菌产业不能闭门造车，而是要多走出去学习。几年间，她组织农业技术人员、栽培示范户、厂家经理等人先后到国内 40 多个县市区参观学习，行程累计 10 万多公里；每年她都组织相关人员参加国内食用菌展销会，学到了先进的养菇经验，并每年形成一份食用菌产业的调研报告。她还为县委、县政府起草了《关于进一步发展壮大食用菌产业的实施意见》，经县委、县政府审定后下发基层组织实施。每年县里对食用菌产业的发展规划都会听取她的专业意见和建议。2013 年，她提出的发挥传统栽培优势，加快食用菌品种结构调整，推进老旧棚室改造升级，推广应用食用菌机械化、自动化、智能化装备，创建 3000 亩的食用菌循环农业产业园，建设中国食用菌之乡，实现科技兴菌、富民强县等意见得以顺利实施。

重视科普教育　做好良师益友

为使食用菌生产技术尽快地辐射到广大农村，惠及千家万户，李桂兰协调各方力量、采取多种形式，狠抓技术培训。她依托兰陵县富民食用菌研究所、兰陵县食用菌协会，成立了兰陵县食用菌生产技术培训中心，每月举办一次菇农技术培训班，手把手地传授食用菌生产技术，直到菇农懂学学会为止。共举办培训班 82 次，受益群众达 6900 多人次；编印《金针菇高产栽培技术》等培训教材 3 万册，免费发放给群众；先后邀请专家 62 人次，开展科普讲座、专题培训 98 次，讲授、推介 30 多个食用菌生产技术，使 5 万多群众受益；还组织科技下乡 136 次，就地解决技术问题 620 多个。同时，设立食用菌技术服务热线电话，菇农一旦有技术方面的困难，她就及时进行解答，或者上门"会诊"解决。共受理电话咨询 2660 次，受访群众 2300 多人次。2012、2014 年，她邀请山东大学、山东省农业厅、山东省农业管理干部学院的多位专家教授，举办兰陵县食用菌职业技能培训班，讲授大平菇、金针菇、黑木耳等菌菇的高产栽培技术、食用菌标准化生产技术流程及技术要点，提高了菇农的科技理论素质。

搞好科技服务　帮助菇农致富

李桂兰依托兰陵县生物育种中心、兰陵县富民食用菌研究所等 8 家科研机构，与国内 40 多所高等院校、科研院所展开合作，集中科研技术力量，先后进行了金针菇高产栽培、黑木耳立体栽培、秀珍菇标准化生产、食用菌工厂化生产、食用菌废料转化、林下栽培试验、食用菌轮作套种等 30 多项课题的研究开

李桂兰在菇棚为菇农讲解食用菌生产技术

发，提高了兰陵县菌业科技含量。同时，她发挥老科学技术工作者协会的优势，协调相关部门加大投入，助力食用菌龙头企业的兴起，涌现出华珍、福龙山、新天益、康利、富亿、天旺、成大等食用菌生产加工企业10余家；建成保鲜厂30余家，培育出"金菇""速康""滋味佳""好滋味""香飘天下"等一批具有地方特色的品牌。在品种上，她倡导巩固并扩大金针菇、木耳、平菇的规模优势，示范推广杏鲍菇、茶树菇、鸡腿菇、秀珍菇、双孢菇、白灵菇、姬菇、香菇、草菇、大球盖菇等20多个珍稀品种。在区域上，建成以金陵、开发区、车网、下村等为依托的金针菇基地，以大仲村、矿坑等为依托的黑木耳基地；建立了以新天益、康利、福龙山等为依托的反季节、周年性、工厂化生产的金针菇基地。她还根据市场经济发展规律，引导菇农进行交易方式的转变与创新，发展了食用菌产业技术协会、合作社等农村经济技术合作组织60多个，食用菌经纪人3000余人，购销服务点100余处，网络经销店80多家，连锁配送服务站60家，国内大中型超市200多家，拓展了食用菌终端消费市场，促进了食用菌产业的发展壮大。预计2014年兰陵县食用菌产业规模将达到500个村庄（计4万户、10万人），总投料6.8亿斤，生产鲜食用菌9.86亿斤，产值17.75亿元，实现综合效益20多亿元。

【**作者简介**】张广友，兰陵县老科学技术工作者协会原副会长兼秘书长。

人生价值在奉献中实现

——记莒南县老科学技术工作者协会卫生委员会原副主任于美兰

◎付占乐　郁新村

于美兰，女，汉族，1939 年 12 月生，山东省青岛市人。中共党员，曾任莒南县人民医院妇产科主任、主任医师，莒南县老科学技术工作者协会（以下简称老科协）卫生委员会副主任。 1958 年，于美兰从助产专业毕业后，作为支援沂蒙山区的医护人员被分配到当时条件简陋的莒南县人民医院妇产科工作。50 多年过去了，在平凡的工作岗位上，于美兰始终坚持勤奋忘我地工作，克服了重重困难，舍小家顾大家，积极钻研妇产科业务，为莒南县妇产科事业奉献不止。

于美兰

病人的生命高于一切

妇产科是一个风险性极高的科室，需要有熟练的业务技术和勇于承担责任的良好医德。尤其在 20 世纪 60 年代，因交通不便、血源不足等因素，许多危重病人不得不面对承担风险抢救与紧急转院风险的难题。如果病患选择冒风险抢救，一旦发生医疗事故，医生很可能要承担相应责任。这对医生是极大的考验。有一次，一名宫外孕患者病情十分危急，手术的风险极大，但不做手术或转院只有死路一条，病人当时已停止呼吸，在这千钧一发之际，于美兰力排众议，不顾风险，对病人进行了抢救，使病人转危为安。病人的爱人激动得落泪，跪谢道："你挽救了我对象的命，救了我们一家……"

"病人的需要永远都是我的第一需要。"这是于美兰常挂在嘴边的话。当时大店镇中心卫生院有一名产妇半夜难产，急需医生出诊，她毫不犹豫地和县医院的一名麻醉师连夜骑自行车赶往大店镇中心卫生院。直到手术顺利完成，母子平安后，她才骑自行车返回县医院，回到单位时天已经亮了，她匆匆吃过早饭，赶在八点准时上班。

20世纪80年代，于美兰挑起了妇产科主任的重担，这意味着她不仅要身先士卒，承担日常诊疗工作，还要承担科室管理工作。随着治愈的病人日益增加，她积累了丰富的临床经验，练就了专业娴熟的手术技能，先后为近万名患者解除了病痛。90年代中期，每天都有大量的计划生育手术，她曾经一天就做了30多台手术，回到家时双脚肿胀，连上床休息都很困难。有一次，连轴转的节育手术导致她步态不稳，不慎扭伤脚踝，为不耽误手术，就让儿子把她背到科室，照常工作。就这样，凭着她的"铁人"精神，她和妇产科的同事一起出色地完成了各个阶段的任务，同时还在实践中摸索出了一整套完善的妇产科工作经验，并培养带动了多梯队的妇产科人才，使妇产科的工作越做越好，一年一个新台阶。

人生价值在奉献中实现

于美兰常说："为广大妇女带来健康和希望，为千家万户带来幸福和安宁，这是我的理想，更是我的天职。"于美兰说到做到，时刻践行着自己的诺言，在奉献中实现自己的人生价值。

作为一名医务工作者、一名学科带头人，于美兰深知身上担子的分量，为病人解除痛苦不仅需要一腔热情，更需要过硬的技术。因此，她努力钻研业务，克服文化低、时间紧、工作忙的困难，潜心研读国内外有关学术资料，学习外地先进经验，并结合自己工作实际，总结出专业经验，撰写多篇文章。从医50多年来，她通过坚忍不拔的毅力和勇于创新的精神，自强不息、积极探索，先后在国家级、省级刊物发表论文10余篇，完成临沂市科研项目2项；论文《微量利多卡因用于分娩镇疼》获临沂市科学技术进步二等奖；1998年，她被《中国实用妇科与产科杂志》聘为通讯员；1992~1994年，因在专业技术工作中做出突出贡献被评为县级专业技术拔尖人才；1981年被山东省委、省政府评为先进工作者，1984年10月再次被山东省委、省政府评为先进工作者；1993年，被国家卫生部和国家计生委评为万例手术无事故先进工作者，均颁发奖状和证书。

余热生辉霞满天

"莫道桑榆晚，为霞尚满天。"由于医院近几年工作量不断增加，于美兰退休后，又被返聘回院工作。她一如既往地用精益求精的技术和满腔热情的态度服务患者，赢得了感激与信任。

2004年，于美兰被莒南县老科协卫生委员会聘任为理事，从此她积极参加卫生委员会组织的各项活动，如送医下乡活动、健康科普进社区活动，并先后到各乡镇开展义诊、查体等活动。根据分工，她重点开展了对道口镇、洙边镇、涝坡镇等医院（卫生院）的坐诊帮扶，十年来共诊治病人5000多人次，同时帮助乡镇医院做了大量手术。在涝坡镇卫生院坐诊时，于美兰为一名75岁高龄的患者切除了重达20多斤的巨型囊肿，令病人及家属十分感激，于美兰也得到院领导及同事的高度评价。坐诊期间，于美兰致力于将自己多年积累的经验和技术言传身教，积极培养妇产科医生的工作能力，为医院取得了很好的社会效益和经济效益。

10年来，于美兰不怕严寒酷暑，按时到乡镇医院坐诊，且不计任何报酬。有一次，因未吃早餐且长时间连续坐诊，她出现头晕、恶心、呕吐、血压增高的症状，但只服了一片药，又接着给病人看病，中午饭也没顾得上吃，直到把所有的病号看完才下班回家。到家后，她终于坚持不住了，一连挂了几天吊瓶。老科协领导、卫生委员会主任、涝坡镇卫生院领导纷纷登门看望。于美兰深受感动，深切地体会到领导的关怀和病人的期待，体会到身上担子的分量，于是她身体稍有好转又接着去医院坐诊了。同事们劝她在家多休息几天，她却说："医院里病号这么多，同志们忙不过来，我在家也着急，坐不住啊！"

莒南县老科协为方便群众看病，更好地发挥资深老专家的优势，在县医院开设了老科协资深专家门诊，安排资深专家轮流坐诊。于美兰除了去乡镇医院坐诊外，平时就在这个资深专家门诊上班，每天早出晚归，风雨无阻，有时连节假日也不休息。她总是随叫随到随诊，极大地方便了群众看病治病。下班后，一些病人还会直接找到她家中咨询，她也不厌其烦地耐心接待，病人家属感动得逢人就夸。

作为一位老科学技术工作者、一名共产党员，于美兰在莒南县这片红色的土地上，勤奋耕耘着自己的理想，逐步实现自己的人生价值，也终于迎来了累累硕果。2006年，于美兰被莒南县老科协、人事局授予了离退休科技工作者优秀个人荣誉称号，被道口镇党委、镇政府聘为社会主义新农村科技服务专家。2009年，她被评为莒南县卫生系统先进工作者，2010年被评为莒南县最具影响力的十大女性和莒南县首届模范老人，2011年被评为临沂市十大模范老人，2013年被莒南县老干局评为先进工作者。

【作者简介】付占乐/郁新村：兰陵县老科学技术工作者协会副会长/秘书长。

擦亮"银夏津"这块金字品牌

◎房玉梅

房玉梅在做报告

房玉梅，女，1952年1月出生于山东省德州市夏津县房庄村，大学文化。历任房庄村党支部委员、团支部书记，党支部副书记。1974年任夏津县东李官屯公社团委副书记、信用社职工。1976年任夏津县苏留庄公社党委副书记、革委会副主任。1977年，任夏津县委常委、苏留庄公社副书记（主持工作）。1978年任夏津县委常委、夏津县团委书记。1987年任夏津县委常委、县妇联主任。1992年任夏津县委副书记。1998年任夏津县委副书记、县人大常委会主任。2003年任夏津县人大常委会主任。

一个地方的文化品牌是其区域凝聚力、区域吸引力、区域竞争力和区域发展活力的重要体现。近年来，我们着力从提高夏津县的知名度、影响力入手，全力培植区域品牌文化，促进了经济和社会各项事业的新突破。

文化搭台，经济唱戏，围绕文化优势擦亮品牌

夏津县，是鲁西北黄河冲积平原上的一个农业县。疏松的土壤和特殊的气候条件，使夏津县成为全国优质棉产区，也因此被称为"银夏津"。20世纪80年代初期，依托农村经营体制改革，夏津县棉花亩产量居全国之冠，总产量居全国第三。新华社记者南振中采写的新闻《"银夏津"今日又生辉》在《人民日报》头版头条刊出，使夏津县在全国名噪一时，但后来却渐渐被淡忘了。

　　夏津蕴藏的潜力在哪里？我们认为，文化优势是夏津的重要特色，也是夏津发展的活力之源。这里物华天宝、人杰地灵，养育了一代又一代的文化名人，也是独具韵味的戏剧艺术"鲁北小调"的发祥地。夏津县群众性文化活动非常活跃，传统民间艺术形式丰富多彩，常见的有龙灯、彩车、旱船、高跷、架鼓、秧歌等。地方戏曲有哈哈腔、夏津小调。新民歌和剪纸艺术闻名省内外，新民歌《四季花开》《王大娘喂鸡》曾被山东人民广播电台编入"每周一歌"，在全省播放。贺艺民的剪纸简洁洒脱、粗犷豪放，颇具北方特色，其作品多次获奖。在欢度节日和喜庆丰收时，夏津人民用吹打乐来表达内心的喜悦和对生活的赞美。另外，夏津的书法、绘画、篆刻、雕刻、泥塑、扎彩等艺术都达到较高艺术层次，具有浓厚的乡土气息。夏津素有悬挂字画美化居室的习俗，因而书画艺术普及面广，业余从事书画艺术创作的人员较多。夏津书画作品已成为人们出访出行、馈赠亲友的纽带与桥梁，成为深受人们欢迎的礼品。清末民初，书法较著名的有李士奎、李毓英、刘晓山，绘画较著名的有张筑岩、任南宫、郑化成、李荣清等。当代作家刘真就出生在夏津县太平庄。当代著名艺术家贺艺民先生的剪纸篆刻艺术，被称作中国北方粗犷夸张派的代表，受他影响成长起来的书法家、画家不胜枚举。人大常委会原副主任、书协主席刘恩常的隶书书法，美协主席宋成海、青年画家吴山石的水墨山水等都别具一格，被收藏家广为收藏。掌握了这些情况，一条"搭文化台，扬夏津名，唱经贸戏"的思路逐渐形成。大家都愿意为这一思路的落实出力献策。在县委、县政府的大力支持下，成立筹办委员会，广泛征集县内外夏津籍艺术家的优秀作品，成功地举办了黄河故道森林公园书画展、毛主席诞辰百年书画展、"棉都夏津"杯书画展、两省四县书画联展、摄影作品展、集邮展等，每当元旦、春节、七一、国庆等重要节日，各单位、各部门、各乡镇都组织丰富多彩的文化活动。2004年3月编印的《夏津书画作品集》汇集了夏津县籍古今书画界人士作品近200幅。墨润色艳，清新灵动，润致趣雅，意味隽永，充分展示了夏津县的书画艺术队伍及笔墨丹青艺术。为进一步扩大影响范围，我们在全国新闻媒体上刊登启事，面向全国举办"棉都夏津杯"楹联有奖征集活动，欢迎全国各地的楹联爱好者和海外华人华侨积极参与。这一征联活动，陆续收到来自全国各省市、自治区和港、澳、台广大爱好者以及36个国家华人华侨寄来的18000幅楹联。楹联的内容，都反映了夏津棉花产业对人类的贡献和美好的发展前景。通过一系列的文化艺术活动，使1800万人知道中国山东有个夏津县，夏津县盛产棉花，棉花加工规模和加工能力在全国名列前茅，从而促进了经济和社会事业的快速发展。

立足优势，深挖潜力，围绕资源优势擦亮品牌

擦亮"银夏津"这块金字招牌，最重要的是吸引人们到夏津来观光旅游、投资兴业。人大代表多次反映：陈公堤上森林公园具有很好的旅游开发价值。对此，我建议县委、县政府邀请专家勘察论证，并出具开发利用可行性报告。报告认为：这里曾是周定王五年（公元前602年）黄河在河南商胡（即今商水县胡吉镇）决口改道后的古河道，流经夏津613年。其间，黄河多次决口泛滥，给夏津留下了连绵起伏的沙丘，既有河床高地，又有河槽浅平洼地，还有决口扇形地的特殊地貌，俨然是蒙疆大沙漠在平原地区的微缩景观。在夏津黄河故道，生长着55科117属210种植物，阔叶乔木、灌木和各种花草，枝干交叉、参差交错，呈现出起伏跌宕、生机盎然的绿色屏障，被誉为中国北方植物博物馆。春天，繁花似锦，香气袭人；夏天，林海茫茫，遮天蔽日，凉风习习，风沙不惊；秋天，名目繁多的干鲜果品陆续成熟，给人们献上甘酸可口的美味。在夏津黄河故道，还可以拾级登上隋末农民起义领袖窦建德的点将台俯瞰林海，千姿百态的珍稀树木一览无余。

夏津黄河故道又是明朝初年靖难之役的古战场。这里的棵棵古树见证了明皇室争夺皇位的惨烈。当地居民给奇形怪状的古树赋予了神奇动人的民间传说。"颐寿园"中，两棵虬枝舞动的古桑，构成了形象逼真的"双龙争霸"。其中高大粗壮的一棵，叫作"龙腾桑"，比喻势力强大的燕王朱棣；矮小瘦弱的一棵，叫作"卧龙桑"，比喻懦弱的小皇帝朱允炆。游客观赏古树千姿百态的奇景，听闻人们演绎的古老传说，无不赞叹大自然的鬼斧神工。

黄河故道森林中，有一片多达千亩的梨园。清明时节，"忽如一夜春风来，千树万树梨花开"。白茫茫一片，无边无际。清朝文人李子登称其为"雪海琼涛"。黄河故道森林公园，有目前华北大平原唯一保存完整的阔叶混交林。其间，自然景观、人文景象俯拾皆是。对于追求回归大自然的人们，确实是远离城市的浮华与喧嚣，进入幽静自然世界的理想去处。

对于夏津黄河故道森林公园，人大常委会建议县委、县政府对这一宝贵资源加以保护、开发和利用。在德州市召开的人民代表大会上，我们八次递交议案，作出了详细的开发规划，组织旅游局、林业局、广播局、农业局、县志办、苏留庄镇等单位，建立森林公园建设开发指挥部，在县委、县政府的支持下，下发文件、拨专款修建设施和景点观光道路。对园区现存古树，逐一编号登记，并派出科技人员，明确责任，加强保护。黄河故道森林公园，作为具有

天然特色的园林旅游区，成为夏津县一道亮丽的风景线。

科学发展，兴县富民，围绕产业优势擦亮品牌

随着夏津县知名度的不断提高，县委、县政府进一步解放思想，放宽政策，加大了招商引资的力度，山东泉林纸业、德棉集团、张家港华芳集团先后落户夏津。外地企业的加盟，促进了县、乡企业的成功改制，共剥离债务7.6亿元，募集股金2.2亿元，盘活资产5.1亿元。同时，激发了群众发展民营经济的积极性。夏津的民营企业如雨后春笋，蓬勃发展。2002~2005年，夏津县民营经济出现了3个"温州现象"：2002年，宋楼镇一年新上13个投资过千万元项目，创造了全省闻名的"宋楼现象"；2004年，原工业空白的东李镇一年新上65个项目、总投资超过5亿元，创造了全市闻名的"东李现象"；2005年，南城镇3个月新上17个投资过千万元项目，创造了令人惊叹的"南城现象"。夏津县民营经济的异军突起，改变了夏津在全市的地位。2004年，德州市综合排名，夏津县由第十位上升到第六位，民营经济排名第一位；2005年，夏津县9个乡镇被评为全市民营经济强乡镇；夏津县8处企业被列为全市50强企业，数量在全市12个区、县中占第一位。外界出现了"山东民营看德州、德州民营看夏津"的说法，夏津成为人们议论民营话题的焦点。

在夏津，出现了外地企业与夏津人兴办的民营企业齐头并进、交相辉映的可喜局面。发达面粉集团董事长徐山元引进资金2000万元，建成全省最大的面

房玉梅在检查工作

粉加工企业；永乐面粉集团由一个小企业迅速发展成为日加工小麦1000吨的食品加工企业集团，企业注册的"永乐"商标，被评为"中国驰名商标"。发达、永乐两个面粉集团双双进入全国面粉行业十强企业。发达面粉集团在江北率先建立麦胚加工生产线，被国家发改委公众营养发展中心定为"7+1"营养强化面粉定点企业。2007年，发达面粉集团投资5000万元新上多功能面粉生产线，生产规模进入全国前五名。在此基础上，县委、县政府引导企业增强忧患意识，一方面努力壮大企业规模，一方面加大科技投入，提高产品质量，增强产品的市场竞争力。夏津县五大班子领导人分头负责企业，积极走出夏津，邀请科研单位和著名科学家，到夏津观光旅游，与夏津企业合作开展科技研发活动，实现招商与"引智"相结合，全面提高夏津企业的科技水平。到2007年上半年，全县120多家民营企业与科研院所建立了长期稳定的产、学、研合作关系，民营企业与科研单位联合建立各种科研机构52处，促进了企业水平的提高和产品质量的提升。夏津民营企业先后出现了"鑫秋"（种业）、"发达"（面粉）、"宋楼"（酒业）3个山东省著名商标。最近，发达、永乐、鑫秋3个企业的系列产品，被评为"中国名牌产品"。

　　企业与科研院所合作开展产、学、研，已经结出了丰硕的成果。山东鑫秋种业自主开展的开放式植物组培技术工程，在北京通过了专家鉴定，该技术目前处于"国内首创、国际先进"水平。该公司与中国生物工程研究所合作，独立培育的常规抗虫棉新品种"鑫秋1号"、杂交抗虫棉新品种"鑫秋2号"系列在全国黄河流域新品种常规组和杂交组对比试验和生产试验中，产量、质量、抗虫性和抗逆性多项指标名列前茅。这两个新品种双双通过了山东省品种审定委员会的审定和全国品种审定委员会的审定。这是植棉历史悠久的夏津县对全国棉花产业做出的新贡献。

　　如今夏津县的民营企业，已经形成棉纺、面粉、植物油、棉种四大产业集群。华芳纺织集团纺织能力突破36万纱锭，总投资超过22亿元。全县纺织产业群纺织能力发展到180万纱锭，纯棉纺织规模仅次于魏桥，跃居全国第二位，被山东省人民政府定为全省十大产业集群之一。以津华集团为龙头的植物油加工企业，加工能力达到160万吨，每年加工全国棉籽总量的1/8。以"发达""永乐"为龙头的面粉加工业、以"鑫秋"为代表的7个种子企业，产品分别销售到全国各个省区市。四大产业集群出现了"原料买全国、产品卖全国"的大格局。夏津县吸引了来自全国21个省市的人才来夏津工作。夏津县由劳务输出大县变成了劳务输入大县。

【作者简介】房玉梅：山东省夏津县人大常委会原主任。

昔日科技女状元　今朝晚霞红满天

—— 记龙口市蔬菜技术推广站原副站长孙秀英

◎龙口市老科学技术工作者协会

孙秀英，1942 年出生在山东省临沂市莒南县的一个贫困家庭，1964 年毕业于临沂市农业学校农学专业，从此与农业和农民结下不解之缘。她每到一个地方，都自觉与农民打成一片，帮助农民解决农业生产中的问题。因此，她深受群众欢迎和领导认可，她自己也乐在其中。

1967 年 11 月，孙秀英调到黄县（现为龙口市，下同）石良公社农技站，先后担任农业技术员、副站长等职。到岗

孙秀英指导农户

后，她自觉坚守本职岗位，针对甘薯黑斑病的问题，她同农民技术员一起研究对策，使甘薯黑斑病发病率由原来的 40% 以上下降到 5% 以下。她怀孕期间仍坚持参加现场会，到小麦试验田考察，险些把孩子生在路上。1971 年，孙秀英加入了中国共产党。

1973 年 3 月，孙秀英调到黄县城关农技站任站长。既需要包片驻村抓工作中心，又要促进农业技术的推广工作。为此，她经常没白没黑地工作。她通过对城关公社粮田定点取样、化验分析，并进行了多处氮（N）肥、磷（P）肥、钾（K）肥的对比试验，为党委科学决策提供了重要依据。配合其他科学管理措施，1981 年城关公社小麦亩产达 824 斤，比上年增加 184 斤，总产增加 824 万斤，创全县小麦高产纪录。孙秀英撰写的《黄县城关公社小麦调整氮磷钾比例的试验》一文刊登在《山东农业科学》杂志（1981 年第 3 期）上。她亲自组织多次高产攻关项目，在 1981~1986 年获小麦、玉米、花生高产成果奖 9 项。其中 100

亩小麦亩产 1178 斤、60 亩小麦亩产 1282.5 斤两项成果获烟台市科技一等奖。为解决粮菜争地矛盾，1985 年，她在东渠村进行玉米制种地间套蔬菜的尝试，获得粮食亩产超千斤、亩纯收入超千元的双丰收，为调整种植业结构、提高复种指数走出了一条新路。她撰写的《玉米制种地间套蔬菜的栽培技术》一文刊登在《山东农业科学》杂志（1986 年第 2 期）上。

1986 年 8 月，孙秀英调到龙口市蔬菜技术推广站任分管技术副站长，直至退休。她同站上的同志一起组织试验项目 24 个，推广蔬菜新品种 26 个。通过推广棚菜种植技术，使龙口市大中小棚蔬菜由 1985 年的 30 亩增加到 1995 年的 8600 亩，仅 1995 年凭此项技术使菜农增加纯收入 880 万元，初步实现蔬菜的均衡生产和供应。她撰写的《大白菜良种优质杂交种栽培技术推广》获烟台市科技进步二等奖，在山东省大白菜良种优质高产竞赛中获高产奖。针对许多菜农技术储备不足的情况，她组织编写实用教材，举办各种培训班，培训菜农 54 人次。在她亲自指导下，不少菜农取得了农民技师称号，不少农民通过科技种田、科学种菜走上了致富之路。其中，南涧村孟凡君、王守英夫妇分别获山东省劳动模范称号、全国三八红旗手称号。她结合试验撰写的《菊芋高产栽培技术》一文，刊登在《中国蔬菜》杂志（1992 年第 5 期）上。

孙秀英从事农业技术推广工作 37 年，在平凡的岗位上做出了优异的成绩，她先后被选为烟台市第八次党代会代表和山东省第七次党代会代表，被授予烟台市农业科技先进工作者（1984 年）、山东省科技女状元（1996 年）、龙口市专业技术拔尖人才（1987~1991 年）等荣誉称号。

孙秀英认为，是党的培养使自己成为高级农艺师和"科技女状元"，虽然退休了，但共产党员的本色不能丢，要继续发挥余热，为农民科技致富多做贡献。她认准老科学技术工作者协会（以下简称老科协）为发挥余热的新舞台，积极参加龙口市老科协的筹备工作，2002 年，她被选为龙口市老科协理事、农业委员会副主任。其间，她成为龙口市老科协及科协关工委服务"三农"、关心下一代的优秀志愿者，被评为山东省第三届优秀离退休科协工作者、山东省农业技术推广研究员、龙口市十佳五老志愿者。

孙秀英积极参加"农业技术服务百村行"活动，经常通过进村入户、到田间地头办培训班等途径，把不同季节农民需要的农业技术知识送到农民手中，累计发放科技明白纸 26000 份。芦头、北马等镇发生姜瘟病时，她多次到现场指导姜农如何防治姜瘟病，深受广大姜农欢迎，后又在《今日龙口》刊发了《农业专家现场治姜瘟》和《专家详解姜瘟病》等文章，持续宣传防治姜瘟病的新方法。为进一步满足姜农需要，她和同事撰写了《生姜优质高产栽培》一文，系统介绍了生姜栽培、管理、贮藏、加工的全套实用技术，在《龙口市老科协通讯》上刊登，并免费发放给姜农，促进了生姜的丰产丰收。

孙秀英对待老科协农业技术咨询服务工作一丝不苟。北二里处村一名菜农培育不好葱苗前来请教，她认真接待，详细讲解大葱育苗技术，耐心指导，帮助其成功培育出好葱苗。驻军和武警中队菜园急需种菜技术，她及时作出蔬菜周年种植茬口安排，多次到菜园具体指导，深受驻军和武警中队欢迎，并给老科协农业技术咨询服务部赠送锦旗两面，以示军民鱼水情。

要当好志愿者，必须不断地更新知识，才能使农业技术更好地转化为实际生产力，助力新型农民科学种田。某梨枣园出现一种致命病害，但具体情况不明，孙秀英得知情况后，连忙查阅有关资料，到现场观察分析后确认为梨枣缩果病，接着指导该果农对症下药，治好了梨枣缩果病，使其1100棵梨枣如期丰产丰收。2003年8月，因降雨频繁，果农于淑香的葡萄出现腐烂，孙秀英主动到现场指导其进行科学管理，合理喷施叶面肥，取得增产增收的好效果。为了不断提高服务"三农"的质量和效果，她始终坚持不断学习，正是：昔日科技女状元，今朝晚霞红满天。

"德艺双馨"的邓宝金

◎孙 玮 毕长江

邓宝金

邓宝金，第九届、十届、十一届全国人大代表，现任中国杂技家协会副主席，济南市文联副主席，济南市杂技团团长、党支部副书记。国家一级演员，首届中国杂技终身成就奖"百戏奖"获得者，山东十大文化名人，中国杂技金菊奖评委会委员。曾获全国先进工作者、全国三八红旗手、全国五一劳动奖章等荣誉称号，享受国务院政府特殊津贴。

邓宝金从艺 30 多年来，表演过《转台叠椅造型》《滚杯》《高台定车》《蹬板凳》等节目。其中《转台叠椅造型》获山东省杂技魔术比赛一等奖；《蹬板凳》在 1986 年获英国第十一届世界杂技锦标赛金奖，1987 年获法国第十届"明日"杂技马戏大赛金奖，1991 年获朝鲜"四月之春"国际艺术节金奖。

邓宝金具有强烈的爱国主义精神，她曾先后随杂技团出访过日本、美国、匈牙利、哥伦比亚、印度尼西亚等 40 多个国家和地区，足迹遍及五大洲，人们称她表演的《蹬板凳》是"无缝的金字塔"。在出访期间，曾有不少人聘请她留在国外，但她热爱祖国，热爱人民，热爱民族杂技事业，婉言谢绝了一切邀约，立志于祖国的杂技艺术事业。

在参加国内外演出时，作为主要演员，邓宝金从不讲条件、不计报酬，每次演出都和其他演员享受同等待遇。她以身作则，经常带病带伤参加演出，多次昏倒在演出舞台上。她从不居功自傲，紧紧团结集体，密切联系群众，多次受到领导及同行们的赞扬。

走上领导岗位以来，邓宝金不谋私利，而是钻改革、创精品，制定相应的管理制度，并严格执行；鼓励大家推陈出新，树立精品意识，极大地调动了演职人员的积极性。她大力促进文企联姻，先后与济南一建集团、海尔集团等公司签订了文企联姻的协议。她通过广交会、博览会等推介活动，为合作企业树立了良好的社会公众形象，丰富和发展了企业文化。另外她还积极争取各级政府对文化事业的扶持政策，使剧团的整体面貌、训练条件、办公环境得到极大改善。道具、服装、舞台设施、音响装备的焕然一新，使大家得以潜心于艺术创作，大大增强了职工的凝聚力和向心力。为使杂技事业后继有人，济南市杂技团在1998年和2001年共招收学员近70名，并送他们到济南大学艺术中专部培训，为培养高素质的表演人才打下基础。她注重对青少年演员的思想品德教育，经常与他们谈心，引导他们树立正确的世界观、人生观、价值观。

她注重剧团的组织建设和机制创新，并在节目创作上形成了由大学毕业的编导及专家组成的创作群体。她狠抓节目质量，疏通演出渠道，经常参与导演和编排工作，深入排练和演出现场，即使在社会活动频繁的时候，也仍然坚持在一线工作。她努力开拓国际、国内两大演出市场，使杂技团在两大市场呈现空前繁荣的局面，获得演出收入累计数百万元。按照团里的演出规定，她可以获得10%的演出收入提成，但她分文不取，全部留作剧团建设经费。

她还在济南市委、市政府的大力支持下，建立了一支魔术队，并在较短的时间内隆重推出了一台大型魔术晚会——《梦幻奇观》，为新中国成立50周年和政协成立50周年做献礼演出，并在全市进行公演。该晚会的推出，不仅填补了济南市无专题魔术晚会的空白，而且得到了省市领导及各界人士的高度赞扬。

几年来，她带领全团对节目不断改革创新，佳作频出。先后编排了《大排椅》《车技》《空中彩绸》《柔术转毯》《软钢丝》《转碟》《顶圈》《大武术》等节目，其中《魔术》《空中彩绸》《阿拉伯之夜——柔术转毯》《钻圈》获山东省杂技魔术比赛一等奖；《顶圈》《软钢丝》《大武术》获山东省杂技魔术比赛二等奖。在"新世纪之春"济南市新剧目会演中，《魔术》《车技》《钻圈》《空中彩绸》《阿拉伯之夜——柔术转毯》荣获一等奖；2001年，邓宝金荣获"新世纪之春"济南市新剧目会演"杂技魔术专场"优秀总编导奖。2001年10月，《月影流金》获中国第二届少数民族艺术节一等奖。《空中彩绸》2002年在武汉国际杂技艺术节中荣获银奖后，2003年10月又在巴西国际杂技比赛中荣获金奖。《心之攀——转台叠椅》在2004年7月获金狮奖第六届全国青少年杂技华东区预选赛金奖，同年10月获金狮奖第六届全国青少年杂技比赛银奖。2004年9月，魔术节目《花仙子》获中国杂技"金菊奖"第三届全国魔术比赛铜奖。《心之攀——转台叠椅》在2005年2月获摩纳哥第十七届蒙特卡洛"初登舞台"国际青少年杂技比赛"金K奖"及"蒙特卡洛公主杯"后，在2006年9月获俄罗斯第六届世界青少年国际马戏大赛金象奖。

2001年以来，她先后组织编演策划了大型杂技主题晚会《龙的传人》、多媒体杂技情景剧《泉城写意》和其他大型杂技晚会，受到了各级领导和各界人

士的充分肯定和高度赞扬。

2008 年初，她策划编导了大型意象杂技剧《齐风鲁韵·粉墨》，自 2008 年 4 月 27 日在济南珍珠泉人民会堂首演以来，已演出近 300 场，观众达 27 万余人次，创造了济南市专业剧团在同一个地点连续演出场次最多的新纪录，得到了各级领导、专家们的充分肯定和高度赞扬，赢得了广大观众的由衷喜爱。据不完全统计，互联网上与《齐风鲁韵·粉墨》相关的搜索条目超 3 万条，成为济南市一个独具特色的文化品牌和旅游娱乐项目。同时杂技剧《齐风鲁韵·粉墨》先后承接了五国峰会、华裔青少年齐鲁行夏令营、首届国际中文比赛、第二届山东文化产业博览会开幕式、第七届中国（济南）国际园艺花卉博览开幕式等重大演出活动。2008 年，应北京奥运会组委会邀请，《齐风鲁韵·粉墨》剧组赴京举办专场演出，受到中外观众的普遍欢迎和组委会的高度评价。2008 年 11 月，在深圳第七届全国杂技比赛暨 2008 杂技主题晚会展演中，《齐风鲁韵·粉墨》获得晚会类银奖。2010 年 5 月，应文化部（今文旅部。下同）邀请，《齐风鲁韵·粉墨》剧组在北京保利剧场参加了"相约北京"荣誉演出，中央电视台 1~4 频道都以不同角度进行了报道，《新华社》《光明日报》《人民日报》《中国文化报》《中国艺术报》等知名媒体也都进行了专题报道，取得了广泛的社会影响。

邓宝金出身于曲艺世家，其祖父是山东琴书的创始人邓九如，父亲邓立仁也是琴书、快板、坠琴、京剧样样精通，她传续了祖辈的艺术天赋，继承了他们不服输的精神，无论遇到多大的困难、多大的挑战，从不叫苦叫累，从不服输。

1972 年，邓宝金报考了济南市杂技团，在老师的强化训练下，邓宝金每天坚持苦练十几个小时。功夫不负苦心人，只用一年多的时间，老师和同学们就对这个团里年龄最大的孩子刮目相看。这一年她登台演出了《椅子顶》节目，成为同批学员中正式登台演出最早的一个。

为邓宝金带来巨大荣誉的节目，是《蹬板凳》。这个节目中难度最大的动作是在近十米的高空中"单手顶落反旱水转"。这个动作演出时只有一分钟，但是为了这一分钟，邓宝金反复练了十几年。

1984 年，文化部选调节目进京参加国庆文艺演出，邓宝金在北京排练时板凳突然倒塌，她从空中掉下来，坠落时又被钢丝绳猝然一勒，受伤很严重，但当时她没有吭声。回住处吃饭时，她顿觉腹如刀绞，惨叫了一声："我的肠子给勒断了！"便昏迷过去。苏醒过来时，她已躺在医院的病床上，这时离开演只有

3个多小时了。文化部的领导也被突如其来的变故难住了，这些重要场合的节目是早就选定好的，一旦改变就会影响整台晚会。关键时刻，邓宝金决定坚持演出。演出时她面带微笑，单臂倒立稳如磐石，尤其在10米高空弯腰倒叼花时，全场都沸腾了。当做完最后一个动作准备谢幕时，邓宝金再也支持不住了，晕倒在舞台上。观众不知道发生了什么事情，主持人把实情告诉观众后，全场爆发了经久不息的热烈掌声。在杂技舞台上表演了10几年，类似这样的经历，邓宝金有很多，但她从不把这些当作一种资历，只看作是自己成长道路上必经的磨炼。

20世纪80年代，邓宝金表演的节目《转台高椅》已达到较高的水平，多次在比赛中获得一等奖，她还参加了电影《杂技女杰》的拍摄。长期的艺术磨炼，不仅提高了她的艺术素养，也增强了她敢为人先、为国争光的奋斗精神。

在邓宝金的艺术履历中，创下了多项"第一"和"之最"。1986年，因为连续在国际上为国争光，经国务院批准，邓宝金被中华全国总工会授予"全国优秀文化艺术工作者"称号，并获得了全国五一劳动奖章，是山东杂技界第一个获此称号和奖章的演员。

1992年，邓宝金被中国杂技家协会授予"百戏奖"荣誉称号，这是新中国成立以来杂技史上第一次评奖，全国共有9人获得这一荣誉，邓宝金是其中最年轻的一位。这个奖是杂技界的"终身成就奖"，而这时的邓宝金只有34岁。她还先后获得全国劳动模范、全国先进工作者、全国三八红旗手等荣誉称号，当选全国第九届、十届、十一届人大代表。

从2000年起，邓宝金逐渐退出舞台，开始从事济南市杂技团的管理工作。刚接手杂技团时，因之前团里存在拖欠职工养老保险、税款等问题，每个月她都要接受有关部门的检查与"催债"。当时全团只有70多名员工，已经多年不参加全国比赛。邓宝金接任几年后，杂技团面貌焕然一新，职工齐心协力。从2004年开始，天天都有团队赴国外演出，一年要跑10几个国家。2010年，杂技团还被文化部选中到泰国参加当地举办的"中国艺术节"大型演出。

2007年11月5日，第二届全国中青年德艺双馨文艺工作者表彰大会在北京人民大会堂隆重举行。这次表彰大会由中宣部、人社部、中国文联联合主办，济南市杂技团团长邓宝金喜获全国中青年德艺双馨文艺工作者称号，成为山东省首位荣膺此称号的艺术家。

邓宝金说："从艺这么多年，自己曾获得过各种表彰和奖励，但是这个'德艺双馨'奖特别沉甸甸，这个奖与其他荣誉都不一样。以前的各种奖励，包括国际大奖，大多是对我在杂技艺术上的肯定，但是这次还有对我德行的认可。"因此，邓宝金格外看重这个奖，并将把它看作一个新起点，之后要在自己的工作岗位上继续兢兢业业，努力奉献！

温文尔雅　大器天成

——记山东教育出版社有限公司原总编辑、编审陆炎

◎张景焕

陆 炎

很少有人像她一样幸运，名门之后，天生聪慧，事业有成，家庭美满；很少有人像她一样努力，甘心埋首于他人书稿，钻研于字句之间，默默耕耘 20 余载，获奖作品无数；很少有人像她一样含蓄而温和，先后身居副总编、总编之位，却总是笑语盈盈，举手投足间流露出女性的温婉，又能毫不含糊地解决一个又一个棘手的难题。

在 20 多年的编辑生涯里，她和读者面对面，和作者肩并肩。她身上有一种学者风范，每当谈起图书，她总是语调清晰、眼神生动，思想力和创造力让她熠熠生辉。细致的读者调研、精心的前期策划、一丝不苟的后期编辑加工，才打造出一本本散发着墨香的图书。每一个铅字，都凝聚着心血和汗水。她挑着作者沉甸甸的梦想，肩负着读者殷切的期望，在春天播下希望的种子。

她就是陆炎。

成就彰显个性特征

在编辑生涯的 20 多年中，她满怀对这一职业的热爱，孜孜以求、扎扎实实，从普通编辑做起，从点滴做起，凭借自己的勤奋和实力，取得了骄人的成就。

出版工作繁杂，选题策划、组稿、签合同、审稿、编辑加工、寄样书、开稿费，每一项都需要编辑的热心、细心和耐心。组稿时，为跟作者进行更有效的沟通，她经常牺牲业余时间前往北京、上海等地拜访作者，和他们真情交流。在加班中度过周末、节假日对她来说早就习以为常。为精益求精，她常常挤出时间到图书馆、资料室，核对书稿中的每一段引文、每一个注释。正是这种沉得下、坐得住

的心性和功力，为她编发品种繁多的重点图书和教辅类图书打下了坚实的基础。

陆炎具有坚定的理想信念和强烈的社会责任感。工作中，她始终牢记党的出版方针政策，既坚持正确的出版导向，又注重寻求图书的学术品质与文化内蕴，她策划、开发的图书思想水平高、社会影响大，获省部级以上奖励27项。如：《中国儒家学术思想史》在1997年和1998年先后获得山东省优秀图书奖和山东省精神文明建设"精品工程"奖；《优良作风：干部读本》被中共山东省委确定为"机关作风建设年"读本，在2001年获全国优秀畅销书奖；《中国人民百年奋争史丛书》在2000~2002年间先后获得全国优秀青年读物奖、山东省优秀图书奖、山东省精神文明建设"精品工程"奖、山东省十佳党建图书奖、华东地区优秀教育图书奖等5项奖励；《中华民族精神颂》在2007年获评全国首届百种优秀青春读物；《邓小平的伟人品格与思想贡献》在2007年获山东省第七届精神文明建设"精品工程"奖；《中国近现代科学技术史研究丛书》在2011年获山东省新闻出版奖优秀图书奖；《中国与西方近现代社会思潮史丛书》获山东省社会科学优秀成果二等奖、山东省优秀图书奖、华东地区优秀教育图书奖。此外，她还策划、编辑出版了诸如《王浩文集》《中国文化发展史》等50余部思想性、学术性、可读性、教育性较强的图书，在全国范围内产生了重要影响。

陆炎具有强烈的务实精神，坚持与时俱进。她注重掌握国家教育改革动向，积极主动地服务中小学教育改革，先后主持了"山东省义务教育地方课程教材"共8个系列24种53册图书的开发、立项、编写、出版、宣传等工作，年发行量达90余万册。其中"生命教育系列"在2007年获评全国优秀地方课程资源奖；《人生规划》教材年发行量达37万余册。同时，她所负责的品牌教辅也在其悉心呵护下焕发出新的生机。

更难能可贵的是，陆炎具有敏锐的政治意识与时代感。应中小学思想教育的需要，她主持开发了中小学思想教育教材《科学发展观》（全3册），以深入浅出、贴近学生、观点独特等特点受到广泛好评，为贯彻落实科学发展观服务教育教学做出了突出贡献。国家领导人对该书作出重要批示，称该教材"可读性强，质量较高"，指示要"使之在推动科学发展观进校园、进课堂、进头脑中发挥重要作用"。该书年发行量达281万余册，社会效益与经济效益显著。

功夫不负有心人，陆炎用她的真挚、热情、努力，塑造了出版工作者的良好形象，得到了作者、读者以及同事的一致好评，给出版社的员工树立了好的榜样。她本人也多次被评为山东出版集团优秀共产党员、先进工作者，荣获山东省省直机关职业道德十佳标兵、省直机关优秀共产党员、山东省优秀中青年编辑、山东省新闻出版奖优秀人物等称号。

业绩彰显管理才华

个人的力量再强也是有限的，只有充分发挥团队的力量才能百战百胜。陆炎对这句话领悟很深，并身体力行加以实践。

出版工作要求很高的专业技能，而且环节众多，环环相扣，调研、策划、组稿、审阅、统稿、编校、装帧、印刷、定价、发行，哪个环节做不到位都会影响整体效果。特别是在这个竞争日趋激烈的时代，要想保质、保时、保量地出好书，更要求领导者善于组织协调、统筹安排，这就特别考验领导者的管理才能。

在管理工作中，她着眼全局，积极协助社长做好领导工作。她既分管教辅出版中心、教育理论室、基础教育读物室、美术设计中心等多个科室的业务工作，还负责党建、工会等事务性工作。有太多问题需要她解决，怎样才能将繁杂的日常事务厘清、理顺？怎样才能最大限度地激发每个人的工作热情？在"无错不成书"的今天，面对社内人均发稿量远远超过业内平均数的现实，怎样才能提高图书的编校质量？

磨刀不误砍柴工。为适应出版改革的需要，陆炎结合分管工作的实际，充分发挥基层科室的智慧和力量，积极推进管理创新，努力促进现代企业制度的建立与完善。她深入科室，与编辑促膝交流，热心指导，率先提出并促进个人《岗位职责》和《年度工作进度明细》等规划的制定，将中层管理人员和基层员工责任明确化、精细化，任务具体化。她推动实施例会制度，召集相关科室每月一会，找失误、谈经验、提要求、鼓干劲；在发稿特别繁忙、容易出现问题的月份，则变为每周一会，有问题、有困难、有障碍马上解决，绝不拖延。此外，她还推动制定应急预案，以便遇到突发状况即刻启动，争取效率最大化。这些举措为顺利完成出版工作打下了坚实基础，也使科室内部与科室之间保持了团结向上、和谐奋进、朝气蓬勃的团队精神。

为进一步提高图书质量，她一方面要求编辑注意学习《新闻出版中需要注意的禁用词》《图书质量管理规定》等相关文件，另一方面组织专家为大家讲解如何策划、组稿、联系作者，怎样加强自身素养、提升编校质量、提高图书品质，以及采取何种营销策略扩大品牌影响力，并将这一制度常态化，从而在提高图书质量方面取得了显著的成效。

她从一位出版人的立场出发，肩负出版的文化使命和社会担当。她积极组织相关人员对国家"十二五"出版规划和国家出版基金图书选题进行制定与申报，逐一落实国家"十一五"出版规划和国家出版基金图书选题的实施。她先后组织了《中小学寒暑假生活指导》系列丛书和《教育史学研究新视野丛书》《中国教育活动通史》《教师生命成长研究丛书》《罗常培文集》《中国历代著名文学家评传》《林辰文集》等一批有较大影响力的图书的出版。她还与有关部门认真协商、积极奔走，促成了"罗常培语言学基金"的设立。在省委宣传部组织开展的"三个一切"主题教育活动中，以及与电视台读书频道共同推动的"天使爱阅读——走近乡村孩子"公益系列活动中，她积极发挥作用且收效显著，社会反响热烈，为进一步扩大出版社的影响力做出了贡献。

形象彰显人格魅力

见过陆炎的人往往形容她气度不凡，蔼然可亲。这是她的魅力，却又不全是。

她很努力。她取得了丰硕的成果，赢得了各方的好评，却并未止步，而是整装待发，锐意进取。为提高业务能力和管理水平，她先后在山东师范大学、山东省委党校在职攻读研究生，努力掌握学科前沿的研究状况，提升组织管理水平。

她爱思考。在做好日常工作的同时，她注重钻研编辑与出版业务理论，努力将图书出版的理论与实践相结合。如在策划《中国儒家学术思想史》过程中，她创造性地建议作者从突出对儒家学术思想研究的角度布局谋篇；在编辑工作中，她遍查《十三经注疏》等文化典籍，就中国文化典籍的准确使用提出了个人的见解，并撰成《应当重视对中华文化典籍的准确引用》一文，在《中国出版》杂志上发表。数年来，她先后在《人民日报》《光明日报》《中国出版》《中华读书报》《史学理论研究》《东岳论丛》《山东社会科学》《山东师范大学学报》等报刊发表专业论文及书评20余篇，在业界产生了一定影响。

她很扎实。她坚信做出版要走出高楼大院，跳出"书山会海"，要倾听读者的声音，与读者建立真挚的联系；她坚持做出版要接"地气"，编辑应走到读者特别是学校师生中去，了解他们真正的需求，听取他们的意见和建议，汲取他们的智慧。为了做出真正受读者欢迎的书，她坚持带领编辑深入调查研究，跑市场、去书店、访学校，积极构建与作者、读者的互信机制。

她果决而不乏细腻。工作中，她运筹帷幄，能把千头万绪的工作处理得井井有条；她分管多个部门，事务纷繁，却总能做到有的放矢；她态度平易，亲和力强，同事们有什么问题都愿意找她倾诉。她经常说的一句话就是："大家有什么解决不了的问题，来跟我说说，我一定尽力。"她是这样说的，也是这样做的。在大家的心中，她不仅是一位领导者，也是一位知心的大姐。

　　如今的她，拥有无数的荣誉和光环，在出版界有一定的地位和影响力，她却淡定从容，从不张扬，也不炫耀，一如既往地默默耕耘；她温文尔雅，思想深邃，就像一本厚重的书，娓娓道来，却立意高远，有着大器天成的庄重与自然。未来的路还长，她要继续用手中的笔，用笔下的书，谱写美丽新篇章。

　　【作者简介】张景焕，女，北京师范大学博士毕业。山东师范大学心理学院教授、博士生导师，教育心理学学科带头人。先后主持完成全国教育科学规划课题 2 项，教育部人文社科项目 2 项；主持并完成山东省哲学社会科学重点课题 2 项，山东省自然科学基金课题 1 项，主持完成山东省教育厅人文社会科学课题、教育科学规划课题 7 项。在《国际心理学》《杰出人才的早期培养与教育》《心理学报》《教育研究》等本学科重要学术刊物上发表论文 70 多篇，著有《创造教育原理》《创造型教师》《教育心理学》《尊重教育》等学术专著、教材 7 部，主编小学生教学改革教材 3 部。其研究成果先后获得教育部基础教育改革与实验优秀成果一等奖，山东省社科优秀成果一、二等奖等奖励 11 项。作为山东省政府应急管理专家组成员，她积极参与和完成山东省政府应急管理工作，2011 年被山东省政府办公厅授予"应急管理先进个人"称号。作为山东省大学生心理健康教育中心特聘专家，她积极从事心理学与教育科研知识的普及工作，深入工矿企业、学校、医院进行广泛社会调查，建设实验基地 100 多所，实验学校遍及山东省 16 个地市，以及新疆、陕西、天津、重庆、海南、浙江、广东等地，培训教师数十期共 4000 多人。课题被专家鉴定为"有力地推动了素质教育的深入开展，对培养学生的创新精神和实践能力起到独特作用"，在山东省乃至全国产生了深远影响。

细节铸就品质　执着追求完美

——记齐鲁置业有限公司董事长马莹

◎杨自涛

马莹，汉族，1961年9月生，山东省临沂市沂南县人。本科学历，高级工程师，具有清华大学 EMBA 硕士学位、天津大学博士学位。现任齐鲁置业有限公司董事长。多次撰写企业运营管理、房地产专业运作、企业品牌建设等方面的论文或专著，如《房地产精装修项目全程营销》《论住宅精装修的操作模式与发展方向》等。多次荣获中国房地产百杰、中国房地产十大新锐人物、影响中国房地产100位企业家、环渤海创业女性、十年山东地产领军人物、首届济南风尚女士等称号。2009年她再次荣获齐鲁地产风云人物称号。公司多次荣获山东房地产品牌企业、中国房地产品牌企业、山东房地产开发企业综合实力50强等称号。

马莹

她是一个地产公司的掌门人，指点着企业的江山；她是业内的铿锵玫瑰，永远以旺盛的精力组织并参与着各种社会活动；她也是一个女儿，一个母亲，一个家庭的半边天；她是巾帼不让须眉的杰出代表，不畏艰险、不惧挑战地耕耘着自己钟爱的事业。她在济南首创精装修项目，以乐观与坚强克服重重困难，在实践中力求完美，以高品质产品回报社会、感恩社会；她热衷公益事业，每年都会为山区的贫困学生发起捐助活动；她积极投身抗震救灾，尽最大努力捐款捐物，奉献爱心！2011年，她视角敏锐地关注到社会老龄化问题，投资兴建了济南市第一个高档次、多功能的老年养生公寓项目。她永远走在前端，永远有着"敢为天下先"的魄力！

她是城市生活新品质的缔造者，用自己的执着和坚持为齐鲁置业的蓝图描绘出浓重的色彩。"建筑无言，品格自现"，泉城广场北临的胜利大厦、章丘双山大街的标志性廊桥……马莹以自己旗下的建筑见证着历史，她的名字将和齐鲁置业的腾飞相联系，镌刻在城市发展建设的丰碑上。

历程——昂首阔步，辉煌十七年

马莹于1994年创办了齐鲁置业有限公司，经过17年的发展，公司已成为山东房地产行业的著名企业，具有全国知名度与影响力，多次被评为中国房地产名企。

17年间，马莹带领的齐鲁置业经历了3个重要的发展阶段，实现阶段性跨越发展。从1994年到2001年，齐鲁置业从一个初入市场的新兵快速健康地发展为省内房地产市场的重要力量，并相继为市场提供了既有国际化标准和品位、又融合齐鲁文化儒雅风韵的建筑：东营胜利工业园、济南解放桥住宅组团、胜利大厦、花园新居等。在马莹的带领下，齐鲁置业在市场上站稳了脚跟，构建了企业宏伟的发展蓝图。

经历了创业期的完善公司体制、实现资本积累的重要发展阶段，齐鲁置业从2001年到2007年的发展如鱼得水，企业规模迅速扩大，品牌口碑传扬济南。其间，成功开发建设的"齐鲁·骏园""齐鲁·花园""齐鲁·涧桥""青岛康馨苑小区"等项目，对提升片区居住品质，改善片区居住环境起到积极作用。其中，2001年开发的"齐鲁·骏园"是英雄山片区最早的高档项目之一，目前已发展为济南著名的高档居住片区；2003年开发的"齐鲁·花园"提升了济南西部堤口路片区的居住水准，一定程度上改变了该片区脏乱差的旧有形象；2005年开发的"齐鲁·涧桥"改变了章丘的人居历史，加快了章丘迈入现代化品质居住时代的步伐。

如果说2001年到2007年是快速发展期，那么2007年以后，齐鲁置业就进入了标准化运作与全省发展布局的新阶段。2007年，全国房地产市场进入了一个新的发展阶段，企业的综合实力愈加重要，快速扩张不再是企业的发展出路，规范化、标准化的稳健发展思路更利于企业发展。马莹审时度势，在之前的基础上继续完善企业运营的标准化。在产品运作与服务体系上相继完善了齐鲁置业的成本控制环节、产品研发流程、产品研发标准、客户服务流程及标准，不仅以更高的要求练就企业的"内功"，还为企业节省了大量的管理成本与开发成本。

在齐鲁置业有限公司稳步发展的17年间，马莹本人也多次获得荣誉：2002年被中国住交会评选为影响中国房地产100位企业家，被山东省妇联授予优秀女企业家称号，荣获山东省直机关五好文明家庭称号；2003年被中国住交会评选为年度十大新锐人物；2005、2006年连续两年被中国建筑文化中心评为中国地产文化风云人物；2006、2007年连续两年被中国主流媒体"房地产宣传联盟"评为中国值得尊敬的20大房地产杰出人物；2008年被评为环渤海区域杰出创业女性；2009年被全国妇联授予三八红旗手荣誉称号。2002~2010年连续9年在由《齐鲁晚报》和《生活日报》共同创办的山东住交会"三名"推介榜评选活动中荣获齐鲁地产十大风云人物。

理念——坚持精装修，领跑精品人居

齐鲁置业旗下的商品房住宅一贯以精装修作为交房标准，马莹也成为山东地产圈精装修住宅的先行者和领航者。马莹认为住宅精装修在中国的发展前景良好，这种趋势不可逆转。

"细节铸就品质，执着追求完美"，这是马莹的座右铭，也是她在山东房地产市场上倡导并笃实力行精装修的真实写照。市场的彷徨、购房者的迟疑，曾让精装修交房一度遭遇尴尬。但马莹认为，住宅精装修是市场成熟发展的大势所趋，也是国家积极提倡的新住宅产业发展方向。直接向消费者提供精装修的成品房，不仅有利于节约采购成本、提高施工效率、避免装修扰民、保护建筑结构免遭肆意破坏，而且有利于规范装修市场、保障装修质量、倡导环保健康、增大住宅产品的艺术与文化附加值。更为重要的是，精装修引领了新的生活方式，体现了开发商的深度服务意识和良好社会责任感。

在精装修的推广与实践中，马莹时刻总结经验教训，逐步形成了精装修的两种模式——菜单式精装修模式和完全式精装修模式。齐鲁置业坚持"轻装修，重装饰"的精装修理念，在精装修与个性化居住方面取得巧妙的平衡，不仅为山东地产界注入了个性鲜明的色彩，还改变了济南的人居模式和标准。马莹在这一过程中融合了企业文化，提炼了"精品工程、精细服务、精致生活"的"三精"开发理念，做到用精品工程和精细服务奉献客户以达到精致生活。现在精装修已成为齐鲁置业品牌差异化的重要元素。

品行——有真诚，就有快乐

马莹常说："有真诚，就有快乐！"作为企业家，她拥有高度的社会责任感，倡导企业要有公民意识；她以真诚面对下属和朋友，把员工当成兄弟姐妹，既严格要求，又体恤关怀，成为齐鲁置业员工们心中的旗帜。

她热爱公益事业。她每年都会带头为济南南部山区品学兼优的贫困学生发起捐助活动；在汶川地震、玉树地震等灾难降临时，她积极投身于抗震救灾工作，第一时间尽最大努力捐款捐物，奉献爱心。在人口结构老化、社保制度滞后的大背景下，她敏锐关注到老龄化问题对未来社会发展产生的影响，主动承担起社会责任，奉献自己的力量——投资兴建了济南市第一个高档次、多功能的老年养生公寓项目。她希望住在这里的所有老人都能够安享晚年，过上有品质的老年生活。

她真诚为员工、为企业着想。她用"压力＋动力"的方式来完善公司的竞争机制，激发员工的潜力与进取心，以广纳贤才、能者居之的博大胸襟吸引人才，会聚精英。在工作中，她身先士卒，每一次都亲自参与产品的户型和景观设计，经过反复修订，形成满足客户需求的完美方案。对于设计风格等细节问题，马莹力求精益求精，几乎每个样板间她都亲自挑选产品、设计布置风格。

马莹以真诚赢得了社会认同，赢得了员工敬仰，赢得了客户满意，而她收获着真诚付出后的满足和快乐。

贡献——齐鲁地产领航者

一路走来，马莹自信而坦然，用她自己的话说，她只是努力做好自己喜欢做的事情。就是这样的淡然平和，马莹成就了齐鲁地产行业的神话。

她是山东本土房地产企业管理规范化的创始者。曾几何时，山东房地产企业还处于不够规范的状态，不少人把房地产开发作为捞钱的渠道，马莹却立足于做百年企业，坚持高标准、规范化的发展战略，并树立"创新求发展，服务树品牌"的经营理念，遵循"适度超前、专注经营"的开发原则，坚持把健全企业管理制度、打造高素质人才队伍作为企业可持续发展的重要保障，确保了齐鲁置业在公司管理方面有较高的起点。

她是扛起齐鲁地产行业精装修大旗的人。马莹说："创新是有风险的，但不创新是最大的风险。"住宅精装修在当时来说是一种比较新型的装修模式，为国外所推崇，而对于当时国内的房地产行业来说则是巨大的挑战与风险。由于当时山东房地产发展较慢，消费人群对这种装修模式还感到陌生，推广时遇到了前所未有的困难。很多人对精装修这条路要不要走下去充满疑虑，马莹力排众议，坚持用精装修的理念打造"齐鲁·花园"。这让她又站在了风口浪尖，但这不是她的一意孤行，而是她对信念的坚持、对未来的坚信。她带领团队对概念加以改进，从项目的市场定位、客户需求，再到图纸的设计、房间结构的设计……"宝剑锋从磨砺出，梅花香自苦寒来"，看得到的荣耀风光，看不到的艰辛苦难，马莹带领着齐鲁置业这个大家庭，引领着城市的进步与发展。

这就是齐鲁置业有限公司董事长马莹，她以英姿飒爽的形象站在房地产的舞台上，以执着坚忍的精神克服创业路上的艰辛磨难，以一颗真诚奉献的心回馈企业、回馈社会。马莹的创业历程在她品格与智慧光芒的照耀下熠熠生辉，谱写着一段巾帼不让须眉的传奇。

（济南市女企业家协会供稿。原载《巾帼创业足迹》，山东科学技术出版社2011年11月版）

捧着一颗心来　不带半根草去

—— 记遗体志愿捐献者陈继莹和她的丈夫

◎孙玉华

在我们周围，那些80多岁的老人，都过着怎样的日子、奉行着怎样的生活理念呢？

一个周末的下午，我随朋友来到长清区卫生局干休所的一个平房小院。这个院子的主人是一对经历过革命的老夫妻，他们都是离休人员，政府给的待遇足够他们颐养天年。可是，住在这里的主人陈继莹阿姨——一位参加过解放战争和抗美援朝的老兵，和她的丈夫程福林——一位参加过抗日战争、解放战争、抗美援朝的老兵，他们的生活却让我们这些晚辈为之惊讶、为之感叹、为之心疼。

我们敲门却没有动静，以为老人不在家。过了几分钟，院门才打开，颤巍巍的陈继莹老人站在我们面前——花白的头发，穿一件极普通的半旧白底条纹衬衫，拄着拐杖，身子有些弯曲，后背鼓出。见到我们，她脸上露出欣喜的表情，客气地让我们进屋。

拉开屋门——屋门是一个用木框和塑料布钉起的外门，上面布满小钉子，为了不让钉子凹进去还垫了些纸片。

进门算是客厅，一张不大的旧方桌，两个20世纪七八十年代的小沙发，再加一个方凳，几个人进来就满了，若有人进出都需要侧身而过。陈阿姨赶紧去拿方凳上的针线包，行动起来却无法像她心里想的那样敏捷。我看见那个针线包，裸露着一排十几根大小不一的针，应该有年头了，上面还有两个一拃长短的旧布条。老人说，她刚刚改完衣服袖子。

听保姆说，两位老人平日里生活十分简朴，中餐和晚餐一般是一个菜，有时候炖个骨头汤就算是改善生活，早餐是老两口自己解决，一般是下面条，或者把前一天剩下的饭菜热一热。保姆提议应该买一个冰箱，陈继莹老人说："原来有一个冰箱，太大，没有东西放，白白浪费电，就处理掉了，现在不想买了。"

我问，为什么？

"我们这个年纪，说不定活到哪一天，白花钱。"

怕剩饭剩菜坏掉，她一直用土办法——在一盆凉水中放一个碗，再把剩饭剩菜放进去。

我想起朋友李雅说的一件事，有一次她来看望自己的老师陈继莹，老人指着自己身上的衬衣自豪地对李雅说："看，我自己做的衬衣，怎么样？不错吧？"还没等李雅回应，她继续兴奋地说："这原本是一个面袋子，我洗干净后就缝成衬衣了！"

听了老师的话，李雅内心一阵酸楚，竟不知该怎样回应她。从那以后，每逢看见适合陈继莹穿的衣服，李雅就买下来送给老人，现在老人穿的衣服很多都是李雅陆续买来的。老人对此过意不去，她觉得自己不过是李雅的老同事，对来自李雅的关心照顾受之有愧。而李雅则觉得，陈继莹是祖国的有功之臣，又是自己年轻时的领路人，她十分佩服老人的所作所为。

有一次，李雅和一位朋友带陈继莹到外面吃饭，席间每人一个海参。老人吃了一半就不吃了。李雅问："是咬不动吗？"老人摇头。"是不对口味？"也不是。经过再三追问，原来陈继莹想把那一半海参带回去让老伴儿尝尝！于是他们又要了一份海参，请她带回去给她年已九旬的丈夫程福林老人。

我们随意地交谈着，无意间，陈继莹说出自己的一个习惯：平时的塑料袋都攒起来反复用，用不了就送给卖菜的。陈继莹说："这些东西浪费了可惜，不如让它继续发挥作用，还不会污染环境。"

就是这样一位曾经为革命出生入死、奉献一生的人，早在 2000 年 9 月 14 日就填写了《济南市公民志愿捐献遗体申请登记表》并进行了公证，立下遗嘱，与山东医科大学（现已合并组建为山东大学医学院，下同）遗体接受中心签订了遗体捐献的协议。

陈继莹的丈夫程福林老人（1938 年参加革命，曾获得华北解放纪念章、华中南解放纪念章、抗美援朝纪念章）也随即签订了去世后将遗体捐献的协议。

我问，为什么要这样做？

她的回答是那么平淡："人死了就死了，一闭眼就没了，不必再添麻烦。若是火化，人们得忙活，还得浪费电。既然还有点用处，为什么不捐了？"

"我的那些战友，好多都死在战场上了，多好的人呀，该写写他们。我现在有家，生活条件这么好，可惜我没文化，不能把当年战场上的那些事写下来，真对不住他们！"

80 多岁的人，说起战场上的情景，依然历历在目。1950 年 10 月，她作为 38 军卫生部二所的一员，跨过鸭绿江，进入朝鲜战场，置身于血雨腥风之中。

那时已经进入冬季，她亲眼见到有的战士由于没有领到棉衣，腿被冻坏，只好截肢。她们作为野战医疗队，不分昼夜地救治伤员，重伤员特别多，伤到哪里的都有，她们没有绷带，就把被罩撕下来帮伤员包扎。有的伤员在她们接手时就已死亡，她们就把尸体摆在废弃的铁路隧道里，还得随时躲避敌机轰炸。没有担架，她们就背着伤员，她身材矮小、体力不支，却仍请别人把伤员放在自己背上，一天不知背多少人。至今她腰肌劳损得厉害，身体已经弯曲到60度，再没法挺直，就是那时候落下的毛病。

　　"那时候不知道害怕。低着头背着伤员没法看敌机，就看地上照出的飞机影子，B-29轰炸机很厉害，炮弹威力很大。但是敌人的先进武器敌不过我们的勇敢精神和牺牲精神。"她亲眼见到战士们"重伤不叫苦，轻伤不下火线"，条件那么差，没有人叫苦，吃口炒面就一口雪，士气高昂。"5次战役我参加了4次。因为连续工作，有一次走着路差点就睡着了，直到和前面的人撞到了一起，摔倒了才清醒过来。"

　　陈继莹老人十几岁时从武汉的家中逃出，独自参加了革命。因为家中连她已经有3个女孩了，这个富有的封建家庭重男轻女，对她和姐姐说打就打，说骂就骂。一次，她从西屋出来，正遇上奶奶在院子里烧香，她还没回过神来，就被奶奶劈头打来……这样的事是家常便饭，她因此逃离了封建家庭。一开始是在地方上参加干训班，搞减租减息，实行"耕者有其田"。

　　1949年3月，她随部队去广西追剿国民党余部，那里是十万大山，人烟稀少。"天天爬山，'天无三日晴，地无三里平'，出了街口就爬山，上了山也不见天日，云雾缭绕。晚上住在老百姓的房子里，能睡地上就不错了。骡马驮着药品、银元等物资，道路崎岖，有时候马跌下悬崖，箱子摔碎了，银元散落一地却无法捡回。老百姓有办法的就把马拖回来吃肉，条件艰苦，什么都是好的。天天行军，脚上起了水泡，疼痛难忍。有一个和我一起出来的姑娘受不了，离队了，跑回去了。"

　　我问，你没有跑回去，这些年后悔吗？

　　"不后悔。我跟部队走，不后悔。现在多好啊，享福了。"

　　在陈继莹的字典里，没有怨恨，没有牢骚，只有对今天生活的满足和感激。在我们的谈话过程中，她询问我哪里可以制作锦旗。她指着李雅说："她不告诉我，你知道在哪儿做不？"我问她缘由，原来她对李雅常来看望，还要为她的腰做支架而感激不尽，想表达心意。我告诉她："这就不必了，我与李雅交往虽然不多，但是我知道她的锦旗已经挂不开了，她在意的并非这些，她把患者当成亲人，把老师您当成母亲，做着自己想做的事，延续着老师身上的高尚医德。"

在朝鲜战场，她和丈夫程福林相识并结合。"向上级打了报告，批准了就在一张纸上盖个章，就行了。"

没有隆重的婚礼，这一生，他们过得平平淡淡而又轰轰烈烈。

军人的天职就是服从。新中国成立后他们被分到福建，后又被分配到济南，在济南长清人民医院，丈夫任院长，她成为一名护士。就是在长清人民医院，她成了李雅工作后的第一任老师。

李雅之所以对这位人生路上的导师念念不忘，是因为陈继莹的人格魅力感染了她，并使她一生受益。

李雅刚参加工作时，有一天夜里下起大雨，雷声隆隆。只有十几岁的她害怕极了。陈继莹老师把她紧紧搂在怀里说："不怕，有我呢！过去在战场上比这厉害，什么都不用怕！"李雅在陈老师温暖的怀抱里感受到母亲般的温暖。那时宿舍里跳蚤很多，陈老师知道了，就端了一盆水为李雅逮跳蚤，告诉她："我亮灯时你可别动啊！"紧接着亮了灯，蘸着唾沫在李雅身上一个一个地粘，粘住的跳蚤放在水盆里。那么漂亮优雅又爱干净的大家小姐，竟然能用土办法对付跳蚤，这令李雅惊讶不已，至今记忆犹新。

当时，陈继莹所在的妇产科是任务最重、要求最高的科室之一，需要医护人员有很强的责任心和耐心。"出了事不光是自己的事，更是单位的事。"陈继莹说。陈继莹从不大声说话，对工作一丝不苟，每个细节都不放过。当班时的问题当班解决，交接班时绝不留下任何问题，陈继莹是这样说的，也是这样做的。刚参加工作不久的李雅，目睹老师的一言一行，把老师的话牢牢记在心上。一次，少了一只体温计，这让下班回到家后的李雅一直放心不下。忽然，她想起今天去世的那个患者……"应该在他身上！"像是考试中找到一道难题的答案，李雅一下子豁然开朗。虽然已是夜晚，但她从县委大院一股劲儿跑到医院，找到太平间的钥匙，开门，摸到那具尸体，掀开白布，拿开胳膊——果然在！她如释重负，拿到体温计后关好门离开。就在离开的一瞬间，她开始害怕了！快步走到护士室，把体温计放回盘子里，跌跌撞撞地往家走，路上没有行人，她总想回头看又不敢，先是加快了脚步，继而小跑，就这样越来越快，心脏扑通扑通地跳……"去时没想起害怕，回来时我真的是害怕极了！"可是一想到老师平时对自己的叮嘱和教育，李雅心里平复了很多。今天回想起来，李雅依然觉得老师就是自己的榜样和楷模。

一对老革命，把青春热血献给国家和人民，有着优裕的条件，却不肯为自己多花一分钱，最终连遗体也要捐献给社会。生活上，他们秉持传统，几十年如一日，而思想上他们又是那么超前，在遗体捐献还远不能满足医学教学的需要时，他们却做了先行者。这矛盾吗？不，因为在他们的心里，首先想到的是社会需要我做什么，我还能为社会做点什么，似乎他们生来的目标就是奉献！

在物欲横流的现实中，这是怎样的无私无畏？

（本文写于 2014 年 5 月）

【作者简介】孙玉华，山东省聊城市茌平区人。毕业于山东师范大学汉语言文学专业，济南电视台一级文学编辑。山东省作家协会会员、山东省写作学会常务理事、济南市家庭教育指导中心讲师团成员。散文《西行日记》曾获得中国教育写作学会三等奖。拍摄制作的电视纪录片分获济南市、山东省、国家级多个奖项，并有多部纪录片在中央电视台《生活》《夕阳红》《半边天》等栏目播出。著有《心灵之舞》（华文出版社，2006年版），《天人故事》（山东友谊出版社，2006年版），《地球村寻奇》（山东友谊出版社，2006年版），《颗粒归仓》（2019年版）。曾为《二十六史精粹今译》（人民日报出版社，1991年版），《中华传统文化粹典》（山东人民出版社，1996年版），《中国传统节日诗鉴赏》（山东友谊出版社，1994年版），《爱国主义教育文库·节日卷》（山东人民出版社，2005年版），《八仙的传说》（山东文艺出版社，1985年版），《狐狸媳妇》（山东人民出版社，1986年版），《古代文化名人传奇》（山东人民出版社，1986年版），《齐鲁山水诗文大观》（山东友谊出版社，2003年版），《中学生作文选》（山东教育出版社，1991版）等书籍撰稿。

"见义勇为"永远不能下岗

◎张业爱

我生于 1963 年农历端午节，属兔。小时候，我家住在营市街片区，父亲是原铁道部济南机车工厂的中层干部，母亲是石料厂职工，两人加起来每月工资才 20 多块钱，靠这点钱养活一家 10 口人：父母亲、4 个哥哥、3 个姐姐，还有我。我 10 岁那年，母亲在走亲戚的路上被一辆汽车撞倒，被送往医院后，因脑血管破裂医治无效去世，永远离开了我们。印象中，母亲是勤劳的，在我七八岁的时候，母亲常常在别人收完麦子后，带着哥哥、姐姐和我到农田里捡拾麦穗，把捡到的麦穗晒干，磨成面粉，用菜叶和面粉做成菜团，给我们兄弟姐妹果腹。虽然童年的生活是艰苦的，但那时我们一家人生活得和和睦睦、其乐融融。

张业爱

1981 年，我参加了工作，在一家工厂看守仪表，这一看就是 16 年。1997 年，由于工厂不景气，我下岗了。此后，我摆小摊，卖果蔬，同大部分下岗职工一样，为生活奔波忙碌，直到一个偶然的事件改变了我的平静生活。那是 1997 年 10 月的一个上午，我到菜市场买菜，远远地看到有一群人在围观。走上前一看，原来是一位约 40 岁的妇女因为钱包被盗，坐在地上号啕大哭。我心一酸，便安慰她说："钱丢了可以再挣，这样伤心是会哭坏身体的，回家吧。"可她对我说，钱并不重要，重要的是孩子的毕业证在里面，将来孩子要靠这个去找工作。我也有孩子，知道孩子求学不易，知道那薄薄的一张纸对孩子来说意味着什么。她的遭遇点燃了我与生俱来的正义之火：凭什么窃贼那么猖狂？为什么我就不能尽一份力，让那些善良无辜的人少受些伤害呢？从此，我下定决心，开始走上了擒贼之路。

1998 年 8 月，因我们厂停产，工人全部下岗，我的工作彻底没有了，我却有了充裕的时间。此后，我就把抓贼当成自己的义务，没事就到商场、市场等人流密集的地方转悠，看看有没有小偷。时间一长，市场上的摊主对我逐渐熟悉了，每次见到我都争先恐后地告诉我在哪里又发现了窃贼。有了摊主们的支持，我的干劲更足了。1998年9月，我迎来了擒贼生涯中的第一次胜利：成功地从小偷手里帮失主夺回2400元钱。

除了每天下午在街道办事处安置下岗职工的公益岗位上做城管协勤员，凌晨3点和丈夫一起为近200户居民送牛奶，其他大部分时间我都忙着抓贼，成了警察的好帮手。当地公安局想以协警的身份给我发工资，被我拒绝了，我说，抓贼不是为了报酬。十几年的擒贼生涯，我练就了三个"绝招"：见贼过目不忘、左右飞身上车、"蹚山倒"（小时候学过的散打的一招）。只有初中文化程度的我，每天还养成了写日记的习惯，主要记录盗窃团伙的活动规律。抓贼成了一项令我痴迷的事业，甚至有一次为了深入盗贼窝点，我带上年幼的儿子做掩护，两人装成流浪的聋哑母子。有一次，我连续盯梢5天，每天行程近百里，帮助公安人员成功抓获外省流窜来的专抢金项链的犯罪团伙，团伙中的3人是我亲手抓住的。

我现在是西市场街道办事处的一名公益岗职员，至今已先后抓获犯罪嫌疑人197人。根据我提供的线索，警方捣毁犯罪窝点20余个，为群众挽回经济损失30多万元。为公安机关提供重大破案线索200余条，协助公安机关破获刑事大案70余宗。获得全国道德模范提名奖、山东省见义勇为十佳公民、山东省三八红旗手、济南市文明市民标兵等20多项荣誉称号。2007年9月18日，我受到时任中共中央总书记胡锦涛等中央领导的亲切接见。

近年来，中央、省、市、区各级领导及妇联的领导每年都到我家走访慰问，给我物质上和精神上的支持与帮助，这更加坚定了我见义勇为、义务擒贼的决心。我是一名普通的济南女性，只是做了自己应该做的一点事，能被大家认同，心中无比感激。今后，我要继续大力配合公安机关工作，维护社会的安宁和秩序，热心社会公益事业，争当一名优秀的济南女性，为生我养我的家乡尽一份力量。

我父亲今年85岁了，天气好的时候他会穿上时下流行的新衣服，骑上自行车到泉城广场游玩。他说，一路上既看到了美丽风景，又锻炼了身体，艰难的日子都过去了，剩下的日子要好好享清福了。是啊！为了维护今天来之不易的好日子，我要出一把力。家乡济南给了我生命和力量，社会给了我充分的认可，我要尽我所能，向家乡人民证明，我是有价值的！

（济南市政协文史资料编辑部供稿。原载《巾帼风采》，中国文化出版社2010年版）

永在旅途

——记山东英才学院名誉董事长杨文

◎肖俊茹

杨文，女，1983年毕业于曲阜师范大学外文系；1983~1993年，任教于德州师范专科学校（今德州学院）外语系并担任系主任，任教期间于1991~1992年赴英国诺丁汉大学留学；1993~1998年，任教于山东工业大学（2000年合组进今山东大学）英语系；1998年创办山东英才专修学院（山东英才学院前身，下同）。现任山东英才学院名誉董事长，山东英才学院教授、博士、硕士生导师，是国家教学名师、国家精品课主讲教师、国家本科教学团队负责人。兼任全国、山东省、济南市三级妇联执委，山东省政协常委，山东省工商联执委，山东省女企业家协会副会长等职务。她创办的山东英才学院是教育部批准的民办普通本科高校，先后被民政部、人社部、山东省人社厅、山东省教育厅、山东省高校工委等部门授予全国先进民间组织、全国就业与社会保障先进单位、中国民办高等教育先进单位、全国高等教育自学考试先进集体、山东省民办教育先进集体、山东省高校毕业生就业工作先进集体等荣誉称号。学校的办学经验和就业服务经验被《人民日报》《教育督导决策参考》《山东参考》等媒体刊发，省委各级领导曾莅临学院视察指导。她主编了多部学术著作，其中的《幼儿英语教学法》《学前儿童英语教育》填补了国内相关领域的空白，她创立的教学法被列入"中国当代外语教学法十大流派"。她曾荣获全国三八红旗手标兵、中国十大杰出母亲、中国民办高等教育先进个人、中国职业技术教育十大人物、全国杰出创业女性、山东省优秀教育工作者等称号。她曾在山东大学任教，是中国现代英语教学十大流派之一"全息

杨 文

全感幼儿英语教学法”创始人，所教授课程"幼儿英语教学法"被评为国家精品课。

不断追逐　奠定创业基石

20世纪90年代初，正值改革开放初期，任职于德州学院的杨文赴英国诺丁汉大学留学，专攻幼儿英语教学法。在英国留学期间，她以优异成绩获得了英国文化协会奖学金，成为中国第一位国际儿童英语教师学会会员，并作为中国儿童英语教育界的唯一代表出席了国际儿童英语教育研讨会。这段留学经历使她具备了宽阔的国际视野，感悟到一些儿童英语的教学原则，学习了一些现代大学的教学理念。从那时起，她便萌生了回国创办学校、实现自己教育理想的想法。

留学生涯结束时，多家英国机构向杨文发出了工作邀请，但是都被她一一婉拒了，因为她心存一个梦想：为中国的幼儿英语教育做出自己的贡献，让千千万万的中国孩子能早日讲一口流利的英语，为他们成为国际性人才奠定语言基础。回国后，她到珠海经济特区的一所著名幼儿园从事幼儿英语教学的实践与研究。由于她的儿童英语教学法新颖独到，受到孩子们的欢迎，只要她一出现，就能听到孩子们齐声喊："Miss Yang! Miss Yang!"后来连幼儿园的那只鹦鹉也不停地喊"Miss Yang"。因为表现优异，她被评为"特区最佳儿童英语教师"，她的事迹也引起了媒体的广泛关注，争相报道她的事迹。

虽然杨文在幼儿园工作期间待遇优厚，但是为了给家乡做出贡献，实现自己更大的追求，她毅然回到山东老家。她先到山东工业大学科技英语系任教，以便站在公办重点高校的平台上全面学习国内名校的办学理念。1995年，她创办了以幼儿英语、少儿英语为主要培训内容的山东东方英才外语培训学校，开始了幼儿英语教育的专业研究与推广工作。

多措并举　助推大学生就业

1998年，杨文敏锐地注意到，山东省30万高考学生中有20万人落榜，为"圆落榜生的大学梦"，她邀请一批教育专家，创办了山东英才专修学院。

2001年，为了满足千万家庭对双语艺术幼儿园的渴望，也为给学前教育专业的学生提供实习园地，杨文和鲁商集团联合创办了"山东英才·银座双语艺术幼儿园"，提出了"英语教师幼教化、幼教教师英语化"的教师成长理念。

这一办学特色吸引了家长，幼儿园一炮打响，当年就开始招生。目前，已在全国 22 省市成功联盟了 170 家幼儿园。学生的就业涉及千家万户，关乎整个社会的稳定。为了对学生及社会负责，杨文高度重视就业工作。在学校层面，她提出了"检验教学质量的真正标准就是就业"的口号，把促进学生就业当成"一把手工程"来抓，指导学院根据社会需求设置专业和课程，积极创新就业指导模式，在全国高校中开创性地配备了分管就业工作的副院长和专门负责就业工作的二级学院就业干事。同时，杨文通过各种途径力争社会各界的支持，她在省、市政协提案中多次呼吁全社会关注大学生就业；在山东省工商联、济南市妇联等机构的指导、帮助下，在学院承办了助推女大学生就业的相关活动；作为省、市女企业家协会和济南市创促会等大学生创业团的导师，她多次开设大学生就业讲座；成功将北京大学、清华大学的校友企业家和工商联企业家请进英才，推进校企合作，助推大学生就业。近年来，学院学生就业质量不断提高，就业率保持在 98% 以上。2010 年，《人民日报》以"适应社会需要 遵循教育规律 创新发展模式——山东英才学院成功办学的实践及启示"为题报道了山东省政协课题组的调研报告；2011 年，中共山东省委主办的《山东通讯》以"适应市场 服务社会——对山东英才学院以社会需求为导向办学情况的调查"一文充分肯定了英才学院对破解大学生就业难题的探索和经验。

探寻教育规律 整合优质教育资源

在 13 年的办学过程中，杨文领导学院始终坚持两个原则：一是探寻教育规律，二是整合优质教育资源。

探寻教育规律。这一原则首先体现在坚持"名家治校、名师执教"的治校方略上。13 年来，先后有山东大学、山东师范大学、济南大学等高校的 10 多名校级领导在英才学院任职，从而保证了学院的教育水平和管理水平。为了建立一支高水平的师资管理队伍，杨文一方面注重用优厚待遇引人和留人，并大胆进行薪酬改革，如 2011 年以 30% 的增幅提高了教职工工资水平，以实际行动践行了"科学发展上水平，教职员工得实惠"；另一方面实施"师资提高工程"，由学院出资，选派年富力强、业务水平高的教师到美国、印度的国外高校，以及浙大、华师大、北师大、南师大、南开大学等国内名校进修，资助学院优秀青年教师出国调研，撰写博士论文。学院现拥有教职工 1100 余人，其中专职教师 700 余人，兼职教师 200 余人，专职教师中具有教授、副教授职称的有 300 余人。同时，学院重视发挥党外知识分子的作用，于 2011 年 6 月成立了全省民办高校

第一个统战部。

其次，这一原则表现在学科定位上。学院根据山东省和济南市经济社会发展需要，确定了以"工学、管理学、教育学为主，兼顾其他学科"的学科定位，重点打造机械制造技术、电子信息技术、现代管理与服务技术三大优势专业群。目前学校的物流管理和学前教育实训中心的办学水平居全国同类高校前列，是省政府批准的"山东省物流人才培养基地""全国民办教育协会学前教育专业委员会培训基地"。杨文带头钻研业务，推进教育改革和科学研究，她主讲的幼儿英语教学法课程被评为"国家精品课程"，所带领的幼儿英语教学法团队被教育部评为"国家级本科优秀教学团队"，她本人被评为"国家教学名师"。

整合优质教育资源。杨文求贤若渴，为充分整合优质社会资源、寻觅人才，她曾数次上门拜访社会各界名人。在她的带领下，学院建立了会集山东省公办名校退休校长、政府机关及大型企业负责人在内的精英领导班子，并不断完善教师、学生、行政等管理队伍。她将20余位副团级军转干部充实到重要岗位，加强了学院学生管理、行政管理能力，实现办学规模、管理水平的同步提高。

艰难创业　　不忘施爱于师生和社会

在没有国家财政投入、企业支持的情况下，杨文带领全院师生艰苦奋斗，建起一所占地86.7万平方米、建筑面积40万平方米的高等学府，为国家积累了10多个亿的教育资源。

在省、市组织部门和教育主管部门的关心下，英才学院建立了全省民办高校中的第一个党委，召开了全省民办高校第一次订单会，学院党委现拥有党支部21个，党员从最初的10几名发展到459名。党员在学院各个岗位上发挥着模范带头作用，为帮助经济困难学生，党员积极参与"联五帮一献爱心"活动，累计捐款达10万元。

杨文关心教职员工生活。她精心安排工会为教职工准备生日礼物、结婚礼品，为每位教职工发放《健康手册》；每年为教职工餐厅补贴近50万元；每年出资为全体教职工查体；为了帮助教职工应对物价上涨的问题，自2007年开始，每月增发300元物价补贴；她百忙之中还出席了许多教师的婚礼，亲自送上祝福……

作为"中国十大杰出母亲"，杨文尤其关爱学生，她把对学生的爱概括为三种类型。一是无私的爱。拨款3000万元设立"中国十大杰出母亲杨文奖助学金"，每年提取300万元用以资助家庭贫困、品学兼优的学生，迄今惠及13000

余名学生；在改善办学条件方面全力投入，拨款近亿元建设了八大实习实训中心。二是科学的爱。她提出"专业知识＋精神风貌"和"专业知识＋现代化技能＋职业素养"的育人理念和人才培养模式，注重学生的全面成长，重视并大力支持学生成立了150多个社团，支持学生参加国家、省、市各种比赛，如创业发明班顾业栋同学获得20余项专利，并把其中的4项环保类专利无偿捐献给100多个国家，收到德国、法国等多个国家的领导人的感谢信；指导教师辅导学生参加全国数学建模比赛，获得两项全国二等奖及全省一等奖。三是推出的爱。在就业教育中，引导学生到企业实习，了解社会，全面锻炼自己。每年暑期，投入500多万元，选派4000名学生到全国各地进行社会实践，培养学生吃苦、团结等方面的品质，提高学生适应社会的能力。

杨文积极致力于教育和社会公益事业。她和公众分享自己的成功教子经验，撰写出版了《和儿子一起成长》《杨文教子》等书，成为亲子教育类畅销书，发行量达30多万册，并在全国各地开展数十场报告会，使数以万计的家长受益；她带领学院为汶川捐款30多万元，举行了由万名学生组成"心中川"字形的哀悼活动，被中国政府网等100多家媒体报道转载；她心系玉树、周曲，捐款捐物；她发起"为灾区捐一瓶水"活动，支援云南更好地应对干旱。

前不久，经过科学论证、广泛征求意见，杨文领导学院出台了《山东英才学院事业发展规划（2011~2020年）》，明确了学院未来十年新的发展目标。对此，杨文充满信心，她表示要带领学院继续重视内涵建设，进一步实现特色和质量的协调发展，促进学生综合素质的全面提高；同时要进一步深化校企合作，加强国际交流与合作，不断提升学院的社会服务能力和水平。

"只有不停地创业，事业才会健康发展，守是守不住的。"杨文如是说。

（济南市女企业家协会供稿。原载《巾帼创业足迹》，山东科学技术出版社2011年版）

一位"书记妈妈"的教书育人情怀

——记济南大学物理科学与技术学院原党委书记、教授梁伟

◎济南大学党委宣传部

梁伟

——"把思想政治工作做实，把看起来不起眼的小事做好、做足、做细，让每位教师都感受到党组织的温暖，让每位教师发挥出内在的潜能。"

——"教学水平是学校办学竞争的基石，所以教学上的任何事都是大事；教师是学院生存和学科建设发展的主体，引进人才重要，留住人才更重要，只要是教师的事就是大事；学生工作是我们所有教学和管理工作的最终落脚点，所以学生的事也绝无小事。'教学的事无小事，学生的事无小事，教师的事无小事。'这是我一直坚持的原则。"

——"我帮助学生，是我应该做的，是教师的本分，只要他们能像我爱他们一样爱他们的学生，能像我爱我的工作一样爱他们的工作就行！"

这普通的三句话，是一个教育工作者三十年如一日热爱自己的教育事业，默默奉献、甘为人梯、关爱学生的真实写照。她就是济南大学物理科学与技术学院党委书记梁伟。

梁伟，济南大学照明技术研究所所长，山东物理学会常务理事，硕士生导师，中国天文学会会员。1982年1月毕业于山东大学物理系，获得学士学位，后获理论物理硕士学位。曾任济南联合大学（济南大学前身之一，下同）物理系主任，济南大学资源与环境学院党委书记，济南大学光电材料与光电技术研究所所长，

教育部高校物理与天文学教学指导委员会及非物理专业物理基础课教学指导委员会华东地区协作组专家。

在多年的教学科研生涯中，梁伟教授主持山东省自然科学基金项目 2 项、山东省社科规划项目 2 项；参加国家级自然基金项目 3 项、省级及厅局级项目 10 余项；获国家实用新型专利 4 项，国家发明专利 1 项；在国内外刊物发表科研论文 30 余篇，其中多篇被 SCI、EI 收录。她热爱科普工作，担任济南大学天文爱好者协会、山东财经大学天文爱好者协会、山东大学天文爱好者协会的指导老师，定期为学生做天文科普报告，并担任山东科技馆天文科普活动的报告主讲人，多次参加天文科普进校园（小学）活动。

"书记大姐"

"书记大姐"，这是与梁伟老师共事的同事们给她的称呼。她就像一位"大姐"一样，深情地关爱着每一个"家庭成员"，努力地为教师解决一个又一个困难。如从沈阳初来济南大学资源与环境学院的王老师，由于户口问题，孩子迟迟无法正常上学。这时，梁伟书记主动站出来，不辞辛劳地奔波，为王老师解决了孩子的上学问题。

谈到梁伟，物理科学与技术学院副院长陈刚滔滔不绝地向笔者讲起了他眼中的梁大姐："她就像一位老大姐。我刚走上管理岗位不久，在工作程序、工作方法上难免会出现一些小漏洞，梁书记发现后都会及时与我沟通。我自己在工作上、生活上遇到什么问题，都喜欢跟梁书记聊聊。其实不仅是我，学院里不论是老教师还是年轻教师，遇到问题都喜欢跟梁书记说道说道，这是因为她得到了大家的信任，而这也正是她处事公平公正的体现。"

"老师们在科研过程中遇到对外联系的困难，梁书记都会积极地帮助解决。"资源与环境学院院长徐征和说。学院老师主持的科研项目结题时，梁书记完全可以什么都不管，可她却把打印材料、送材料等琐碎的工作全都承担下来；有老师生病时，经常是她接过老师的课。她用自己的默默奉献，支持着学院里每位教师的发展。

一位教师身患癌症时，她不顾自己的病痛，帮这位教师联系医院、找大夫，忙前忙后；一位女教师做手术时，她守在手术室外直到手术结束；为新来的青年教师介绍对象也是她乐此不疲的事情，她每次参加青年教师的婚礼都会精心准备讲话，给在场的嘉宾留下了深刻的印象，也温暖着年轻教师们的心。

"恩师妈妈"

梁伟教授从事高校工作近30年，她始终坚信：作为教师，只有具备一流的人品和满腔的爱，才能培养出一流的、有爱心的学生。

梁伟教授指导过的一名研究生，因为痴迷佛学，在做论文期间曾一度放弃学业，梁教授在没有他的联系方式的情况下，去偏远山区把他找了回来。笔者在梁教授的手机中看到了这个学生发来的一条条短信，每条短信中的"恩师妈妈"一词都让人感动。物理科学与技术学院的张英博士说："一个'妈妈'的称呼，可以看出梁书记与学生之间的关系，这是她对学生真心爱护的真实写照。"

梁教授不仅是这一个学生的"妈妈"，她还是许许多多被资助学生的"妈妈"。资源与环境学院资源0401班的李同学在学校妇委会组织的"手拉手"活动中与梁伟教授结成"对子"，梁教授不仅从生活上关爱学生，还会在思想上引导学生积极向上、发奋读书，该同学因此始终严格要求自己，在校表现十分优异，先后获得一等奖学金、国家励志奖学金等，毕业时受到了联合国专家的青睐，推荐她去德国留学读研。然而，家庭的经济困难让她对留学"望而却步"，这时又是梁教授资助她一万元，圆了她的学习深造梦。出国离别时，她紧紧地拥抱梁教授并深情地叫了一声"妈妈"。每次在电子邮件中看到这个女儿称呼自己"妈妈"时，梁教授都会感到非常欣慰。

对学生的关心爱护是梁伟教授一以贯之的工作作风。她曾担任83级工业与民用建筑专业的班主任，到现在都能准确地叫出全班38个学生的名字。济南大学土木建筑学院的刘俊岩老师就是其中的一员。多年来，刘老师先后为100多名毕业生推荐就业岗位。刘老师说："这都是梁教授教育与培养的结果，是梁教授给我们树立的榜样。"二人30年的师生情谊就这样一直持续着，平淡却持久。

1987年，梁伟在担任一个新开专业的班主任时，差不多走访了所有的学生家长，她还冒雨看

授课时的梁伟

望生病的学生，晚上经常在办公室和学生谈心，引导大一新生尽快适应大学生活，帮助毕业生端正就业心态。十几年如一日，她积极指导学校天文爱好者协会开展活动，为本科生开设《天文学概论》选修课，多次指导学生参加全国大学生挑战杯大赛和山东省大学生物理创新大赛，并获得山东省一等奖、全国三等奖的好成绩；为新入党的党员上"第一课"，让学生党员理解"全心全意为人民服务"的深刻内涵；为即将毕业的大学生党员上"最后一课"，给学生送上"离校前的嘱托"。

1995年，梁伟刚担任原济南联合大学物理系党总支书记时，还兼任着1994级物理专业的班主任。家在农村的刘城社同学的父亲患肝癌去世，家里欠下了许多的债，交不上学费。梁老师知道后马上替他交上学费，并告诉他不用还钱，如果以后经济条件好了，就用这钱去帮助比自己更困难的学生。这个学生工作以后多次来信说："我会像您对我一样，去对待我的学生。"这就是梁伟教授所追求的，让爱通过学生一代代传下去。

基层党组织的"带头人"

2004年，梁伟服从组织安排，来到刚刚组建的资源与环境学院（原城市发展学院）。当时，学院仅有教职工21人、学生300余人，科研工作几乎是零，面临着如果半年至一年之内没有明显的起色，就有可能被拆散或合并的局面。在这种艰难的情况下，梁伟书记带头和学院里的每个人谈心，并要求每个党委成员分工负责，至少要和5~10名教师谈，以便了解制约学院发展的主要瓶颈。党委班子正视学院生存危机的客观现实，同时把院党委"团结一致，渡难关、谋发展"的决心表达给教师，并恳请教师为学院的发展出谋划策。由于做了充分的调研、交流等准备工作，共同的忧患意识促使大家统一了思想、坚定了决心，学院最终决定不等不靠、艰苦奋斗，确定了"扩大学院规模，解决生存问题；引进高水平人才，谋求跨越式发展"的总体目标。就这样，梁伟与学院班子成员精诚团结，带领学院实现跨越式发展。在2011年底她离开资源与环境学院的时候，学院教职工已发展到70多人，学生数量近2000人。

作为基层组织的"带头人"，梁伟书记把学院发展作为大事，把教师的事当作大事，把学生的事当作大事，精心维护学院班子成员的团结，增强学院的向心力和凝聚力。2004年以来，资源与环境学院引进的专家、人才在这个大家庭里愉快生活，没有一个人愿意离开学院；有些出去做博士后的博士教师在遇到其他单位以一些优惠条件挖人的时候，不但会毫不犹豫地选择回到学校，还会带回丰硕的科研成果以及博士后流动站的前沿研究报告。

梁伟书记认为，作为基层党组织的带头人，搞好班子团结就要"互相尊重、互相支持、互相欣赏、宽容大度"。尊重是基础条件，支持是为了共同的事业，欣赏是工作艺术和感情投资，宽容大度是最好的黏合剂。

"年轻教师对学生要像对待自己的兄弟姐妹一样，年纪大的教师对待学生要像对待自己孩子一样。"当她在 2011 年济南大学物理科学与技术学院的新生家长见面会上说完这番话时，有些家长热泪盈眶地说："把孩子交给你们这样的老师，我们一百个放心！"梁伟教授在济南大学物理科学与技术学院这个大家庭里，将继续"书记妈妈"的教书育人之路。

（本文写于 2013 年）

靠勤劳建设美好家园

——记莒南县老科学技术工作者协会地瓜协会副会长胡顺花

◎胡顺花 / 口述　郁新村 / 整理

　　我叫胡顺花，今年 50 岁，初中文化，是山东省临沂市莒南县洙边镇胡家岭村人。现任官庄社区党总支委员，主持社区工作，同时也是莒南县贵花种植专业合作社和莒南县丰源家庭农场的负责人，还是莒南县老科学技术工作者协会（以下简称老科协）地瓜协会副会长。

胡顺花

　　我和丈夫刘树贵是同村人，于 1988 年结婚，婚后的生活非常贫困。为了改善家里的经济状况，我们立志要自主创业、发家致富。1995 年，我们投资数万元，建起第一个养殖场搞生猪养殖。当时银行和信用社不给贷款，基金会的贷款利息太高，生猪价格又受到控制，导致我们连续经营三年却年年亏本，第一次创业以失败告终。在这种情况下，我只好外出打工，在济宁、临沂等地推销水处理设备和自来水净化设备。我这个人从小就很要强，不干则罢，干就要干出成绩、干出名堂，就要让别人刮目相看。在从事销售的5年中，我走村串户，可谓是跑坏了腿、磨破了嘴。一分耕耘，一分收获。由于我出色的销售成绩，公司授予我"星级业务员"的荣誉称号。在外闯荡的5年中，我积累了待人接物、为人处世的经验，磨炼了自己的意志，也有了一笔小小的积蓄。

　　2003 年，我回到老家，决心第二次创业，投资 5 万元扩建养殖场。当时村里的人对此议论纷纷，说我有点钱就瞎折腾，可我认准的事情，不管别人怎么说，都要坚决干下去，而且还要干成、干好！但是生猪养殖市场风险较大，效益并不好，于是我就开始琢磨别的致富项目。胡家岭村地处丘陵地带，村里几乎家家都种地瓜。村民在秋天挖地窖将地瓜存起来，到来年春天再卖，价格能翻番。经过仔细调查，我感觉这方面大有可为。

2006年，我大胆地建起了第一个地下地瓜储存室，储存地瓜11万斤。不料当年市场行情不好，再加上我第一次储存地瓜经验不足，只盈利2000元。盈利虽少，但是我却从中积累了很多经验。2007年，我又储存地瓜20万斤，赚得纯利润2万元。2008年2月，我们在地下储存室的上面又建起了24个猪圈。由于当时经验不足加上急于求成，建筑结构不合理，同年4月，整个地下室和所有的猪圈全部坍塌，直接经济损失10万元。面对挫折，我分析原因后决定对症下药，重新建设。同年9月，我投资10万元重新建起了地下储存室和猪圈，并亲自监工，坚决保证工程质量。苦心人，天不负。次年，我出售地瓜40万斤，出栏肥猪428头，盈利30余万元，之前的损失也全部弥补上了。良好的效益让我坚定了抓好地瓜储存和生猪养殖的信心和决心。

由于我平日为人诚实守信、热情善良，且收购的地瓜价格不论什么品种都比别人高出几分钱，同村和邻近的村民都愿意把地瓜卖给我。2009年，我投资15万元建起了可存储70万斤地瓜的第二个地下储存室。2010年，年收储地瓜120万斤，出栏生猪300余头，纯利润达到40余万元。由于我在地瓜储存上的规模越来越大、质量越来越好，经济效益也不断增加。2011年11月，莒南县老科协给我颁发了"地瓜储存保鲜示范基地"的牌子。授牌的那一天，我心里既激动又欣慰，创业路虽然走得艰难，但是我的汗水没有白流、心血没有白费，我用辛勤付出换来了家庭收入的增加、村民的敬佩、领导的肯定和组织的认可。

凡是到过我家的人，一进客厅就会发现有一块牌匾挂在北墙的正中央，匾上是莒南县政协原主席杨文明为我题写的"洙溪河畔一枝花，种养加工人人夸。向阳门第春常在，勤劳致富树贵家"。我虽然是一名农家妇女，但是我始终怀揣着一个梦想，就是让自己成为一个"科技状元"，用科技的力量让自家致富，更让村里的老百姓致富。在县老科协的支持和帮助下，2013年，我注册成立了莒南县贵花种植专业合作社和莒南县丰源家庭农场。2014年，我投资20万元兴建了一个存储量200万斤的地瓜地下储存室；

购买了地瓜收获机、拖拉机等多部农用机械；流转土地200亩，引进了5个地瓜优良品种，并全部采用测土配方施肥，发展地瓜种植。2014年10月，经县老科协农业专家测产，我种植的地瓜亩产达到了12000余斤，比其他农户高出约30%。我算了一下2014年的大体收入：200亩地瓜，每亩纯收入500元，合计10万元；储存300万斤地瓜，每斤纯利0.15元，合计45万元；地瓜深加工纯利3万元，全年的总收入五六十万元没问题。

十几年来，我白手起家、勤劳实干，家庭资产已达500多万元，经营模式也由原来的单一养殖逐步发展为以养殖、种植、储存、销售为一体的地瓜产业链。同时，我也带动了广大村民、周边村庄和邻近乡镇的地瓜种植产业的发展，仅地瓜一项，胡家岭村村民人均就可增收500余元。多年来，我多次被授予临沂市农村青年科技星火带头人、科技致富能手、优秀青年科技示范户、新长征突击手和莒南县改革女强者、三八红旗手、县老科协工作先进个人等荣誉称号。

饮水思源，富而思进。2015年，我计划再投资20余万元购置一套地瓜枣加工设备，进行小型地瓜深加工；计划种植"五彩花生"50亩，并申请注册自己的商标，借助网络平台将本地的地瓜、花生等农副产品推销出去，带动更多的老百姓发家致富。

（本文写于2014年）

【作者简介】郁新村，莒南县科协办公室主任。

成长无涯伴舟楫　书香有幸识丹青

——记山东教育出版社编审革丽

◎王秋丽

革　丽

在人生的道路上，每个人都奋力地书写着自己的历史。在改革浪潮汹涌澎湃的今天，许多人正以无私的工作态度和忘我的敬业精神，在平凡的岗位上默默奉献着，为自己的事业付出了满腔热忱，捧出了全部真诚。她虽然没有惊天动地的业绩，却在平凡的岗位上塑造了不平凡的敬业精神。她历任山东教育出版社美术设计室主任、编审，民进山东出版集团支部主委，第五届、六届、七届民进山东省委委员，民进妇女工作委员会主任，她就是革丽。

勤奋努力　爱岗敬业

革丽是个什么样的人？了解她的人都说，革丽有"三爱"：设计工作之爱、绘画之爱、家国之爱。1963年，革丽出生在济南市的一个艺术之家，父亲从事艺术工作，是她艺术道路上的启蒙老师。童年的她深受父亲的影响，勤学好画，喜欢描绘各种人物形象。进美术院校后，她学习创意设计专业，为报刊版面进行设计，打下了深厚的设计功底，经常受到学校领导的表扬。革丽从美院毕业后被山东教育出版社选中，做美编工作，这一做就是30年。她全身心地扑在美编工作上，编辑、策划、设计图书超过1000册，有60多项作品获得省级以上奖励，成为山东装帧设计业内的翘楚。

众所周知，出版行业需要有很强的责任心，美术设计工作看似浪漫自由，但其中的甘苦难以言述。每一本书的封面、印装工艺、内文版式的整体设计以及不定期的改版更新；各种展览的具体形象设计；订货会的新书目录、宣传单页的设计；电子音像产品的包装、整体风格定型；还有大量的扫描处理印前制

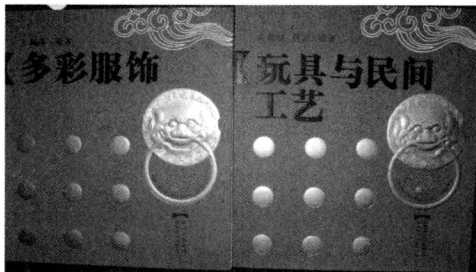

版等工艺问题，可谓工作庞杂，又处处展现着出版社的对外形象，不得有丝毫马虎。

《中华文化丛书》获首届山东新闻出版奖装帧设计奖

在物欲横流、生活节奏如此之快的当下，人们为了生计而不得不整天忙碌着，许多工作与自己的爱好和兴趣毫不相干。一些所谓的艺术家也不再安心地"坐冷板凳"，而是变得浮躁，经常跑场子、搞竞拍。面对这些，她依旧淡泊，每天都静静地干着被美术界朋友称为"没有油水"的活儿——图书装帧设计。

说起图书的装帧设计，就是要给读者以"新"的感觉。每一本新书问世都要让读者感受到蕴含其中的鲜活生机和新意。设计者在创作过程中要用艺术表现传达出图书内容的 "准"——给图书以生命，既要反映图书鲜活、生动的一面，又要随机而发、充满韵味，这要求设计者具备对图书内容的感悟与理解。装帧设计也不仅仅是简单的图形罗列，比如在《中华文化丛书》中，革丽用雕版技术结合计算机高端工艺做了独具匠心的设计，在大红底色上，亚金虎头造型的铺首衔环与均衡分布的门钉巧妙组合，使人不由浮想联翩，穿过千古悠悠的祥云，由此打开中国传统文化这扇大门。这是一套走出国门的图书，代表的是山东，是中国，它不仅传播了中华优秀传统文化，同时也反映出一个国家的设计、印刷技术水平。该书由三家出版社联袂打造，已连续参加多个国际图书博览会，并获得了首届山东新闻出版奖"装帧设计奖"。

革丽在本职工作中勤奋努力、爱岗敬业。在出版社转企改制的关键时刻，革丽敢于担当，用自身的行动积极调动起大家的创造力，同事们都很敬佩她的敬业精神和工作状态。在她的带领下，美编室充分发挥团队协作精神，与相关部门密切合作，圆满完成了各项任务。她分管的工作头绪多、任务重，加班加点成为家常便饭，但各项工作都能按时完成。同时，革丽始终坚持精益求精，经常带领美编室的同志深入一线，到排版中心和工厂检查质量。她还不断地学习新技术、新工艺，并迅速应用于工作实际中，既能确保图书质量，又能降低图书的制作成本。她对工作的热爱，深深感染着身边的人。

辛勤的工作换来丰硕的成果：参加工作30年来，革丽获得省级以上奖项60余项，其中国家级10余项，省级以上40多项，发表学术论文近20篇。她曾担任第十四届北方十省（市、区）书籍装帧艺术展评审委员会评委和华东地区书籍装帧艺术双年展评审委员会评委。在中国原新闻出版总署、中国出版工

《论语》获华东书籍设计一等奖

作者协会、中国美术家协会举办的第四届、五届、六届、八届全国书籍艺术展览暨评选中，她的设计作品分别获铜奖、银奖、铜奖、优异奖。首届中国设计艺术大展中，她的三项设计获得全场一等奖，论文获全国装帧艺术论文研究成果三等奖。她的许多作品及论文曾先后被《新中国书籍装帧艺术精萃》《中国美术分类全集》《中国当代装帧艺术文集》《中国当代图书设计艺术》《艺术设计》《中国新闻出版报》《新华文摘》所收录和转载。她在山东省统战部及山东省各民主党派主办的"全省民主党派树立和践行社会主义核心价值体系活动"中，被评为"先进个人"；在全省各民主党派、工商联、无党派人士为经济文化强省建设做贡献表彰大会上，获得"民进全国思想宣传工作先进个人"荣誉称号；她多次被评为山东教育出版社的"先进工作者"，在年度工作考评中多次被评为优秀。

美术设计　爱之专之

革丽热爱她的事业，她多年如一日地从事着美术设计工作，乐此不疲。她日思夜想地钻研设计，有时在街头偶然看见朴拙的民间工艺作品，便会欣喜若狂地买下，因为这启发了她的巧思；她会抓住一切空余时间写生、摄影，在技术时代也要保持手绘的精妙。她不断深耕自己的专业，先后研修了计算机设计、国际图书设计及设计学研究生课程，这无疑又将使她的作品具有更加独特的人文气息。她的书装设计有着强烈的视觉冲击力和独特创意，注重诗情的再造，格调纯净旷远。她追求超越感性和强调图书自身体裁的审美理念，从心境感悟中进行创意。可以说，她是一位极富文化涵养与艺术设计情怀的设计家，也是一位设计艺术的思想者。她是中国美术家协会会员、中国出版工作者协会装帧艺术委员会委员、山东省出版工作者协会装帧艺术委员会副主任、山东工艺美术学院客座教授、济南大学美术研究院客座教授。

家国情怀　民进骨干

革丽于 1998 年加入中国民主促进会。2006 年，她被山东省出版总社党群部选派出席山东省妇女第十一次代表大会。她在民进山东省第五届、六届、七届会议中，当选为民进山东省委委员、山东省民进妇女委员会主任。2004年，中国民主促进会成立了民进山东出版集团支部，革丽担任支部主委。

革丽始终拥护中国共产党的领导，心系民进，自觉践行社会主义核心价值观，以提案和反映社情民意等多种形式积极向政府有关部门建言献策。她号召发挥省直机关妇女的作用，真正维护妇女权益。她是《山东民进》杂志的美术编辑，设计画册《西行助学》《坚实的足迹》《华彩乐章》，并为大型会议活动做设计宣传工作。作为民进妇委会主任，她积极组织开展活动，曾先后组织"心理成长是女性成才的基础"座谈会；开展向袁敬华同志学习的活动，并向民进妇委会会员发布"向袁敬华同志学习的倡议书"；协助编撰出版《齐鲁巾帼》第二卷；在"三八妇女节"之际召集民进妇委会省直支部女会员开展活动。2009年，她向济南电台"小桔灯爱心读书行动"捐赠图书500多册；2010年，她向西营中学捐赠了2000册图书。作为民进山东出版集团支部主委，她针对支部成员年轻化特点，积极开展学习民进历史、增强参政议政意识等活动，联系民进省委及时对新会员进行学习培训，开展"我与民进共成长"主题活动，她所在的支部多次被民进山东省委评为先进集体。在山东出版集团改制的过程中，她带领民进出版集团支部成员积极建言献策。

家国情怀成就大爱之心。她与山东工艺美术学院80届的同学策划创建"80届校友林"，赞助数万元树苗；在各类捐助活动中，她积极踊跃地捐款捐物，为贫困地区、受灾地区尽一份微薄之力，用爱心传递力量。同时，她用自己的美术之长积极参展，其绘画、摄影作品曾参加庆"香港、澳门回归"画展、全国剪纸作品展、庆祝中国共产党成立90周年暨纪念辛亥革命100周年"光耀千秋——全国书画名家相约泉城书画摄影展"、"出版人心向党——山东出版集团书法绘画摄影展"、"翰墨丹青"全国书画展、"在正道上行——庆祝中国共产党成立100周年书画展"，其作品曾入编人民美术出版社画册。

革丽就是这样一个平凡的人。在成就的背后，是她成长的故事。她执着认真地走着人生的每一步，吟唱着节奏明快、旋律丰富的凡人歌，涂抹着墨气淋漓、境界悠远的写意画。

【作者简介】王秋丽，女，毕业于山东工艺美术学院，东南大学研究生。曾任职山东理工大学美术学院、文学院，副教授。

流水至坚

——记山东大学博士生导师徐艳玲教授

◎孙世明

徐艳玲

徐艳玲，女，1966年10月出生，山东莱阳人。1989年山东大学科社系本科毕业，1992~1997年在山东大学政治学院硕博连读，1997年获法学博士学位，同年被破格评为副教授，1999年被破格评为教授，2003年被评为博士生导师。现担任山东大学马克思主义学院副院长、教授、博士生导师，是教育部"新世纪优秀人才支持计划"获得者、山东省理论工作者"百人工程"入选者、山东大学马克思主义理论学科学术带头人。曾以高级研究学者身份赴美国、俄罗斯等国进行访学和学术考察。兼任中国科学社会主义学会当代世界社会主义专业委员会理事，教育部人文社科重点研究基地"当代社会主义研究所"研究员等，主要研究方向为科学社会主义和当代社会发展问题。目前，已出版个人专著或主编著作6部，合作、参与撰写著作10部，主持或承担国家级或省部级课题10余项，在本学科重要期刊上发表论文100多篇，其专著和论文多次获省级和国家级社科优秀成果奖励。多项成果被《人民日报》（内参）"决策参考"栏目采用、被《新华文摘》摘编、被中国共产党新闻网等主流媒体转载，在学界产生了较大影响。

2011年5月18~22日，第二届全球化国际会议在俄罗斯的莫斯科大学召开。在第八分会场上，一名讲着"中式英语"的女教授做了"'反全球化'对'全球化'：一个全球正义的视角"的主题发言。她从全球化与反全球化的论争开始，以全球正义的视角论析了论争背后的意蕴，提出了中国共产党人的"和谐世界"理念是解决全球化与反全球化冲突的一种可能性思路。她基于东方和合文化传统和价值诉求所阐述的中国学者关于这一论域的独特立场，受到了与会学者的高度赞赏和积极评价。会后，不少来自美国、英国、印度等国家的学者提出了合作研究的意向，继续与她讨论"全球化"和"中国模式"等问题。这个让世界倾听中国学者声音的女教授，就是来自山东大学的马克思主义学院副院长、教授、博士生导师徐艳玲。从女博士到女教授再到女博导，徐艳玲经历了一位女性不凡的成长历程。从中，我们可以深刻地领悟到"流水至坚"的真正意蕴。

写诗的女孩长大了

徐艳玲曾是个爱写诗的女孩。一部厚厚的诗集《流水至坚》（中国文联出版社 2003 年版）是她青春岁月的印记，她的诗歌构筑了自己独特的文学风格。细品这本诗集，不难发现，它是由一个个扎扎实实的脚印构成的人生之路，每个脚印都蕴藏着一段深情的歌。这个勤奋淳朴的女孩，笔下涌出的是对生活的无限热爱和深刻感悟。

写诗的女孩长大了，她学会了理性与思考。1992 年，正值商潮迭起、政治理论研究低迷之时，许多人不管自己的经商才能如何，纷纷下海。但是，大学毕业已经三年的徐艳玲却看准一条路——继续深造，提升自己的理论境界。于是，她重新考回山东大学政治系，攻读硕士学位。当时，朋友劝她："你已经怀孕五个月了，要不然就推迟一年再读研。"可倔强的徐艳玲从不愿拖延时间，"既然我考取了，现在我就读"。于是，事业上的追求与作为母亲的矛盾摆在了她的面前。

女儿的出生带来了含辛茹苦的忙碌。尽管家里请了保姆，徐艳玲还是要在夜里三番五次地起来喂奶、换尿布，早上还要按时听英语广播。记忆中，那两年多没睡过几个囫囵觉，没吃过几顿安稳饭。有时晚上女儿哭闹不停，徐艳玲不得不抱着、哄着，从这个房间踱到那个房间，从夜晚踱到黎明，白天还得照常去听课。"那时谈不上效率了，只要坚持就行了。"她以超乎常人的毅力，行走在家庭和事业之间，心力交瘁却从不轻言放弃。在这种情况下，徐艳玲获得了专业课全优的好成绩，在多家报刊上发表论文十几篇，并获得了优秀研究生奖学金。她被特许硕博连读，提前一年攻读博士学位。

"经济上、物质上都没什么，当时我最需要的是时间，我只要时间。"徐艳玲的丈夫也有自己的事业，在她硕博连读期间，为了争取时间，她与丈夫商定：白天由丈夫把孩子送到幼儿园；晚上 7：00~9：00 徐艳玲看书，丈夫看孩子；

9：00~12：00 她陪孩子睡觉，丈夫则在灯下学习或加班工作。丈夫的理解与支持，给了徐艳玲极大的安慰，更给了她无尽的动力，徐艳玲对此心存歉意和感激。最令徐艳玲深感愧疚的还是女儿，孩子 4 岁了，竟连济南的大明湖、百花公园还没去过。有一天，女儿突然对正沉迷于书中的徐艳玲说："妈妈，你不要我了吗？"徐艳玲一把抱起孩子，亲了又亲，眼里噙满了泪水，却一句话也说不出来……世界上哪一个妈妈不爱自己的孩子啊？！

天道酬勤亦酬辛

在家庭和事业的夹缝中，徐艳玲默默地承受着，这份坚强，是她独特的骄傲。1997年6月，徐艳玲的博士学位论文获得了专家的一致好评，博士论文评议书中写道：该论文选题好，难度大，具有重大理论和现实意义……论文创新性强，是一篇优秀博士论文，表明作者具有深厚的马克思主义理论功底和较强的科研能力。

1998 年，徐艳玲出版了第一本个人专著《整合发展：当代中国发展新视角》，受到了学术界专家的高度评价。科社专家赵明义教授认为，该专著"视角新颖、见解独到，学术水平高，创新性强"；发展问题研究专家何中华教授指出，该专著"体现出作者在视角和立场上的全面性和科学性""显示了作者开阔的学术视野和发散的理论触角""显示了较强的现实感和针对性"；张涵先生认为，该专著"视野开阔、考察深入、论证系统，其中阐发了许多新见解，从不同角度开拓了认识和解决问题的新思路"。

赞扬和鼓励是压力，更是徐艳玲学术成长的永恒动力。"每天都有学术成长，这种状态真好！"徐艳玲如是说。1999 年以后，徐艳玲又有了新的学术思考空间，开始聚焦社会发展问题的前沿——对现代化和全球化问题的研究。1999~2000 年，她主要从事国家社科基金项目"邓小平现代化战略与模式选择"的研究工作。2002~2005 年，她开始主持国家社科基金青年项目"全球化、反全球化思潮与社会主义"和教育部"十五"规划第一批项目"马克思主义关于全球化问题研究"的研究工作。其最终研究成果《全球化、反全球化思潮与社会主义》和《马克思主义视野中的全球化》出版后，得到国内同行专家的高度评价。专家认为，《全球化、反全球化思潮与社会主义》通过把全球化和反全球化与资本主义和社会主义问题的研究进行有机结合，取得了较为系统的研究成果，不仅开拓了全球化研究的新视野，也开拓了当代社会主义研究的新视野。《马克思主义视野中的全球化》通过梳理与挖掘马克思主义全球化理论，使马克思主义全球化理论研究有了新拓展，同时，该成果也是构建中国特色全球化理论的有益尝试。由于科研成果突出，她于 2008 年入选教育部"新世纪优秀人才支持计划"。

如此繁重的研究工作耗神耗力。当她进入研究状态时往往很难自拔，为了做课题，她常常顾不上做饭、做家务，中午孩子放学回家时，她还流连在电脑前，一边打稿子一边头也不抬地对孩子说："还剩两个字、两个字……"可事实上，所谓"两个字"却打成了几千个字。当徐艳玲终于把饭菜端上饭桌时，孩子嗔怪地对她说："妈妈，你又要'忽悠'我了吗？"

如此坚忍，如此执着，不虚张、不暴躁，只为事业而奋斗，只服从学术的引导，从不仰仗任何权势，这就是徐艳玲。这份深沉的热爱，这份胸有成竹的自信，成就了她辉煌的学术成长之路。1997 年获得法学博士学位后，徐艳玲被破格晋升为副教授。时隔仅两年，33 岁的她再次被破格晋升为正教授，成为当时省内罕见的年轻女教授。2003 年，她又实现了一次跨越，被聘为山东大学博士生导师，成为短期内实现多级跳的、屈指可数的女教授和博导。当人们对徐艳玲投去羡慕的目光时，她却不以为然，用她自己的话说，"这只是在学术上取得了具有历史意义的新起点"。

山茶花开香满坡

思想政治理论课教学是艰苦的事业，正因其艰苦，所以才值得奋力去探索、去追求。作为一名坚守在思想政治理论课教学一线的教师，徐艳玲虽然从事本科生、研究生、博士生多个层次的教学工作，但她都能安排得有条不紊，周平均授课量达 10 个课时。在长期的一线教学实践中，她探索出一种新的教学模式——"理论引导 + 材料分析 + 问题讨论 + 得到启示"，深受学生好评。《光明日报》2007 年 12 月 22 日第 6 版《知识学习 人格培育——山东大学倾力构建创新人才培养体系》一文介绍了她的课堂教学新模式；她主讲的《马克思主义基本原理》专题课程获评 2007 年教育部"精彩一门课"教学示范片；2011 年，她作为负责人申报的《毛泽东思想和中国特色社会主义理论体系概论》被评为山东省精品课程，她所负责的"马克思主义中国化"教学团队被评为山东大学优秀教学团队。

徐艳玲还是山东大学教育改革的呼吁者和实践者。近年来，山东大学全面实施素质教育和教育创新，完善了"集知识学习和人格培育为一体"的人才培养模式。作为学院分管研究生培养工作的副院长，徐艳玲结合自身工作实际，提出了"知识、方法、境界"三位一体、新"双导师制"和"三栖人才说"等主张。

徐艳玲注重学生人生境界和学术境界的提升。她认为教育体制存在严重漏洞：从基础教育阶段开始，老师们重视知识灌输，轻视人格培育，而健全的人格首先要体现在人生境界和人生理想的规划和构建上。为此，她提出了"知识、方法、境界"三位一体的授课模式，并把人生境界的开拓作为一条红线贯穿授课始终。山东大学原校长徐显明提出："一流教师教境界，二流教师教方法，三流教师教知识。"并不是说知识不重要，正所谓"授人以鱼不如授人以渔"，而是说知识只是方法和境界的载体；也不是说方法不重要，方法只能在知识的传授和运用中习得；而知识和方法都是统摄于境界的。

在给学生开设思想政治理论公共课的前几节课里，徐艳玲每次都会先点燃学生心灵深处关于人生理想和人生境界的火种。她常常引用国学大师王国维"治学三境界说"来开始她的授课。"昨夜西风凋碧树，独上高楼，望尽天涯路"，为什么王国维要把这句词放在"三境界"之首呢？因为王国维认为，做学问成大事者首先要有执着的精神追求，登高望远，瞰察路径，明确目标与方向，才能有充足的后劲做科研，成为国家未来发展的生力军。

在马克思主义学院硕士生和博士生的课堂上，徐艳玲经常列举马克思本人的例子来鼓励学生追求人生高层次境界。她说，马克思毕生从事对货币和资本理论的研究，早在青年时期就有很多发财致富的机会，但是面对广大工人阶级被压迫剥削的惨况，他没有被金钱和权力所诱惑，终生致力于无产阶级和全人类的解放事业。马克思考察问题从最基本、最原始的商品出发，却解释了人类几千年以来历史发展的普遍规律和特殊规律。徐艳玲语重心长地对同学们说："无论哪个学院的学生都不应为失业、失恋等鸡毛蒜皮的小事所困扰，我们马克思主义学院的学生最不应该想不开，要知道，我们学科的奠基人是一个一眼看穿几百年的伟人。"每次讲到这里，学生们总是随着她幽默的腔调而发出爽朗的笑声。

某学院有一个学生小张，因和恋爱多年的女友分手而患上了自闭症，万念俱灰之际读到了徐艳玲的诗集《流水至坚》，被诗文的境界和辞藻所感染，主动给徐艳玲写信。徐艳玲体察到小张的思想动态，和他倾心交谈，往来邮件十几封，最终鼓起了他认真生活的信心。后来，小张不仅顺利完成了学业，还拥有了一个幸福的家庭。每当他回忆起徐艳玲对他的开导和帮助，总会感激地说，是徐老师把他从痛苦的黑暗中解救出来的。

为了提升学生的人生境界和学术境界，徐艳玲强调导师在研究生培养中的双重角色，即导师不但要充当学生学业上的引路人，而且也要作为学生精神世界的向导，这两个角色缺一不可。分管马克思主义学院的研究生培养工作后，她积极倡导新"双导师制"，要求每位研究生导师都要定期和学生通讯通话，及时了解学生思想动态，在勤工俭学、求职就业等关键方面帮助学生解决实际困难。

针对近年来马克思主义师资队伍建设和人才培养中的问题，徐艳玲在"马克思主义理论学科建设论坛"会议上提出了"三栖人才说"的主张。面对汹涌澎湃的全球化浪潮，不同文明和文化的碰撞和对话日益密切，马克思主义面临着"边缘化"的危险。人们要增强意识形态的说服力和感召力，马克思主义理论一级学科建设和研究要后继有人，关键是能不能凝聚一批人，培养出真正的马克思主义理论研究者。她强调，山东大学马克思主义学院致力于培养的马克思主义理论人才，既应该有开阔的世界眼光，能够及时捕捉理论前沿的研究动态，又有脚踏实地掌握社会实况的实际工作能力；既有马克思主义专业理论修养，又有广泛的学科背景知识，能够运用社会科学不同学科的分析工具来分析问题；既能做深刻的理论研究，又能应用对策性研究来解决世界和中国的一些重大现实问题。这就是徐艳玲的"三栖人才说"。山东省社会科学界联合会的有关领导对徐艳玲的"三栖人才说"给予了高度评价，认为"徐教授的这个说法可谓切中时弊，发人深省，对于做好山东省马克思主义理论人才培养和马克思主义理论学科建设都有重要的指导意义"。

在中共中央党校第16期高校哲学社会科学教学科研骨干研修班学习期间，徐艳玲问："我们党始终高举马克思主义伟大旗帜，然而在今天，如何坚持和巩固马克思主义在意识形态领域的指导地位竟然成了我们讨论的重要问题，而且确确实实是一个真问题，这究竟是为什么？为什么当年那些红军歌曲那么打动人心？为什么方永刚教授讲课那么受人欢迎？为什么《百家讲坛》能引起轰动效应？除了客观上语境的变化，不得不说我们在马克思主义的传播方式和技巧方面存在着较大的缺失。"鉴于此，徐艳玲教授倡导建立马克思主义传播学。她认为，马克思主义要成为全社会的主流意识形态和普遍信仰，要实现人们的政治认同、理论认同和情感认同，特别是情感认同，只有通过科学的传播才能使之成为现实，其深层意蕴在于将马克思主义的传播牢牢置于科学性的基础之上，系统地研究马克思主义传播的一般规律和特殊规律，并创立一种把马克思主义转化为现实的精神生产力的机制。通过这种机制科学传播马克思主义，使马克思主义以人们喜闻乐见的形式走进老百姓的心坎里，成为中华民族生生不息的精神基因。这对于我们党来说，将会是很大的精神生产力。在传播方式上，徐艳玲教授提出的"食盐说"引起了一些专家学者的广泛关注。她认为马克思主义理论传播就像食盐一样，有时只需要一点点，放到色、香、味俱佳的菜肴当中，让人们不知不觉地吃下去，马克思主义理论教育的功效就在里面了。

在结束中央党校的学习之后，徐艳玲力倡思想政治理论课的改革。她认为，思想政治理论课教学的改革固然要紧紧盯住"信仰教育"这一根本目标，但只有在教学手段、教学方式、教育方法、考核办法和师资队伍建设、课程建设等方面都进行大刀阔斧的改革，才能彻底闯出一条新路子，才能使马克思主义真正深入人心，才能实现马克思主义和当代中国发展的双向拯救。

女性中的一朵奇葩

徐艳玲从小聪明过人，父老乡亲们都说这孩子将来有出息。她忘不了亲情乡情，忘不了那些曾经帮助过她的平凡善良的人。在她不断地向一个个目标攀登时，身后是父老乡亲们一双双鼓励的眼睛。徐艳玲深知女性成功之不易，早在高中时代，她在《中国青年报》上发表的一篇《女青年成才障碍》论文，反映了她女性意识的最初觉醒。随着视野的不断扩大，她自强自立的信念也不断成熟，这集中反映在她的诗集《流水至坚》中。

多少个傍晚的流霞云霓，多少个黎明的斑斓晨曦，徐艳玲都在默默地追求着，她在追求学术上的远方之远。在日常的接触中，徐艳玲带给周围老师和学生的，更多的是一种精神，一脉意志。在她的诗集中有这样一段话："我们懂得生命的运算是加是乘不是减／失落的黄金要用黄金的意志去寻找／磅礴的生命从来诞生于拼搏／拼搏的世界才有青春波光的闪烁／于是，我们拼搏，我们闪烁。"这与其说是她对同龄人心声的倾诉，倒不如说是对她自身成长经历的精确注解。

除了行政工作之外，身为博士生导师的徐艳玲在自己喜爱的科研领域中继续辛勤地耕耘着。她总是站在学科前沿，从当下正在做的课题出发，不断从四季常青的事业之树上摘取鲜嫩的新叶，采撷鲜艳的花朵。2008年，她开始主持教育部人文社科重点研究基地重大项目"中国社会主义核心价值体系"的研究工作。从事这项研究，除了对主旋律意识形态的把握，更需要她了解民间社会价值观念，进行一次大规模问卷调查的设想由此产生。2009年2月，她和同事在山东大学当代社会主义研究所的资助下，在山东、河南、河北等地进行了一次较大规模的"当代中国公民价值观问卷调查"工作。1990~1993年，在与罗纳德·英格尔哈特"世界价值观调查"数据进行比较研究的基础上，他们分析了改革开放以来我国公民价值观的嬗变，并于2010年出版了基于该项调查部分数据的专著《变迁、分化与整合：当代中国政治文化实证研究》。

2010年8月~2011年2月，徐艳玲以国家公派高级研究学者身份赴美国访学，分别给哲学系、政治系、经济系的学生做了《全球化之"争"与"反全球化"之鸣》和《中国的马克思主义》系列讲座。给美国学生讲《中国的马克思主义》，对徐艳玲来说是一个很大的挑战。首先，为了让美国学生了解马克思主义是中国共产党的理论基础和指导思想，她把中国共产党与美国人心目中的上帝联系起来，通过实例让他们明白：党就像你们信奉的上帝，她无处不在。她通过解读《党啊，亲爱的妈妈》的歌词，让美国学生理解了中国人对共产党的感情。在此基础上，揭示出中国的马克思主义的深层意蕴，阐明了马克思主义在东西方发生发展的不同格局和在内涵、方法、地位方面的差异；通过分析马克思主义和中国传统文化的契合，论析马克思主义诞生在欧洲，却在中国生根、发芽、结果的精神动因。在和美国信仰基督教的学生交流的过程中，她把马克思主义通俗地阐释为：和基督教信仰一切诉诸上帝不同，马克思主义对个人来说意味着通过我们自身的努力创造属于我们自己的新生活。回国后，她在谈自己的访学体会时说道："在和美国学生交流的过程中，我实实在在地感受到马克思主义是一种多么伟大的精神力量。有比较才有鉴别，有了和其他信仰的比较以后，我对马克思主义的信仰更加坚定了，今后致力于对马克思主义的传播就有了更加神圣的含义。"

在日益浮躁的学术生态中，徐艳玲有着自己的坚守。她说，能够孤独是她的福分，难得寂寞是她的追求。她欣赏林则徐的一副对联："海纳百川有容乃大，壁立千仞无欲则刚。"她信奉马克思的"目标始终如一"，始终把事业作为自己的人生支柱。她说："有这样一根支柱支撑着站在这个世界上，是一件很幸福的事。"为此，不管多忙多累，她每天都坚持读书、写作，因为读书是她的脉动，写作是她的生命。同时她坦言，自己并无学术之外的任何奢望，只是希望将个人命运尽可能地融汇到祖国建设和发展的大潮中，希望将毕生的所学所知，更多更好地回报社会。

或许，她不是一位优秀的母亲和妻子，但是，她是出类拔萃的学术带头人。正如她的名字一样，她是女性中的一朵奇葩，徐徐盛开，娇艳夺目，玲珑之态，为之醉人。她的诗集中有这样一段话："一个女孩子的一生时刻背负着生活与事业的负担，而她作为美的存在，其价值正在于此。"我仿佛看见，那个全身散发着诗情画意、散发着灵气与光彩的女孩又款款走来，诉说着一个流水般温柔却坚韧无比的故事。

【作者简介】 孙世明，山东大学马克思主义学院副院长，中国自然辩证法研究会理事，山东自然辩证法研究会副理事长，副教授。对哲学、政治学、伦理学等有研究。发表论文 40 余篇，主编、参编著作和教材 10 多本。曾因思想政治工作和学会工作等成绩，获得山东大学、山东省科学技术协会、山东省社会科学界联合会等多项奖励。

教书育人是我无悔的选择

◎曹延美

曹延美

1976 年，我高中毕业，在那个有着读书无用论的年代，我却给自己设定了人生的第一个目标——上大学。那时，上大学要从工农兵中推荐选拔，我幼稚地认为知青上大学的概率要比工人大一些。于是便在全家人的反对下，当了一名知青。

1978 年，当我还是一名知青时，高考恢复了。在选择学校和专业时，我没有选择师范类院校。18 岁的我对要干什么不太清楚，不干什么还是比较明确的，当教师不是我的人生理想。但是，我还是阴差阳错地被录取到一所师范专科学校的政治系。毕业后，我被分配到一所中专学校当政治课老师，从此开始了我的教书生涯。

当老师不是我当初的人生理想，却成为我一生的事业

1980 年毕业时，我本可以选择不当教师的，但是经过一番思想斗争之后，最终还是放弃从政，选择了教师职业，不是因为喜欢这个职业，而是觉得自己不适合当干部。就这样，在教师这个岗位上我干了 40 多年，教师成为我一生的事业。

我出生在一个军人家庭，从小受父母严格的教育，不管从事什么工作，一定要做到最好。备好每门课、讲好每堂课，课上严肃地传道授业，课下做学生的知心人，是我几十年不变的信条。作为一名思政课教师，我一直以来有一个观点——育人比教书更重要。所以，课下我经常有针对性地和学生谈心、交流，关心他们的思想动态，关心他们的成长；对有问题的学生，我通过其他学生来了解、和学生家长交流找到问题的根源，从思想和心理上为他们解开心结，成

为他们最信得过的"老师妈妈"。

有一首诗，是曾经一位有着严重心理疾病的学生写给我的："你的爱是最暖的围巾，呵护我度过最冷的情绪。你的眼睛是最亮的星辰，当我陷入困境就会温柔提醒。"这些年来，我已经记不清温暖了多少这样的学生，记不清有多少学生在我爱的呵护下，由冷变暖，融入集体。

和所有高职院校一样，我们在中专时期都遭遇过招生困难、生源质量差等问题。学生都是中考落榜生，绝大多数学生都是厌学的学生。那些年也是我们老师最辛苦、最痛苦的时期。课堂上的滔滔不绝已经不可能实现了，桃李芬芳的感觉也根本找不到了，哪一节课如果能顺利地讲下来就算是万幸。面对教学对象的改变，我的主要精力则由过去对教学内容的研究转到了对教学对象的研究上。这些学生大多数没有养成良好的学习习惯和兴趣，厌学、懒惰，没有理想和人生目标。对待这样的学生，教师在课堂上仅仅教书是行不通的，因为他们是排斥学习的；单纯的教育也是行不通的，他们根本就不接受说教。

这些孩子都有一个很大的特点就是他们不知道怎样尊重教师、尊重别人，却容不得别人对他们的半点不尊重，他们是自负又自卑的。所以，对待这样的学生要尊重他们、爱护他们，经常和他们谈心、交流，要得到学生的信任和爱戴，让自己成为学生的良师益友。比如那位写诗的学生，一开始她并不接受我，也根本不听我讲课，后来我发现她很有文采，便在课上给她表现的机会，课后给她鼓励，极大地调动起她学习的积极性，那一年她考试的成绩名列全班第二。有了对学生的关心、关怀和爱护做基础，才能最终使学生"亲其师，信其道"。

作为一名合格的教师，不是把书教好就算完成任务了。为学生当好学业导师、人生路上的引路人，也是一名教师义不容辞的工作。每当新生入学，我除了为全体学生做入学教育之外，还会利用业余时间义务帮助他们具体地规划学业、规划人生，为他们设定更高的人生理想和追求。每当有学生毕业离校时，我会鼓励学习好的学生考专升本、研究生、公务员，也为所有学生分析就业方向、职业前景，帮助他们就业。

教师这个职业虽然不是我当初喜爱和钟情的，但是在这个岗位上，我全力以赴、兢兢业业地执教 40 多年，把三尺讲台变成了我人生的舞台，让教书育人成为我一生的事业。

宣传马克思主义理论，传播共产主义信仰

作为一名思政课教师，我始终坚持正确的政治方向，自觉和党中央保持一致。教学中，我注重理论联系实际，旗帜鲜明地宣传马克思主义理论、传播共产主

义信仰。几十年来，我一直秉承"活到老、学到老"的人生理念，认真学习马克思列宁主义、毛泽东思想、习近平新时代中国特色社会主义思想，关注社会动态及热点问题，不断提高自己的理论水平。自 20 世纪 90 年代开始，我为全校学生、教职工举办党的文件解读讲座几十场，上党课几十次。近年来，我坚持每学期利用业余时间义务为学生举办各类专题讲座 2~3 场，受到学生的热烈欢迎。

近几年，随着我院行业内干警培训工作的开展，我开始承担为干警培训授课的任务。这不仅是我服务行业的开始，也是对我业务能力和水平的检验。我申报的第一个专题就是"坚定信仰、立警为公"，旗帜鲜明地向全省司法行政干警传播马克思主义理论、毛泽东思想、中国特色社会主义理论体系；围绕习近平新时代中国特色社会主义思想、十九大以及十九届四中全会和五中全会报告、习近平"七一"建党百年讲话等多项内容，开设多个专题讲座进行详细解读，深受干警学员的好评。

作为一名思政课教师，我时刻把培养学生的政治观念和政治立场放在首位。无论是在课上课下还是线上线下，面对社会上一些不和谐的声音，我都会理直气壮地进行抵制和批判，旗帜鲜明地给予学生正面引导，被学生称为最有正义感和传播正能量的教师。

我先后被评为山东省职业教育教学能手、学院首届教学名师，2014 年被中共山东省委高校工委评为全省高校思想政治教育工作先进个人，多次被评为院级优秀教师，被授予院级和山东省司法厅直属机关党委优秀共产党员称号。

注重教师队伍的思想政治工作

20 多年前，我由一名普通老师，走上系主任领导岗位。作为一名中层干部，我始终和学院党委保持一致，把服从领导、服务群众的意识贯穿工作的方方面面。在日常管理工作中，我经常有针对性地和教师谈心，化解问题和矛盾，增强集体凝聚力。我注重在教学部中形成团结和谐、积极向上的良好氛围，通过各种思想工作，加强教师队伍建设，调动每一位教师的积极性。

在思想工作方面，我坚持正面引导教育和培养意识习惯相结合，尤其注重对年轻教师业务的培养和服务意识、大局意识的培养。在教学业务上，我通过结对子、以老带新的方法，发挥传帮带作用，促进年轻教师快速成长、适应教学；在教学管理上，我按照规章制度的要求严格规范教学，多年来教学部没有出现过教学事故；在生活方面，我关心和帮助每一位教师，曾给住院的教师送饭并进行陪护。我用实际行动为年轻教师树立榜样，也让每一位教师都感受到集体的温暖，从而增强集体凝聚力，调动了大家的工作热情和积极性。教学部多次被评为省直机关三八红旗先进集体、学院先进集体以及先进党支部等。

利用新媒体拓展思想政治教育新渠道

无论是普通教师，还是系部主任，我始终作为一名一线教师站在三尺讲台上。几十年来，我共承担过 10 多门课程的授课任务，每学期承担 1~2 门课程。我们学校因行业和专业的特殊性，学生需要更高的学历层次。从 20 世纪 90 年代末开始，我们就组织学生自考本科，我所担任的所有课程合格率都是全校最高的。

在完成教学任务的同时，我积极探索行之有效的教学方法，提高思政课的有效性。为此，我完成了省级研究课题《职业院校渗透性德育教育的研究》，此项研究获 2014 年山东省省级教学成果三等奖；近年来，我主持各类课题 5 项，参与课题研究 10 多项，发表论文 10 多篇，建设院级精品课一门，主编和参编教材 6 本。

此外，我积极学习并运用新媒体技术，除了学习制作微课，利用互联网、论坛、微博和微信等手段辅助教学之外，还利用建立微信群，对不同需求的学生进行线上教育、指导和帮助，既拓展了思想政治教育的渠道，又拉近了和年轻人的距离，真正做到多形式、多渠道地开展思想政治教育，并随时和学生沟通交流，传递正能量。

终生耕耘三尺讲台，平凡人生无怨无悔

记得刚参加工作不久，碰到熟人问我做什么工作，我说是政治课老师，对方眼中瞬间闪过的不屑令我记忆深刻。有人直接劝我改行，还有人直白地对我说："当个老师已经够差的了，还当政治课老师，谁看得起！"在那个年代，政治课教师这个职业并不受人尊重和待见。社会上对政治课教师抱有偏见，在学校内部，思政课、公共基础课教师的地位要远远低于专业课教师。

逆境修意志，逆境练技艺。从那时起我就暗下决心：我从事的职业不是别人羡慕的，但我一定要成为学生认可和信赖的教师，成为年轻教师佩服和尊重的前辈，成为同行同龄人肯定的同事。在严格的自我要求下，从中专到高职，在三尺讲台上，我是最受学生欢迎的，我的课是学生评价最好的。我虽渺小，但不彷徨；我虽平凡，但不平庸。

回顾40多年从教历程，我不敢说我当老师是很成功的，但我一直都是很努力的，认真对待每一堂课，认真对待每一个学生，经常被同事称为做事特别认真的人。作为有着近42年教龄的老教师，不知道我算不算是一名最美教师，但力争当一名最优秀的思政课教师是我终生不变的追求。虽然我没有什么能拿出手的成就，但每当学生把我当作他们的精神依靠来向我请教，与我商量他们在工作生活中遇到的困难、疑惑和矛盾时，我是欣慰的。作为一名思政课教师，我做到了不仅仅在课堂上为学生打开一扇扇知识的门窗，在课外也能成为学生生活和工作上的知心人、引路人。

近几年常常有学生返校聚会，这些学生中有的是事业有成的法官、检察官、知名律师，有的走上了省内政法系统领导岗位……无论如何，学校是他们走上工作岗位的起点，是事业的首级台阶，是人生腾飞的基础。师生团聚，学生们说得最多的一句话是，没有山东司法警官职业学院就没有他们今天的事业、成就和人生，感谢学校、老师为他们提供了事业的平台。作为老师，我想说的话是："感谢学校，感谢学生，没有你们，就没有我在校园里一直走下去的理由和底气；没有你们，就没有我人生的价值和意义。"身为一名教师，正是学生成就了我的事业，丰满了我的人生，实现了我的人生价值。

我是伴随着改革开放成长起来的，1978年党的十一届三中全会召开时，我是一名大一的学生。40多年的时光，变化的是国家由弱到强、老百姓由穷到富，不变的是教师这个职业相对清贫而平凡。近42年的任教岁月，变的是一届又一届的学生，不变的是岁岁年年在三尺讲台上的耕耘。作为一名教师，不管我当初的人生理想是什么，只要我依然站在这个岗位上，那么成为一名优秀的思政课教师，就是我一生为之付出和奋斗的人生目标。

【作者简介】曹延美，山东司法警官职业学院教授。

从研究员到"小巷总理"

◎李 冲

　　想想还真有趣，干了大半辈子科研工作的我，竟然在 53 岁那年干起了居委会工作。

　　当年我从山东大学数学系毕业后，被分配到中国科学院计算机技术研究所工作，后为解决夫妻两地分居问题，又从北京调回山东省计算中心（隶属于山东省科学院），后来又到了山东中创软件工程股份有限公司工作。2002 年 10 月，济南市历下区文化东路街道办事处聘请我兼任中创开元山庄社区党支部书记。

李 冲

后来在居委会换届时，居民又选我当了社区居委会主任，这一干就是 7 年多。

　　7 年来，我从一点不懂社区工作，到现在先后获得全国"小巷总理"之星、社区服务先进个人荣誉称号；我所在的社区也先后获得全国"和谐社区建设示范社区"、社区服务示范社区、交通安全社区、山东省先进基层党组织、三八红旗集体、文明和谐示范社区、文化先进社区，济南市先进基层党组织、文明社区、居民满意社区、十佳和谐社区等 30 多项市级以上荣誉称号。

　　从一开始并不热爱居委会工作，到今天取得的点滴成绩，我是怎样从一名研究员转换为"小巷总理"的，这里边还真有些故事可讲。

　　2002 年 10 月，文东街道办找到我，想聘请我担任中创开元山庄社区党支部书记。我一听，心里很不是滋味，觉得自己是一名科研人员，当时还担任着山东中创软件工程股份有限公司的党委书记，怎么能干居委会的工作？社区工作婆婆妈妈的，干起来有点"丢人"。再说自己对社区工作一点概念都没有，怎么干？可面对街道办的真情聘请，我想着先试试吧，科技奖都能拿到，还干不了居委会工作吗？由于怕丢人，所以我没有告诉我的朋友、亲戚和同学。

　　当接触实际工作后，我才发现社区工作可不像想象中那么简单，随着改革开放的发展，许多政府工作、服务已转移到社区工作中。社区不仅仅是为居民办点事就行了，社区建设的目标很高，要求居委会干部具有很高的素质、水平

和知识面。党的十七大提出：把城乡社区建设成为管理有序、服务完善、文明祥和的社会生活共同体。社区工作责任重大，任务光荣且艰巨。我认为只有解放思想、转变观念，真正放下架子，才能把这项工作做好。作为一名共产党员、一名祖国培养的科技干部，能直接为居民服务，这是党的需要，是人民的需要。

认真学习　学而不止

中创开元山庄虽然是济南市开发最早的商品化社区，但因管理不完善，社区情况很不好，业主和物业公司矛盾突出，邻里之间关系冷漠，党员找不到组织，"单位人"成为无人管的"社会人"，发生矛盾无人调解，许多生活问题没解决，居民生活很不方便。一大堆问题摆在我的面前，怎么干？从哪入手？常年从事科研工作养成的学习习惯，给我带来了优势。我首先分析了社区的情况，将存在的问题进行了梳理，学习了社区管理知识、有关法律法规；还学习了国内外社区工作的前沿理论、先进经验，根据社区的特点开展工作。7年来我一直坚持学习，工作再忙也要抽出时间学习，学习给了我智慧、给了我解决问题的能力。在工作实践中，我不断总结工作体会，与大家交流经验，有些经验成果已在全国推广。

认真探索　开拓创新

我将社区工作作为课题去研究，通过分析社区矛盾、问题存在的原因，认识到社区是大家的，只有充分发挥居民和物业公司的作用，才能携手共建和谐社区；只有解放思想、创新机制，才能改变现状，促进社区发展。我充分发挥党支部的领导核心作用，建立了以党支部为领导层、居民代表会议为决策层、居委会为执行层、物业公司为服务层的"四位一体"社区管理模式，形成了全体成员各司其职、各负其责，共同推进和谐社区建设的工作格局。同时我又建立了四方代表会议制度、联合办公制度和居民评议制度等，有力促进了社区工作的开展。我所建立的"四位一体"的"开元模式"，已向全国商品化社区推广。

我确定了"以人为本，心系居民，服务居民"的工作宗旨，确定了"让党员的作用发挥起来，让陌生人熟悉起来，让老年人愉快健康起来，让儿女的精神轻松起来，让方便居民的服务多起来，让社区志愿者多起来，让志愿奉献者光荣起来，让社区的文化丰富起来，让信息化社区建立起来，让社区文明和谐起来"的"十让"工作目标和"爱党爱国爱社区，亲情友情邻里情""社区是一家，情系你我他""小手拉大手，小家连大家"等社区理念。

用心工作　细心服务

民生问题是社区建设的重点。我通过调查社区居民的总体情况，将社区内老人、儿童、妇女、残疾人等各类人员进行分类梳理，统筹兼顾地提供各种不同类型的服务。我在社区建立了"老年活动站、文体活动站、卫生站、家政站、心理疏导站、计生指导站、居民代办站、未成年人辅导站"八大站；建立了社区网站，与居民互相交流、共享资源；制作了"便民服务卡"送到居民家中，24小时为居民提供服务。我还制定了"三到六访"制度，做到居民家里有突发性情况、有困难、有家庭纠纷时必须到居民家中去，定期走访社区内长期患病的居民、80岁以上的老人、残疾人、孤寡老人、军属、解除劳教人员等6类人群。

事关群众的事，没有小事。只有随时掌握居民的各种动态，了解居民的情况，才能真正为居民排忧解难，为居民办实事，成为居民可信任、可依赖的贴心人。为此，我在社区建立了"民情日记"制度，无论是走访的情况、居民打来的电话、居民到居委会反映的问题，还是平时听到的困难和问题等，我们都做到随时记录，及时分析解决。

在一次走访中，我们收到居民反映，孩子放学比家长下班早，有的孩子放学后就会去网吧。对于双职工家庭来说，如何照顾这些早放学的孩子成了一个大问题。于是，居委会牵头建立了一个"四点半学校"，在寒暑假和下午放学后把孩子集中起来一起学习，组织开展各类活动，解决了家长的后顾之忧。还有居民反映高层住宅楼只有台阶，没有无障碍通道，对残疾人非常不方便。居委会立即召集物业公司、居民代表对这个问题进行讨论，拿出解决方案。物业公司迅速解决了这个问题，拉近了居民和物业的距离，促进了社区和谐。我们坚持7年的"民情日记"制度成为居委会连接居民的一座桥梁，2009年被市民政局评为"济南市十佳服务品牌"。

为了使社区居民生活更加方便，我在社区建立了"10分钟社区服务圈"，让社区居民能够不出大门，10分钟之内即可享受到各种便民服务。

为了化解居民和物业公司的矛盾，我指导物业公司依照《物业管理条例》实行规范化服务，引导居民正确维权，鼓励居民理解并配合物业公司开展工作。如今，物业公司和居民之间的关系越来越融洽，物业管理费收缴率达到了95%以上。

我在社区号召党员开展"五带五心"行动，即"带头遵纪守法，让群众称心；带头维护治安，让群众安心；带头倡导文明，让群众开心；带头美化环境，让群众赏心；带头互相帮助，让群众暖心"。同时，根据不同党员的特长，设立了文体活动、安全巡逻、环境卫生、法律咨询等"党员十大岗"。我在社区建立了各类志愿者队伍，义务为居民服务，并利用各种形式表彰社区的优秀党员、优秀志愿者、文明和谐家庭等。

中创开元山庄社区的居民来自四面八方，彼此之间不熟悉，互不来往。为消除居民之间的陌生感，我在社区建立了文体活动室、居民学校、文化广场，组织开展棋牌、台球、网球比赛；举办消夏晚会、知识讲座等各种活动；成立了"社区艺术团""戏迷俱乐部"等群众团体；开展植树、旅游、运动会、节日庆典等活动；开展"春之声"演唱会、电影消夏晚会、春节联欢晚会等。一年到头活动不断，精彩纷呈。丰富多彩的文体活动吸引居民们走出家门，走进社区这个大家庭，使社区像磁场一样，把社区居民紧紧地聚集在一起。

我还在社区创建了"相约星期四，说说心里事"制度，帮助居民化解烦恼。为在社区弘扬正确的婚姻观和爱情观，我为结婚50周年的老年人举办了"甘苦与共、永结同心"世纪金婚庆典活动，并组织金婚夫妇向年轻人讲述幸福婚姻的体会。

为了营造温馨和谐的邻里关系，我在社区创建了"邻里节"，从2004年开始，每年举办一届，每届都有一个新主题。居民把"邻里节"定为社区自己的节日，"邻里节"也被市民政局评为"济南市十佳服务品牌"。除此之外，社区还举办了"百家宴""三八饺子宴""中秋赏月"等活动，让居民欣赏自编自演的节目、品尝自己烹制的菜肴，体味着温馨的邻里情。如今，社区"我为人人、人人为我"的和谐氛围日益浓厚，我看在眼里，美在心里。

7年的社区工作实践使我深深地体会到，在社区工作要与居民心贴心、心连心、心暖心，真正把居民当成自己的亲人，把群众的需要当成自己的需要，把群众的问题当成自己的问题，尽心尽力地帮助解决，让群众通过社区感受到政府的温暖。平时，我几乎把全部精力都倾注在了社区，几年来自己已投入近4万元，全部用于社区建设和看望社区居民。居民有什么烦恼和心里话，都愿意与我交流；晚上我在居委会加班，居民会主动端来热腾腾的饭菜；我生病住院，居民会自发来看望我，使我很受感动。社区一位老人拉着我的手说："孩子又买了一套房子叫我去住，我不去，只要你还在社区当书记，我就哪也不愿去，因为在这里住得心情舒畅，住得开心、踏实。"好几次有人高薪聘我到他们那里兼任工作，我都婉言谢绝，我热爱社区，热爱这里的居民，更热爱这项工作。

由于居民的认可，2006年我被评为"济南市首届感动济南十佳人物"。社区居民群众的朴素和热情让我感动，社区工作的这份责任和光荣让我感动，这是我人生中最宝贵的精神财富，将时刻激励着我以真心换真情，为创建和谐社会做出新的、更大的贡献。

淡泊名利　投身学术

—— 记第五届齐鲁巾帼发明家优秀奖获得者王志玲

◎济南大学妇委会

她像春风轻轻吹过，像春雨悄悄落下，温柔地抚摸小草，帮助嫩芽茁壮成长而不留任何痕迹。投身教育工作 20 余载，王志玲老师播撒着她的爱，默默地浇灌并抚育着她的"孩子们"。

王志玲老师是济南大学化学化工学院的教授，工学博士，硕士生导师，现担任有机化学系副主任，主要从事有机化学教学及科研工作，其主要研究方向为新型特种功能性共聚物及其生物质复合材料。一直以来，王志玲老师积极开展科学研究、产品开发与科技创新等工作，在国内外

王志玲

重要学术期刊上发表了学术研究论文 20 余篇，其中有 10 余篇论文被科学引文索引（SCI）和工程索引（EI）收录。此外，凭借着坚实的理论基础和较强的科研能力，王志玲主持了省科技厅科技支撑计划项目 1 项、省自然科学基金项目 1 项，济南市高校院所自主创新计划项目 1 项，参与国家自然基金和省部级项目多项。

在化学化工学院众多的教授中，她的成果或许不是最闪耀的，可是她多年来以身作则，对待工作一丝不苟，朴实而低调，是勤奋的典范；她全身心投入教育事业，是年轻教师学习的好榜样。

梅花香自苦寒来——化学化工学院的专利状元

一种叫作执着的力量引导着王志玲在科学的道路上孜孜不倦地前行。在很多人眼中，化学是不适合女性的学科，但王志玲始终以她认真刻苦的钻研精神，坚守自己的岗位，不断开拓创新。王志玲在开展科研工作的同时，积极

申请国家发明专利，通过专利保护自己的科研成果，在已提交的14项发明专利中，已获授权12项，以第一发明人发明的13项，第二发明人发明的1项，成为济南大学个人申请专利数量最多的老师之一。美国发明家本杰明·富兰克林曾经说过："我们在享受着他人的发明给我们带来巨大益处的同时，也必须乐于用自己的发明去为他人服务。"在申请专利保护的同时，王志玲也注重专利成果的推广，其发明专利"一种羟基丙烯酸酯共聚物胶粘剂及其制备方法与应用"已转让到浙江宁波一家企业。另外她主持开发的多项化学建筑材料高分子树脂，如湿固化端异氰酸酯聚氨酯、自交联丙烯脂酸共聚物水乳液、聚氨酯保温材料、无色酚醛树脂等产品，多项已转化为生产力，让企业获得了较大的经济效益和社会效益。

拥有如此多的专利，王志玲的态度是："一项专利不是一两年的时间就能完成的，是不断积累的结果，人生在勤，不索何获？"只有刻苦钻研、坚忍不拔，才能在所追求的事业上有所成就。她认为，申请专利不仅是对一项科研成果的总结，也是对自主知识产权的一种保护。获得专利的关键因素是创造性。所以，在科研工作上要学会创新。访谈中，王志玲告诉笔者，她对专利的认识，主要是受到了她博士导师的启发，她的导师就是一位热衷科研创新并善于用专利保护自己科研成果的优秀科学工作者。同时，王志玲为人谦虚，她总是说，这些成果不只属于她自己，这些发明离不开学生的协助，学生是工作中不可或缺的后备力量，如果仅凭个人单薄的力量，她不会有今天这些成就。因此，她的专利有参与学生的提名，这也给她的学生提供了一个展示自己、磨炼自己的平台。

兢兢业业搞科研——工作成果为社会所承认

"巾帼发明家"评选活动的开展旨在激发全省妇女的创新热情，充分发挥广大知识女性在推进先进生产力和发展先进文化方面的重要作用，鼓励全省广大妇女树立知识产权意识，努力发明创造，积极投身创新型省份建设，在科学技术领域建功立业。王志玲笑谈，对于获奖她感到意外与幸运，因为自己努力工作并不是为了追求功利，而是把它作为一种责任，是对事业的执着与坚持，获奖是社会对自己工作的认可，也是一种自身价值的体现。对此，副院长魏琴对王志玲做出了高度评价，在同事们眼中，她勤恳做事，一贯朴素，是一位极富内涵的教师领头人。从她的身上，能够学习到的不仅是知识，还有忠于事业的坚忍精神。

"科学的大道上荆棘丛生，这是好事，常人望而却步，只有意志坚强的人例外"，王志玲就是如此。尽管科研的道路上充满荆棘，但她从未轻言放弃。20多年工作的风风雨雨，王志玲都以乐观的精神坦然面对，失败的时候，学生就是她的动力，困难将她磨炼得更加有奋斗的勇气。

丹心热血沃新花——学生的良师益友

为人师表的王志玲老师讲课专业性强、信息量大，虽没有华丽的辞藻，也没有诙谐的语言，但她用热情与激情感染着学生，极大地满足了他们对知识的渴求。因此，同学们都特别喜欢听王志玲老师讲课。为了让学生更加透彻地理解所学知识，王志玲将自己在实验室的研究成果和相关学科的最新成果融合到授课过程中，将科学研究有机地结合到教学之中，加深学生对基础知识学习的重要性及其与科学研究的密切关系的认识，并与学生交流自己的科研体会，以强化学生对课程的掌握，同时也拓展了学生的知识面，激发了他们对前沿科学知识的兴趣和学习热情。在指导学生科研的过程中，王志玲循循善诱，从细微处着手，把学生当作自己的孩子，给予他们无微不至的关怀。她总是能洞察到学生的需求与困难，并尽可能地为他们排除干扰，以保证学习的质量，使得学生把更多的精力投入学术研究中。王志玲帮助毕业生们解决在毕业论文过程中遇到的多种问题，让远离家乡独自求学的同学们感受到了母亲般的关怀。

王志玲的生活可以被描述为两点一线——教室与实验室。她总是一身朴素的装扮，忙碌、奔波，一刻也不停息。提及现阶段的打算，王志玲只说了很简单的一句话："好好上课，好好指导毕业生做毕业论文。"这就是她的全部事业，简单的两件事，却需要她全身心地奉献。王志玲就是这样一个人，虽然忙碌却井井有条，虽然不注重外表却富有内涵，和蔼可亲却又有威严。

孜孜不倦学者路　矢志不渝教书人

——记济南大学教授于衍真

◎济南大学妇委会

于衍真，济南大学土木建筑学院教授、硕士生导师。国家精品课程主持人，山东省有突出贡献的中青年专家，山东省教学名师，山东省省级教学团队主持人，山东省品牌专业负责人，山东省精品课程主持人。现任山东省住房和城乡建设厅专家委员会委员、山东省卫生厅涉水产品评审专家、山东省土木工程学会教育委员会理事、山东省建筑学会教育委员会理事、济南市饮用水安全研究会常务理事、济南市自主创新产业重大专项评审专家。曾获济南大学优秀教师、优秀科技工作者、优秀共产党员和山东省三八红旗手等荣誉称号。

于衍真

孜孜不倦学者路，矢志不渝教书人。于衍真教授在其30年的教学与科研生涯中，始终坚守在教学一线，兢兢业业、为人师表，赢得了广大师生的尊敬和爱戴。她在长期的教学工作中坚持学习、刻苦钻研，成为新一代学习型、研究型、学者型教师。她忠于党的教育事业，热爱科学研究，取得了一系列重要成绩，表现出良好的名师风范和科研工作者风采。

投身教育天地宽，矢志教改谱新篇。良好的教学效果来源于教师的不断探索和创新，以及对飞速发展、日新月异的社会生活的强烈感受。于衍真教授经常对教学工作进行反思，并不断结合自身多年的教学实践和科研成果，在充实而又繁忙的学习路上，进行着各项艰难而有价值的探索。1982年从教以来，她一直活跃在教学第一线。她认为，本科教育最能体现一所大学的教学水平，而为大学生打好学习基础，帮助他们转变应试学习的模式，对于促进学生的学业发展和人格培养都至关重要。在教学中，她坚持以学生为本，认真上好每一节课，得到了广大学生的好评。多年来，她矢志教学研究，求实创新、勇于奉献、团结协作，凭着强烈的事业心和严谨的治学态度，取得了较好的成绩。她所教授的水力学是一门基础课，也是一门相对枯燥的理论课。为使学生有效地掌握学习要领，她学习国内外先进的教学方法，始终站在学科的前沿，努力做到理论联系实际，将理论知识总结精练，通过工程实例进行设计计算，便于学生掌握设计要点，形成了独特的"以趣导课、以疑启思、以法解惑、以律求知"的教学特色。针对生源质量参差不齐、学生个人兴趣爱好多样化的特点，她做到了有教无类、因人而异、因材施教，充分调动了学生的积极性和主动性，为他们成长成才创造条件。"自己多教一点，让学生多学一点"，正是于衍真的为师之道。通过多年的积累，于衍真所负责的水力学课程被评为国家精品课程和山东省精品课程。

"宽口径、厚基础、重实践、强能力、善创新"，这既是当今许多大学进行人才培养的理念，又是现代社会对人才的基本要求，更应成为新时代大学生的一种自觉追求。在教学中，于衍真一直提倡不要一味"给结论"，而是让学生自己用推理、试验、讨论等办法寻求结论，在培养学生的自信和勇气中锻炼学生的直觉思维，让学生学会学习，让教师"导"的艺术、"引"的技巧、"帮"的热情得到最大限度的发挥。在长期的教学实践中，于衍真在认真指导学生学习专业理论知识的同时，还鼓励学生积极参加专业学科竞赛和社会实践，她指导的学生多次在"挑战杯"全国大学生课外学术科技作品竞赛、山东省结构设计大赛和大学生"义务编制村庄规划"社会实践活动中获奖。

在做好教学工作的同时，于衍真还坚持进行教学改革，及时更新教学观念，创新人才培养模式。她认为，高等工程教育的目标就是培养未来的工程师，这是培养从事工程工作人才的专业教育。因此，工程教育改革就要顺应科技的发展趋势，以社会需要为导向，以实践教育为旨趣，以工程师为培养目标，以工程设计教育为核心。她通过分析工程设计教育在培养土建类人才方面的地位与作用，创新性地提出了"理论—实践—工程设计—应用"的教学模式，强化实践教学，开展训练大学生创新能力与工程设计能力的"第二课堂"，提高了学生的创新意识和工程实践能力。她主持并完成"强化土建类学生创新意识与工程实践能力的培养与实践""以专业建设和课程建设为支撑，构建土建类创新性应用型人才培养平台"等省级教学研究项目10余项，获得山东省优秀教育教学成果二等奖和三等奖3项，撰写教学研究论文20余篇。

科研方面，于衍真多年来围绕环境保护、市政工程等课题，致力于探索废渣的综合利用与废水处理的研究，创新性地提出了"以废治废"的科研思路，为环境保护领域开辟了新的发展前景。于衍真在科研的同时，及时将科研成果加以总结和提炼，编入教材或融入教学中，实现教学内容的现代化，提高了教学质量。近年来，于衍真作为负责人，主持国家自然科学基金委员会项目"氧化聚硅铁协同介孔磁性滤料 BAF 脱氮除磷机理及生物相原位分析"、国家科技部十一五重大科技专项"高藻引黄水库水常规工艺强化集成技术研究与示范子课题——藻渣无害化处理与资源化利用技术研究"、山东省自然科学基金委员会项目"活化沸石曝气生物滤池中生物相分析及净化效能机理研究"和"基于分形维数理论的粉煤灰——硅铁混凝剂絮体模型及混凝机理研究"等国家及省级研究课题 20 余项，获山东省科技进步二等奖、三等奖 10 余项，专利 10 余项。她在国内外公开发行的学术刊物上发表论文 70 余篇，其中 20 余篇被美国《科学引文索引》（*Science Citation Index*，简称 SCI）和美国《工程索引》（*The Engineering Index*，简称 EI）收录。

于衍真十分重视青年教师的培养以及教学、学术梯队的建设。工作中，她言传身教、以身作则，以乐观进取的精神和充满活力的面貌带动着每一位老师。通过随堂听课、组织公开课教学、申报精品课程、举办青年教师教学大赛及专业教学研讨等活动，把教师的文化素质、教学水平和教学实践融为一体，使青年教师在理论指导和切磋实践中，不断提高教学能力。在她的指导和帮助下，一批青年教师已经成长为学院的教学与学术骨干，团队中的和谐氛围使每一位成员都得以发挥自己的作用。

30 年的教学经历给了于衍真太多的感悟，她一直以身为教师为荣，深知"教师"是一个圣洁的称号——要塑造人的灵魂，故而神圣；要律人先律己，故而高洁；教师也是一份辛苦的工作——要用心血唤醒良知，要用心血培育栋梁之材。正是有了这样的理念，她一直把教师看作自己终身的职业，要学到老、干到老，不断积累，不断创新。

桃李不言　其华灼灼

——记济南电视台节目主持人姝青

◎郭如欣

晚上 8 点 50 分，如果你打开电视，选定济南生活频道，很有可能会见到一位举止从容、语调和缓、措辞严谨、端庄秀丽又沉稳智慧的女主持人。

她就是姝青，在济南广播电视台享誉 16 载，是一名不可多得的优秀主持人。

在演播室现场节目录制中，主持人有着举足轻重的作用。主持人能否把控全场，能否处变不惊，都决定着节目的质量，甚至决定着整期节目能否成功，而这些则决定着栏目的命运。姝青以她多年的主持经验、广博的知识、丰富的阅历，陆续成为济南广播电视台《真实再现》《第一现场》《有请当事人》《有话好好说》等名牌栏目的当家主持。

姝 青

不驰空想　不骛虚声

20 世纪 90 年代，姝青从济南经济广播电台调任济南广播电视台任主持人。从电台播音员到电视节目主持人，由声音到影像，从新闻到专题，从栏目串联主持到现场调度主持，她几乎没有阻碍地一路走来，很快成为独当一面的主持人，独自驾驭充满矛盾、跌宕起伏、难以预料的现场局面。

英国哲学家伯特兰·罗素说过："伟大的事业是根源于坚韧不断的工作，以全副精神去从事，不避艰苦。"姝青是一个务实的人，她不驰于空想，不骛于虚声，唯以求真的态度认真做好每一件事。工作中的她从不求安逸、不会偷懒、不怕探索，喜欢从事有挑战性的工作。她相继担任《第一现场》《有请当事人》《有话好好说》等节目的主持人，为了录节目时常加班加点，根本没有周末和节假日休息的概念。鉴于几档法制类现场调解节目从选题的提报到演播室录制是否顺利，再到当事人矛盾纠纷调解的成功与否，都有很大的不确定性，姝青要不分昼夜，不分工作日和休息日，依据当事人的时间随叫随到，始终处于待命工作状态。每场平均录制3~4个小时，最长的一次录制了5个半小时，录起节目来吃不上饭、喝不上水，甚至无法上厕所……从单纯的播报新闻主持人到节目片头串联主持人，再到演播室现场主持人，跨度很大，后者除了要具备前者的素质，还要具备记者、编导的素质，尤其是现场应变能力。而近些年她主持的节目都贴近百姓生活，具有现实意义，但同时也属于难度大的节目，就像同事说的，都是"最难啃的骨头"。来到演播室的当事人家家有本难念的经，他们的家庭出身、文化背景、生活习惯、脾气秉性、道德观念、思想品质各不相同，有些矛盾纠纷甚至是十几年、几十年的积怨。这就需要主持人付出极大的耐心并尽量站在当事人的角度去理解他们的想法，体会他们的感受，不厌其烦地反复沟通，晓之以理、动之以情，让当事人在节目调解的过程中，逐渐明白自己言行的是非对错，进而重新做出理性的判断和选择。节目录制时间长，主持人需精神高度集中，一场节目下来，常常是头晕脑涨、身心俱疲，但姝青对此却毫无怨言。有一次，由于工作任务紧，她竟然一天连续录制了3场演播室节目。同事惊讶于她以娇小的身躯担当起这样的重任。录制这样的节目，主持人只有保持全神贯注，随机应变地应对现场，才能适时、适当地调度和把握节目走向，既要注意节目导向，使节目健康有益、公平公正；还要考虑到当事人的感受，讲人性化；更要时时以法理为准绳衡量现实情况，做出入情入理的引导……经常看《有话好好说》节目的观众，一定可以设身处地体会到主持这样一档节目的难处。

淡定而不失聪颖，美丽而不失温婉。在作为同事与其相处的这些年里，我从未见过姝青发火，或是跟谁有过争吵，最常见到的是她从容亲和的笑靥。电视工作的工作量、工作范围常常是无法界定的。20世纪90年代，姝青一人担任几个栏目的主持、录音工作，往往是谁做完片子谁叫她，没个准点儿，但只要姝青在，二话不说便进入演播室录节目。在她那里，什么事情都好商量，有时候专题采访需要主持人出镜，她没有任何架子，随时跟随外出采访。

一到重大节日，对别人来说是休息放松的时候，是一年中少有的自由时光，而这恰是她最为忙碌的时候。每当这时，姝青便如同战场上的战士，自觉地服从台里的工作调遣，不计报酬、不讲条件，全力以赴。2009年全运会期间，姝青就"全天候"承担了生活频道《第一现场》节目的配音和解说工作，连轴转是必然的。况且就算在平时，她也没有休息过几个周末。

养根茂树　源远流长

有人说，"学乃身之宝"；也有人说，生存的第一要义是学习和理解。懒于学习的人，实际是在选择落后、选择离开。在电视界，竞争尤为激烈，时时都在大浪淘沙，人人都似逆水行舟。那么，唯一持久有效的竞争优势就是胜过竞争对手的学习能力。姝青是明智的，她选择了不断学习、不懈学习。一方面向他人学习。无论遇到哪个行业的人，只要能向其了解自己所缺失的知识，她都会主动请教。另一方面从书本中学习。她读名著，读时尚杂志，也看杂书。她知道，做主持人需要成为"杂家"，学问不必太深，但涉猎必须广泛。她懂得养根方得树茂，开源才能流长，在日月流逝中，她积累着、汲取着，使自己羽翼渐丰。姝青以勤勉的工作态度、不懈的学习精神，滋养事业之树、生命之树，使其枝繁叶茂。在竞争激烈的电视行业，在人才辈出、后浪推前浪的形势下，如果不是不断进取，她如何以前辈的身份在名牌栏目中屹立如山？

在有一年的工作总结中，姝青这样写道："自从走上主持人这个工作岗位，至今已经15个年头了，可在这个过程中我始终感觉自己还是个新人。因为这个职业具有极大的挑战性，我从来没有放松过自己，总感觉自己还有许多东西不知道、没掌握……随着年龄的增长、生活阅历的增加，我的心智越来越成熟，每一次坐在摄像机前，我都会更加自信；但是随着节目的调整和改版，以及节目主体和受众的改变，我感觉要成为一名合格的主持人还有许多东西要学习、要吸纳、要掌握……真的是学无止境，要活到老学到老。"

在一个人的职业生涯中，除了不断地加强自我管理、自我学习之外，能有机会参加行业内的专业培训和学习也是难得的。每每有专业培训，姝青都会积极参加。有一次，她去参加主持人培训课程，发现有色彩课、礼仪课等课程，这令她欣喜不已。也许有人会问，主持人培训怎么还有色彩课？怎么会有礼仪课？这些跟主持节目有什么关系吗？也有人认为这些短期培训只是走走过场而已。而在姝青看来却不然，这些知识恰恰是她平日工作中最需要的一部分，也是其他专业书上很少涉及的，这次培训简直是及时雨。她认为，主持人首先是一个人，当一个人出现在大家面前的时候，这个人身上所体现的东西是非常多的——社会属性、家庭出身、文化背景、生活习惯、脾气秉性、道德观念、思想品质……这些都能够通过一个人的言谈举止、穿着打扮等展现出来。谈起这次培训，姝青兴奋不已，像捡了什么宝贝似的。姝青在这次培训总结中写道：

"通过对四季色彩理论的学习，我明确了色彩对一个电视主持人的重要性。当掌握了色彩理论的基本内容，并且熟练运用后，就能使受众看见一个与节目风格相吻合的主持人，而不熟悉色彩理论，不运用色彩理论，则很可能影响节目效果。此外，一个人无论是坐还是站，无论是走路还是做其他动作，无不透露出许许多多的信息，所以礼仪课是主持人必须认真学习的内容。感谢礼仪老师为我们不厌其烦地示范坐、立、行走中的每一个细节！细节决定成败，我想，无论何时何地，我都不会放过任何一个学习的机会。只要时时刻刻怀揣着一颗学习的心，就终会有所收获。三人行，必有我师焉！"

丽人瑜伽　从容典雅

对于主持人来说，从来就不缺少鲜花和掌声，名气、利益也往往会围绕左右，这愈发考验一个人的品德。身处名利场而能淡泊名利、淡定从容，说起来容易做起来难。从没有宣言，也不见她表白，姝青以无声的行动践行着一个新闻工作者的责任与道德。

论说起姝青的身材和容貌，这般端庄秀丽，体型青春健美，大概与她平日里心态平和、生活规律、热爱运动有关。她喜欢游泳、爬山、练瑜伽。记得有一次午休时，紧张忙碌了一个上午的同事们难得有点空闲，大家都聚在办公室闲聊，或者趴在办公桌上小憩，而姝青则是带上游泳的行头去附近的游泳馆游泳，她的这个习惯即使是严冬也不间断。在她看似柔弱的身体里，在她看似平静温和的性情中，有一股韧劲和执着精神，这是每个熟悉姝青的人都能感受到的。

姝青练了5年瑜伽，本来身材苗条的她用不着塑身减肥，但她需要用瑜伽排解工作的压力和疲惫。姝青将瑜伽当成了"静脑"的清新剂。她最愉快的事就是工作之余换上瑜伽服，双腿盘绕，双手合十，尽享一吸一呼间与自然的交融。

姝青身体柔韧，天生是练瑜伽的料。别人达不到的高度、弯度，以及做不到的折叠式动作，她都能轻松做到。瑜伽通过推、拉、扭、挤、伸等各种姿势对内脏器官起到自我按摩的作用，使人的新陈代谢更加规律，从而保持靓丽的容颜。有人说，姝青的瑜伽动作标准、线条优美，加上身着漂亮的瑜伽服，看上去就是舒服。还有人说，姝青用自己的"金刚钻"揽了瑜伽这个"瓷器活"后，人更精致，活得更潇洒了。

姝青说："当处于痛苦时，你要开阔胸怀，不要做一只杯子，而要做一片湖泊。保持开阔的心胸，我们能得到更多的幸福，心有大爱，包容万象！生命的态度来自心的高度。我们可以尝试列出一些好的习惯，然后坚持，坚持，再坚持。几年以后，这些习惯就会完全成为你生命本真的自然。比如，坚持早睡早起，不熬夜；保证一日三餐；拒绝所有吃了让你身体不舒适，而只是为了满足口腹之欲的食物；尽量多在家做饭，

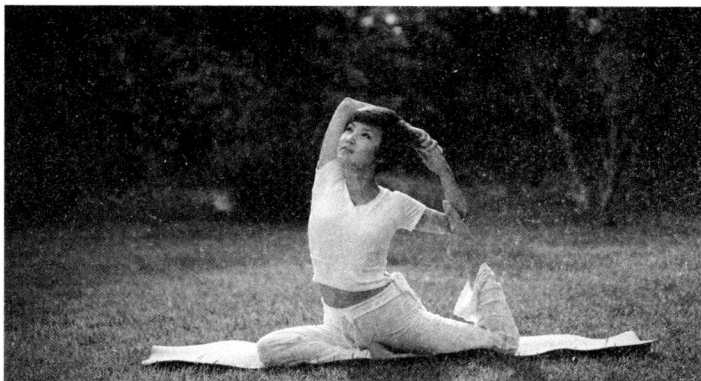

沉酣瑜伽中的姝青

戒烟限酒；坚持一种运动，有自己的爱好，营造和睦的家庭氛围；读书、读好书，热爱你的本职工作；不着急、不嫉妒、不自卑，时刻想着活着真好。生命是一个大宝库，很多人把它白白地浪费掉。等到天亮，等到恍然大悟时，我们已经将时光消磨殆尽。生活的秘密、奥妙、快乐、喜悦，一切都丢尽了，而一个人的一生就这样过去了。其实幸福的钥匙就把握在我们每一个人的手中，只是有的人一辈子也没用它去打开通向幸福的大门罢了。有人问我，为什么练瑜伽？因为，练瑜伽给我带来的感受，恰恰是我最想得到的。我庆幸自己在不惑的年龄遇到了瑜伽，一点儿也不晚，来得刚刚好！希望能在年老的时候依然拥有这份淡定从容，心存感激，珍惜当下的点点滴滴，好好生活。"

听了姝青的一番话，我终于明白，原来她是一个活得如此透彻的人，是一个智慧女人。难怪她能在物欲横流的环境中做到心静如水……

时光流转，演播室内外依旧可以看见姝青忙碌的倩影。姝青说："感谢《第一现场》《有请当事人》《有话好好说》等栏目让我了解了许多人的生活，通过主持这些节目，让我体会到了更多人的酸甜苦辣，品出了生活的各种滋味，看到了人间百态和社会万象！这里面有假恶丑，也有真善美。希望我们的节目能让大家看到更多的真善美，看到人性的光辉！希望这几档法制生活节目在新的一年里能够更加贴近百姓生活，传播更多的法律知识，让更多的人知法、懂法、守法，让人们的生活更加和谐有序，更加幸福快乐！"

（本文写于2011年）

【作者简介】郭如欣，济南广播电视台高级记者。

一路踏歌一路行

◎高淑贞

高淑贞

我是一名来自农村基层的党支部书记，前后担任过两个贫困村落的支部书记，一个是我的娘家东太平村，一个是我的婆家三涧溪村。原来这两个村的共同之处是穷、乱，多年连续更换支部书记，集体经济、公共设施几乎是一片空白。这两个村的不同之处是，东太平村小，全村 135 户人家，390 口人，8 名党员，支部书记大都是组织上派的；而三涧溪村地大人多，由三个自然村组成一个行政村，全村 1000 多户人家，3100 多口人，110 名党员。虽然两个村都很穷，但是自村"两委""公推直选"以来，村"两委"的职位都有不少人抢着干。面对这样两个村，我去当书记，压力很大。

十几年的风风雨雨过去了，我在执着中前行，用爱心、善良、坚韧和实干深深地感染着身边的每一个人。如今，两个村都发生了根本变化。全国农村精神文明座谈会和全国"平安家庭"创建活动推进现场会在三涧溪村召开，山东省和济南市为民服务和新农村建设也把我村作为参观点。村集体先后被授予全国民主法制示范村、全国"平安家庭"创建先进单位、山东省绿化示范村、济南市平安建设先进基层单位、济南市十佳志愿服务队等荣誉称号。我本人也被授予全国三八红旗手、山东省新长征突击手、山东省优秀共产党员、齐鲁巾帼十杰、济南市劳动模范等荣誉称号，还荣立了山东省"青春立功"一等功、济南市平安建设三等功。作为山东省党的十七大理论宣讲团成员和济南市学习实践科学发展观活动宣讲团成员，我在全省各地连续宣讲 130 余场次，现场观众近 10 万人次。

平凡人生坎坷路

1995年，正在原章丘市明水镇王白中学任教的我被镇领导叫去谈话，让我去担任东太平村的党支部书记。镇领导知道我性格泼辣、扎实能干、文化水平较高，对村里情况也熟悉，便想让我挑起这个担子。东太平村是我的娘家村，我了解村里的情况：交通闭塞、人心涣散，村里连装部电话都有难度，更不用说发展经济、修路通水了；更困难的是村"两委"班子软弱，凝聚力、战斗力不强，党员群众看不到改革发展的希望。

老实说，担任农村党支部书记这个工作，要比在课堂上教学辛苦很多。在一般人看来，我是自讨苦吃：放着好好的书不教，偏蹚村里这池"浑水"。家里人也极力反对：不好好教书当什么书记？特别是当时我已经有孕在身。对我能不能当好这个女支书，全村上下都持怀疑态度。就是在这种复杂的情况下，我毅然决然地接受了任命，成为自己娘家村的当家人。经过5年的奋斗，我带领村民干纺织、建砖窑、抓养殖，并且修通了公路、接通了自来水、架起了新电网、装上了新变压器，让村民的日子一天比一天红火起来。

2004年，正当东太平村各项事业步入正轨时，我又被调到三涧溪村任党总支书记。这个村也是出了名的"贫困村""问题村"。当周边的村庄都过上好日子的时候，三涧溪村依然破旧不堪，条件落后。更棘手的是，自1998~2004年，三涧溪村6年间换了6届村支部班子。

我的心情很不平静。不仅是为这个村的状况着急，还因为作为这个村的媳妇，工作中肯定会遇到各种各样的复杂问题。对此，我做了充分的思想准备。为了全村人的大利益，为了三涧溪村的大发展，我决定把亲情割舍在一边。

从担任三涧溪村支部书记的第一天起，我就将自己根植于群众中。我用了大半年的时间，每天走家串户，了解群众生活情况，了解他们的疾苦与需求，三涧溪村1000多户人家我几乎走了个遍。短短3年的时间，我破除重重阻力，顶住种种压力，抓住了社会主义新农村建设和章丘发展的大好机遇，通过招商引资、"腾笼换鸟"，盘活了10余家企业，解决了债权纠纷，理顺了村企关系，使村集体经济年收入实现了由负债80万到盈利150万元的转变，当年就落实了20多项民心工程。如今，三涧溪村发生了天翻地覆的变化：1000平方米的幼儿园、高规格的敬老院、高标准的农民公寓楼、花园式的卫生所、功能齐全的村办小学、宽阔的水泥路、明亮的路灯、整齐的绿化带……这些在过去老百姓连想都不敢想的事情已经全部变成了现实。

激情人生创业路

我知道，要干好农村工作，最重要的是抓民心，做群众的贴心人，多做得民心、顺民意的事。为此，我从为民服务抓起，组织全村的妇女姐妹成立了"巾帼为民服务队"，开展了"一线通连接你我他、一张卡方便千万家、一支队伍活跃全村、一面旗帜映红四邻、一个职介所致富老百姓"的"五个一"活动。我将服务的范围拓展到大学园区、工业园区，经过多次协调，共转移了800余名剩余劳动力，实现了"人人有事干，时时有人管，户户有钱挣"的目标。

东太平村和三涧溪村都实现了由乱到治的蜕变，原因不仅在于经济发展了、群众富裕了，也在于我们支部重视"平安"理念，念好了"和谐经"。我把济南市和章丘区妇联提出的"平安家庭"创建活动作为治乱的切入点和突破口，精心策划了"家"字型体系，得到了时任全国妇联主席的顾秀莲同志的高度赞扬。2006年8月，全国"平安家庭"创建活动现场推进会把三涧溪村作为示范点，将"家"字型体系经验向全国推广。三涧溪村成为中央第三批先进性教育活动联系点，山东省环境综合治理现场会、济南市新农村建设现场会先后在三涧溪村召开。三涧溪村由穷变富，由乱石岗变成了"香饽饽"。三涧溪村曾先后代表济南市、章丘区迎接了中央和各省（市、区）参观考察近1000次，接待人数超过50000人。

担任农村支部书记以来，我放弃了休假，放弃了安稳的生活，满怀激情地工作，就像一台永不停歇的机器般高速运转，几乎每天都要到晚上十一二点才能回家休息。创业之初，我曾自掏腰包，把十几年的家庭积蓄全部拿出来垫付工程款。自从章丘区委、区政府把三涧溪村确定为全市"十百工程"建设村后，我连续5个月没睡过一个安生觉，没吃过一顿囫囵饭，天天跑资金，天天待在工程现场。嗓子哑了说不出话，就含上一片药；感冒发烧近40度，就在办公室里挂吊瓶；半夜刮风下雨，我与大家一起搬水泥，一干就是半宿，到第二天天亮，又打起精神安排新一天的工作。为确保园区签约企业顺利落地，保证拆迁占地费用公平合理地分配到群众手中，我把讲人情、走后门的亲戚全部挡在了门外，千方百计征求广大群众的意见，苦口婆心地做他们的思想工作。就这样，总投资2800万元的20项工程，用了不到半年的时间全部竣工，并通过了有关部门的质量检验，一批高科技、高投入、高效益的园区企业顺利落户在三涧溪村的土地上。2008年，城东工业园仅地税就上缴了5000多万元。为了丰富群众生活，我亲自为群众挑选了一批涉农光盘、科技图书，组织了庄户剧团、健身俱乐部、舞蹈队、门球队等民间团体，引导群众开展文体活动。

多难人生不悔路

作为一名基层党员干部，我出色地完成了党交付的任务，不辱使命、不负众望，然而作为一名女性，在生活上，我却承受了常人难以承受的压力，忍受了常人难以忍受的磨难。

在我担任中学体育教师期间，我6个月大的儿子不幸夭折。每次想到这件事，我就一个人暗暗流泪。此后，我资助了章丘区文祖街道水龙洞村的一名孤儿，帮助她完成学业。多年来，我先后资助了10余名贫困学生和单亲家庭的孩子。现在，他们有的已经考入大学，有的考入了重点高中的实验班，他们都亲切地称我为"高妈妈""好娘"。每当村里组织募捐，我总是第一个出现在村捐款箱前；村民的女儿身患白血病而无钱医治时，我带头捐款帮她渡过难关；家庭贫困的村民遭遇车祸生命垂危，无从查找肇事者时，也是我四处募捐，凑齐手术费，挽回了他的生命。

2005年，在三涧溪村的工作刚有起色的时候，由于工作压力过大，我累病了。那时，我扁桃体肿胀，喉咙疼痛，连唾液都难以下咽，脖子粗了两三圈，整个人一下子瘦了20斤，脸色发白，好像一下子老了好几岁。长期高强度、超负荷的工作，透支了我本来健康的身体。即使如此，做完手术的第三天，我还是偷偷地回到村里，回到我惦念的群众当中。不能讲话，我就用手打字，再把需要安排的工作用打印机打印出来，分发给村"两委"干部。面对当时村里全面铺开的各项工程、亟待处理的多项工作，我告诉自己：即使以后再也不能开口讲话了，用眼睛也要在一线盯着，机遇不等人，时间不等人。

2008年10月，我旧病复发，并引发了严重的鼻炎，女儿哭着闹着让我好好休息，给自己放一个长长的假期。但这是不可能的，手术后，我硬是瞒着家里人，戴着口罩回到了办公室。因为我知道，从担任村党支部书记的那一天起，我就必须毫无保留地把自己的全部奉献给这片养育我的热土。对于这样的人生选择，我从不后悔，看到老百姓得实惠了，我心底里只有欣慰。

（济南市政协文史资料编辑部供稿。原载《巾帼风采》，中国文化出版社2010年版）

用爱心铺就麻风病人的护理之路

◎刘振华

无条件的抉择

我与麻风病护理工作结缘是在 1977 年夏天。那时，正值花样年华的我跨出了山东省济南卫生学校（今济南护理职业学院）的大门，和许多年轻人一样，怀着为祖国医学事业献身的美好憧憬，想象着自己能像弗洛伦斯·南丁格尔那样奋力拼搏，成为护理专业的佼佼者。但我做梦也没有想到，我被分配到济南市皮肤病防治院，从事麻风病的防治工作。

麻风病房坐落在济南西郊腊山脚下，远离繁华的都市，荒山连着荒野，麻风病房的周边一片凄凉。一条七拐八绕的小河，一道深深的泄洪沟，一片坟地，这些成为病房与外界的天然屏障。第一天上班，一进病房，我首先看到的是一些年老体弱、四肢残缺、眼球外凸、鼻梁塌陷、浑身散发着恶臭的病人。看到这种情况，我毛骨悚然，无法想象我美好的护理生涯将从这里开始。"难道真的要和这样的人打一辈子交道吗？"理想与现实的巨大落差使我陷入了痛苦的思想矛盾之中。过了不久，又有几件事情对我刺激很大。第一件事是我和我的男朋友经过了一段时间的接触，彼此有了一定的了解，可当他得知了我的真实工作情况后，竟直接不辞而别了。第二件事是有一次在同学家里聚会，无意间我谈起了自己工作的情景，聚会结束后，我听说那位同学把床单、茶杯都扔了，还用消毒液把家里彻底清理了好几遍，因此我难过了好几天。

然而，在接下来的日子里，老一代麻防医护人员与病人亲切交流的场景，让我受到了一次次心灵的洗礼。"我们当医生、护士的，就是要救死扶伤，千方百计地解除病人的痛苦。你知道麻风病人心里多痛苦吗……"老师们的肺腑之言和全心全意为麻风病人服务的工作态度，让我内心为之一振，深深体会到医护工作没有高低贵贱之分，脏活累活总要有人去干。别人能干，我也能行，我是党和国家培养的新一代医务工作者，是首批分配到医院的护理人员，我没有理由不服从组织的分配，我应该虚心向老同志学习，用自己所学的知识为麻风病人服好务，早日消除他们的痛苦。既然党组织安排我在这个岗位上，我就要无条件服从。除此之外，一位病人的经历再次深深触动了我，使我更加坚定了为麻风病护理事业奉献一生的决心。病人张大娘是一位勤劳善良的农村妇女，在她 20 多岁的时候，丈夫抛下妻儿离开了人间。她含辛茹苦，把自己全部的爱都倾注在儿子身上。然而灾难再次降临，她患上了麻风病，被迫离开了家，离开了和她相依为命的儿子。自住进医院那天起，她天天站在医院门口翘首盼望儿子能来探望她，但年复一年，儿子始终没来。她想儿子，想得寝食难安，影响了治疗，医院便同意她回家看看。当她回到熟悉的家，却被已成家的儿子拒之门外，儿媳从门缝里递给她一碗粥，然后厌恶地说："吃完了赶快走。"老人心碎了，几乎晕倒在地。她跟跟跄跄回到医院，大病不起，不吃不喝，只想早日离开人世。尽管医护人员采取积极的治疗手段，做了大量的思想工作，却仍然没有留住她，她至死也未能见儿子一面。看到这样的情景，我的心在流血，麻风病人也是人，也应该受到社会最起码的尊重，不应该这样对待他们。送走了张大娘，我受到了强烈的震撼，我再也不惧怕麻风病人了，并深深理解了这些患者。经过这段心灵的洗礼，我更加深刻理解了伟大的人道主义，也逐渐爱上了这个岗位。

爱是坚忍中的砥砺

1982 年的一个冬夜，我刚满周岁的女儿高烧不退，四肢抽搐。当我赶回家时，孩子已经休克，我泪如泉涌，抱着孩子直奔医院，经过紧急救治，孩子终于哭出了声。孩子病愈后，母亲央求我换个工作，好腾出时间来照顾孩子。我何尝不想把女儿接到身边？但麻风病人更需要我的照顾。就这样，女儿一直住在我母亲家。后来，79 岁的母亲不慎摔倒导致股骨颈骨折，需要立即动手术。这时正逢世界防治麻风病日，同志们都体贴地说："刘主任，你就不用来了，有我们呢！"但我还是放心不下，毕竟有许多工作需要我做。于是一大早，我先把母亲送进手术室，托付给家人照料，然后匆匆赶到单位，直到把所有的事情都安排妥当，才回到母亲身边。我知道，在这种时候，母亲是多么希望她的女儿守在身边啊；我也知道，自己在母亲身边可以给母亲精神上最大的安慰和支持，但我把对母亲的牵挂深深埋在心底，把安慰留给了麻风病人。

结婚后，丈夫对我的工作给予了最大的支持。丈夫的工作单位离家有 15 公里远，虽然每天早出晚归，但家务活他几乎全都包下了，照看女儿、照顾老人、买菜做饭，更是从无怨言。有一晚，一场暴雨持续下了两个小时，有位病人的脚严重溃烂，白天我已经为他敷了两遍药，医生嘱咐晚上再敷一遍。天气正常的话，这是一件平常事，可这时雨依然下得非常大。丈夫发现了我的不安，把熟睡的女儿托付给邻居后，陪着我走出家门。山风呼啸着，泄洪沟里的水已漫过了膝盖，丈夫紧紧地搀扶着我蹚至对岸，爬上泥坡，穿过那片荒草坟地。赶到病房时，我们全身都被雨水浇透了，但我的心被丈夫温暖着。这温暖就是坚强而有力的支持，它是精神的，也是物质的；它是期待，也是惦念，是言语无法描述的。

关爱比治疗更重要

麻风病人是一个特殊的弱势群体，多年的病痛折磨着他们的身体，社会的歧视和家庭的抛弃，更摧残了他们的心灵。正因如此，他们普遍变得悲观厌世，对帮助他们恢复健康的人仍抱有很深的猜疑，一般人很难接近。一件件活生生的事例使我深深懂得：麻风病人不仅需要精心的医疗护理、耐心的生活护理，还需要心灵的呵护和情感的关怀。我从多年的麻防工作中逐渐了解了病人的种种思想问题，探索出一套管理麻风病人的经验，那就是以尊重、关爱、情感支持为主的人性化综合护理。

想要清楚病人内心的想法，了解他们的需求，就必须先取得他们的信任。这样才能"对症下药"，使他们在精神上振作起来，调整悲观绝望的心态。但这一切说起来容易做起来难。我决定先从呵护病人的心理健康入手，在护理工作中对病人体贴入微，用真情来感化他们，使他们逐渐把我当成"自家人"。为此，需要付出的不仅仅是汗水，更多的是心血。有位老人，孤独地在麻风病医院生活了 30 多年，有段时间，他十分想念自己的姐姐，茶饭不思、焦虑不安。看到这种情况，我主动找老人聊天，终于弄清了老人的心思。老人觉得自己活不了几天了，和姐姐又多年未见，不知她现在是否还在世。姐姐是他唯一的亲人，他想见她最后一面，如果能了却这个心愿，就没有遗憾了。面对病人的恳求，我一边安慰他，一边想方设法和他的亲人取得联系。经过多方查找，终于找到了他的姐姐。但由于他姐姐年老体弱，已卧床不起，无法亲自前来探望，于是我们约好时间，用手机为他们接通了电话。老人用已经残疾的双手捧着手机，接听姐姐的电话时，热泪滚滚，嘴里大声地喊着："姐姐，姐姐，是我啊，我想你啊！"看到这种情景，在场的人无不落泪。这虽然是一件小事，但了却了病人的唯一心愿。通话之后，在我们大家的细心照料下，老人的身体也渐渐好了起来。还有一位病人，19 岁时患麻风病，却被误诊为周围神经炎长达 20 多年，直到他 46 岁被确诊时，手脚已经残疾，不能行走，下眼睑外翻，头发、眉毛脱落。他无法接受这种现状，经常发脾气，并对治疗有严重的抵触情绪。为此，我多次与他谈心，给他介绍治疗麻风病的科学知识，并从生活上关心他、照顾他，自费给他购买了许多生活必需品，腾出一间大房间让其夫妇共同居住，以方便他的生活起居，让他享受到更多的家庭温暖。在耐心细致的疏导下，他渐渐解除了思想顾虑，增强了战胜疾病的信心，愉快地接受了正规的联合化疗，身体逐渐康复。

我们不仅要为病人打针、喂药、换药，还要为病人洗头、洗脚、换衣服、喂饭。许多病人足底有大面积溃疡，脓血不断渗出，每次换药时，一打开纱布，阵阵恶臭便扑鼻而来，令人作呕。但我们每天、每月、每年都不厌其烦地重复着这些又脏又累的工作，从未有过一句怨言。为了使病房中不幸的老人也能像正常人一样安享晚年，当他们提出想吃什么时，无论多么辛苦、多么困难，我们都会千方百计地去满足他们的需求。不仅如此，我还自费购买了很多生活用品，来满足一些特殊病人的需求。

每逢佳节倍思亲。节日里，当我们与家人团聚时，正是麻风病人备感凄凉之时。这时候，我也非常想在家多陪一会自己的母亲，但一想到那些住院的麻风病人，他们因缺少亲情的关怀，更需要医护人员的呵护，我就坚持每年大年三十、初一与病人共同欢度节日，以此安抚病人受伤的心灵。十几年来，我从未休过一天职业假。由于医院位置偏僻，病房里没有公共通信设施，一些病人在突发疾患时，难以与我们取得联系，我们便自筹资金为病人购买了手机。病人拿着手机高兴地说："刘主任，你真是我们的贴心人。"

回首往事，我只不过做了一名共产党员该做的工作，尽了一个护理工作者应尽的义务，但党和人民却给了我很高的荣誉。近年来，我先后获得马海德奖、道德模范提名奖，红十字会博爱勋章、富民兴鲁劳动奖章，以及全国三八红旗手、卫生系统廉洁行医标兵、省优秀共产党员、省市道德模范等荣誉称号；2005 年获得国际红十字会授予的护理界国际最高荣誉南丁格尔奖；光荣地成为党的十七大代表，担任了 2008 年北京奥运火炬手。荣誉只能代表过去，我将继续尽心竭力为麻风病人消除病痛，在这个特殊的护理岗位上奉献自己的一生。

（济南市政协文史资料编辑部供稿。原载《巾帼风采》，中国文化出版社 2010 年版）

奋斗梦成真　大地绽芳华

——记齐河鼎泰庄园林业种植专业合作社理事长孙京梅

◎赵红卫

孙京梅

在山东省德州市齐河县刘桥镇流洪村（今流洪社区），占地 2000 亩的鼎泰庄园几乎满足了人们对于现代化农庄的各种想象：水、陆、空充分利用，林子上方野鸡滑翔、林下草药、蘑菇生长，林间鹅、鸡、羊穿梭……在鼎泰庄园里，林、果、粮、菜、药的间作、套作、轮作和林下种植、养殖蓬勃兴旺。

鼎泰庄园的创始人就是人称"小能手"的孙京梅——一位勤奋耕耘在乡村振兴事业沃土上的创业者，引领时代潮流的"新农人"。

创业路上的奋斗足迹

孙京梅不仅是鼎泰庄园林业种植专业合作社理事长，还是 3 家冷藏厂的总经理，并创建了北京华亚隆泰建筑门窗有限公司，事业蒸蒸日上。

20 世纪 80 年代末，孙京梅还只是齐河县晏城街道北孙村冷藏厂的会计。当时企业开始走下坡路，是继续留守工作，还是自谋出路，成了摆在她面前的难题。如果选择后者，一无所有的她该如何闯出一片属于自己的天地？眼前的困局和难以预测的未来，对她而言是一种无形的压力，她也在寻找命运的转机。

1989 年，刚刚休完产假的孙京梅迎来了一次机遇：晏北冷藏厂的冷库全部对外承包。骨子里的韧劲儿让她有了尝试一把的勇气，她果断承包下其中一个冷库。想到婆家和周边村落都在种植苹果树，何不做他们的工作把苹果的销售权拿下来？她的想法得到家人的支持。最终，依靠承包冷库存销苹果，孙京梅赚得第一桶金，当年盈利 11.8 万元。

获得第一桶金后，孙京梅先后承包了齐河县果品盐业公司和桑梓园林场的冷库，当年库存量达8000吨。1994年，她又在济南建起了库存量3000吨的冷库。在省农科院果蔬研究所的指导下，她开始采购山东、陕西等地的苹果以及黄河蜜瓜、赣南脐橙、云南西瓜、新疆哈密瓜、库尔勒香梨、苍山大蒜、沂蒙肉品等农副产品，年贮销农副产品总量达10万多吨，平均年利税达4000万元。

经过了几年的经验积累，冷库的工作越来越顺利、省心。"不安分"的孙京梅又开始寻找新的发展之路。1999年，她多次到北京考察，终于寻到新的商机——门窗幕墙制作项目。于是，孙京梅事业的触角延展到了北京，她创办了北京华亚隆泰建筑门窗有限公司，业务包括中高端门窗、精品幕墙、外墙保温等，公司经营得红红火火，实现年利税6000万元，解决了1500名农民工的就业问题。

扎根乡土的生态农业新姿

2010年底，在家乡招商引资政策的吸引下，孙京梅在齐河县刘桥镇流洪村流转了2000亩地，创办了齐河鼎泰庄园林业种植专业合作社，发展有机农产品种植。

很多人对她的做法表示不解，认为有些在北京发展不如她的人尚且不愿回县城，她却执意回农村种地。对此，孙京梅这样说："是乡亲们的热情感召了我，我要感恩，带领乡亲们致富奔小康！"

万事开头难，搞农业项目更是难上加难。自知对农业一窍不通的她，买来大批专业书籍"硬啃"，琢磨种植及经营管理之道。

孙京梅崇尚科学、相信科学，她认为种地也要高起点，瞄准世界前沿。她亲自到荷兰瓦赫宁根大学植物科学研究院学习植物病虫害防治，并请瓦赫宁根大学的教授来指导生物防控。她向山东农业大学、山东省农业科学院、山东农业工程学院的专家请教，并将自己的农场作为广大师生的实验实训基地。在10年的时间里，合作社坚持进行有机种植和农业生物多样性实践，共在园区内栽种40多种树木近百万株。对林地、果园、菜园和农田，她分别采用大乔木、小乔木、花灌木和粮、药、菜、果的间作、套作、轮作的种植模式，对病虫草害进行生态隔离和生态过滤，实现了植物多样性和生物多样性的和谐共荣。

孙京梅在自主创业的同时，还扶持周边村庄的百姓。她自购大型全自动收割机，为家乡1863户的庄稼进行免费收割，累计储酵5000多吨秸秆进行集中资源化处理。一年时间，使千亩农田两季增收达40多万元，这一生态农业循

环模式的建构确保了农产品的安全增产增收，村民们在她的带领下，走出了一条农业高质量发展的道路。

孙京梅坚信植物是"站立的土地"，土地干净，生长的植物就干净。"不打除草剂、不上化肥、不喷化学农药"是她始终坚持的"三不"原则。而这一系列绿色生态防控措施，既有效防治了农业的面源污染，又确保了农产品的绿色安全。她培育出的有机爱宕梨口感好、产量高，亩产达5000公斤，令农科院的专家都竖起了大拇指。

经过10年的辛勤努力，孙京梅变成了专家型"新农人"。哪种草或野菜什么时候发芽，什么时候开花，230多种植物的特性被她一一记牢；哪种虫什么时候成卵，什么时候成虫，什么时候是最佳防预期，谁是益虫谁是害虫，谁是谁的天敌，她都清楚。她写的30多本笔记是一个外行成为农业专家的见证。

2013年，孙京梅的农场生产的梨、桃、杏、苹果获得有机认证。2017年，农场收获了1000吨有机梨，500吨有机桃和杏。她还建起了冷藏加工厂和1000多平方米的电商基地，10万只禽蛋通过电商和物联网平台销售一空，利润总额达到2000万元，真正实现了农业从一产到三产的新飞跃，扩大农民工再就业3000多人，实现农民户均增收3万多元。2014年3月，全国人大常委会副委员长、全国妇联主席沈跃跃来德州市考察指导工作，对孙京梅及其所在的合作社取得的成绩给予充分肯定，这更加激发了她和社员们的干劲。把合作社办得有声有色的同时，孙京梅还坚持"创新、协调、绿色、开放、共享"的理念，外人来合作社研学、培训、休闲、观光等全免费，她每年亲自为孩子们和来自全国各地的女性致富带头人及贫困户共3万多人讲课，传播生态循环农业发展理念，为农民朋友"传经送宝"。

初心如磐的使命担当

致富不忘家乡人。30年的创业之路，孙京梅始终不忘当初曾帮助过她的乡亲们，她一心想要回报乡亲，她说："一个人富不算富，带动大家一起富才算富。"孙京梅是这样说的，更是这样做的。在自主创业的同时，她鼓励和扶持周边村庄的妇女从事农业种植。几年来，孙京梅解决了周边 1500 余名群众的就业问题，还发展合作社社员 1250 人，帮扶贫困社员 261 人，助力 860 户家庭实现增收，保障社员年均收入 3 万元，让 361 名留守儿童、183 名留守老人和 137 名留守妇女告别留守生活，过上了安居乐业的好日子。

奉献社会，实现价值。孙京梅积极参加慈善活动，主动承担企业家的社会责任。10 年来，每年儿童节她都会向家乡刘桥镇的 4 所学校捐赠物资，已累计 16 万余元，重阳节她还会去敬老院慰问孤寡老人；她创建的全国青少年食品安全基地、科普教育基地，常年免费为幼儿园、敬老院提供有机果蔬；创办福利工厂，优先安置残疾人就业。目前，齐河县正全力推进大造林、大绿化工作，孙京梅响应县委、县政府号召，积极承接齐河县 1.3 万亩防护林工程，带领社员们投身黄河流域生态保护与高质量发展的国家战略中，3 年种植树木 260 多种，共计 200 多万株，为保护母亲河、擦亮"全国绿化模范县"这块金字招牌、推进城市乡村绿化贡献了自己的力量。

援渝援疆，爱播万里。2019 年 5 月，在山东省妇联领导的带领下，孙京梅赴重庆参加"鲁渝扶贫协作"活动，和重庆市忠县妇联签订 3000 吨"忠橙"（忠县柑橘品牌）的帮扶销售合同；此外，由忠县野鹤镇 525 家贫困户入股的合作社所生产的土蜂蜜、无花果干、阴米、土酸菜等农产品，也已按合同陆续进入山东市场。2019 年 10 月，经山东省妇联与山东省援疆办联系，孙京梅随省发改委和省农业农村厅领导赴新疆喀什市和库尔勒市，对接调研防护林种植、生态农业和大仓东移项目，配合山东农业科学院在新疆建立农业大数据平台，助力新疆农业实现信息化、智能化；向新疆捐赠 2 万株新优品种果树苗，与北京林业大学合作研发百万亩沙漠造林，在防风固沙的同时实现生态、经济、社会多重价值，为富疆、强疆、稳疆做出积极贡献。同时，她在北京林业大学设立"鼎泰林业奖学金"，每年资助 200 多名优秀学生，为"三农"事业育人才，助力农业可持续发展。

一分耕耘，一分收获。孙京梅曾先后被评为全国三八红旗手、全国巾帼建功标兵、山东省劳动模范、省三八红旗手、省巾帼建功十大标兵、省巾帼增收带头人、省最美女致富带头人、德州市劳动模范、市三八红旗手等。合作社被评为全国三八绿色工程示范基地、国家级农业标准化综合示范区示范基地、全国 AA 级农业旅游示范园、山东省休闲农业和乡村旅游示范点、省生态循环农业示范基地、首批省级示范合作社，获全国质量技术监督总局颁发的有机产品证书。

【作者简介】赵红卫，德州日报社社长、总编辑。

毕生甘做拥军妈妈

——记山东朱老大食品有限公司党委书记、董事长朱呈镕

◎临沂市总工会

2013年11月25日，是我终生难忘的日子，这一天我见到了敬爱的习近平总书记。我有幸与总书记面对面交流，他亲切地问我："你是做什么的？"我说："我是包饺子的。"总书记又问："包的饺子都送哪里啦？"我说："有一大部分卖给超市了，有一部分拥军了。"总书记称赞道："拥军好！拥军是免费的吗？"我告诉总书记："拥军绝对是免费的！"总书记又问："那你为什么要拥军啊？"我说："沂蒙山是革命老区，在革命战争年代，沂蒙红嫂、'沂蒙六姐妹'拥军支前，作为新时代红嫂，一定要继承、发扬、传承好沂蒙红嫂的精神，没有强大的国防，哪有我们老百姓的安居乐业……"总书记听了很高兴，连声称赞："很好，很好，很了不起，一定要通过你们新时代的红嫂将'沂蒙精神'和'红嫂精神'带到军营中去，让80、90后的孩子知道今天的幸福生活来之不易……"

总书记的嘱托是沉甸甸的责任。这几年，我时刻铭记习近平总书记的殷殷嘱托，不忘初心、牢记使命，沿着先辈指明的革命方向，在拥军的道路上，越走越坚定，越走越执着！

20多年前，我从企业下岗了，在那段苦闷彷徨的日子里，我多次拜访当时健在的"沂蒙六姐妹"，她们朴实的话语、坚定的信念影响着我，她们乐观向上、不怕困难的生活态度感染着我，她们不计得失、乐于奉献的精神激励着我……从她们身上，我汲取了前进的力量。我用房产做抵押，拿到5万元贷款作为启动资金，带领部分下岗职工，从人力三轮车运输起步，创办了如今现代化、集团化的公司，先后安置下岗职工1000多人、退伍军人100多人，创立了感动沂蒙、影响齐鲁、享誉中华的朱老大水饺品牌。

回顾创业发展历程，我深深地体会到：没有党的教育培养、没有"沂蒙精神"和"红嫂精神"的激励、没有各级领导的支持与厚爱，就不可能有我的今天。作为沂蒙儿女，沿着先辈开创的道路前进，是我应尽的责任与义务。在新的历史时期，

我该如何接过老红嫂传下来的接力棒，做好拥军工作呢？我左思右想，战士们离家去了部队，平时难得吃上妈妈包的饺子，那我就包好饺子送到部队给战士们吃。

无论是在北方万里之遥的"中国东方第一哨"，还是在南方抗击雪灾的最前沿；无论是在"非典"时期的首都北京，还是在偏远的三沙海岛；无论是抗旱打井的部队，还是拉练海训的官兵；从青海到西藏，从军营训练场到野外演练场，每到一处，我都为战士们端上热气腾腾的水饺，送上沂蒙特产，送去革命老区人民对子弟兵的关爱和思念……

在军营里，我最喜欢做的就是和战士们拉家常，给他们讲沂蒙红色故事，讲"沂蒙精神"，讲临沂市的发展变化。2014年4月，我来到了南海航空兵某场站。一位小战士在听了沂蒙精神宣讲报告后，对我说："朱妈妈，我当兵十多年了，本来打算今年申请退伍回家，听了您的报告后，我坚定了从军报国的信心，决心为祖国和人民守好南疆，只要部队有需要，我愿意做南海的一粒沙！"场站政委也告诉我："红嫂进军营活动对官兵们的触动很大，很多官兵都流下感动的泪水。感谢你不远万里来到祖国的最南端，给我们上了一堂难得的思想政治课！"

拥军十几年，我先后走访了300多支部队，行程40万公里，赠送鞋垫6万多双、水饺900多吨，为老红军、老红嫂等群体累计捐款捐物1000余万元。

拥军路上，我经常在想，战士们能够吃好喝好还远远不够，年轻的战士们还需要得到心贴心的精神关爱，这是对军人的社会地位、社会价值、特殊贡献的认同和尊重。

2014年秋天，我到大连市某部队拥军，部队首长跟我说，他们部队有个孤儿叫张广奇，9岁时父亲去世，16岁半时母亲得了癌症，母亲临终前把孩子托付给了部队。战士们每周末都会给爸爸妈妈打电话，他总是一个人躲起来，有的时候枕头都哭湿了。当时我想了一下，告诉政委："让我见见这个孩子吧，我愿做他的妈妈……"为此，部队举办了一个隆重的仪式。当天晚上，我和张广奇聊天，发现他裤子开线了，在给他缝

裤子时我看到他裤兜里的日记本，上面写的都是债务：邻居大爷18000元，邻居大妈16000元……我合计了一下，一共是138000元，我就问广奇："这是怎么回事？"广奇说："朱妈妈，这是我住院时借的，不要紧，我慢慢还……"我想，小小年纪就要背着账本当兵训练，应该减轻他的这个负担，于是我就对广奇说："朱妈妈帮你还了这个债吧，你不应该背着账本服役啊……"张广奇一头扎进我怀里，哭着说："朱妈妈，你的钱也不是大风刮来的，也是一个饺子一个饺子捏出来的。我不求别的，只要我叫声妈妈，有人答应，我就满足了！"我们娘俩抱头痛哭……

后来，我替他还了债，张广奇轻装上阵，训练劲头更足了，各项指标都名列全连第一，先后立了二等功、三等功，还被提拔为干部。毕业后，张广奇被分配到黑龙江省梅河口，他扎根基层，埋头苦干，很快脱颖而出，光荣地当选为黑龙江省党代会代表。母亲节那天，他给我发来这样的短信："朱妈妈，老天爷给我关上了一扇门，又给我打开了一扇窗，让我认识了您，我亲身体会到有妈的孩子是最幸福的，请妈妈放心，我一定好好干，不给您丢脸！"2019年，我又给张广奇张罗着找了对象，帮他成了家，他也走上了人生事业发展的快车道。

没有国，哪有家？十几年来，我每年都要带着饺子去边防哨所和战士们一起过年，我们一起煮饺子、一起贴窗花，我还会给每位战士包一个红包作为压岁钱。我扮演妈妈的角色，用慈母般的爱去慰藉官兵们的心灵，帮他们增添信心、增长本领，孩子们都称我为"拥军妈妈"。几年来，我先后被38个部队聘为名誉政委，被18个部队聘为政治辅导员。我常说："我虽然不是最有钱的人，但我是最幸福的人，我有5000多个兵儿子叫我妈妈，这是我最大的幸福……"

一人拥军红一点，人人拥军红一片。为了吸引更多的社会力量加入拥军队伍，我筹集资金成立了山东省第一家拥军优属协会——临沂市拥军优属协会。有一次，我听说老红嫂尹德美上厕所时不慎摔倒，心疼极了，想到还有很多老红嫂都已年迈体弱，就赶紧给老红嫂和一些行动不便的老人家里送去了坐便椅和其他辅助设施，帮助她们安度晚年。在我的影响下，我的丈夫、儿媳和孙女也都加入拥军队伍中，家里共有13人走进军营、报效祖国，我的家庭也先后获得全国五好文明家庭、2019年度全国最美家庭、齐鲁心系国防最美家庭等荣誉称号。

2015年9月3日，我有幸受中组部邀请，参加纪念中国人民抗日战争暨世界反法西斯战争胜利70周年大阅兵；2019年10月1日，受中央军委邀请，我再次来到了天安门观礼台，观礼新中国成立70周年大阅兵。习近平总书记讲的"伟大的中华人民共和国万岁，伟大的中国共产党万岁，伟大的中国人民万岁"令我激动万分，我要时刻牢记习近平总书记的教诲，把观礼的喜悦和激情带到工作中去，不断进取、再立新功……这几年，我也在思考创新拥军方式，注重发挥协会的力量，从物质拥军到精神拥军，从思想拥军到科技拥军、文化拥军，我尽我所能接济特困军人、帮助复转军人就业、资助军烈属南疆扫墓、创建"新红嫂拥军慰问团"，把沂蒙精神送进军营、送进战士心里。

2016年，为更好地传承红军长征精神，我带上老红军黄鸿瑞那双曾"三过雪山草地"的草鞋，联合中国人民革命军事博物馆、吉林省军区，以沂蒙红嫂文化纪念馆的名义，发起了历时8个多月的"纪念红军长征胜利80周年·草鞋传·全国接力传递活动"。活动累计行程26万多公里，足迹遍及24个省、市、自治区。

拥军过程中，我得到了很多人的支持、肯定和信任，他们愿意将保存一生的珍贵革命历史文物交给我来保管。如何才能让这些文物发挥更大作用、实现更大价值？我想给社会和我的员工留下一笔宝贵的精神财富，因此，我建立了红嫂文化博物馆，把这些文物都展示出来，让更多的人尤其是孩子来看看它们、了解它们，接受红色革命教育。我抵押了厂房，筹集2000多万元，建设了2000平方米的红嫂文化博物馆，展出了120多件革命文物、300多幅珍贵图片。这个博物馆展示了在党的领导下，沂蒙地区军民团结一致、奋勇杀敌的艰苦历程和辉煌业绩。2017年开馆以来，已累计接待12万人次前来参观、学习。只要时间允许，我都会亲自为大家讲解，到目前为止，已累计宣讲1000多场次。中央军委原副主席、国防部原部长迟浩田将军在参观纪念馆时对我说："你做了一件大好事！你能把红嫂的精神传承下去，我这个退下来的老兵也就放心了，红嫂有了接班人了！"

为了能够更大范围地弘扬沂蒙精神，我把馆藏的珍贵照片做成图片展板，并带着便于携带的革命文物，走边关、访哨所、进社区，通过"流动的博物馆"这种形式，把沂蒙精神带到了全国各地，让最偏远的哨所也能感受到沂蒙精神。目前，我们已经在天安门国旗护卫队、重庆小学、维东哨所、朱日和训练基地、海南省军区等地开展了120多次活动，受教育人群5万人左右。

巨幅国旗赠卫士，千针万线绣真情。2019年国庆前夕，我还组织沂蒙"新红嫂"和老红嫂的后人一起绣制了一幅巨幅国旗，表达了沂蒙人民对祖国的真情祝福。我将巨幅国旗通过三军仪仗队献给党中央，朱政委代表部队官兵说："我们一定要认真学习和传承沂蒙红嫂们的崇高品质，把红嫂对我们的无限真情转化为强大的工作动力，锐意进取、开拓创新，为首都的繁荣稳定做出新的更大的贡献……"

在我年轻的时候，他们都叫我兵姐姐，现在都叫我兵妈妈，很快我就是兵奶奶了，而我的拥军永远在路上！我经常给我的朋友说，我虽是下岗工人，可我找到了一份适合我的工作，那就是拥军，拥军永远不下岗、拥军永远不退休，生命不息、拥军不止！走在拥军路上，传承红色基因，是我心甘情愿的选择，也是我生命价值的体现。同时，各级党委、工会组织对我非常关心，给了我许多崇高荣誉：2001 年被评为全国巾帼创业带头人；2004 年被评为山东省爱国拥军模范；2006 年被评为山东省女职工再就业标兵，荣获山东省富民兴鲁劳动奖章；2008年被评为山东省优秀共产党员；2009 年被评为全国老区女性创业创新标兵；2011年被评为山东省十佳兵妈妈、山东省三八红旗手；我的家庭被评为全国五好文明家庭、2019 年度全国最美家庭。

我知道，这些荣誉是对我的鼓励和鞭策。作为"新红嫂"传人，我将牢记习近平总书记的嘱托，继续把拥军优属的革命传统继承、发扬下去，让"水乳交融、生死与共"铸就的沂蒙精神在新时期生动起来，永远传承下去。

【编者注】2020 年春，新冠疫情发生，危急时刻，人民解放军前往火神山医院进行支援。朱呈镕从电视上看到疫情很严重，她坐不住了，她想奔赴武汉慰问抗疫子弟兵。于是她组织员工，加班加点，赶了两天两夜，做出20 吨水饺。2020 年 2 月 1 日下午，64 岁的她，带着临沂市人民的深情，昼夜兼程，驰援武汉，亲赴抗疫一线武汉火神山医院，于 2 月 2 日上午到达武汉，给解放军子弟兵送去水饺，送去了温暖和力量！回来之后，她自行隔离 15 天，不给社会添麻烦。

朱呈镕不仅长期拥军不停，而且还支援沂蒙山老区农村经济建设。近年来，她为沂蒙山老区捐款 33 万元，给欠发达的沂水县院东头镇的上小庄村和龙岗峪村修了 3 里多长的水泥路，解决了山村行路难的问题。她在山沟上修了一个拦水坝和一个小水库，这不仅拦住了常年流淌的地表山泉水，而且还拦住了山沟里潜流的水，使山沟的地下水不再顺着沟底潜流走，而是由水泥坝把潜流的水截住，让它改变流向，让水从地下跑进了田里和村中的井里。井里的水位高了，水量丰富了，解决了百姓灌溉田地和吃水的问题，而且离上小庄村不远的邻村的人们也反映，他们也受益了。"朱老大"成了这里的恩人，成了这一带人们很熟悉的亲人。

抗日战争时期，这里出了一位知名红嫂祖秀莲，当今的朱呈镕，便是新时代沂蒙的新红嫂！

让沂蒙精神红遍神州大地

——记"沂蒙新红嫂"于爱梅

◎临沂市总工会

　　我叫于爱梅，是沂南县第四中学的退休教师，于1952年出生在沂蒙精神的诞生地——山东省沂南县马牧池乡的一个"红嫂家庭"，是"沂蒙母亲"王换于的孙女、沂蒙红嫂张淑贞的女儿。受战争年代爱党拥军的红色家庭的长期熏陶和影响，我养成了爱党爱军、乐于助人、为人师表、无私奉献的品格，特别是退休以后，我牢记习近平总书记的殷殷嘱托，全身心地传承和弘扬沂蒙精神，用自己的行动践行着一名共产党员的初心，立志做新时代文明实践志愿宣讲员，推动沂蒙精神红遍神州大地。

于爱梅

沂蒙红色基因根植于心

　　我从小在奶奶和母亲的身边长大，听得最多的就是红嫂的故事。1938年5月，50多名干部和115师军队进驻沂蒙山区，点燃了沂蒙山区抗日的烽火。许多老一辈无产阶级革命家都在这里工作过、战斗过，这里的每一座山头都燃烧过战争的烽火，每一寸土地都浸染过军民的鲜血。

　　我的奶奶王换于，于1888年出生在沂南县岸堤镇圈里村，19岁时被人用两斗谷子换到了马牧池乡东辛庄于家。1938年，年近半百的奶奶光荣地加入了中国共产党，不久又被选为艾山乡妇救会会长和副乡长。这位"沂蒙母亲"被誉为"红嫂家风光荣传统的开创者"，带领全家用生命和热血支援革命、爱党拥军。

　　1939年夏，日寇在沂蒙山"扫荡"，中共中央山东分局和八路军第一纵队首长徐向前、朱瑞率领部队来到沂南县马牧池乡东辛庄，住进了奶奶王换于的家。此后，山东党政军的其他领导人——罗荣桓、萧华、郭洪涛、黎玉、张经武、马保三和高克亭等人也都借宿过奶奶家，大众日报社也曾搬迁到这里。从那时起，奶奶王换于和刚刚入党的母亲张淑贞，就同人民子弟兵结下了血浓于水的深厚情谊。

山东分局和纵队机关搬到我家后，奶奶和母亲看到部队领导同志们的30多个孩子没人照料，看到那些革命烈士的孩子吃不饱、穿不暖，瘦得不成样子，很是心疼。在党组织的支持下，奶奶带领全家创办了"战时托儿所"，扶养了30多名部队子女和8名烈士遗孤。为了保护好这些孩子，大家在村后岭挖了一个大地瓜窖，每当鬼子"扫荡"时，就把孩子们藏在地瓜窖里。就这样，他们一次次躲过了日寇的魔爪，保住了这些革命血脉。

为了照看好"战时托儿所"的革命后代，奶奶让当时正在哺乳期的母亲亲自喂养这些孩子。后来，母亲就挨村挨户打听谁家刚生了孩子，动员她们帮着喂养部队里的孩子们。就这样，在3年多的极端困苦时期，"战时托儿所"的38个孩子一个都没少，但我奶奶却先后有4个孙子孙女因营养不良而夭折，其中就有我的哥哥和姐姐。当年的38个孩子中，有徐向前的女儿小何（乳名）、罗荣桓的儿子罗东进、女儿罗琳、陈沂、马楠夫妇的女儿陈小聪等。

在那炮火连天的抗日战争时期，奶奶王换于带领全家为八路军做军鞋、筹军粮，冒着生命危险掩护、救助百余名八路军伤病员和抗日干部，用瘦弱而有力的肩膀抗起责任，默默奉献在敌后战场，为巩固沂蒙抗日根据地、赢得民族抗战的最后胜利做出了积极贡献。

新中国成立后，奶奶王换于和母亲张淑贞依然保持着当年的拥军传统。那时，冬季到沂蒙老区拉练的部队多，为了赶制鞋垫、军鞋，一家人总会围着煤油灯忙活大半宿，大人们为了搓麻绳都将腿搓破了。我年龄虽小，但也忙活着帮大人们穿针引线。部队来时，我就跟着奶奶和母亲一起去慰问，拿着煮熟的鸡蛋跑前跑后，往战士们的手里塞。

我的奶奶——"沂蒙母亲"王换于于1989年去世，享年101岁；我的母亲——沂蒙红嫂张淑贞于2018年12月20日病逝，享年105岁。虽然她们永远地离开了我们，但她们舍生忘死为革命、用一生践行沂蒙精神的模范行为和光辉形象，将永远激励着我听党话、跟党走，世代传承沂蒙精神。

接过祖辈爱党拥军的接力棒

长大后的我，成了一名人民教师。到了谈婚论嫁之时，长辈们帮忙介绍的对象不少，条件也都不错，我却偏偏喜欢军人，最终嫁给了在原广州军区某部服役的干部高征文。婚后第二年，我的公公生病住院，当时丈夫正在边境前线参加自卫反击战，我白天在学校教课，晚上便到县医院照料公公。为了不让丈夫担心，我封封家书报平安。公公去世后，丈夫身处前线，战备紧张不能回来奔丧，我默默替丈夫尽孝，操办着老人的后事。

孩子出生后，丈夫远在部队，有时一年回不了一次家，婆婆又体弱多病，我既要教学，又要照料婆婆和孩子，遇上老人或孩子有个头疼脑热的，我从没有抱怨过一句，一个人默默将家庭的担子挑了起来。其间，仅有几次到部队探亲，我又将爱倾注到战士们身上，与他们拉家常、帮他们洗补衣服，成为战士们心目中的知心大姐。那时，丈夫担任指导员，有的战士闹别扭，不找丈夫却找我谈心，思想疙瘩在我这儿很快就解开了，我被战士们亲切地称为"编外指导员"。湖北籍的战士小王，因考军校落榜而情绪低落，流露出退伍返乡的念头。我与他谈心，帮助他正确面对挫折和困难，利用空余时间给他补习功课。功夫不负有心人，第二年，小王如愿考上了军校，得知此事后我心里无比高兴！同时，我了解到一些大龄军人找对象难，心里很着急，便又主动当起了军人的红娘，这些年，经我牵线搭桥成婚的就有十几对。在我的影响下，我的3个姐妹也都嫁给了军人。

在我的心中，人民军队保家卫国、守护和平，功不可没、伟大无比，老党员、老八路、老红嫂为新中国的成立做出了卓越贡献，是最值得尊敬和爱戴的人。退休后的我开始自费拥军，不计得失、不辞辛苦，经常去看望几位老红嫂及其后人。这些年来，我省吃俭用，挤出20多万元帮助困难群众。我联合社会爱心人士，先后到40多支部队走访慰问，行程数万里。2009年的八一建军节，我牵头组织几位"新红嫂"，带着360双鞋垫、600斤水饺和土特产，先后到原济南军区、武警山东省总队医院、武警山东省总队临沂支队进行走访慰问。2009年国庆阅兵前夕，我们赶往北京"阅兵村"慰问官兵，向参加国庆阅兵训练的原济南军区某部官兵赠送了280双鞋垫。由于阅兵式对官兵的身高要求甚严，个别官兵因为身高存在细微差距而将面临淘汰，是红嫂们的鞋垫解了燃眉之急。部队领导高兴地说："沂蒙山区的红嫂们又一次立了大功！"2011年春，山东旱情严重，原兰州军区、原北京军区给水部队进驻沂南支援抗旱打井的消息，令我激动不已。"姐妹们，子弟兵来咱家门口帮忙抗旱打井，咱可不能闲着！"说干就干，在部队到来之前，我和沂蒙红嫂协会的红嫂们就准备好了价值5000多元的食品、蔬菜、大米等。当部队千里机动到达沂南后，战士们吃的第一顿热饭就是我们红嫂做的。2018年8月29日清晨，寿光市上口镇口子村发生特大洪涝灾害，我带领沂蒙精神传承促进会的会员们，携带40多箱沂蒙煎饼和 3000 多包优质面包，驱车 200 余公里赶到灾区，让战斗在救灾一线的消防官兵吃上了沂蒙山特有的手工煎饼。

定期看望老英模、老党员、老八路、老红嫂等，是我拥军行动的另一个重点。我的慰问不仅仅是在本县，还到沂水、临沂、蒙阴等周边县区，甚至是千里之外的上海、北京，只要打听到哪里有这样的革命老人，我就会不计行程、不计花费地前往慰问。我先后慰问过抗日老人张秀岳、李俊国、盛本林，伤残军人王继印，老红嫂李桂芳、李贵兰、张红英、王桂花、范桂君、牛玉梅、"沂蒙六姐妹"，新红嫂周锡芳、李秀莲以及明德英的后代李长俊等上百人。

沂南县地处沂蒙革命根据地腹地，当年为党和军队做贡献的百姓中，如今有些人年事已高、体弱多病。我看在眼里，急在心里，一直想为他们做点儿实事。2006 年，我向中国和平基金会申请了 10 个补助名额，由基金会每年向沂南县的张红英、王桂花、范桂君等 10 位红嫂式英模人物提供每人 1200 元生活补助。后来在我的协调下，又陆续增添了明德英的儿子李长俊等人。

为吸引更多爱心人士加入拥军队伍，我发动民营企业家和个体老板联合拥军，使沂南县的拥军优属队伍更加壮大。这些年来，除去个人捐款，我又向爱心人士、企业筹集资金 100 多万元、地方特产数万公斤、战士急需物品上百件，还组织制作鞋垫 2 万多双，以实际行动续写了军民鱼水情深的新篇章。

让沂蒙精神随时代红遍神州大地

2013 年 11 月 25 日，习近平总书记在山东视察时深情地说："我一来到这里就想起了革命战争年代可歌可泣的峥嵘岁月。在沂蒙这片红色土地上，诞生了无数可歌可泣的英雄儿女，沂蒙六姐妹、沂蒙母亲、沂蒙红嫂的事迹十分感人。沂蒙精神与延安精神、井冈山精神、西柏坡精神一样，是党和国家的宝贵精神财富，要不断结合新的时代条件发扬光大。"作为受到总书记接见的 4 位群众代表之一的我，聆听了总书记的这份沉甸甸的嘱托，内心激动万分，也深感责任重大，这使我更加深刻认识到沂蒙精神的时代内涵，更加坚定了把沂蒙精神传承下去的决心，这是身为"沂蒙母亲"的后代和沂蒙红嫂传承人义不容辞的责任。

沂蒙精神是沂蒙人民用生命和鲜血铸造出来的，它的背后是党心党魂，它是由党领导人民在长期革命实践中形成的。作为新时期的中华儿女，要时刻牢记习近平总书记的嘱托，大力弘扬沂蒙精神，让沂蒙精神红遍神州大地。

在我 30 多年的教学生涯里，不但教授孩子们文化知识，更向孩子们传播理想、信念和做人的道理。我经常利用班会时间向学生们讲述发生在沂蒙山区的战斗故事，讲李桂芳架火线桥、讲明德英用乳汁救伤员等英雄故事。退休后的我，经常到沂南红军换于小学（马牧池乡中心小学）、沂南县将军希望小学、沂南县双语红军小学（沂南县双语实验学校）、孟良崮实验学校等40几处学校做革命传统教育报告。

这些年来，我努力做沂蒙精神、红嫂精神的传承者，始终把这份责任装在心里，把这份义务落实到行动上，把全部精力放到宣传沂蒙精神、红嫂事迹上。2011年，山东省党员领导干部党性教育基地沂南教学点成立，我义务到党性教育基地做报告。为了达到最佳宣讲效果，我走访了很多老党员、老干部，查阅了大量史料，不断充实、完善讲解资料，努力把每次报告都做得精彩。有时候，宣讲任务安排得紧，我就日夜加班进行准备。有一次，我恰巧发着高烧，但为了完成宣讲任务，我顶着烈日、冒着酷暑，仍准时赶到了红嫂纪念馆。那天，参观学习的团队较多，我连续讲了5场，每场40分钟。汗水湿透了衣衫，高烧模糊了双眼，但我自始至终没有说错一个字，宣讲依然流畅感人。当讲完最后一场的时候，我的双腿再也支撑不住了，一下讲台就瘫软在座椅上。这些年来，我先后为党员干部、军人、学生做革命传统教育报告3000多场，听课人数达80万人次。

为扩大沂蒙精神的宣传面，让更多人成为沂蒙精神的传承者，我到社会各界各单位进行过宣讲。这些大范围、多类型的宣讲活动，经常会超过两个小时，连续讲下来非常辛苦。但我在宣讲时总是要求自己一气呵成，中间从不休息，更没有因身体不适而推辞过一次。2017年11月，"南京路上好八连"事迹展览馆邀请我去做沂蒙精神的宣讲报告，我很爽快地答应了。眼看到了约定好的日子，不巧的是我的腿疾却复发了，家人都劝我不要去。思来想去，我还是坚持打上封闭针，又备了些止疼药，办理了出院手续，按期赶往了上海。我不但声情并茂地做了两个多小时的报告、参观了事迹展览馆，还下连队看望了官兵。虽然病痛一直在折磨着我，但当看到官兵被报告感动得落泪、热烈鼓掌时，我感觉这一趟来得值。

我放弃退休后的安逸生活，担任起沂蒙红色影视基地的红嫂革命纪念馆名誉馆长和义务讲解员，2010年6月发起并成立了沂蒙红嫂拥军协会，2016年6月发起并成立了沂蒙精神传承促进会，组建了20多人的沂蒙精神宣讲团，广泛开展宣讲活动。2017年5月，我在上海设立了第一个分支机构。说起为什么会在上海设立分支机构，是因为这里是中国共产党诞生的地方。目前，济南、青岛、潍坊、日照等地的分支机构也已筹备到位，北京、广州、新疆等地的分支机构也在筹划中。分支机构的设立，把更多的先模人物、社会精英集结到沂蒙精神的传承、弘扬事业中来，使沂蒙精神能更快、更好地传播到全国各地，有利于服务社会经济、文化的发展。

多年来，我先后被授予"沂蒙新红嫂"、十佳"大义临沂人"、沂蒙先锋共产党员、临沂市社会化拥军"十佳个人"等荣誉称号；被选为临沂市第十二次党代会代表，荣登"中国好人榜"，被评为全国"诚实守信好人"、关心下一代五好五老志愿者。2013 年，我被评为山东省劳动模范；2015 年，我的家庭被评为全国"最美家庭"；在全国妇联庆祝抗日战争胜利 70 周年座谈会上，我作为代表进行发言；2016 年被评为山东省三八红旗手；2017 年被评为全国最美拥军人物、山东省优秀退休干部等；2019 年被评为山东省道德模范，担任沂南县沂蒙红嫂协会名誉会长、山东省沂蒙精神传承促进会会长、全国红军小学建设工程理事会常务理事。

青山不语，丰碑永存。缅怀我的奶奶王换于、我的母亲张淑贞，还有那一群红嫂们，是她们用真情和奉献铸就了"生死与共、水乳交融"的沂蒙红嫂精神，它如一座高扬理想信念的不朽丰碑，构建起密切党群关系的时代坐标。我将牢记习近平总书记的嘱托，大力弘扬沂蒙精神，凭着对党、对国家、对军队、对人民的满腔热忱，一如既往地奉献在传承沂蒙精神和新时代爱党拥军的大道上，让沂蒙精神红遍神州大地。

风雨坎坷路　幸福写人生

——记兰陵县宝庆超市有限公司董事长赵福荣

◎临沂市总工会

　　我是土生土长的兰陵人，高中毕业后，被招到原苍山县饮食服务公司，成了一名亦工亦农的工人。在那里，我刷过碗、烧过茶、蒸过馒头、炒过菜、炸过油条……最后当上了单位里的会计，成了一名助理会计师。但是，丈夫的一场大病，彻底改变了我的生活。

赵福荣

　　1992年1月，在儿子1岁半时，我的丈夫因重病住院。1993年年底他做完手术后，不但花光了家里的全部积蓄，还欠下了4万多元的债务。丈夫出院后，每月还需要支付1000多元的药费。我们家上有老、下有小，生活非常艰难。当时，我已是原苍山县宝庆蔬菜脱水厂的副厂长，但每月不足500元的工资根本无法维持家庭的生活。经过一番激烈的思想斗争，1993年7月，我选择了辞职。当时，我借了31000元，带着3名下岗女工，租了一个不足60平方米的小门店，从一名体面的国企副厂长一下变成了个体户，交通工具也从专用的桑塔纳轿车，变成了花200元在旧货市场淘到的一辆"浑身都响，就是铃铛不响"的三轮车。就这样，我开启了创业生涯。

　　一晃29年过去了，创业的艰辛历程依然历历在目。有一次临近年关，我到临沂进货，返程时发现，前往苍山的客车都已经走了。当时气温零下十几度，还下起了小雪。不得已，我租了一辆三轮车。封完货后，我骑着车往回赶。雪越下越大，路上很不好走，三轮车几次都差点摔进沟里。到家后，当几个人把我从车上架下来的时候，我的手脚已完全失去了知觉。1998年夏天，一场暴风雨把店面的顶棚掀翻了，我急着去抢救货物，在赶到一座长100米的大桥上时，发现桥栏杆已被刮断。风急雨大，若我径直走过去，随时都有可能被卷入滔滔的河水中。我急忙收起伞、趴在地上，一点一点地朝前爬，浑身都是雨水

和泥浆，我的手、脚和膝盖都磨出了血。在创业的道路上，这样的例子还有很多很多。

经过多年的努力，企业的发展逐渐走上正轨，物质条件也越来越好。但我一直觉得，个人富不算富，个人幸福也不算幸福，让大家一块富起来，过上幸福生活，才是我的奋斗目标。我的公司起初招用的员工90%以上都是下岗女工，她们在宝庆公司这个平台上爱岗敬业、勤奋工作，都找到了自己的自信和价值，展现了职业女性的风采。我的团队里，员工的流失率很低，在职10年以上的员工占到了70%以上，其中中层管理人员占到了95%以上。如今，我也60多岁了，我常常会想当我退休以后，这些跟着我兢兢业业、工作10年以上的老员工们如果失去劳动能力怎么办。于是，我又成立了一家新公司，设立了1000万元的基金用来保障这部分人的基本生活，直到他们可以领取退休金为止。

2022年，"中央一号文件"继续将乡村振兴发展战略作为重中之重，我们积极响应。一路走来，公司由只有3名员工的一个小门店发展成拥有3000余名员工（其中女职工占90%以上，"40后""50后"人员占40%以上），40家直营连锁店，分店遍布兰陵县乡镇、社区、农村的集超市连锁、物流配送、生鲜冷链、中央厨房于一体的现代商贸流通企业。目前，公司的乡镇农村店在全县的乡镇覆盖率达到了85%以上。为了公司的精细化管理和健康发展，我们实行农超对接、全国基地直采，与全国各地100多个农业合作社及2700余家农户建立了长期合作关系，保障了商品的质量和源头的可溯性，增加了消费者的黏性，让广大消费者能够就近购买到全国各地的地标性商品。同时，公司积极借助互联网平台，拓宽线上零售渠道，打造线上线下相结合的新零售模式。

我一直十分关注并且积极参与慈善事业。近年来，我在助困、助老、助学、助残、助弱等公益事业领域累计捐赠500余万元。13年来，我一直为全县所有的环卫工人赠送防寒棉衣，小到一枚扣子、一个拉链都是由我亲自到厂家规定的标准，要求这些棉衣质地柔软、保暖耐磨、活里活面、易拆洗。考虑到环卫工人工作的安全性，我还特意要求厂家在棉衣上增加了反光条。许多人建议我在棉衣背面的显眼处绣上"宝庆"字样，我没有同意，我认为环卫工人的衣着问题代表着兰陵县的形象，保障他们的衣着也是对常年辛苦在一线的环卫工人的一种尊重。

这些年来，我也得到了各级领导的关心和关爱，获得了很多荣誉：曾先后被选举为山东省第十一届、第十二届、第十三届人大代表，被评为全国商业服务业巾帼建功标兵、孝亲敬老之星、山东省慈善先进人物、山东省劳动模范、山东省三八红旗手标兵。2018 年 3 月 1 日，当我从时任临沂市委书记王玉君手中接过临沂市"美在农家爱心超市"的授牌时，我感到这是各级领导对我的信任，更是一份沉甸甸的责任。

今后，我将在加强企业经营管理、努力提升发展效益的同时，更加主动地融入全市的精准扶贫、乡村振兴脱贫攻坚大局，继续抓好"美在农家爱心超市"的建设和管理，自觉履行社会责任，积极参与公益事业，努力让企业的职工、社会上的弱势群体生活得更美好、更幸福，绝不辜负组织的关心和培养。

（本文写于 2022 年）

【编者注】历经几十年的努力和拼搏，赵福荣创办的宝庆超市由一个小商店发展成有 3000 多名职工的有限公司，所招聘职工基本上都是下岗职工，且大部分是女工，这使她们得以重新就业，既帮助职工解除了生活上的后顾之忧，又承担了一部分社会责任。赵福荣的企业发展了，但她没有忘记为社会做贡献，她认为，个人过上富裕的生活还算不上真正的幸福，要让大家都富裕起来才是她的奋斗目标！为此，她在搞好自己企业的同时，尽力组织并参与了许多慈善活动，向社会捐款捐物，扶危助困，建设新农村。

赵福荣的事迹得到人民群众的高度赞扬和拥护，得到各级党组织和政府的表彰与奖励。她不仅被推选为人大代表、临沂市女企业家协会副会长、临沂市劳模协会副会长、县慈善协会副会长等，还先后被省政府授予劳动模范，省优秀女企业家，省、市三八红旗手，临沂市十大慈善人物，临沂市十大杰出女杰等荣誉称号；2020 年 1 月又被临沂市委组织部、宣传部、妇联等部门联合授予"新时代沂蒙红嫂精神传承者"；2020 年 9 月被临沂市慈善总会授予"2017~2020 年度慈善楷模"；同年 11 月被省妇联授予三八红旗手标兵；2021 年 6 月被省扶贫办授予"山东省脱贫攻坚先进个人"等荣誉称号。同时，她所创办的企业也受到各级政府部门多次表彰。

强化担当　为村民造福

——记沂水县沂城街道西朱家庄社区党支部书记刘文玲

◎临沂市总工会

我叫刘文玲，现任山东省临沂市沂水县沂城街道西朱家庄社区党支部书记、居委会主任。我从 1998 年开始担任村支部书记，20 多年来，始终牢记基层党员干部的使命，团结带领支部成员，扑下身子、干事创业，使村里的各项事业实现了长足发展，也让老百姓的日子越过越红火。

刘文玲

迎难而上赢民心

1998 年，原本在村里担任计划生育专职主任的我，被推选为村党支部书记。说实话，当时很多群众不理解、不接受，心里有偏见的、担心我干不了的、等着看热闹的，什么情况都有。有个村委成员喝多了酒，借着酒劲儿掀翻了办公桌，摔坏了算盘；有个村民因家里停了电，就拿钳子铰断了村委办公室的电源线；我的孩子在外面还挨过打骂，家门口也被人扔过烧纸。面对重重压力，看着身边未成年的孩子，我委屈难过地流了无数次泪，但也憋足了一股劲。我心想，既然自己是一名共产党员，组织把这份工作交给了我，那就是对我的信任，谁说女人就当不好支部书记，我偏要干出个样子给他们看看。经过一番思考，我决定先从老百姓最关心的事干起。当时的西朱家庄，可以说是"晴天一身土，雨天两脚泥"，交通出行非常不便。为了解决这一难题，我一方面积极向上级争取资金，一方面号召党员、干部带头义务出工。"喊破嗓子，不如甩开膀子"，在工地上，我带头挽起袖子、抡起大锤，带领村（社区）"两委"干部一起搬石头、铺片石、和水泥、砌排水沟，仅用 3 个月的时间就使总长 1500 米、面积近 10000 平方米的"三纵一横"硬化路全面竣工，彻底改变了村容村貌，而我也从 120 多斤瘦到了 90 多斤。在这期间，年近八旬的老母亲因摔倒而卧床不起。作为女儿，我本应守在床前尽孝道，然而作为社区党支部书记，我又放不下村里修路遇到的各种问题。综合权衡后，我选择坚守在工作岗位上，每天只能在晚上回去看看母亲。没过多久，母亲去世了，当时正在跑资金事项的我失声痛哭。母亲临终而我未能尽孝床前，这成了我心里一辈子的痛。对于这些事情，群众嘴上虽然不说什么，但是从他们看我的眼神里，我感受到了对我的信任。原来说话阴阳怪气的村民也背地里说："没想到她还真行呢！"正人先正己。在日常工作和生活中，我始终坚持心存敬畏、处事以公，不吃请、不偷懒，做事凭良心。一次，有位亲戚找到我，想让我为他家批一块宅基地。因为不符合条件，我当即告诉他："家务事我可以迁就你，但是到了公事上，我绝对不能违反原则。你的条件不符合规定，即使是我亲爹亲妈来说情也不行。"就因为这件事，他到现在还生我的气。但我觉得作为一名党员干部，就要时刻以身作则，不能为了少数人的一己私利，丢了做事的原则，也只有这样，群众才能真正信服你。在我的带动下，村（社区）"两委"成员都能严格要求自己，做事公道正派、不徇私情，为社区发展汇集了很强的凝聚力和向心力。

发展经济增实力

"一欠、两难、三多"，是我们村曾经的真实写照。"一欠"，是集体欠外债近 20 万元；"两难"，是群众致富难、集体增收难；"三多"，是酗酒骂街打架的多、游手好闲赌博的多、满街发牢骚的多。我知道，大家心里有怨气，很大一方面原因就是村集体穷，不能为群众办实事，老百姓得不到实惠、没有盼头。为此，我就一门心思想着如何发展村集体经济，增加集体收入。经过深入考察论证，我利用村里多年养殖长毛兔的优势，规划建设了 40 亩的獭兔养殖区，成立了养兔专业合作社，实行"养、供、防、销"一条龙服务，为村民搭建了致富平台，帮助他们挖掘到了"第一桶金"。之后，县里在城区北部进行路网改造，规划建设城北工业园区。这个时候，房屋拆迁和坟墓搬迁问题又成为摆在我们面前的一道坎。老百姓最忌讳的就是迁坟，很多村民对此不理解，个别人喝醉了酒，扛着铁锨骂到我家门口，扬言谁敢动他家的坟地，他就拆了谁的屋。拆迁第一天，我就带领村（社区）"两委"成员先拆自家的房屋、迁自家的坟头。有个村干部的父亲入土不足 3 年，但他还是顶着家人的压力，将灵柩迁入新的公墓林。这一切，村民们都看在眼里、记在心里，对他们的触动很大。后来，不用村干部上门动员，村民们就自觉主动地拆迁。工业园区顺利建成，并在短时间内吸引了隆科特、广成塑业等众多项目签约落地。2008 年，我又瞅准沂水大集搬迁的机会，积极协调住建、工商等相关部门，争取沂水中心农贸批发市场落户我村。那段时间，不管白天还是晚上，我一心扑在市场建设的工作上。儿子正在沂水一中备战高考，我却连一顿饭都没送过。经过 10 个月的奋战，投资 2000 多万元、占地 70 多亩的沂水文城农贸市场顺利建成并投入使用，目前已成为临沂市北部综合规模最大的农贸市场，年交易额超过 3.5 亿元，利税达到 500 万元，每年为社区集体经济创收近 500 万元。

改善民生促和谐

我一直认为，这片土地上产出的财富理应属于在这片土地上辛勤劳作的人们。近年来，村（社区）"两委"一直把民生工作当作头等大事，设身处地地为老百姓办实事、做好事，让群众共享改革发展成果。仅 2017 年，村集体就拿出 209 万元为居民发放各种福利补贴，还对全村老人实行大病救助政策。2011 年，村里一位老人得了重症，高昂的治疗费让他很快掏空了家底。我跟村（社区）"两委"商议后，成立了一个大病救助基金，专门救助医疗费超过 5 万元的村民。后来，我到老人家里去，一进门，老人就拉着我的手说："村里的大病救助真是帮了我们的大忙，要不然这个家早就被拖垮了。现在，村里还定期发米、面、油，年龄大的还月月领钱，真是吃穿不愁，大家伙从心底感谢你们！"这就是我们善良朴实的群众，你只要真心对他们好，他们就会经常把"感谢"挂在嘴边，永远把你记在心里。

从 2004 年开始，我们就在村里组织开展"好婆婆""好媳妇""美在农家明星户"等评选表彰活动。评选出"好媳妇"后，村（社区）"两委"会敲锣打鼓地把奖牌送到她的娘家，有效地促进了民风改善，"小敬老、老爱小"成为村民的自觉行动。同时，我们还在社区规划建设了街心花园、篮球场、羽毛球场、文化大院和农家书屋，组建了文艺宣传队，先后开展了"五一"拔河比赛等一系列丰富多彩的文体活动。现在的西朱家庄人，小伙子会跳街舞，大姑娘、小媳妇会走"猫步"，就连扛锄头的老大爷、老大娘也能扭几下大秧歌……完善的服务设施和丰富多彩的活动，让我们西朱家庄人越活越有精神头。

我只是做了一名共产党员应该做的工作，各级党委、政府却给了我很多的荣誉，先后推选我为全国人大代表、省党代会代表、省优秀共产党员、省三八红旗手、省劳动模范。这既是组织对我的肯定和支持，更是鞭策和激励！下一步，我们将认真贯彻市委、市政府关于实施乡村振兴战略的部署要求，加快新农村建设步伐，统筹推进棚户区改造，做优做强市场产业集群，不断发展壮大村（社区）集体经济，进一步改善社区群众的居住环境，落实民生保障，提升社区群众的生活质量，让社区群众享有更多的获得感、安全感、幸福感，为打造乡村振兴的"临沂样板"贡献我们的力量。

巾帼队伍的领头雁

——记沂水县妇联原主席辛惠

◎ 张伟伟

辛惠同志投身妇女工作以来，携手沂水县各级妇联组织和广大妇联干部，以"幸福'沂'家人"品牌为载体，以巾帼不让须眉的拼劲和担当引领广大妇女在县域经济社会高质量发展中建功立业。

以"红色'沂'家人"为引领，凝聚奋进力量。习近平总书记指出，坚持党的领导，是做好党的妇女工作的根本保证。辛惠紧跟指示精神，以"巾帼心向党·奋进新时代"为主题，举办党性教育、党史学习、"红色故事会"、"传承红嫂精神"等活动 117 场，覆盖 4200 名妇联干部和 12 万名妇女群众。通过到镇村宣讲、调研，创新建立"依托党群服务中心，利用线上'微阵地'、线下'显阵地'，开辟'微讲堂'、开展'微志愿'、实施'微积分'"的党建带妇建"123"服务体系，加强妇女思想引领，推动工作全面开展。该项目入选全省"基层妇联组织建设改革创新项目"。创新实施以"红色喜事新办、橙色敬老爱幼、绿色美在农家、粉色婚姻调解"为重点的基层妇联执委多彩履职模式，既亮明身份又展示成绩，发挥了良好的示范带动作用，凝聚妇女听党话、跟党走。

以"美在'沂'家人"为抓手，助力乡村振兴。针对部分农村家庭"一院子杂物、一桌子碗筷、一绳子衣服，一床底鞋袜"的现象，辛惠带领沂水县妇联积极开展"美在农家"创建工作，并将其纳入全县美丽乡村与农村人居环境整治工程，成立 381 支"美在农家"巾帼志愿服务队，各级妇联干部带头进村入户，手把手帮助群众整理居室、打扫庭院。截至目前，培树各级"美在农家"示范户 1.7 万户，发放奖励物资 5 万件。以前，院东头镇的村民刘长芹一直觉得，光忙农活就很累了，平日家中锅碗瓢盆用时再刷、干净衣服没了再洗、鸡鸭满院子乱跑也没事儿，自从参加了县妇联组织的"美在农家"培训班和擂台赛后，她感受颇深，特别是看到同村 79 岁的刘大娘评上了示范户，更让她深受触动。现在，刘长芹

辛 惠

每天忙完回家，都会主动把家里收拾得井井有条，在每月一次的全村检查评比中名列前茅，她家也成了全村闻名的样板户。

以"致富'沂'家人"为重点，展现巾帼担当。带领妇女群众发展致富是妇联的重要工作任务，辛惠带领沂水县妇联积极组织开展现代农业、电商、餐饮等各类培训班，大力扶持巾帼创业就业示范基地，开展"春风行动"、巾帼招聘会等活动，推广巾帼信贷产品。目前，全县建设巾帼创业示范基地63处，培树女企业家、致富女能手5000多名，辐射带动10万名妇女居家灵活就业。马站镇的村民刘运花原本从事传统手工煎饼制作，她虽然有很多新颖的想法，但一直苦于缺乏技术、资金。于是，县妇联带领她参加市妇联组织的女致富带头人培训班和"穆陵关杯"烙煎饼大赛，为其争取到6万元扶持资金，指导她采用电商运营模式创收。现在，刘运花的煎饼制作从单一产品拓展到50多个品种，通过微信、淘宝卖到全国各地，她带领周边200余名妇女一起做起煎饼生意，使每人每年增收超过2万元。

以"和谐'沂'家人"为保障，引领文明创建。家庭是"万事兴"和"国安宁"的原点和基础。沂水县妇联扎实开展家庭教育工作，组织12名资深教育工作者组建家庭教育指导队，打造了首批家庭教育实践基地，开展亲子阅读、彩绘、户外拓展等亲子教育实践活动，弘扬家庭文明新风尚；向群众分发《山东省家庭教育指导实用手册》，发挥"家庭家教家风"App平台作用，将科学的家教知识送进千家万户；积极成立婚姻家庭辅导中心，组建志愿者队伍，为广大家庭提供婚前辅导、婚内调解、离婚劝和等服务。辛惠定期到婚姻家庭辅导中心参加调解、座谈、调研工作，并探索提炼出填表格、分类别、听诉说、找问题、查症结、支妙招"六步调解模式"，切实提高了调解效率，目前辅导中心已提供婚姻辅导3200余次，以家庭和谐促进了社会稳定。

一分耕耘，一分收获。沂水县妇联曾被评为山东省妇联系统先进集体，并连年受到县委、县政府表彰。辛惠也先后荣获全国妇联系统先进工作者；山东省妇联系统先进个人，记二等功；山东省就业工作先进个人，记三等功；山东省三八红旗手。

【作者简介】张伟伟，沂水县妇联办公室主任。

红嫂故里的最美女教师

——记沂水县院东头中心小学教师张秀洁

◎张建菊

"锄禾日当午，汗滴禾下土……"在沂蒙红嫂祖秀莲的故乡，从一所学校里传出了琅琅书声，五十多岁的乡村教师张秀洁，正拿着语文课本给学生们上课。二十年如一日，她坚守在三尺讲台上，为一届又一届的学生传道、授业、解惑，点亮了乡村孩子们的希望与未来，和他们共同徜徉在知识的海洋。"这是我的家乡，我喜欢这里的孩子！"

张秀洁，女，汉族，1971年出生，1995年7月毕业于临沂师范大学汉语言文学专业，本科学历，1995年12月进入家乡沂水县院东头中心小学工作至今，现任一级教师。

张秀洁

扎根农村 无私奉献

在农村教育战线上，张秀洁二十年如一日，以校为家，一直工作在教学第一线，长期担任小学班主任，并负责教学工作。她师德高尚，模范履行教师职责，热爱学生、团结同志、忘我工作、无私奉献，为农村的教育事业呕心沥血，教育教学成果显著，是位德才兼备的优秀教师。

工作以来，张秀洁时刻以高标准要求自己，勇于探究、努力钻研，不断总结经验，尝试多样的教学方式，营造出轻松活泼、积极向上的学习氛围。她主动参加各级各类教育教学活动，广泛汲取营养、及时进行反思，努力提高教学能力和业务水平。

因在工作中成长迅速、硕果累累，张秀洁被推选为沂水县骨干教师，先后被授予沂水县优秀少先队辅导员、沂水县第二十一届青少年科技创新大赛优秀科技教师、全县中小学生艺术活动中优秀辅导员、市级教学新秀、市级优秀少先队辅导员、县级教学能手、三八红旗手等荣誉称号。

张秀洁说："我是大山里的孩子，从小的梦想就是成为一名优秀的老师。我深知山沟里的贫穷与落后，孩子们要想脱离贫穷，就一定要学好本领，考上大学。我希望这些孩子们通过自己的努力，过上有价值、有质量的人生。"

学校距离张秀洁的家很远，而且一路上全是山路，路况很差。特别是下雪天，从家到学校差不多需要步行一个小时，张秀洁在路上不知道要滑倒多少次。但不管有多少困难，张秀洁对工作的热情始终没有减少，她工作中从不懈怠、从不抱怨，总是付出比别人多几倍的努力，认真备课、认真做题、不断学习，争取每一节课都让学生满意，也让自己满意。

疫情之下　初心不改

作为一名"70后"乡村教师，张秀洁始终不忘初心，她说："教师这个职业是我儿时的梦想，更是我一生的事业。"她的初心是一颗守望之心。作为教育教学的践行者，她白天站在三尺讲台上、夜晚挑灯办公桌前，用满腔热情做学生成长的守望者；为备好一节课茶饭不顾，为点滴收获满怀欣喜，为每一位学生尽心竭力；在教育教学工作中，她利用红嫂故里的优势，注重收集红嫂故事、战争史料，用革命家、英雄烈士和先锋模范的人物事迹作素材，利用业余时间编成学生们喜闻乐见的故事，讲给学生听，提高了学生爱党、爱国、爱家乡的情怀；她热心于公益事业，经常帮助有困难的学生。张秀洁虽然身患高血压、颈椎病，先后动过两次声带息肉手术，但她仍坚持在学校值班。新冠疫情发生后，她为武汉捐款600元，并自编自演了快板节目"众志成城　抗击疫情"，宣传学校疫情防控方法，先后被齐鲁壹点、凤凰网、新浪新闻等网络媒体平台转发，网友称赞她是沂蒙红嫂精神的实践者。

爱洒学生　付出真情

张秀洁对学生的爱源于母爱却又胜于母爱。在教育教学工作中，她练就了一双敏锐的眼睛、养成了一颗细微的心，总能及时发现学生的不足，并及时进行纠正、教育。作为一名中年教师，她不仅教学能力扎实，而且对教育事业更是充满了爱心。在她所教的班级内，每一名学生都能感受到她的爱与关心，都能感受到自己是老师心目中的骄傲。班里有个女孩学习成绩很好，可是胆子小，总不敢在课堂上发言，更别说上台发言了。为了帮助她练习胆量，张秀洁及时与她谈心，当发现她的语文成绩很好时，就在语文课前让她带领大家朗读课文。渐渐地，这个女孩也能够大胆地上台发言了。看着孩子们的成长，张秀洁心里有说不出的喜悦。这样的例子还有很多，她时刻把德育放在教学工作的首位，使班上的孩子都能够全面发展、健康成长，她经常挂在嘴边的一句话就是"教学无小事，育人需用心"。

潜心钻研　追求卓越

为了当好一名教师，张秀洁不断学习，坚持阅读教育学、心理学方面的书籍和教育教学刊物，虚心学习老教师的教育教学经验，向年轻教师学习怎样制作课件、怎样使用电脑等现代教学工具，努力做一名高品位的、合格的人民教师。她深知，没有坚实厚重的业务功底，没有清晰的知识结构，没有先进的教育思想，就无法胜任教师这一职业。在教学中，她力争做到思路清晰透彻、讲解深入浅出，使每一节课都成为精雕细琢的高效课。

张秀洁献身教育、甘为人梯，她用自己坚实的臂膀助力学生攀登新的高峰；甘愿化春蚕，用才能让知识与智慧延伸；甘愿当园丁，用爱心和汗水培育桃李芬芳。日复一日的平凡岁月，默默耕耘的无悔人生，她凭着对教育事业执着的追求和强烈的责任感，在三尺讲台上书写着自己的完美人生。张秀洁是值得大家学习的好榜样，是最美的乡村女教师。

"路漫漫其修远兮，吾将上下而求索。"张秀洁深知教师工作任重而道远，应该勤教学、苦钻研，不图名利、脚踏实地。从初登讲坛的青涩到今天的从容自信，在这小小的三尺讲台上，她用真情和汗水演绎着自己的多彩人生。她凭借自己深厚的教学功底、丰富的教学经验、创新务实的教学风格和对教育事业的激情，在沂水县教育的沃土上辛勤耕耘、默默奉献。一脸阳光的笑容、一颗无私的爱心、一股十足的干劲，这就是张秀洁的真实写照。在今后的教学生涯中，她将继续以甘于奉献的姿态，书写新的篇章！

【作者简介】张建菊，女，1978年10月出生，中共党员，山东省沂水县实验中学教师，沂水名师。

筑梦山区的"园长妈妈"

——记山区幼儿园园长夏英英

◎杜纪鹏　周德修

夏英英

夏英英，女，现任沂水县院东头镇中心幼儿园园长兼幼教校长。担任园长以来，她立志改变山区幼儿教育落后的状况，先是改变了幼儿家长对幼儿教育的认识，随后着手于改革保教理念和方法，将传统文化、红色文化融入幼儿教育，创造出一套独具特色的保教方法。她还大力争取领导支持，不断改变幼儿园的面貌，十几年来，山区小镇的幼儿园发生了脱胎换骨的变化，成为省级示范幼儿园，通过自己的努力，夏英英实现了山区幼儿教育的振兴梦。

1995年7月，幼儿师范专业毕业的夏英英被分配到家乡沂水县院东头镇中心小学，成了一名小学教师。当时的她有点疑惑："明明学的是幼儿教育，怎么把我分配到小学了呢？"但夏英英仍全身心地投入小学教育工作，她想："虽然我不是小学教育专业出身，但我要多付出、多学习，不管干什么，我一定要干好。"好强的她常常备课到深夜，并且一有时间就去旁听老教师讲课，虚心学习别人的经验和方法，办公室里她经常是第一个来，最后一个走。功夫不负有心人，她所带班级几乎每个学期的语文成绩都是全镇第一，她也成了中心小学的名师。

她对待学生就像对待自己的孩子一样，认真负责、因材施教。她的想法很简单，就是想让自己教过的每一个学生都能有出息。学生的每一堂课、每一道题她都一丝不苟地对待，直到孩子们都弄懂弄通。付出就有回报，她所教的学生都以优异的成绩考取了初中，有好多学生后来走出了大山，走向了更广阔的天地。

为了改变院东头镇山区幼儿教育的落后面貌，领导们经过多方考虑和筛查，于2006年秋天决定让夏英英担任院东头镇中心幼儿园园长。当时的她既激动又忐忑，激动的是自己的特长有了更好的发挥平台，忐忑的是山区落后的教育局面很难打开，怕辜负了领导的信任和期望。她暗暗下定决心：不但要干，还要干得好，对得起自己的初心。

"勇于担当，敢于筑梦"，这是她工作态度的写照。面对当时只有9间平房、6名年老体弱的老师、40多个孩子和被戏称为"九间棚"的幼儿园时，她既心痛又心急。为了让山区的孩子不输在起跑线上，她下定决心，要改变群众对幼儿教育的认识，改变幼儿园落后的现状。当时家长们认为幼儿园的职责就是照看孩子，再加上山区交通条件差，接送不便，很多家长索性让孩子待在家里，由老人照顾。俗话说，"火车跑得快，全靠车头带"。夏英英从计划生育办公室找出全镇适龄儿童名单，将全园教师分组，对照幼儿名册，亲自带领教师利用周末和节假日的时间逐村逐户地进行走访，宣讲幼儿教育对孩子成长的重要性。一次不行两次，两次不行三次，在夏英英和老师们的感召下，当年入园幼儿数增加了两倍，超过130人。

孩子多了，"九间棚"式的幼儿园容纳不下了。于是，夏英英顶着压力四处奔走，找领导协调房屋和资金，仅用一年时间，就将幼儿园园舍扩大到了23间，各类型的教具也逐渐配备到位。2008年，院东头镇中心幼儿园顺利验收为市级一类幼儿园。看着幼儿园有了起色，夏英英心中有了暖暖的幸福感。

但这并不是她所要的全部，她要"飞得更高"。她通过走访、家长会等形式与群众互动，使家长们越来越接受让孩子们上幼儿园接受教育，幼儿园规模得以不断扩大。在她的努力协调下，2012年9月，幼儿园成功搬迁，同年12月通过省规范化幼儿园认定，2013年11月顺利通过验收，成为省级示范性幼儿园。幼儿园被评选为全县十佳幼儿园，夏英英也被评为沂水县十佳幼儿园园长。

由于幼儿园缺乏专业老师，幼儿园的档案、材料验收工作几乎都是她一人承担，白天她要安排各项工作，指导老师们进行环境布置、区角创设，下班后她才有时间开始整理材料。在所有的教师眼中，她就是一个"拼命三郎"。付出定有回报，在她的带动下，院东头镇中心幼儿园仅用了5年的时间就成为一所充满现代化气息的省级示范幼儿园。

幼儿园实行去小学化教育以来，夏英英积极带领老师们投身保教方法和保教模式的改革与课题研究，充分发掘地域文化和风土人情资源，将家乡特产、景区文化、自然风光等融入保教，开展了以"家乡美"为主题的环境创设，编排了一系列保教游戏，研究的课题"展现地域资源特色、创建浓郁乡土气息园所文化"已经在全镇推广。她积极弘扬红色文化，将当地的抗战故事融入孩子的保教课程，与红嫂纪念馆"结对子"，让"红色基因"从幼儿开始传承。

她时常告诫幼儿园教师，教师就是孩子在幼儿园的"妈妈"，要求所有幼儿园教师在对待在园幼儿时要做到"不是亲生胜似亲生"，让孩子们在幼儿园感受到温暖和幸福。多年来，幼儿园有三件事她坚持亲力亲为：一是在园幼儿生病时，她无论多忙，必须亲自送医院、联系家长，直到孩子康复她才放心；二是老师在家庭或者生活中遇到麻烦事时，她必定亲自过问，尽全力帮忙，为老师解决后顾之忧；三是家长对学校管理或保教等方面提出的问题，她必定亲自调查、研究处理，直到让家长理解、满意。

在她的带动下，幼儿园在快速发展的同时获得了众多的荣誉，多次获得全县环境创设先进幼儿园、全县幼教工作先进单位、沂水县三八红旗先进集体等荣誉称号。她本人也荣获"三八红旗手""幼教工作先进工作者"等称号，并且当选为中共沂水县院东头镇第十四届党代表和中共临沂市第十三届党代表。2019 年 5 月，她被沂水县工会推选为沂水县劳动模范。

夏英英作为一名山区幼儿园园长，把最火热的青春奉献给了自己钟爱的幼教事业，她用浓浓的爱心托起了明天的太阳，为山区孩子铺下了一条光明的发展之路。

【作者简介】杜纪鹏，男，汉族，中共党员，1975 年 6 月出生，本科学历，体育教育专业，1996 年 7 月参加工作，现在沂水县院东头镇初级中学工作，先后任职团委书记、政教处主任。

周德修，男，汉族，中共党员，本科学历，沂水县国土资源局院东头国土所工作人员，长期从事基层工作，是一名业余写作爱好者，在县市级宣传网站发表文章数篇。

科技创新铸品牌　巾帼弄潮展风采

——记山东省临沂市三丰化工有限公司党总支书记、董事长张忠琴

◎临沂市总工会

　　她出身军人家庭，有着沉稳严谨的作风；她来自祖国西北，带着天山雪莲的风采；她做过多年教师，有着执着奉献的精神；她投身企业发展，以科技创新铸就行业品牌。28 年时光荏苒、风云变幻，她带领企业从债台高筑、濒临倒闭到实现年销售收入 18 亿元，从一条生产线到 4 个生产厂区，从年产几十吨到万吨行业翘楚。在科技创新的时代大潮中，她镇定自若、浪遏飞舟，带领企业一路迎难而上、披荆斩棘，逐步发展为集三丰实业、三丰化工、三丰新材料、鸿丰安全

张忠琴

科技、永丰环保科技公司于一体的集团化企业，成为塑料助剂行业的领军者，在全国乃至世界抗氧剂行业领域，塑造了品牌、赢得了赞誉。她，就是山东省临沂市三丰化工有限公司党总支书记、董事长张忠琴。

临危受命　勇挑重担多艰辛

　　20 多年前，当她身背行囊、手持调动手续报到时，当时的三丰还是原临沂市日化二厂，地处沂河东岸老桥头附近。自幼在新疆长大，毕业后在新疆任教 6 年的她，来临沂之前曾面临两种选择：一是继续从教，二是任职企业。性格倔强的她毅然选择了更有挑战性的后者。

　　令她始料未及的是，原来在新疆所见到的都是国营大厂，干净气派，从来未见过这么低矮破旧的小厂，而眼前的日化二厂不仅瓦房简陋、设备陈旧，而且疏于管理，干部员工如同一盘散沙，这与她想象的企业相距甚远。这样的工作有什么前途？她办好报到手续后，禁不住感到深深的失望，一个人回到宿舍里，眼泪簌簌地流了下来。

"既来之，则安之。"永不服输的军人精神和严谨务实的教师作风，让她重新打起精神。别人说笑打闹，她默默埋头工作；别人无所事事，她暗自学习钻研。就这样，她从车间工人干起，以出色的表现和成绩，先后担任过供销会计、车间主任、办公室主任、政工科长。然而，在市场经济大潮的冲击下，体制僵化、管理松散的日化二厂连年亏损，企业因欠发工资而面临倒闭。

机遇偏爱有准备的人，1994年8月，经上级部门批准，张忠琴被任命为企业法人，那一年，她刚满29岁。当时的日化二厂正处于濒临倒闭的生死线上，连续6年亏损，亏损额高达400万元，前几任法人、负责人因企业经营需要，累计向银行贷款1000多万元，企业负债率达260%，在被各地法院起诉执行后，账户封了、水电停了、车辆被扣了、汇来的贷款被扣了，欠发员工工资10个月以上。在千疮百孔的烂摊子面前，张忠琴没有退缩，为了救活这个企业，在阻力重重、异常困难的形势下，她义无反顾地挑起了重担。为了恢复生产，她求亲告友、四处奔波，想尽办法清理库存、筹集资金，通过个人借款交上水电费、发放员工工资。为了调动员工的积极性，她坚持能者上、庸者下，大胆起用年轻人才；在生产管理上，采用当时流行的邯钢"倒逼成本法"，从节约一度电、一块煤、一滴水、一张纸做起，杜绝"跑、冒、滴、漏"，降低生产成本。每到春节，她都要列出清单，提前筹备资金，把前几任法人经营所欠的原料款、包装款进行兑付。每天的忙碌让她几乎没有正常点吃过饭，长期的工作压力导致她头疼、失眠、精神紧张，外出时总要随身带上止疼药……经过艰苦、执着的奋勇拼搏和行之有效的改革举措，企业生产经营逐步走上了正轨，经济效益逐渐好转，在半年时间里即实现了扭亏为盈。经过几年的不懈努力，企业的银行贷款还清了，拖欠的原料款、员工的集资款、欠缴的税金也都一一还清。一个债台高筑、濒临破产的企业终于转危为安，一颗塑料助剂行业耀眼的新星冉冉升起。

用心经营　科技创新促发展

"20多年前生产的产品都是低档化妆品，利润低、科技含量低，也没有什么核心竞争力，如果要将企业发展起来，做强做大，只能寻找科技含量高、发展前景好的新产品"，张忠琴是这样说的，也是这样做的。经过不断摸索和考察论证，企业有幸和天津大学合作，研发出当时只能依靠进口的塑料添加剂——抗氧剂产品。

新产品带来新希望，每个人都兴奋不已。可是，这只能算是成功路上的第一步，产品产量低、质量不稳定、没有销路、缺乏资金，更多的问题摆在她面前，新的挑战又一次来临。创业的过程是艰难的，成功的道路是坎坷的。逢山开路，遇水架桥，没有什么能够阻挡她前进的脚步，为了解决眼前的问题，打开全新的局面，她带领企业领导班子在管理上坚持高标准、在技术上立足新起点，通过开展"6S现场管理"规范生产流程，通过配置国际先进的检测设备对产品质量进行层层把关，逐步实现产品质量的长期稳定可靠，得到广大客户的认可。创业之初，为了打开销售市场，她常常亲自上阵，一个人光齐鲁石化公司就跑了一二十趟，有时生病发烧来不及休息，挂着吊瓶就上了车。正是凭着执着的敬业精神和过硬的产品质量，她一步步打开了国内各石化公司的大门，逐步成为中石化、中石油、中海油等集团公司的指定供应商，被中国石化集团齐鲁石化公司评为"优秀供应商"，被中国石油评为"值得信赖的长期合作伙伴"，被中海壳牌石化公司授予"最佳质量管理奖"称号。

为了企业的发展，十几年来，她没有在家里庆祝过一次中秋节、年三十和年初一，也没有接送过孩子上学、放学。孩子小时候没人看，就一个人待在家里，时间长了，见不到妈妈，只能自己在家里哭，有一次，孩子从窗户爬到院子里找妈妈，幸亏被邻居发现，领到邻居家……"不经历风雨，怎么见彩虹，没有人能随随便便成功"，在企业发展的道路上，多少个日日夜夜，她放弃了与家人团聚的日子，女儿长大后，很长时间里都不能理解妈妈。为了企业，张忠琴陪伴她的时间实在是太少了。

一分耕耘，一分收获。专注抗氧剂领域26年来，她始终坚持"科技推动企业发展，创新引领行业未来"的经营理念，使企业逐步发展成为国内塑料助剂行业的领军者，产品销往国内各石化公司，市场占有率达30%以上，并出口美国、德国、韩国、意大利，以及俄罗斯、印度、沙特、乌兹别克斯坦等"一带一路"沿线国家。企业被认定为"高新技术企业"，成为行业标准的主要起草单位，先后通过了质量、环境、职业健康安全、能源、HSE等管理体系认证，生产工艺技术达到国际先进水平，多项技术填补了国内空白，产品通过

欧盟 REACH 注册，并被评为国家重点新产品、国家火炬计划项目、国家创新基金项目。近年来，公司先后建立了博士后创新实践基地、山东省企业技术中心、山东省工程技术研究中心、山东省工程实验室，曾荣获山东省自主创新重大专项、山东省制造业单项冠军、山东省中小企业隐形冠军、山东省技术创新示范企业、山东省知名品牌、山东省制造业高端品牌培育企业、临沂市市长质量奖，申请了国家专利和国际专利 60 多项。

为积极响应国家和省委、省政府的号召及要求，将新旧动能转换工作落到实处，公司不断加大创新力度，推进产学研合作，与中科院化学研究所建立了院士工作站，与华东理工大学、常州大学合作开展了产品制备与工艺开发等方面的合作，与青岛科技大学合作开展了复合助剂应用项目研究。公司按照《中国制造 2025》的方向指引，申报了"高效催化剂及抗氧剂绿色突破系列集成项目"，经国家工信部批准，成功入选国家绿色制造系统集成项目。张忠琴带领公司干部员工，坚持自主创新与产学研合作相结合的原则，不断研发符合顾客需求的绿色、环保、高效造粒产品，为客户提供量身定制的一包化订单服务。现在公司研发的新型高效造粒产品品种达到 200 多个，已陆续进入国内外市场。塑料制品凭借环保、轻质、易加工等性能优势，广泛应用于建材、包装、机械、航空航天、汽车、电子、医疗等各个领域，"以塑代钢、以塑代木"已成为必然的发展趋势，抗氧剂产品作为必不可少的塑料添加剂，发展前景会更加广阔。

回报社会　不忘初心担使命

张忠琴作为河东区人大代表、人大常委会委员，多年来，她履职担责、心系社会，在做好企业生产经营工作的同时，致力于社会公益事业和慈善事业，积极参与精准扶贫、捐资助学、扶危济困。她向临沂市慈善总会、河东区红十字会、山东省扶贫开发基金会，以及各学校、帮扶社区、贫困村等累计捐款 600多万元；先后发动员工为公司重病员工捐款 6 万元，个人为公司员工重病家属捐款 6 万多元；个人资助困难大学生完成学业，主动救助贫困孤儿，帮助孤儿完成学业，实现大学梦。通过积极参与社会慈善事业和救助事业，张忠琴为助力精准脱贫、全面建成小康社会贡献了自己的力量。

新冠疫情期间，作为防疫物资的重要原材料供应商，张忠琴带领全体员工在做好企业内部防疫工作的同时，全力保障生产，保证了医用口罩、隔离衣等应急防疫物资所需原材料的及时供应。中韩（武汉）石化公司对此专程发来感谢信表示感谢。企业先后向临沂市慈善总会、河东区红十字会捐款 36 万元，并积极发动公司党员干部捐款，为全面打赢疫情防控阻击战贡献企业力量。企业先后被授予山东省民营企业公益之星、扶贫捐款先进单位、扶贫爱心企业、热心教育公益楷模等荣誉称号。她本人先后被授予临沂市优秀共产党员、新时代沂蒙红嫂、河东区十大道德模范、践行沂蒙精神最美抗疫企业家等荣誉称号。

多年来，张忠琴不忘初心、牢记使命，以创新赢得企业发展，以技术引领行业未来，铸就三丰品牌，勇展巾帼风采，用自己的行动赢得了员工、赢得了群众，更赢得了社会的尊重和业界的认可，企业被授予山东省安全生产先进企业、山东省安全文化建设示范企业、沂蒙新动能领军企业、资源节约型环境友好型企业、纳税功勋企业等荣誉称号。她本人先后被授予山东省三八红旗手、山东省安全生产先进个人、山东省巾帼星火创业带头人、山东省最具创新力十大女企业家、临沂市劳动模范、临沂市巾帼建功十大标兵、临沂市优秀企业家、临沂市人大代表、河东区纳税模范等荣誉称号。

海的女儿　山的情怀

——记烟台籍贵州选调生、共产党员王媛媛

◎付雅云

王媛媛

王媛媛，山东省烟台市牟平区王格庄镇栾家疃村人，中共党员。这个在大海边长大，年仅25岁的烟台农家女孩，却在离家2000多公里的贵州山区工作了17个月后，把宝贵的生命永远留在了这片土地上。

2011年3月24日，烟台籍贵州选调生王媛媛在出差途中遭遇车祸，因公殉职。不幸的消息传来，她生前工作过的贵州省铜仁市江口县闵孝镇的老百姓自发守灵，江口县委追授王媛媛为"优秀共产党员"，贵州团省委追授王媛媛为"贵州省优秀共青团干部"。

只身奔赴西南

2011年正月初七，回家过年的王媛媛跟父母"吵"了起来。原因说来简单：父母张罗着在烟台给她联系工作，希望她能回到家乡，但王媛媛说什么也不同意回乡，执意要回位于黔东山区的江口县闵孝镇。"我和你妈就你一个闺女，我们岁数都大了，你是我们唯一的依靠呀！你怎么忍心丢下我们，一个人去大西南？"父亲的话像锥子一样刺着王媛媛的心。王媛媛哭着说："爸妈，不是女儿不孝顺，是女儿实在放不下闵孝镇的乡亲啊！爸，您在咱村干了13年支部书记，您不是最瞧不起那些不能吃苦、临阵脱逃的人吗？假如女儿离开贵州，不也成了这种逃兵吗？"两位老人不再说什么，只是默默地帮女儿收拾好行装，送女儿登上返程的列车。列车缓缓启动，车窗外父母苍老的面孔渐渐模糊，王媛媛拼命地向窗外挥手，泪水淌了一脸。

"我就是想在基层多锻炼锻炼"

2005 年，王媛媛考入了遵义师范学院，并以优异的表现光荣地加入了中国共产党。2009 年，大学毕业后的王媛媛拒绝了亲朋好友帮她在烟台找工作的好意，作为贵州省委组织部的一名选调生，毅然决然地来到江口县闵孝镇工作。

如果说，四年前到遵义读书更多是出于被动接受的话，那么，四年后到闵孝镇工作则是王媛媛主动做出的重大人生抉择。在遵义读书期间，王媛媛目睹了云贵高原很多地方的贫困落后。在云贵高原上，有很多地方分布着连片的喀斯特地貌，那里交通闭塞，人们唯一的生活来源，就是累世苦苦经营的一块块土地，这些土地狭小而瘠薄，尽管农民辛勤耕耘，产出却很少。虽然在各级党委、政府的领导下，这些地方的经济取得了长足发展，但与东部沿海地区相比仍然非常落后。当地广大群众对脱贫致富的渴望、对富裕生活的向往令善良而乐于助人的王媛媛心潮澎湃：都说人生价值在于奉献，那么作为一名党员，自己是不是应当为云贵山区人民的脱贫致富奉献智慧和汗水呢？是不是应当在这种奉献中来锤炼自己的党性修养，并实现人生的价值和意义呢？

对于王媛媛的择业方向，亲朋好友一致反对。"媛媛，你一个女孩子，孤身一人到那么偏远的地方去吃苦，让妈妈怎么放心得下？！"母亲拉着她的手直掉泪，舅舅也劝："还是留在烟台吧，在烟台随便找份工作，也比在那穷山沟里强！媛媛你要知道，我们可都是为你好！"但是，王媛媛仍毅然决然地奔赴了贵州深山。

"高个子、马尾辫，黑 T 恤、牛仔裤，学生气十足"，这是王媛媛给时任闵孝镇镇长杨再敏留下的第一印象。"在欢迎选调生大会上一看到她，我心里就犯嘀咕，她一个海边长大的女娃子，又是学美术的，能做好山里的工作吗？"

为了让王媛媛适应新环境，杨再敏让她先休整几天再上岗。没想到当天下午，王媛媛就到闵家场村走家串户了。当看到她在村里一个工地拿起铁锹和村民们一起搅拌水泥时，杨再敏心想："拿画笔的手能拿铁锹，说明王媛媛是要亲干事情的。"

此后的每一天，王媛媛的行动都一次次印证着杨再敏的想法。在闵孝镇，一个村的居民往往零星分布在方圆数十公里的大山里，有的村从村头到村尾，要走一个星期。最初的几个月里，王媛媛每天都在重复着单调的工作——白天挨家挨户走访，晚上熬夜写调研报告。

闵孝镇哨上社区居委会原主任黄龙军至今仍对王媛媛印象深刻。第六次人口普查期间，他陪王媛媛走访了半个月。有户人家住得格外偏，方圆三公里之内都没邻居，王媛媛主动要求提前走访。黄龙军说："人口普查需要挨户摸底调查，她人生地不熟的，有些群众能接受，有些人却很不耐烦。普查一户，她平均要跑三四趟才行。"

"王媛媛每天都第一个到办公室，最后一个离开。"曾与王媛媛同在党建办工作的同事说。经过一段时间的摸索，王媛媛提出了"1+3+1"党建帮扶模式，由 1 名富裕党员带领 3 名普通群众和 1 名贫困党员，这种模式最先在闵孝镇鱼良溪村推行，效果显著，受到各级领导肯定。

积极的工作态度、出色的工作表现，让王媛媛赢得了口碑。铜仁市妇联、江口县委组织部、共青团江口县委都有意调她过去任职。王媛媛却舍不得走："我就是想在基层多锻炼锻炼。"

"这个女娃胆子不小"

6 月的黔东山区，本应烈日当头、黄沙漫天，然而，在距闵孝镇 19 公里的峰坝村却绿意盎然，22 万株核桃苗在盛夏的微风中摇曳着。"再过两年，核桃树就该挂果了。"时任峰坝村村支书刘衍成说。

这 22 万株核桃苗能扎根峰坝村，源于王媛媛的一份调研报告。她在走访中了解到，峰坝村地势陡峻、山路崎岖，是典型的贫困村；全村总人口 2570 人，以种粮为生，村民年人均收入不到 1400 元，生活困难。如何帮村民脱贫致富？这成为王媛媛心中的一个结。

王媛媛的父亲曾当过 13 年村支书，在烟台还有 5 亩苹果园，他帮王媛媛分析：峰坝村自然条件恶劣，单纯种粮效益低下，必须调整种植结构。2010 年 10 月，王媛媛偶然得知云南的一种核桃苗适合在高峰地带种植，且已在邻县试种成功。于是，她拿出可行性报告，和原峰坝村村支书刘衍成一起逐级向上汇报。最后，上级决定拨付扶贫资金 20 余万元，支持峰坝村引进并种植这种核桃。

2011 年 3 月，22 万株核桃苗在峰坝村的平坝、和兴等 6 个村民组承包的山地上全部栽植完毕。致富有了盼头，村民都说，王媛媛把"金凤凰"引来了。刘衍成感慨万分，几十年的增收难题，让一个来自海边的小姑娘破解了。"可惜媛媛看不到了。"说到这儿，他神色有些黯然。

王媛媛调研发现，在远近闻名的富裕村鱼良溪村，村里种植的大棚西瓜每 4 年必须轮作一次，但轮作品种却一直没有确定。她找到鱼良溪村致富带头人杨再炼，提出了轮作葡萄的想法。当然，性格严谨的王媛媛并没有忘记递上一份可行性报告。比她高两级的校友、同是选调生的周月琴说："媛媛曾跟我说，杨再炼书记是'老资格'，跟他提建议，得打起十二万分精神来'举证'。"

"这个女娃不得了，胆子不小。"虽然王媛媛的报告略显稚嫩，但杨再炼很重视，立即召开了村"两委"会议，并邀请农业专家论证。在发现轮作葡萄科学可行后，村"两委"决定立即推广。

"媛媛的心愿终于实现了"

十几个厚实的铁桩、一整块结实的钢筋水泥板，就是这样一座简单的小桥，解决了闵孝镇双屯村近 3000 村民的汛期出村难问题。一块石碑矗立桥旁，"媛媛桥"镌刻其上。双屯村村支书姜启云说："媛媛的心愿终于实现了。"

双屯村是王媛媛生前的产业帮带联系点，共有 18 个村民组，2900 余人，村内山多田少，交通不便。调研中，村民反映，老马坪村组和下乡村组之间有一条两峡涧河，河上没桥，平时只能涉水过河。每年汛期河水暴涨时，都会阻断西边村民组的出山必经之路。去现场查看河道后，王媛媛觉得应当在河上建座桥。由于缺少资金，她拉着村支书姜启云去江口县找时任县委书记冉晓东。"西边村民组虽然人不多，但我不能坐视不管！"冉晓东立刻决定从财政预算中挤出 6 万元支援双屯村建桥。石桥建成后，村民找到姜启云，要求捐款在桥头树碑纪念王媛媛。

2011 年 5 月 2 日，"媛媛桥"启用，700 多名村民自发来到桥边祭奠。很多人眼含热泪，还有人按当地风俗，让自己的孩子认王媛媛做干妈。跟石碑一起矗立在双屯村的，还有村头田里的一块斑驳木牌，上面写着"王媛媛产业帮带联系点"。姜启云说，村里决定继续保留这块木牌，以后还要换成石碑，以此纪念这位来自海边的女孩。

【作者简介】付雅云，女，1980 年出生，毕业于佳木斯大学，任职于东平高级中学，先后获得省优质课二等奖、县优秀教师、泰山教学新星、泰安市课程与教学先进个人、山东省中小学教育科研优秀成果一等奖、全市教研系统调研报告二等奖等荣誉。

情系百姓　法暖人心

—— 记临沂市中级人民法院民事审判第二庭副庭长马骏

◎临沂市总工会

马骏

　　我叫马骏，是临沂市中级人民法院的一名民事法官。从事民商事审判工作16年来，我依法审理了10000多起案件。2018年1月，临沂中院党组为解决案多人少的突出矛盾，积极探索二审案件"分调裁审"工作机制，实行简案快审、类案量审、繁案精审的模式，成立了"分调裁审工作室"，由我带领一名法官助理和3名书记员，对二审案件进行分流审理。

　　工作室成立后，我们经常加班到凌晨，3年结案5030件。其中，2018年度结案2002件、2019年度结案1358件、2020年度结案1670件，平均每个工作日结案7件，办案数量及调解率连年居全省前列。2020年初，为做好新冠疫情防控，保障审判工作平稳有序开展，保障人民群众生命安全和诉讼参与人的合法权益，我率先到岗推进互联网视频庭审，平均每月调查100多起案件，总结出"互联网视频庭审工作法"，并在山东省法院商事审判"云开庭"座谈会上通过流程演示、节点释明、互动交流等方式，对远程庭审进行了现场培训。

法官要有一颗公正之心

　　我常常思考这样一个问题：我一生可能会审理上万起案件，与许许多多的当事人打交道；但对于当事人而言，可能一辈子就进一次法院，与我仅有一面之缘，若是在这唯一一次与法律的接触中，得不到一个公正的判决，那会在他们心中留下很深的伤害，让他们失去对法律的敬畏。一次公正的判决在当事人心中种下的是对法律信仰的种子。所以，我在工作中的最大追求是：真诚对待每一位案件当事人，用心审理好、化解好每一起案件，让当事人既能切实感受到法律的公正和威严，也能充分体会到人性的关怀和温暖。

我审理过这样一起再审案件：纠纷发生的时候，原告才 9 岁，是一名小学二年级的学生。在一次上课时，他因屡次做错题，被老师踢了一脚。回家后，原告告诉父母自己腰疼，后经医生诊断，发现原告患有椎管内先天性脊髓肿瘤，因受外力而致肿瘤出血，导致他提前发病。原告及其父母向老师、学校及教委提起了诉讼。为证明老师曾踢过原告，原告提交了班里 5 名学生的书面证言，然而谁也没有想到，老师竟提交了与这 5 名学生截然相反的证词和全班同学签名的"老师没有体罚学生"的证明，法院以证据不足驳回了原告的诉讼请求。几年后，父母发现原告过早停止了发育，肌肉萎缩，大小便失禁，失去了生活自理能力。从此之后，下岗的父母便走上了漫长的信访之路。

当我接手这个案件时，纠纷已发生了 18 年，此时的原告已经 27 岁，虽然接受过两次手术治疗，但仍是 90 度驼背，他的不幸让其母亲哭瞎了眼睛。为了查清案件事实，我找到了已在临沂、北京等地成家立业的原告的小学同学。虽然事情已经过去多年，但他们对当时的情景还是记忆犹新，当我让他们说出真相时，他们左右为难、顾虑重重。我便对他们说："一边是老师，一边是同学，的确很为难。但更重要的是做人要有良心。你们孩童时所做出的两份截然相反的证言，是压在你们内心里的一块石头，已经压了十几年，还是把它搬掉吧，不然它会越来越重！"经过耐心细致的思想工作，他们终于放下包袱，同意出庭做证。为查清外伤与原告提前发病的关联性，我先后到济南、北京调取病历，找到当时参与治疗的医生了解情况。

开庭那天，虽然老师依旧没有承认曾直接致伤过原告，但综合证人证言及相关鉴定，可推定老师在课堂上有过用脚接触原告的行为，且与原告的先天性疾病提前发病具有一定的关联性——侵权行为成立。法庭依法判决学校赔偿原告各项经济损失。宣判后，各方当事人均服从判决，没有再次上诉。

在审理这起案件的过程中，我深深地体会到：作为一名人民法官，就要通过自己不懈的努力，让冰冷的法律散发出温暖。只要我们心存良知、信仰法制，就能够还原真相，就能够为弱者撑起一片蓝天！

在某景区农民搬迁赔偿案中，搬迁农户因赔偿事项与景区管委会发生了冲突。我深知，土地就是农民的命根子，在赔偿问题上，必须充分考虑搬迁农民的利益。于是，我多次实地调查，找准切入口和突破口，充分地向当事人行使释明权，将案件的实际情况逐一还原，让当事人对自己及对方的举证情况有一个清醒的认识、对案件的结果有一个正确的心理预期。充分的沟通让双方当事人对法官产生了足够的信任，也最大限度地维护了搬迁农户的合法权益，最终的判决结果让双方当事人都心服口服。

法官要有一颗大爱之心

我审理过一起持续了 16 年的邻里纠纷。2003 年，江某因办理食品加工许可证的需要，在与王某协商后，将两家之间 2 米宽、17 米长的小巷堵住占用。后王某多次找江某协商让其拆除，并多次到有关部门请求协调处理未果。这场纠纷让两家由争执到诘难，又由诘难到谩骂，继而牵扯出许多陈年旧结，导致两家的仇越结越大，积怨也越来越深。为了让双方当事人都服判息诉，我冒着酷暑高温，赶赴沂水做现场调解。我和双方当事人既讲案情又拉家常，既说法理又谈邻里亲情，我说："我们今天带着米尺和案卷来，更是带着热心、耐心、细心和诚心来，希望你们能够忘掉这段恩怨，安安稳稳地过好以后的日子。"双方最终握手言和，我又在社区李书记的见证下起草了调解书。当天下午，小巷内的简易建筑被拆除，恢复了通行。李书记感慨地说："以往有关部门来处理时，都是拍个照、测量一下，并没有提出双方认可的解决方案，马法官现场办案，终于化解了这场 16 年的陈年宿怨。"

在一起返还房屋纠纷案件中，一位 80 岁的老人将他的小儿子告上法庭，要求其返还房屋。一审判决后，小儿子不服提起上诉。二审庭审中，我发现老人一直眼含泪珠，眼神里流露出的是无奈与不舍。庭后，我给老人倒了杯水，想跟他单独交流，可老人一直摇头，什么也不愿说。回到办公室，我从村干部那里了解到案件背后竟是一个令人唏嘘不已的故事，我下定决心一定要将该案调解成功。

50 年前，这位老人的嫂子在分娩小儿子时难产死亡。更不幸的是，就在第二年，他的哥哥得了癌症，临终前说："兄弟啊，别丢下我的 3 个孩子。"为了哥哥的这一句话，为了 3 个年幼的孩子，已和邻村姑娘定亲的他退掉了婚约，一辈子没有结婚，辛辛苦苦地把 3 个孩子拉扯成人。可是，在他年老体衰的时候，一直与他共同生活的小儿子夫妻俩竟与他起了纷争，并最终将他赶出了家门。

记得那是一个炎热的中午，我和合议庭成员把法庭搬进了村委大院。村"两委"班子成员也都来了，院子里还涌进了许许多多的村民。在等候老人的时候，我把小儿子夫妻俩单独叫了出来，与他们聊这个家庭的幸与不幸，与他们讲"百善孝为先"的道理……此时，老人在村民的陪同下，扛着锄头从地里赶来。他明白我们的来意后一句话也没说，只是不停地流泪。也许是此情此景触动了双方当事人，案件处理得特别快，双方当场达成了调解协议。

在处理这起案件的过程中，我深深地体会到：挽回亲情比要回财产更重要。法官不是冰冷的法律机器，而是充满人性温暖的司法者。要让当事人感受到法律对人格、情感的尊重，因为这才是法律真正强大的力量。

法官要有一颗奉献之心

我审理过这样一起案件：原告系一对 4 个月大婴儿的父母，孕婴店的店员在为原告的孩子洗澡时，因操作不当，误碰了热水开关，不慎将婴儿的臀部及腿部烫伤，后来婴儿被鉴定为十级伤残，原告前后已花费医疗费 2 万多元。在一审法院的审理过程中，孕婴店对婴儿住院期间所使用药物的合理性提出异议并申请鉴定。经鉴定，婴儿住院治疗期间用于烫伤的合理用药费仅为 6000 元；用于并发症所引起的发烧等方面的药物费及检查费等，均不在赔偿范围。一审判决后，婴儿的父母不服，提起上诉。作为一名母亲，我深知一个 4 个月大的婴儿在被深度烫伤后所出现的发烧、急性呼吸道感染等并发症，与烫伤有着紧密的关联性。

那天我共开了 13 个庭，为了能让孩子的父母早日拿到赔偿款，我连夜将案件的报告整理出来，第二天一早便提交合议庭研究。最终判定，治疗期间所花费的所有费用都属于合理赔偿范畴。该判决维护了当事人的合法权益。在接到判决书的那一刻，这名婴儿的母亲紧紧地握着我的手，不停地流泪。

在纷繁复杂的民事审判工作中，化解矛盾的最佳途径就是寓情于法，找准法理和情理的最佳结合点，以情感人、以理服人，我以此合理地解决了多起离婚案件。2017 年，我作为山东省妇代会代表参加了山东省妇女第十三次代表大会；2019 年，获得"齐鲁最美法官"提名奖。

有人问我："作为一名女法官，你是否要做出更大的付出和牺牲？"我觉得，任何人为了他所热爱的事业都必须心甘情愿地付出，而作为一名女法官可能意味着要付出更多。

有一次，我和一名女同事去外地查封一家公司的账户和股

权。因为被告是当地银行的大客户，我们在其中一家银行对被告进行查封时，工作人员以系统慢为由拖延时间，并用当地的方言打电话。因为听不懂，出于警惕，我们就拿起手机进行录像，他看到后便起身去了洗手间。当我在洗手间隔壁听到他让当事人快速赶往银行的时候，我立即要求他从洗手间出来，限定账产冻结必须在 10 分钟内完成，如完不成，银行和他个人也将受到处罚，他将承担一切损失。现场气氛一度非常紧张，我们两名女同志强装镇定，顺利控制住场面，这名工作人员也在限定时间内完成了账户冻结操作。我们在当事人赶到之前离开，在距离当地 100 多公里的地方住下，第二天一早又回去联系公安配合我们继续查封股权。

面对这些危险和辛劳，我没有丝毫退缩，反而始终觉得所有的付出都非常值得。在看到风烛残年的老人得到赡养费老泪纵横的时候，在看到负债累累的经理拿到欠款和农民工接过"活命钱"满脸感激的时候，在身体伤残的学生拿到赔偿款后举着锦旗向我深深鞠躬的时候，我更深刻地体会到作为一名新时期的人民法官责任的重大和使命的崇高！

这些年，组织也给了我很多荣誉。我先后荣立一等功一次，二等功、三等功各两次，并获得全国巾帼建功标兵、全国法院办案标兵、全国法院党建先进个人、山东省优秀女法官、山东省优秀法官、山东省办案能手和临沂市劳动模范、"十佳"职业道德标兵、"十佳"政法干警、"十佳"沂蒙法官、"十佳"女职工建功立业标兵、"十佳"沂蒙法官、"振兴沂蒙"劳动奖章、三八红旗手、"巾帼建功"先进个人等荣誉称号。我的办案工作法被录入全市法院经验事迹选编。另外，我还代表山东优秀法官先后到其他省、市法院进行交流，展示了沂蒙法官的风采和良好的精神面貌。

如果说，一个人最大的幸福，莫过于将毕生的精力献给他热爱的事业，那么作为一名沂蒙女法官最大的幸福，莫过于像"红嫂"一样对待事业、对待人民、对待自己，以毕生的忠诚去追求法制的正义之魂，让天平的光辉照亮每个人的心！

践行沂蒙精神
——记临沂北城小学校长张淑琴
◎临沂市总工会

我叫张淑琴，是临沂北城小学校长、市总工会兼职副主席。1987年7月，我于曲阜师范大学毕业后，被分配到临沂第一实验小学。受学校文化熏陶和身边优秀教师感染，我立志当一名好老师。一路走来，在各级党委、政府以及各级工会组织和教育部门的关怀培养下，我先后荣获全国先进工作者、全国优秀教师、山东省优秀共产党员等称号，被推选为第十一届、第十二届、第十三届全国人大代表和山东省第十三次党代会代表，参加了市劳模先进事迹报告团、市优秀教师师德报告团，并多次在市委组织部组织的多类培训班上汇报工作。回望来路，正是受沂蒙精神的感召和对梦想的不懈追求，才让我的人生如此丰富和充实。

张淑琴

爱岗敬业　开拓奋进

初为人师时，我满怀激情但经验不足。为了尽快提升自己，我每天早上第一个到办公室，备课、听课、批改作业、学习理论、练习"三字一画"，并经常加班到深夜。在组织的培养和同事们的帮助下，我先后参加了全省和全国3个学科的讲课比赛，承担了教育部、科技部多项重点实验课题研究，执教各级公开课近百节。

2013年7月，我离开了工作26年的百年老校，申请到离家十几公里远、5个年级只有98名学生的薄弱校区工作。校区没有图书，我就四处募捐；没有音乐、体育教师，我就协调社会力量开设公益性质的足球、舞蹈、葫芦丝等课程。我筹措资金200万元，用来购置多媒体、图书等教具教材，修建操场、自来水管道等基础设施。2014 年 10 月，我所在的校区顺利通过县域义务教育基本均衡发展国家评估验收。2018 年，在校学生达到 2200 多人。

胸怀事业　甘于奉献

作为党员，我时刻提醒自己要发挥榜样示范作用。在父亲因车祸住院的 3 个多月里，我没有耽误学生一节课；为迎接义务教育基本均衡发展验收和筹备总校百年校庆，我连续几天加班至深夜，导致突发性眩晕，被同事送进医院；当身体局部病变急需手术时，为了不耽误给市人大代表培训班上课，我推迟了手术时间。

2018 年 7 月，我调入临沂北城小学。学校一校两区，在校学生 6400 名，生源主要来自还建社区和外来务工家庭。让老百姓在家门口享受优质教育成了摆在我面前的课题。我牢记习近平总书记"红色基因就是要传承"的嘱托，建强"主力军"、守好"主阵地"、唱响"主旋律"，深入开展红色教育进校园活动，引导学生扣好人生第一粒扣子。新冠疫情期间，我组织了防疫知识宣讲、师生健康排查、线上教学教研、党员联系学生和致敬"最美逆行者"等活动，每周为重点管控地区滞留的学生和贫困学生送去关心和帮助；多次于线上开设思政课，执教的思政课登上"学习强国"学习平台。

情系百姓　忠诚履职

承蒙组织厚爱，2008 年，我被推选为全国人大代表。10 多年来，我先后提交 150 份议案建议，有的建议内容被写入《刑法修正案（九）》，有的被列为教育部工作重点。我先后 10 次列席全国人大常委会、省委全委会、省人大常委会。2016 年，我当面向李克强总理汇报了基层教育工作并与他互动交流；2018 年，我向习近平总书记汇报了革命老区人民始终牢记总书记的殷殷嘱托，将沂蒙精神、红色

基因注入血脉代代相传的做法和成效，总书记听后就红色基因传承发表重要讲话，在全国引起强烈反响；2019年，我所提议案被全国人大列为重点办理议案。我个人多次被评为全国履职优秀人大代表。

多年来，市委、市政府和各级工会组织高度重视教育、关爱基层教师，授予我崇高荣誉，推选我当人大代表和临沂市总工会兼职副主席。对此，我心怀感恩，无以为报，唯有忘我工作。

下一步，我将着力做好以下三方面工作：一是全力以赴，提高办学水平。北城小学前身是南坊镇中心小学，学校在生源、师资、校舍、办学质量等方面与实验小学仍有差距。我将坚持党建引领，强化师德建设，扎实校本教研，编写垃圾分类、劳动教育校本课程，提高教育质量，完成总校操场改造，做好杏花校区建设，提升校园足球水平。结合我本人承担的省基础教育重点改革项目《红色基因代代传——沂蒙精神课程群建设》，录制红色微课，建设校内"沂蒙红课堂"场馆，让红色传承更有成效。我将继续做好教学工作，全力建设让党放心、让人民满意的学校。二是认真履职，讲好临沂故事。我将继续深入调研，撰写高质量议案建议，认真参加全国人大闭会期间活动，借助各类媒体平台讲好临沂故事。三是服务职工，当好"桥梁纽带"。上级任命我担任市总工会兼职副主席，是组织对我的信任，也是沉甸甸的责任。我将继续研读相关法律政策，钻研工会工作，参加市总工会安排的座谈、走访活动，倾听职工群众声音，当好市总工会联系一线职工的桥梁和纽带。

立志基层　真情服务

——记上冶镇民义社区便民服务专职代办员高丽丽

◎临沂市总工会

高丽丽

我叫高丽丽，是临沂市费县上冶镇民义社区便民服务专职代办员。为切实解决基层群众"门难找、路难跑、事难办"的突出问题，2014 年，费县提出构建"3+4"农村治理保障体系，建立了一支由政府出钱给老百姓购买服务的便民服务专职代办员队伍，专门解决关系人民群众切身利益的问题，打通了服务群众的"最后一公里"。从 2014 年 8 月上岗至今，我深入群众，扎根基层，认认真真地做好自己的本职工作。

摆正位置　保持良好心态

我来自江苏常熟，毕业后不久，和爱人一起来到临沂费县，考取了费县便民服务专职代办员的岗位。我记得刚到农村工作时，由于听不懂方言，百姓对我不信任，加上我对农村工作一无所知，所以工作开展得十分吃力。面对复杂烦琐的工作和单调枯燥的生活，在理想与现实的落差中，我有好几次对自己说："放弃吧。"但每当想到各级领导的培养，想到村"两委"的热心帮助和支持，想到村民热切的期盼和得到帮助后满意的笑容，我就觉得自己的工作是有意义的。因为有了我的帮助，老百姓不会因不懂办事程序而手忙脚乱，不会因不懂政策而错失良机。我相信，既然自己能在城市的高压环境下做好工作，那么基层工作也一定能做好。功夫不负有心人，经过一次次的历练，我适应了这里的环境，也走进了老百姓的生活。通过两年多的磨砺，我在工作中变得更加稳重，对工作中遇到的问题有了更加深刻的认识。这两年多的沉淀，也为我今后顺利开展工作奠定了坚实的基础。

坚定信念　真情服务群众

　　农村是片广阔的天地，代办员在这里可以大有作为；同时，农村工作也错综复杂，代办员做群众工作时一定要放下架子、扑下身子。经常有人问我，为什么我和老百姓的关系能这么好，我告诉他们，只要做到一件事，就可以和老百姓打成一片，那就是不要把自己太当回事。老百姓最实在，他们最看重的是真诚，和群众打交道来不得半点虚假。2014 年 8 月，民义村的一名小朋友被查出患有急性白血病，为了救她，她的妈妈再次怀孕，想要用二胎脐带血做干细胞移植。但十几万的移植费用对这个本不富裕的农村家庭来说无疑是个天文数字。我自己也是一名母亲，我能理解父母心中的那种痛苦与焦虑，而患儿对生命的渴望也深深触动着我的心灵。我积极奔走在各个部门之间，了解救助政策，并联系义工利用微信等媒介筹集善款 9 万余元，让孩子及时得到了治疗。当我把救助款交给他们的时候，孩子的妈妈紧紧地拉着我的手，泣不成声。通过开展农村工作，我在老百姓的身上看到了坚强，也学会了不妥协、不放弃。只有把老百姓的事放在心上，老百姓才会在心里认同你；只有时刻心系群众、真心实意，群众才会被你打动。

　　记得一次入户走访时，我了解到上冶镇民义村任大娘的儿子和儿媳妇不幸遭遇车祸，儿子当场身亡，儿媳终生瘫痪。任大娘一人担起了干农活和照顾儿媳、未成年孙子的重担。2014 年 10 月，忍受了十几年病痛折磨的儿媳也去世了。当我听到消息赶到她家时，任大娘的孙子哭着拉着我的手说："姐，我以后没妈妈了！"看到这个泣不成声的 15 岁男孩，看着这个一无所有的家，我觉得我要为他们做些什么。为此，我先后 3 次到镇政府协调相关部门，最后成功给任大娘的孙子申请到每年 7200 元的孤儿救助资金。我清楚地记得，任大娘接过补助款的那一刻，把我紧紧地搂在怀里，用粗糙的手掌摩挲着我的头，不断地说："孩子，我该怎么感谢你啊！"通过这些事，我深切地体会到：老百姓的情怀是最朴素的，心地是最善良的。我用自己的实际行动赢得了他们的信任，成了他们在困难时第一个想到的人。

积极作为　脚踏实地开展工作

　　在工作中，我摸索出一套自己的工作方法：思想上要做到将心比心，放下架子和面子；方法上要做到嘴勤、心勤、腿勤。这些年，我共为老百姓代办事项 1100 余件。其中孤儿救助资金申请 2 件、大病救助 36 件，为群众提供咨询服务 300 余次，代缴新农合 119 次、新农保 131 次，落实新生婴儿落户 35 件，代领取企业养老金 36 次。在做好本职工作的同时，我还积极地向老百姓宣传各项惠农政策，如农村低保政策、残疾人政策、新农合政策与新农保政策等。我格外注重加强自身学习，立志做村干部的"活字典"、老百姓的"明白人"。回首几年来的代办工作，虽然曾经有过因听不懂当地方言而急得面红耳赤的经历，但更多的是收获了信心和成就感。代办员虽然是普通的小岗位，但小岗位也有大作为；虽然是在基层扮演着小角色，但小角色也有真本事。农村工作无小事，看似平凡和简单，但做好这些事却是不平凡、不简单的。在今后的工作中，我一定会尽职守则，把代办工作做得更好、更实、更细。

奉献的人生最亮丽

——记临沂市中医医院呼吸与危重症医学科护士长董艳艳

◎郭广阔

2020 年的春节，注定会在历史的坐标上镌刻下深深的印记——新冠疫情发生。

大事难事见担当，危难时刻显本色。疫情就是命令，防控就是责任。中央紧急下令组建支援湖北医疗队，人民子弟兵和一批批医疗救援队紧急出征，展开了一场与时间赛跑、用生命拯救生命的壮举！他们把对党的无限忠诚、对人民的无限热爱，挥洒在这场没有硝烟的战斗中。

那一刻，临沂市中医医院呼吸与危重症医学科护士长董艳艳挺身而出、主动请缨，成为山东省首批援鄂医疗队队员。她没来得及与亲人告别，于大

董艳艳

年初一逆行而上，带着誓与疫情抗争到底的坚定信念，到达了湖北黄冈——那是当时除武汉之外全国疫情最严重的地方。在国家最需要的时候、在湖北人民最需要的时候，董艳艳英勇无畏地奔向疫情防控第一线，向着用生命拯救生命的目标发起冲锋。她明白病毒的可怕、一线的危险，但她血脉里流淌着"舍小家团圆、保大家平安"的滚烫激情，在那一刻迸发出一种医者仁心的崇高精神，那是一种不惧困难、攻坚克难的奋斗精神，是一种敢于牺牲、勇于付出的奉献精神。

"用自己的辛勤和汗水去守护患者的健康和幸福，努力做一名让国家满意、让社会满意、让人民满意的医务工作者。"董艳艳用行动诠释着南丁格尔精神，体现出一位沂蒙女性身上的新时代沂蒙精神。

主动请缨　舍身援鄂

1998 年参加工作以来，董艳艳一直坚守在临床一线的护理岗位上，先后在普外科、小儿科、神经外科和呼吸与危重症医学科工作。2015 年 11 月任呼吸与危重症医学科护士长以来，她身先士卒、勤奋工作，科室先后被授予临沂市三八红旗集体、最美劳动团队、优秀带教科室、医护配合最佳科室等荣誉称号。20 多年来，她已记不清有多少个夜晚在病房奔波，抢救了多少例急危重症患者。

董艳艳之前和丈夫商量好了，等到大年初三休息时，就带着孩子回娘家看望父母。但她没想到，自己会在大年初一离开家，远赴湖北黄冈支援疫区。节假日时安排自己首先值班，已成了她的习惯，所以这个春节前 3 天的值班任务，她全部包揽了下来。除夕夜下班后，已是晚上 6 点，正在做晚饭时，董艳艳接到了医院领导打来的电话，上级命令呼吸与危重症医学科选派一名有经验的护士支援湖北，当天晚上就要将名单报给医院。

武汉市卫健委于 2020 年 1 月 21 日发布通报称，武汉市共有 15 名医务人员确诊新冠肺炎，另有 1 名为疑似病例。作为医护人员的董艳艳心里十分清楚，疫情很严重，其发展更是不可预测，稍有不慎，医护人员就可能会被感染。"我去吧！"在通话中，董艳艳当即向领导请缨，没有丝毫犹豫，也没有丝毫畏惧。说出这句话前，董艳艳就已在脑海中将科室里 10 多名护士都过了一遍：那些平日里和自己一起值班的姐妹们要么小孩只有三四岁，要么是未婚的小姑娘。整个科室只有自己年龄最大，临床护理经验最丰富，而且儿子已经 16 岁了，可以自己照顾自己。

"你不和张岩商量一下吗？"医院领导在电话中提醒。董艳艳的丈夫张岩与她是同事，在同一所医院的药剂科工作。领导建议董艳艳和丈夫张岩商量一下，免得夫妻间闹出矛盾。"如果安排别人去，万一被感染上新冠肺炎或发生意外，我会内疚一辈子，我去是最佳的选择！"董艳艳义无反顾地选择了赴汤蹈火。

瞒着父母　踏上征途

"你放心，家里父母、孩子我都会照顾好，工作也不会耽误，你在那边一定要做好防护，自己身体好了才能更好地为人民服务！"临行前，同是医务工作者的张岩鼓励妻子。"这场战斗咱们义不容辞！""我是呼吸与危重症医学科护士长，知道怎么保护自己的，你在家要多操心……"董艳艳安慰着丈夫。

说这话的时候，其实她的心中并没有多少底气。

"妈妈要去出差了，这一次可能要很长时间才能回来，在家里要听爸爸的话，学习不能放松。"在收拾好家里的卫生后，她拿了几件换洗的衣服，边收拾边嘱咐儿子。16 岁的儿子正在读高中，如果是平时，儿子早不耐烦了，可今天不一样，儿子知道妈妈要去的地方和要干的工作都不同寻常，因此他没有烦、没有躲，而是懂事地帮妈妈收拾行李。董艳艳看着高高大大的儿子，心里酸酸的，眼泪不争气地流了出来。看着每天通报的疫区死亡病例，到那个危险的环境里去工作，说不害怕那是假的，谁也说不准能不能顺利回来……但这些话是不能说出口的，尤其是当着儿子的面，千钧的压力只能埋在自己的心底。

"妈妈你怕病毒吗？应该是病毒怕你才对！"儿子的话给董艳艳打了一支强心剂，她欣慰地笑了。是啊，作为一名医护人员，怎么能怕病毒呢？那一刻，她更加坚定了战胜病毒的信心。

依依不舍地与儿子告别后，董艳艳匆匆赶到医院。此时丈夫还在医院上班。"每天发条信息报个平安吧。"他将一些常用药装进行李箱后提醒爱妻。董艳艳强忍着泪水，默默地点了点头。

赶往机场的途中，董艳艳收到丈夫的信息："孩子姥爷姥姥那边怎么说呀，和他们说你工作太忙，回不去了？"是啊，约好了初三休息要回娘家的，心里有好多的话要对父母讲，但又不能去向父母告别，不能让年迈的父母知道自己去武汉，还是先暂瞒一时，让父母过了这个年再说吧。她给丈夫简短地回复了一句："不要让爸妈知道我去武汉了，免得他们担心，回来后再去给他们赔不是吧。"

晚上 11 点多到达武汉天河机场时，天空飘着淅淅沥沥的小雨，阵阵寒风吹来，机场那昏暗的灯光照着 143 人匆匆而来的身影，显得那样的凄凉和冷清。整个机场，再无往日的熙熙攘攘、热闹繁华。一路马不停蹄，医疗队又急忙坐上大巴车起程赶往黄冈。整整 12 个小时，800 多公里的奔袭，在大年初二凌晨 3 点，医疗队才抵达黄冈。黄冈市市长为他们举行了简短的欢迎仪式后，便安排医疗队入住酒店，短暂休整。在接下来的时间里，他们进行了两天的培训，全方位掌握了穿脱防护服、诊疗方案和感染防控等知识。

春天到了　我定凯旋

大年初四的下午，医疗队正式进驻大别山区域医疗中心，负责建设南一楼 4 层的病房。他们迅速建起了两个普通组和一个重症监护室，当天晚上 11：30，病房开始接收新冠肺炎患者。当所有重症病人转到医疗中心时，做好了心理准备的董艳艳还是吃了一惊，同样是护理 12 个重症病人，在这里的工作强度是平时的十倍不止。不仅如此，他们每天还要给病人换床单被套、喂饭换药、端屎接尿……这些并不算什么，然而面对一个个逝去的生命，死亡的威胁才让人心生恐惧。但董艳艳知道，在这里，病人托付给自己的是生命，自己必须压倒恐惧，面带微笑地给病人信心。"我们不能辜负这份生命的重托，必须要尽一切努力、一切办法，让他们活下来。"

"今天是您的生日，想吃点什么？" 2 月 12 日是董艳艳护理的一名病人的 59 岁生日，她一大早赶到病房询问这名病人的意见。因为发烧，这名病人胃口不好，表示不想吃东西。"不吃食物不行，身体太虚弱怎么能抵抗病毒呢，吃点长寿面吧？"当她将面条端到病床边时，这名病人感动地掉下了眼泪。

"再多吃一口，病会好得快点，家里人还在等着你回去呢。"病人戴着呼吸机，吃饭时每吃一口都要取下来吃一口再戴上，半个多小时，这名病人才吃了小半碗面条。而穿着厚厚防护服的董艳艳已累得满头大汗。此时，在她的心中，早已把这些病人当成血肉相连的亲人，唯一的希望就是他们能早日康复，回家与家人团聚，苦和累早已被抛在脑后。

远在山东临沂的父亲还是从新闻媒体的报道中知道了女儿的行踪，老人的心顿时揪了起来。董艳艳的父亲是一名老党员，他知道这是女儿的职责和本分，但可怜天下父母心，他更为女儿的安全担忧。他并没有责备女儿，而是在微信中鼓励她："沉着、冷静、科学、严谨，平安凯旋！"董艳艳也含泪在微信上宽慰老父亲："黄冈已春暖花开了，等待女儿凯旋！"

慈母柔情　平凡大爱

来到黄冈的第 54 天深夜，董艳艳按捺不住思念亲人的心情，提笔给儿子写了一封信：

儿子，这是你出生以来，我们娘俩分开时间最长的一次，而且又是在这样的非常时期，请原谅妈妈不能陪在你的身边照顾你。每当听到你爸爸说你不舒服时，妈妈内心就充满了愧疚之情。儿子，妈妈想你……

在国难面前，我们需要担当和责任，只有国家平安，才有我们小家的安宁。妈妈是医务工作者，正是这场没有硝烟战争的主力军，这个时刻正是需要我的时候，勇敢地冲上去是我义不容辞的职责，我要成为一名英勇无畏的"白衣战士"。相信你是会理解和支持妈妈的，对吧？你已经是高中生了，这些道理你都懂，我希望你在今后的人生路上，也要做一个有担当、有责任心的男子汉，不管做什么事情都要有大的格局和胸怀。作为一名学生，你要努力学习，打好基础，不管以后干什么工作，都要脚踏实地，做一个有理想、有抱负、有真才实学的人。努力是成才的基础，踏实是做人的本分，良好的品格是立足社会的脊梁，愿你努力拼搏，踏实做人，早日成为一名顶天立地的男子汉。

董艳艳给儿子写的这封信，既是对自己思念亲人的一种释怀，也是对自己顽强拼搏的一种激励，更是对自己永不言弃的一种意志表白。整个援鄂的过程，对董艳艳来说也是个人心态不断调整、思想不断升华的过程，虽然付出了超出常人的忍耐和艰辛，但也收获了常人无法体会的内心感受，这些感受和体验有些甚至是只可意会而无法言传的。正像董艳艳在日记里写的："在黄冈的57天里，虽有荆棘，更有诗意；虽有坎坷，更有惊喜，陷逆境而不颓丧，从容笃定，初心不变，明媚如春日朝阳。我们在那里，争分夺秒，这是我们的奋斗征程！我们在那里，勇毅笃定，战无不胜，这是我们的大爱冲锋！我们没有辜负党和人民的期望，没有辜负家乡人民寄予的厚望。我们的行动让沂蒙精神在荆楚大地上闪耀光芒，我们的行动彰显了抗击疫情'战时样板'的自信，更得到了党和人民的充分肯定！"

2020年3月21日，是医疗队完成任务撤离黄冈的日子。对于董艳艳和医疗队的每一个队员来说，这一天都是终生难忘的一天——黄冈市区人山人海，红旗飘飘，锣鼓喧天，每一个市民都走出家门，用自己的方式表达着对医疗队的感激和依依惜别之情。这份深情深深地震撼了董艳艳和战友们，当他们挥泪告别这片热土时，内心是满满的感动。当天，董艳艳在日记中写下了这样一段话："我将不辜负党和人民的期望，保持与病毒斗争的干劲、定力，不忘初心、牢记使命，发扬不畏艰难、挺身而上的精神，在社会共同的善行面前，让这感动化成蓬勃的力量和责任担当，让更多的人能找回直面人生的勇气，把爱洒在天地间，继续前行，在新时代救死扶伤的伟大征途中镌刻下呵护生命的辉煌！"

管理创新铸工匠精神
转型路上展巾帼英姿
——记山东临工人力资源本部原部长宋晓颖

◎临沂市总工会

宋晓颖

　　我是来自山东临工工程机械有限公司人力资源本部的宋晓颖。我公司现有员工3000余人，是世界工程机械50强。在这个以装载机、挖掘机为主导产品的重型机械制造企业里，92%的员工是男同志，我们人力资源本部可谓是一根"独苗"，现有职工12人，其中女职工8人，均为各专业的骨干。近年来，我们部里女员工充分发扬"女汉子"的精神，以巾帼不让须眉之志，从大局出发，克服困难，务实创新，凭借规范的内部管理、良好的职业素质和突出的工作业绩，先后获得国家级荣誉称号2项、省级荣誉称号8项，连续5年蝉联公司内部优秀部室。

精心打造"一全二创三结合"模式，为企业转型插上创新的翅膀

　　2011~2016年，工程机械行业经历了连续5年的低谷时期。应对市场下滑的严峻形势，实现转型、创新突破是关键。那段时间，我们利用业余时间深入生产一线，累计调研1100多人次，发放调查问卷800多份，取得了大量鲜活的第一手材料，最终设计出以"搭台建制创氛围"为主要内容的"一全二创三结合"创新管理模式。目前，共产生创新成果2000多项，创造（节约）经济价值8000多万元，公司发放各类奖金1000多万元。我带领人力资源本部的骨干力量，凭着一股干事执着的钻劲儿、韧劲儿，一次次深入各个业务岗位和流程节点，逐步了解了所有业务的操作细节和流程，认真分析出工作难点并查证关键控制点。

不畏难、不嫌烦、不怕累，我们与各部门反复沟通，悉心指导各岗位编写工作标准，无数次组织评审、修订，就这样逐个岗位逐个流程地梳理，历时两年之久，最终形成了《山东临工岗位标准化手册》，包含435个详尽的岗位说明书与1093个关键业务工作标准，为实现知识共享、精益管理奠定了坚实基础，为管理提升创造了条件，岗位标准化工作也荣获公司2016年度管理创新奖。人力资源部始终立足助推公司发展，特别在参评全国质量奖过程中，为了更快更好地完成申报材料，部门女职工在不影响其他工作的前提下，加班加点，仅用两周的时间就完成了十几万字的人力资源模块申报材料和实证资料，为临沂市赢得了历史上第一个"全国质量奖"。

多渠道构建人才培养体系，为企业"练"就好工匠

在企业加快转型升级的今天，培养、留住、用好各类高技能人才，打造忠诚于企业的"工匠队伍"是关键。按照这个思路，我们积极学习国内外知名企业的先进经验，结合公司实际，不断探索创新人才培养体系，建立了富有临工品牌特色的"五级五通道"职业生涯发展模式。为稳定技能人才队伍，理顺从培养到使用的关系，构建好人才"蓄水池"，我们在技能人才激励政策和评聘机制上做了大量工作。通过建立"五级五通道"职业生涯发展模式，打造出一个"想干事有机会、能干事有平台、干成事有回报、干好事有发展"的平台，极大调动了职工的积极性，实现了公司劳动生产率的持续提升，创造了人均营业收入150万元的行业最好水平。广泛开展技能比赛，练就各工种尖兵。结合生产型企业淡旺季的实际，利用旺季开展全员参与的岗位大练兵活动，利用淡季开展"临工杯"技能大赛。同时借台搭梯，扶持和精选内部高技能人才走出去，连续多年承办了临沂市"劳动之星"技能大赛，练就了一批具有良好的职业道德、甘于奉献企业、专业技能高超的行业尖兵。构建四级带徒体系，让"工匠精神"薪火相传。我们将现代的教学培训模式与传统的导师带徒培养模式相结合，发挥二者优势，建立了"技能大师工作室—首席技师工作室—技师工作站—技师工作点"的高技能人才培养四级带徒体系。进站技师和学员"人人有课题、月月有活动、季季有成果"，形成了"师带徒、老带新、徒帮师、学中做、做中学"的培养新局面，技能人才和岗位成果大量涌现。目前公司有22个技师工作站、8个创新工作室，累计完成自主攻关课题300余项，累计带徒127名。四级带徒体系已成为临工培养工匠的摇篮，已有全国技术能手1人、享受国务院政府特殊津贴2人、省首席技师3人、省技术能手2人、市首席技师7人、市技术能手12人。

立足岗位不断创新，为企业增效益

一般来说，人力资源管理部门很难直接创造效益。我们在尽职尽责做好本职工作的同时，探索开展了临工学校、内训师培训、临工管理咨询、大学生暑期实践等一批创新项目，实现了社会效益和经济效益的双丰收。

第一，创新建成临工培训学校。对于我们一个只有十几人的部门来说，这可谓一项宏大工程，必须集全员之力，紧密配合、全力共建才能确保这项工程圆满完成。然而在学校的实际建设过程中，其艰难程度还是超出了我们的想象，职工培训学校不仅面向公司数千个岗位，还需要满足供应商、经销商等上万人的培训需求。仅以课程库、试题库的建设来说，培训课程就分为400余个门类，试题库则达8000余道。关键时刻，我们部门的女员工们充分发扬团队精神，不分分内分外，主动承担工作重任。对内，她们深入车间和班组，积极与工程技术人员、一线技术工人沟通和交流，广泛征询意见，与管理人员、技师、工程师细致研究培训方案和教案，在三四个月的时间里几乎没完整地休息过一天；对外，她们进学校、跑机关，与高等职业学校、教育主管机构、专业培训机构等联系接洽。在大家的共同努力下，职工培训学校的软硬件建设比原定计划提前半年完成。目前，学校可同时容纳500人学习，100人进行技能实训，培训室、图书室、电教中心、综合实训中心等培训资源齐全，累计培训公司员工及相关人员5000多人次。我们还积极搭建微信移动学习平台——临工微课堂，满足了员工多样化的学习需求。

第二，创新开展管理咨询交流活动。在临工成功的实践基础上，我们深入分析研究，总结提炼了可以复制推广的临工管理经验，内容涵盖人力资源、精益生产、现场管理、智能制造等多个方面。已有来自省内外50多家企业共800多人次前来参观学习。

第三，创新推出校企合作项目。我们为全国高校相关专业大学生专门打造了"大学生暑期社会实践——临工行"项目，开展以"亲身体验、动手实践、交流互动、能力提升"为特色的社会实践品牌活动，既为他们打开了一扇感知现代化企业的窗户，也为他们择业及职业规划提供了帮助。目前，已有上千名来自浙江大学、山东大学、吉林大学等知名院校的学子走进临工。

雄关漫道真如铁，而今迈步从头越。荣誉代表过去，奋斗赢得未来。下一步，我们将依托"成为国际化的工程机械领先企业"的公司愿景，坚持"平台搭建、资源开发、标准牵引、认证提升"的工作思路，以促进员工能力发展为核心，多措并举，全力开创人人成才、人尽其才的生动局面，为公司实现转型升级和创新发展提供强大的智力支持和人才保障！

弘扬传统美德　构建文明家庭

——记临沂市技师学院教师袁桂萍

◎临沂市总工会

我叫袁桂萍，是临沂市技师学院的一名教师。1991年结婚至今，我和丈夫王公安相互关爱、勤俭持家，孝老敬亲、和睦邻里，用自己的双手营造了一个和谐温馨的家庭，不仅得到了领导同事和邻里的好评，还曾荣获临沂市文明和谐职工家庭、山东省十佳文明和谐职工家庭等称号。

袁桂萍

我丈夫5岁时，他的父母就离异了，为了全心全意地照顾他，我公公就未再结婚。公公是一名教师，从教40年，积劳成疾，1982年就患了帕金森病，手脚颤抖，生活不便。我丈夫参加工作后，就把公公接到单位，父子一起住在单位宿舍。后来经人介绍，我们相识，因在同一单位，有的同事劝我说："你还没出嫁就要照顾他爸，这些你都想好了吗？"也有人对我丈夫说："赶紧把你老爸送回老家吧，要不然哪个姑娘愿意嫁给你？"我丈夫不但没把父亲送回老家，还带他到济南等地四处求医问药，不离不弃，这让我很感动。我也把恋爱的事告诉了我的父母，他们不但没有责怪我，还很支持我们交往。我父亲是一名军队转业干部，他教导我说："谁能保证人老了不生病？找对象，人品好才是第一位。"

父母的鼓励和赞许让我没有了顾虑。1991年的国庆节，我与丈夫结了婚。结婚之初，尽管工资微薄、生活艰苦，但我们夫妻相互尊重、相互支持，共同承担起生活和工作的责任。婚后两年，我们的儿子出生，日子过得简单而满足。我们两人都是留校任教的，为了更好地推动工作，需要经常到外地学习深造。丈夫外出学习时，我便承担起照顾公公的重担，给他洗头、洗脚、洗衣、做饭，精心安排好他的生活起居。公公逢人便夸："桂萍比亲闺女还亲。"我有4个妹妹，人家都称我们是"五朵金花"。我的父亲患有小脑萎缩长达11年，常年卧床，生活不能自理，我的母亲也先后做过3次大手术。为方便照顾父母，我提议把父母从日照接到临沂来生活，并在自身经济紧张的情况下，在姊妹中带头凑钱给父母在市中心买了房子和养老保险。我平时带领妹妹们分工照顾父母，给父亲洗衣洗澡、清洗被褥、理发按摩、清理大小便，在我们的精心照料下，家里收拾得妥妥当当，没有一点异味。我们姊妹几个从不抱怨，互相包容、一致尽孝。几位妹妹比着孝顺自己的公婆，也都受到街坊邻里的高度赞誉。

我在家尽心尽力照顾老人，在单位也勤奋上进。我和丈夫是事业上的好搭档，一直工作在教学一线。我们相互鼓励，不断提高业务水平和工作业绩。1995 年和 2002 年，我先后报名参加本科、研究生进修学习。1995 年，丈夫参加了临沂市青年专业技术比武大赛，荣获临沂市第一名，接着被推荐到省里参赛，取得全省第二名的好成绩。我支持丈夫继续深造，1997~1999 年，他到天津职业技术师范大学进修学习。在此期间，我一个人又当妈又当爸，承担起了家里的一切事务，但没有因此耽误工作。有付出就有收获，我在工作中连续获得院级优秀教师 12 次，模范班主任 6 次，优秀共产党员 2 次，在省级杂志发表教学论文 9 篇。丈夫于 2005 年被学院推荐参加全国专业技术通用教材主编竞选，并顺利通过，其主编的教材被评为国家级精品教材，至今他已主编、参编全国中等职业技术学校通用教材 50 余部。丈夫先后获得"临沂市技师学院教学名师""国家技能大赛优秀裁判员""振兴沂蒙劳动奖章"等荣誉称号。在他的指导下，我主编、参编全国中等职业技术学校通用教材 20 余部。

在教育教学中，我关心热爱学生，经常为孩子们送去母亲般的温暖。记得那是我的第 24 个教师节，当我戴着大红花从领奖台上走下来的时候，一名学生手捧一束鲜花走到我的面前，说："老师，今天是您的节日，学生给您献花来了。两年前的那个晚自习，我因胃出血导致休克，要不是您及时把我送往医院救治，还不知道后果会是什么样子。"透过朦胧的泪花，映入我眼帘的是火红的康乃馨。现在我的许多学生都已有了自己的小家庭。我经常去参加学生们的婚礼，在许多学生的结婚盛典上，我被他们拜为"高堂"，这让我感到很欣慰，也为培养出一批批优秀的学生感到自豪和骄傲。

我丈夫是民建会员，虽然我们的日子过得比较拮据，但是仍然心系山区。当他得知临港区壮岗镇莲花小学的学生们由于上学路途较远，不得不从家里带好午饭，以致中午都是吃冷饭时，他和其他民建会员一起捐款 30000 元，资助莲花小学建起了"爱心厨房"，让 500 余名山区小学生吃上了热腾腾的午饭。

对于孩子的家庭教育，我们夫妻讲求以身作则、言传身教，爱在心里、从严要求，注重对儿子进行传统美德教育，培养孩子节俭、谦逊、自强的良好品质。儿子耳濡目染，继承了孝顺与厚道的家风，在学校里尊重长辈、团结同学、热爱学习、勤于钻研，先后被评为优秀班干部、三好学生，并获得国家一等奖学金和机器人大赛一等奖。

我们要求自己在单位做优秀的职工，在家庭做称职的一员，在社会做文明的公民，追求社会公德、职业道德和家庭美德的和谐统一。在家里我们经常交流工作体会，相互取长补短，遇到困惑相互开导、相互支持，坚持做人最基本的原则，摆正自己的位置，家庭事业两不误。音律和谐，才能弹奏出优美的乐章；家庭和谐，才能推动社会的发展进步。拥有安定祥和的家庭，我们的工作精力才会更有保障，我们的生活才会更加美好。让我们一起努力，为构建和谐家庭、和谐社会尽职尽责，共同谱写家庭与社会双赢的时代凯歌！

"金牌主持人"袁小冬

◎赵金祥

袁小冬

在济南广播电视台的发展史上，她留下了浓墨重彩的一笔；在济南传媒业的对外形象上，她令人印象深刻。她就是袁小冬。

袁小冬，女，1972年2月生，大学毕业，化学专业。刚开始的人生履历表上，除了这短短一行字，她似乎并无特别之处。然而，翻开她15年的主持人生涯，人们会发现一个颇富传奇色彩，令人叹为观止的"星"路历程：22岁进入电视台；24岁成为最年轻的独立制片人；25岁有了以自己名字命名的栏目《小冬热线》；28岁已是全国第一档现场直播谈话类节目《泉城夜话》的主持人；2006年，她又在省内第一个女性频道——济南电视台都市女性频道担纲主打节目《小冬夜沙龙》的主持人，同时兼任频道、部门的领导职务。她连续两届获全国法制节目主持人"金剑奖"，先后获得第六届全国主持人"金话筒"金奖提名、全国城市十佳节目主持人、全国主持人"金鹰之星"荣誉称号。曾获得泉城十大杰出青年、济南市劳动模范、济南市青年学术技术带头人、山东省劳动模范等荣誉称号，曾获得全国五一劳动奖章，并于2007年光荣当选为山东省第九次党代会代表。

一个学化学专业的人，是如何变成电视人的呢？有人说，是1993年一次偶然的知识竞赛，让济南电视台的领导发现了她；也有人说，她天生就是做电视主持人的料，她在镜头前的机敏、自信和真诚，很难不打动观众。而她自己却说，是生在广东的父亲和长在松花江畔的母亲给了喝泉水长大的她一种独特的基因和情结，即勤奋和朴实，而这正是她一路走来的基石。

刚进电视台的袁小冬扬长避短，绕过了自身形象、声音、资质的不足，通过提升内在实力与采访能力，向"主持型"方向发展。她先在《社会传真》等品牌节目里接受锻炼和熏陶，后凭着自己的勤奋、执着、悟性和心无旁骛，在三年后的 1996 年，实现了自己主持人职业生涯中的第一次"化学反应"——诞生了以她的名字命名的法制类节目《小冬热线》。她摒弃了当时枯燥的法律知识宣讲模式，采用了抽丝剥茧式的个案分析讲述方式，把专家、律师请进演播室，理性地讲述着一个个贴近生活的法律故事。在 4 年的时间里，《小冬热线》共为观众解答法律问题 1 万多条，观众送来的信件和锦旗塞了满满一大柜子。

有人说，《小冬热线》及后来的直播节目《庭审纪实》，很大气，很好看。但就在这些节目蓬勃发展的时候，她却主动选择了放弃，因为有一个更大的挑战、更新的开始在等待着她——开全国现场直播谈话类节目先河的《泉城夜话》。

"主播之王"沃尔特·克朗凯特曾说过："一个好记者只有一件事要做——说出真相。"袁小冬深知此话的含义。《泉城夜话》就是让各色人群和所有真实的心灵在直播的语境下来一次碰撞和展示。而她作为主持人，就是要通过谈话把人性中的真实、人格中的光辉，矛盾的焦点、希望的亮点，全部展现出来，用一个个感人肺腑的真实故事，唤起人们对真、善、美的共鸣。

袁小冬也深知吃这"第一只螃蟹"的难度。现场直播谈话类节目的复杂性、技术性、可控性都是未知因素，对主持人的要求更是苛刻。既要保持谈话顺畅，又不能信马由缰；既要谈深谈透，又不能情绪失控；既要调度场外电话，保证观众现场参与，还不能超时……袁小冬却能时刻掌控全局，在场上，她与嘉宾微笑对话，笑如春风；捕捉每一个细节，抓住稍纵即逝的话题；碰撞嘉宾内心深处，力求谈话内容恰到好处；启发情感话题，风趣幽默并且妙语连珠。她那双会说话的大眼睛，会随时观察场内外的各种反应，并不动声色地化解所有的不协调。参与节目的嘉宾里，有的是专家学者，有的是演艺明星、社会名人，更多的是一些弱势群体，比如下岗职工。面对形形色色的嘉宾，她总能精确把握、从容应对，用一次次观点的交锋碰撞、话题的起承转合，成就了一次次节目的精彩。她看似不经意的一句话，就能引得嘉宾倾诉衷肠，痛哭流涕；时而幽默风趣的玩笑，又让对方破涕为笑，转悲为喜。在她那乐队指挥般的主持艺术的驾驭下，节目变得跌宕起伏、精彩纷呈，最后都汇聚在人性光辉的感悟之中。

袁小冬说，她喜欢有"脱口秀女王"之称的著名主持人奥普拉·温弗瑞。奥普拉·温弗瑞的那份与生俱来的理性、那份来自骨子里的坦诚，还有与观众零距离交流的奔放，值得她毕生学习。她不断探究、不断思考，深读心理学、社会学、管理学、医学、情感类等方面的书，研究央视及其他电视台所有访谈节目的特点，与整个团队一起学习，加速磨炼整个团队的观察力、执行力。每天，她都会要求自己保持"风"一样的节奏、"风"一样的效率，将工作经验和以往的荣誉统统"归零"，以创新的思维拥抱新的 24 小时。就连出差时，她也不忘钻进"书屋"，一待就是小半天。她说，乔治·里奇所著的《死亡 9 分钟》一书对她的工作有很大的影响。书中"生命虽被设计，但仍然可以改变"的观点，被她大量地用到了节目中。采访市长，连线残疾青年，关注长清孤儿上大学，帮助下岗职工找工作，协助"阳光大姐"进京服务，对话生命垂危、捐献角膜的年轻姑娘……9 个年头，播出了 800 多期的《泉城夜话》，早已走入千家万户，成为济南观众心目中的品牌节目，她本人也获得了"全国城市十佳主持人"的殊荣，成了业内和观众公认的"金牌主持人"。

【作者简介】赵金祥，男，1963 年 11 月 20 日出生于济南。中共党员，新闻学本科学历。现为济南广播电视台产业发展中心副主任（《齐鲁新视听》杂志执行主编）、济南广播电视台学会主任编辑，曾参与策划创办了济南地区民生新闻栏目《今晚 20 分》，并担任首任责任编辑、制片人。撰写了《商标：无形的资产》《论市场经济条件下的电视人才》等多篇学术论文，曾获全国理论成果特等奖、山东广播电视特等奖及山东新闻奖一等奖。

"雨巷"中走来的首席主播

◎赵金祥

　　"撑着油纸伞，独自／彷徨在悠长、悠长／又寂寥的雨巷／我希望逢着／一个丁香一样的／结着愁怨的姑娘……"戴望舒这首《雨巷》，不知给多少人带来了无限遐想。

　　1992 年，一位江南姑娘来到了泉城济南，她从诗人的故乡——浙江省杭州市的"雨巷"中走来，以她那特有的温和、细腻的嗓音，在话筒前娓娓道来，讲述着一个又一个曲折起

含　笑

伏的情感故事。她征服了数以万计的听众，也把自己的名字和节目深深刻进了听众心中。作为主持人，她或许算不上是一位有厚重感的人物，但是，以个人的名字来命名一档节目，却是她开了济南广播电台的先河。她就是含笑，济南人民广播电台原首席主播，原品牌节目《含笑时间》的主持人。

　　含笑，原名俞芸蓉，1969 年 9 月出生于军人家庭，毕业于杭州师范大学中文专业。在她小学、中学、大学甚至工作后所有填写表格的"爱好"一栏中，都雷打不动地挂着这样三个字：读（读书）、写（写作）、说（演讲），而这也是贯穿她人生的三个字。考入济南人民广播电台后，她在第一年便独立担任了省内第一档广播热线谈心节目的主持；第二年，因工作出色，台里领导便用她的名字命名了这档节目——《含笑时间》。数年间，《含笑时间》获评全国经济广播十佳栏目、山东省十佳社教栏目，她本人先后获得济南市首届巾帼十杰、泉城十大杰出青年等荣誉称号，并担当了 2008 年北京奥运会火炬手。

　　从电台人到社会名人，含笑是如何成长为广播节目情感话题类主持的一面生动旗帜的？

刚开始主持时，含笑散发着一种文学少女的气质，自由、奔放，想说就说、想笑就笑，想表达就尽情表达。她将快人快语、直截了当的个性融入主持风格，加上南方女孩的细腻，使节目一开始就有了一种真情流露、实话实说、细致入微的独特风格，一经推出就受到了听众的欢迎，登上了收听率榜首，成为济南人民广播电台的特色品牌。

但她很快发现，"文学少女型"的风格已经不再适合节目。仅靠堆砌一些排比句来抒发感怀的"文学腔"已经满足不了听众的需求，听众需要"思想交锋"，希望节目有更多的社会热点话题，需要思想的分析、观点的渗透和思维的创新。

从"文学少女型"到"思想渗透型"，含笑开始了她主持风格的第一次转型。她清楚，广播电台的主持人和电视台的主持人不一样，电视节目强调的是一个团队的配合，而电台主持人更侧重于个人能力的发挥，说白了，就是用一个人的思想去征服听众，本质上是主持人个人思想魅力的展示。从那时起，她坚持天天读书、读报，并到处去淘书——哲学类、管理类、情感类、营销类……读一切能读的东西，不断充实自己。她每天要求自己要对一件事进行思考，与自己对话，并写出一篇"命题作文"。为吸收一些新鲜的观点，她还订阅了近10种报刊，将那些闪烁着智慧光芒的理论、观点，源源不断地存进自己的大脑。有些精妙的语句她还能熟记熟背，并精准"复制"到节目中，使节目新鲜而富有活力。

含笑常说："每一种声音都值得被倾听。"有人曾抱怨听众的文化水平不高，说话絮絮叨叨，而含笑却始终耐心地接听每一个电话。她常引用作家二月河的一句话："不要老说他们层次低，身处最底层的人们有一个好处，就是无论从哪个方向努力，都是向上的。"各种各样的热线电话里，有生活的不幸、心境的繁杂、短暂的沮丧，还有多角情感的乱麻……这些五味杂陈的情感故事，总有她的倾听、她的评论。听众向她袒露心扉，她便与听众感同身受。有一位双目失明的女孩因生活苦闷给含笑打来了电话，而含笑给她的是9分钟的循循善诱、悉心引导："失去眼睛并不意味着失去所有的能力，更不意味着失去希望，假如你能振作起来，你就已经有了价值，对不对呀，这位可爱的盲人姑娘？"后来，在那位盲人女孩准备前往长春特教学院报到时，她又打来电话，说："姐姐，当年那9分钟真是'救命9分钟'啊！"仔细打听，含笑才明白了事情的来龙去脉：原来当时女孩的求助热线被山大的一群青年学生听见了，他们主动联系了女孩，要求做她的义务家教，直到她考上大学。女孩问他们："为什么这样帮我？"他们回答："因为我们都听含笑的节目呀！"通过一档节目改变了一位盲人女孩的命运。这听起来有点戏剧性的故事，含笑自己却一直不知道，了解情况后，她真诚地说了一句："谢谢你告诉我。"

　　随着谈话类节目的增多和媒体竞争的加剧，许多节目盲目追逐一些"流俗"的东西，以此换取收视率、收听率。含笑深知这一点，她始终认为：媒体的公信力在于承担的社会道义，一个好的主持人应当有良心、有担当，应是守护社会责任的"哨兵"，是真、善、美的传播者，而不是赚钱和抬高收视、收听率的工具。因此，在《含笑时间》走过的几千个日日夜夜里，她始终坚守着自己的准则和底线。

　　随着社会的发展，反映孩子厌学、早恋、网瘾以及亲子关系危机等问题的听众越来越多，这成了社会的热点话题。针对听众家长一上来就大加指责孩子的做法，含笑常常以激将式的反问来提醒家长思想认识上的偏差，并用"倒推法""换位法"层层分析、倒推还原，帮助家长厘清思想脉络。她常问："孩子多大了？你在这个年龄时干什么？你发现苗头后是否主动跟孩子沟通过？平时有没有与孩子建立有效的沟通渠道？是否问过孩子10年后要过什么样的生活？5年后有什么样的目标？现在又应该怎样去做？"一位14岁的女孩曾哭着给含笑打电话，称"和妈妈彻底闹翻了"，原因竟是她给妈妈说了一件事，要妈妈不要告诉别人，可妈妈却违背了承诺。这看似是一件小事，却破坏了亲子间的信任关系，其中折射出的问题，着实值得众多家长深思。

　　有人说，含笑主持节目时，从不回避话题，总是迎难而上、单刀直入，但很少有人知道她侠骨柔情的另一面。2002年含笑工作室成立后，她做的第一件事，就是给自己制订了一个慈善捐助计划。在这之后，她每年都会向失学儿童、单亲家庭、养老院老人等弱势群体进行捐助，7年间共捐款9万多元，平均每年捐出1万多元。含笑说，自己捐的这点钱虽杯水车薪，但希望让那些处在困境中的听众知道，她是真的在意他们，社会上也有许多人在关心着他们。

　　2009年，走过风雨16载的《含笑时间》团队办了一件大事——成立了由社会各行各业的高级智囊组成的"含笑时间专家团"。专家团包括劳动、就业、法律咨询、慈善救助、心理诊治、婚前指导等方面的专家，旨在助推《含笑时间》的延伸发展。专家团的出现，也代表了含笑的再次蜕变，"健康的人生态度、跨界的知识广度、基本的思想深度、适宜的主持温度、一定的节目高度"，这正是她所追求的主持人"五度空间"，也为她的主持生涯写下了浓墨重彩的一笔。

　　"人生当含笑，含笑走人生。"她说，"既然名字里含进了笑，就争取笑到最后吧。"

万绿丛中一点"红"

◎赵金祥

赵　红

赵红参加工作以来，始终在新闻播音主持的岗位上默默坚守，她主持的节目或许因岁月流逝已被人淡忘，但她浑厚、磁性、字正腔圆的声音，却时常出现在各大新闻专题以及一系列获奖作品中。2009年8月7日，曾经的"央视名嘴"韩乔生来到济南电视台，在夸赞完济南广播电视台播音主持的整体实力后，还专门称赞了赵红的嗓音。

赵红，1971年生，自幼生活在在新疆阿尔泰山脉下。既非少数民族，也非科班出身的她，也许正是得益于这广袤无垠的大草原、戈壁滩所赋予的灵性，从小就有着"天籁之音"的禀赋。高中刚毕业，她就脱颖而出，在全县组织的普通话比赛中，一举夺得了第一名；1992年，临沂市蒙阴县广电局破格录用了她；1993年，她夺得了山东省播音主持政府奖一等奖，开了全省县级台得此殊荣的先河；1994年，她被山东人民广播电台招募，并师从张涵、大明、朱山等播音界的名人前辈。带着一种对电视播音主持的追求和热爱，1996年，她终于"转会"到济南广播电视台，做了新闻节目的播音主持。

进入济南广播电视台后，赵红深深领悟到，如果没有大量的社会实践和采访活动，那么在聚光灯下的主持人只能是一个美丽的空壳，而要想拥有内在美，就必须走出去。进台后的几年间，她一边做新闻节目的播音主持，一边做一线的采访记者，晚上走进演播室，白天则与摄像师赶赴济南的大街小巷和各个单位，不管是时政新闻、社会新闻，还是典型报道，她对每一项任务都细致采访、认真体会。由于她熟悉整个新闻节目的采制流程，所以主持新闻节目时生动而不僵硬、从容而不紧张。因此，她在调动情感、肢体语言、有声语言，掌控新闻节奏上，有了"根"，有了"底气"。《经视新闻》《泉城新闻》《今日财经》

《社会广角》《科技与探索》，这些当年的重点节目，她都主持了一遍，而许多人认识她，却不是在电视上，而是在城市的街巷里。

如果说早期的采访实践给了她扎根基层的启发，那么真正让她更进一步的，则是在主持《今晚20分》《今晚特别点击》期间所进行的工作。涉及交通事故、施工扰民、居住环境差、再就业、养老金发放、看病贵等一系列民生话题的节目，不仅让她得以解读民生，也让她在感受衣食冷暖中有了新的感悟。

有人评价赵红音如其人，端庄、大气，富有感染力和穿透力。而她却说，嗓子是父母给的，情感是后天培养的。播音讲究"言为心声"，言语是一个人思想、情感的直接反映，因而赵红总是热爱学习、勤于思考和观察。

赵红对自己的要求可以概括为三个字：快、准、优。快——熟悉和"消化"稿件的时间力争最短。1分钟左右的新闻稿，她从接稿到播送完成，不超过3分钟。准——精准播读，一气呵成，能够为后续制作节省大量时间。优——力争达到最佳的播出效果。为此，她每天坚持练习，并学习研究央视及省级卫视新闻节目的各种播报风格。凭借得天独厚的嗓音条件以及勤学苦练，赵红多次担任重大节目和大型专题报道的女声播音。仅2000~2010年，她就完成了50多项重大播音任务，其中的济南"7·18"特大暴雨专题报道，得到了业内的一致好评。

2009年8月，赵红以唯一一名播音员的身份入选了"济南电视台首届首席主持人（播音员）"的评选，她的获奖感言只有12个字：不求天籁之音，只求"播"动人心。她常说，"只有融入了真情实感，才能为节目注入灵魂，作品才有灵性"。从事新闻播音主持行业20多年来，赵红遇到了很多的诱惑，也遇到了很多的挫折，但这些都没有让她产生放弃播音主持的想法。她始终在坚守、在守望，她坚信，既然热爱这个职业，就要负责到底，为这份事业不懈奋斗。

"今晚"明星——毛蕾

◎赵金祥

毛　蕾

毛蕾，曾是济南电视台新闻资讯类节目《今晚》的当家主持。她毕业于浙江传媒学院播音主持专业，曾获全国电视主持新星大赛"十佳主持新星"、"金话筒"爱心传播活动"模范爱心大使"、山东省巾帼建功标兵等荣誉称号，获济南市"巾帼十杰"提名奖，曾担任济南市节水保泉形象大使。

毛蕾总是给人一种淡定、从容的感觉，她不爱打扮自己，平日里衣着朴素，也无金银珠宝相衬，从不惹人注目。但是，毛蕾对节目的投入、对读书的喜好却颇为积极、执着，用她的话说："我是一个理想主义者，做到或做不到，我都不去管它，我只是努力去做，争取最好的结果。"

伴随着《今晚》这档节目的创办、发展与转型，一路走来，毛蕾既是见证者，又是参与者。从早期的百姓新闻、民生新闻，到后来的社会新闻、公共新闻，毛蕾始终用自己坚持不懈的努力陪伴着节目成长。尤其在2006年节目实现直播后，她更是全身心投入，近千个日夜从未间断地出现在节目现场，聆听着百姓的呼声，传递着温暖的爱心。许多观众说，"毛蕾主持节目比月亮还准时"。民生新闻聚焦百姓的身边事、麻烦事，其本土化的语言、生活化的视听感受，与毛蕾平易近人的主持风格相得益彰，广受观众喜爱。毛蕾认为，尽管有时候节目中的"悲情主义"可能多了一些，但是能让公众的诉求找到一个"出口"，能起到为社会"减压"的作用，这就远比那些漂亮的空话真实得多、珍贵得多。

生活中，读书是毛蕾的唯一爱好。她读的书涉猎颇广，情感类、励志类、哲学类、职场类、国学类、社科类……尤其是那些散发着真理光辉和哲学思辨的书，她最喜爱，并常常将书中的理念运用到自己的工作中。毛蕾说，书是从小到大伴随她成长的最好朋友，她很享受徜徉在书中的美妙感觉。不值班的时候，她经常一个人去淘书，有时在图书馆一待就是半天。关于读书，她最喜欢的就是张元济老先生的那副对联："数百年旧家无非积德，第一件好事还是读书。"她喜欢王蒙"与庄子对话"的哲理，更喜欢钱锺书饱含智慧的绝妙文心，她经常用《礼记·中庸》中的"博学之，审问之，慎思之，明辨之，笃行之"来警醒、鞭策自己。

以医者之仁心　行至善之仁术

——记沂南县心理康复医院院长冯秀梅

◎临沂市总工会

冯秀梅

精神病人是一个特殊的病患群体，每一个精神病人的背后，往往是一个支离破碎的家庭。那么，应该如何救治千千万万的精神病人，进而挽救千千万万的家庭？这是一个具有社会学意义的重大课题，更是所有精神科医生无法回避的初心之问。

关于这个问题，有一个人给出了答案：以医者之仁心，行至善之仁术。

她叫冯秀梅，是沂南县心理康复医院党支部书记、院长，沂蒙红嫂协会会长。40多年的行医历程里，她时刻铭记"医道仁道，行医行善"的祖训，时刻秉持着一颗医者仁心，精益求精，臻于至善，视精神疾病患者为亲人，谱写了一曲响遏行云的大爱之歌。

年少立志　勇于传承开拓

冯秀梅出生于沂南县孟良崮山脚下一个远离城市的深山小村，她的家里祖上四代都是中医，父亲冯光启是专治精神病的中医大夫。医专毕业后，以冯秀梅优异的学业成绩，她原本可以留在市里发展，但她却做了一个令人意外的决定，那就是回到家乡从事精神疾病的治疗。对此，很多人不理解，有人甚至当面问她："你一个年轻的女孩子干什么不好，为什么偏偏要跟一群疯子打交道？你图的是什么？"冯秀梅笑笑没有回答。人们不知道，在冯秀梅的成长过程中，她耳濡目染了太多精神病患者的家庭悲剧，她比任何人都了解这些人们避之不及的"疯子"及其家庭所承受的巨大痛苦，她要帮助他们，要为他们治好病，帮他们摆脱痛苦！就这样，冯秀梅毅然决然地回到了家乡，投身精神卫生事业，并暗下决心："一定要干好，而且要干出样子来！"

终于，这条祖辈几代接力蹚出来的路上，再一次有了新的传承者和开拓者。

效法神农　不惜以身试药

从医的道路并不是一帆风顺的，冯秀梅遇到了不少难题，精神科药品的匮乏就是其中之一。

20世纪80年代初期，精神科药物本就稀缺，而寥寥无几的几种西药又大多具有较为严重的副作用。冯秀梅决定探索新的中药方剂，力求在中草药治疗精神疾病的领域蹚出一条新路子。当时，用中药治疗精神疾病的医生极少，某些药物的治疗用量和中毒量非常接近，如何准确把握药量是治疗中最大的难题。父亲冯光启曾说过："要想真正拿捏好药量，最好的方法就是自己去试。但是这太危险，弄不好把命都搭上。"冯秀梅当然知道以身试药的危险性，但是看到患者痛不欲生的样子，面对当时缺医少药的困局，她还是决定亲自尝试。这个大胆的想法遭到了家人的一致反对，她就瞒着家人尝遍了所有能够用于治疗精神病的中草药，一如远古时期遍尝百草的神农氏。最严重的一次，她昏迷了整整两天。醒来后，家人心疼地责备她："你不要命了！到底是你的命重要还是药方重要！"冯秀梅摇了摇头，轻描淡写地说："我这不没事嘛！"

一次、两次、三次……经过无数次以身试药后，她终于研制出16组安全有效的中药方剂，这些方剂在治疗各类精神疾病中发挥了显著的作用，拯救了数万名精神病人，也挽救了数万个濒临崩溃的家庭。

托养康复　惠及残疾群体

精神疾病发作时，患者会出现思维紊乱、意志不受支配、情绪多变等现象，有的甚至会出现攻击行为，造成悲剧的发生，这深深地刺痛了冯秀梅的心。更严重的是，精神病患者由于病情反复发作，会导致其产生认知情感等方面的障碍，最终成为"精神残疾人"，游离于社会的边缘，成为家庭和社会的沉重负担。

为了改善这一特殊群体的生存和生活条件，2001年，冯秀梅探索性实施了"治疗加康复"的新模式，将不具备家庭监护条件的患者统一照护起来，培养他们的生活技能和工作技能，让他们以另一种方式回归社会。对家庭条件困难的患者，冯秀梅主动减免各项费用，目前已累计救助了5万多人，减免费用达600余万元；对康复治疗后有劳动能力的，她会安排合理的体力劳动，让患者在劳动中得到进一步锻炼和康复，同时每月支付薪资不等的报酬。这样一来，残疾人不但能安心治疗，还能自食其力地养活自己，最终能够回归社会，实现自己的人生价值。

经过多年的探索，冯秀梅创造性地提出了"透支疗法""自然疗法""宣泄疗法"等精神病治疗方案，并通过"善爱之家"和"如康家园"项目，使多数病患得到康复，重新回归家庭和社会，提升了他们的生存和生活质量，让他们得到了更多的获得感和幸福感。

抗击疫情　护佑心理健康

新冠疫情发生以来，很多城市被迫按下了"暂停键"，停工、停学、停业对各行各业造成了不小的影响，也改变了很多人的生活节奏。青少年原本简单有序的作息方式受到了冲击，有的学生以线上学习为由长时间使用手机、熬夜、赖床，甚至沉迷于游戏，最终滋生出厌学、自闭、焦虑等不良情绪，导致家庭关系日渐紧张。

健康的心态是疫情防控的第一道防线，也是战胜疫情的坚强后盾。针对疫情衍生出的新型心理问题，冯秀梅数次和医院业务骨干探讨研究，制定了一系列心理护航活动方案，成立了以冯秀梅为主导的心理救援团队，通过开设24小时心理救援电话，采用一对一、家庭组和小团体等多种形式，帮助青少年梳理心理问题，解除心理困惑，舒缓心理焦虑。疫情期间，心理救援团队为留守儿童和单亲儿童进行心理援助1200多次，为封闭隔离观察对象提供心理救援170多次，通过县融媒体中心和医院视频号发布心理健康宣教视频37个，收获观看转发2万余次，形成了关注心理健康、全民共同参与的社会合力，筑牢了全民心理健康防线。

党辉闪耀　助力双拥事业

沂南县是"沂蒙红嫂第一人"明德英的故乡，也是红嫂精神的发源地。"忠诚博爱、勤劳勇敢、自强不息、无私奉献"的红嫂精神是沂蒙精神的重要组成部分。为了更好地凝聚、整合新老红嫂和社会各界优秀妇女的拥军济困力量，联系各行业红嫂共同做好拥军优属、扶弱济困、奉献爱心等工作，冯秀梅参与了沂蒙地区第一个红嫂协会组织——沂蒙红嫂协会的成立工作。她被会员们推举为会长，负责处理协会的日常事务，并带领会员开展各项活动。

每逢节假日，冯秀梅便带领协会成员到新老红嫂、烈军属的家里看望；

八一建军节时，她们对武警、消防官兵及老党员、老军人等进行走访慰问；重阳节时，冯秀梅组织红嫂们一起到退役老兵的家中，为老兵们包饺子、打扫卫生。此外，她们还慰问来临沂打井抗旱、支援老区的各地官兵，并为他们带去了来自革命老区的感谢和祝福；慰问在部队获奖的战士家属，鼓励战士们安心服役；为武警中队官兵筹办军民联合文艺会演，为战士们营造温暖多彩的军营生活……冯秀梅带领着沂蒙红嫂协会不遗余力地弘扬传播红嫂精神，使之成为拥军爱民和双拥共建的闪亮品牌，获得了社会各界的交口赞誉。

扶弱救孤　投身社会公益

儿童是祖国的未来、民族的希望，同时也是世界上最脆弱的人群之一。失去至亲的儿童因缺乏关爱而深陷痛苦，精神病人的子女整日生活在慌乱恐惧之中，留守儿童由于家庭温暖和安全感的缺失而变得自卑脆弱……看着那些孩子清澈无瑕的眼睛里透出的迷茫和无助，冯秀梅心如刀绞。

孟子云："幼吾幼，以及人之幼。"为了让更多的儿童感受到社会大家庭的温暖，冯秀梅多次带领医院职工为贫困家庭的儿童送去关怀慰问，和他们促膝长谈，为他们答疑解惑；对有心理障碍的孩子，及时给予心理疏导，帮助孩子们树立走出困境的信心和决心。孩子们的雀跃欢呼是冯秀梅最大的满足。

党和政府对冯秀梅的工作给予了充分肯定，也给予了她很高的荣誉。多年来，冯秀梅先后获得山东省巾帼建功先进个人、山东省扶残助残先进个人、山东省三八红旗手、山东省卫生系统先进工作者、临沂市优秀共产党员、临沂市劳动模范、临沂市双拥工作先进个人、临沂市新长征突击手、临沂市十大杰出女性、沂蒙和谐使者等荣誉称号，荣获山东省五一劳动奖章，曾被山东省委、省政府记一等功。

用行动诠释新时代医务工作者的使命担当

◎马颖霞

马颖霞

从医 30 多年来，我从一名临床医师，到医务部主任，再到医院院长，无论面对何种境况的病人，无论处于怎样复杂的环境，我始终坚持初心不改，努力践行一名共产党员和医者的神圣责任。近年来，我先后获得临沂市三八红旗手标兵、山东省抗击新冠疫情先进个人等荣誉称号，荣获山东省五一劳动奖章。

2020 年初，新冠疫情发生，随即临沂市也发现了疑似病人，全市严阵以待，闻令而动。1 月 19 日，我和同事们赶赴临沂市人民医院东医疗区，迅速进入了抗击疫情的战备状态。我主持组建了医疗救治专家组和应急梯队，制定了专家会诊和远程会诊制度。历经 32 个日夜奋战，共收治并治愈新冠肺炎病人 44 例，治愈率居全省首位，得到上级表扬。

2 月 19 日，临沂市卫健委下达了组建临沂市第五批援鄂医疗队的命令。因为有了抗疫的成功经验，我主动请缨，坚决要求支援疫情防控一线，最终我作为山东省第十二批援鄂医疗队副队长驰援武汉。我既当"战'疫'指挥官"，又当"抗疫战士"，在武汉三院的感染病区组织收治病人近300例，取得了良好的诊疗效果。我们的"山东抗疫经验"赢得了湖北同行和群众的广泛赞誉。

2021年3月，武汉三院院方曾邀请我们去武汉大学看樱花，但当时因为工作忙没能去成。后来，在武汉参加工作会议期间，我专程赶往曾战斗过的武汉三院。当见到三院医务部主任的那一刻，我问："你是张主任吗？"他问："你是马主任吗？"我们不禁异口同声："原来你长这个样子呀！"随即我们紧紧拥抱，泪流满面。在曾住过的酒店里，有两个年轻的男服务员认出了我，激动地说："您是为武汉拼过命的，请允许我喊您一声妈妈吧！"刹那间，我的眼泪夺眶而出，在场的人也都潸然泪下。

治病救人是医生的天职。2009年4月，一名家庭困难的年轻女孩由于患上了严重的高血压，导致眼底出血，心脏扩大和心力衰竭。接诊后，我反复研究她的病情，带她去放射科免费做了胸透，结果发现纵隔内有乒乓球大小的肿块，这是异位嗜铬细胞瘤，属于罕见病。当时临沂市的医院还不能完成如此高难度的手术，于是我费尽周折找到北京安贞医院的余振球教授。最终北京的专家们为这个孩子做了手术，手术非常成功，后来她顺利地参加了工作并结婚生子。每当收到这个孩子的信息，我都感到无比欣慰。

2020年10月，我被组织任命为临沂市肿瘤医院院长。从干业务到抓管理，这种角色的转变对我来说就像是一场大考。我时刻牢记医务工作者的职责使命，不断增强战胜各种风险考验的底气、能力和理论水平，深入一线调研学习，不断提升管理效能和全局统筹能力。功夫不负有心人，在上级领导支持和全院职工共同努力下，我院捷报频传：2021年4月，被山东省卫健委评为省级肿瘤区域性医疗中心，全省仅三家医院获此殊荣；5月，在国家公立医院绩效考核中，位居全国肿瘤专科医院第27名，并于6月顺利通过三甲医院复审；9月，高分通过电子病历四级评审；12月，GCP项目药物临床实验量值在全国地市级肿瘤专科医院列第一名！同时，我们积极提质增效，全面细化各个专业，提升学科竞争力，扎实推进并建成国医馆、日间病房、入院调配中心等惠民便民项目。其中，关爱女性项目如"妈妈小屋"获评省级示范点，"粉红丝带"乳腺癌患者联谊会使众多女性终身受益。医院的服务能力显著提高，全国各地慕名前来就医的患者络绎不绝，业务增长居全市各家医院首位，职工干事创业的激情越发高涨。

疫情就是命令，防控就是责任。我们坚持生命至上，强化培训、优化流程、提高效率、补齐短板，不断提高院内科学化精准防控水平，众志成城，尽锐出战，统筹做好医院疫情防控和业务工作的协调发展。

在医院内部管理方面，我们坚持围绕中心，服务大局、服务职工、服务患者，充分发扬民主，提升职工主人翁意识。同时多措并举，大力开展操作比武、技能培训和技术攻关等活动；落实"两个允许"要求，稳步提升人员奖励费用占比；定期走访慰问老党员、老干部及困难职工；深化"我为群众办实事"主题活动，推出职工"1元早餐"、免费充电桩等惠民举措；举办职工运动会、摄影展、合唱比赛等，不断丰富职工文化生活，展示职工良好风貌，搭建起全方位服务职工的平台，切实提升职工幸福指数，凝聚职工爱岗敬业的力量。

"追求卓越，赶超一流。对人民负责，让群众满意。"这是我作为医院院长永远的奋斗目标，也是我作为一名共产党员的不懈追求。在今后的工作中，我将大力弘扬习近平总书记提出和概括的伟大建党精神和伟大抗疫精神，坚守医者初心，锐意进取、担当实干，为加快医院高质量发展、推进健康临沂建设而不懈努力！

弘扬沂蒙六姐妹精神　争做新时代的新农民

——记山东省临沂市蒙阴县晏婴故里果品专业合作社牛庆花

◎临沂市总工会

牛庆花

在山东省临沂市，无人不晓"沂蒙六姐妹"，她们在革命战争年代带领妇女纳军鞋、摊煎饼，拥军支前、无私奉献。而如今，"新时代沂蒙扶贫六姐妹"继承和发扬沂蒙红嫂精神，带领乡亲们脱贫致富，牛庆花就是其中之一。

2022年2月3日，北京冬奥会火炬在延庆世界葡萄博览园传递，来自山东省临沂市蒙阴县野店镇的全国劳动模范牛庆花是第十一棒火炬手。回忆这次经历，牛庆花兴奋地说："我真的没想过自己有一天还能当上火炬手……我赶上了好时代，印证了普通人靠劳动能创造幸福。"

直播带货成了"新农活"

牛庆花的采访在直播间如约进行。"牛姐，为什么你的回头客这么多呀？"当记者问出这句话时，大家纷纷在直播间回复道："牛姐人好！""苹果好吃！""实实在在，货真价实，不骗人。""售后服务特别好，产品质量特别高。"牛姐在直播间也笑了起来并感激道："因为大家都支持我。"

2020年初，受新冠疫情影响，沂蒙山区的优质苹果大量积压滞销。一位做电商的朋友告诉牛庆花，近期有一项"百城县长直播助力"的活动，正邀请全国各地的县长在直播间售卖当地特色农产品。

正为家乡苹果滞销而发愁的牛庆花只问了一个问题："能不能卖苹果？"在得到肯定答复后，她便积极投入到直播准备中。直播平台的工作人员经过实地考察，在了解苹果品质和货源保障后，便同意免费助推牛庆花在线上的直播售卖。

　　虽然牛庆花几年前就听说过直播，也拥有自己的网店，但当时她只是"外行看热闹"，从心底里还不了解和接受直播。"我也不会唱歌、跳舞，也没什么才艺，直播会有人看吗？"

　　直到了解了平台助农活动的推广力度，在县长的鼓励下，她才决定"下水"试试。2020年3月3日19点，县领导、镇领导走进她的直播间，帮她卖苹果。当时只有383个粉丝的她，在短短2个小时内卖出了1200多单、6000多斤苹果，有4.6万人收看、3.1万人点赞，账号也涨粉3000多。牛庆花每每回忆起来，仍然心情激动。不同于其他妙语连珠的主播，当时的她就在旁边一个接一个地啃苹果。"我没文化，不会说，只能一遍遍不厌其烦地介绍苹果，让大家看我吃苹果吃得有多香。"牛庆花说。

　　直播首秀告捷，这给了牛庆花很大的鼓舞。从此，牛庆花坚持每天晚上从18点直播到22点，尽管已怀上二胎，但她依然没有松懈。孩子出生后，为了更好地照顾孩子，牛庆花把直播时间改到了孩子睡醒前，每天早上6点半天不亮就开始直播。

　　当了两年主播后，牛庆花知道了涨粉背后的辛苦。有时候，好几天都涨不上100个粉丝，直播间人数也寥寥无几，但她从没想过放弃。"通过电商平台直播卖苹果，能卖出更高的价格，还能卖到全国各地。我的直播间承载的不仅是我一家的希望，也是大家的希望，所以我不能放弃。"野店镇是革命战争年代沂蒙六姐妹的家乡，牛庆花从小就是听着她们的拥军故事长大的，如今在她的身上，"艰苦奋斗、无私奉献"的沂蒙红嫂精神仍在延续。

　　就这样，她坚持了下来，逐渐积累了一群"铁粉"，粉丝量涨到了10万，一年的直播销售额也突破了20万元。从383个粉丝到10万多粉丝，牛庆花卖火了家乡的产品，带富了一方百姓。

一辈子也忘不了那 10 天

在走上直播带货这条路之前，牛庆花只是一个普通的留守农妇。丈夫迫于生计外出打工，自己在家带儿子，家里还养着 100 多头猪、40 只羊、200 多只鸡，每天有着干不完的活。直到 2015 年底，村里举办的一场为期 10 天的电商培训，改变了她的人生轨迹。"我一辈子也忘不了那 10 天。"牛庆花对此仍记忆犹新。来到培训班时，"新型职业农民培育工程"几个大字映入眼帘，培训班老师告诉她，国家要培养一批懂技术、爱农业、善经营的新型职业农民。牛庆花窃喜，觉得自己赶上了好时候。培训课上，老师在台上描述着农村电商的发展前景，台下的牛庆花聚精会神地听着，她第一次知道，只需要一台电脑、一根网线，就可以把农产品卖出大山，卖到全国各地。

"如果没有电商培训给我打开新思路，就不会有今天的我。"牛庆花说。在这之后，她又报名参加了蒙阴县妇联与当地扶贫办在县里举办的电商培训班。

敢想敢干的她于 2016 年创办了淘宝网店"孟良崮果园"。因为国家有扶贫贷款的政策，牛庆花贷了 60 万元，用于建厂棚、收水果。

蒙阴县是"中国蜜桃之都"，蜜桃年产量多达几十亿斤，"蒙阴蜜桃"的品牌价值高达 266 亿元，是国家地理标志产品。牛庆花的乡亲们，几乎家家都种植蜜桃。

"我们这里是山区，没有污染，种出来的东西都好吃，尤其是蜜桃。可没几个人知道，更卖不出好价钱，我想把家乡的好东西通过网络宣传出去、卖出去。"牛庆花说。

为了让家乡的蜜桃走出大山，牛庆花开始在自己的网店预售蒙阴蜜桃，预售额竟达到 100 多万元。这时，在外打工的丈夫也回到村里，跟牛庆花一起转型成了"电商达人"。谈起那段时间的生活，牛庆花说那是最累也是最开心的日子，除了像往常一样操持家务，网店里的客服、打包、发货等各种杂活她也都是一肩挑，常常写快递单到半夜。得益于"蒙阴蜜桃"的品牌价值，网店的销售量和利润十分可观，初尝胜果的牛庆花开始酝酿更大的计划——让山里更多的优质农产品走向全国。

共富路上姐妹同行

"最后一口米做军粮，最后一块布做军衣，最后一个儿子送战场"，"沂蒙六姐妹"的事迹激励着牛庆花，她说："老一辈沂蒙姐妹为了革命甘于奉献，今天的我也要致富不忘乡亲。"

牛庆花深知一个人的力量是微不足道的,为此她成立了果品专业合作社,与果农签订了合作协议。合作社每斤的蜜桃收购价比市场收购价高出 0.5~1 元,真正地惠及了广大果农,得到了乡亲们的认可。"300 斤桃子卖给我,就能多赚 300 块钱,只有让大家的钱包鼓起来,乡亲们才更有劲头往前走。"牛庆花说。

牛庆花对选品十分严格,一筐果品有时只能留下 1/3,果农们戏称牛庆花选水果像选对象似的,要求太严了,而牛庆花在这一点上丝毫不让步。在她看来,好的口碑才是合作社长久发展的基础,这也能促使乡亲们不断提高果品质量。在合作社里,墙上贴着"小康路上姐妹同行"一行红字,这也是牛庆花和姐妹们奋斗的真实写照。"合作社里都是女工,从摘果子到挑果子,再到运果子,每一个环节都需要十分细致,只有这样才能保证果子的品质。女人比较细心,况且让一些大姨大娘外出打工也不现实,在我这既能帮点忙、赚点钱,又能顾得了家。"牛庆花说。

在她的帮扶和带动下,北晏子村的 16 户贫困户,每年人均增收 3000~8000 元。牛庆花的网店还帮助周围 30 多个村的村民销售了价值几百万元的蜜桃。在销售旺季,合作社能为村里四五十名妇女提供就业岗位。

为了帮助一个老大娘,牛庆花每次都会以比平常收购价高的价格来收购她的农产品,大娘便把自己种的南瓜送给牛庆花以表感谢。牛庆花觉得南瓜品质不错,便提议让她多种一些。第二年,牛庆花又帮助大娘把南瓜也卖了出去。

2020 年,因为在农村电商创业中的突出表现,牛庆花被评为全国劳动模范。如今,牛庆花每天一大早就开始直播,从不间断。有时她还带着年幼的女儿出镜,不仅让人们看到了好的沂蒙产品,也看到了她作为一个母亲,为了美好生活而不懈奋斗的故事。

幸福不会从天而降,好日子是干出来的。"从来没有啥一夜爆红,我每天坚持不懈地直播 4 个小时,凡事都要踏踏实实地做。"短短几年里,她用自己的努力,实现了从普通农妇到致富带头人的蜕变,沂蒙红嫂精神在她身上闪闪发光。牛庆花对未来充满信心,她说,要牢记习近平总书记的嘱托,以新征程新奋斗的实际行动,弘扬沂蒙红嫂精神,在乡村振兴道路上,带动更多的乡亲共同致富。

后　记

　　编撰《齐鲁巾帼》丛书是一项重大工程，撰写人物传记及典型材料是一项严谨的工作。为此，早在 1998 年，编撰者们经过认真研究，确定了《齐鲁巾帼》书系的入选人物范围：从新民主主义革命至今，各个历史时期涌现出的优秀女性人物，包括革命战争年代为了新中国成立而浴血奋战的革命英雄、革命烈士；社会主义革命和建设时期在各条战线上做出卓越贡献的优秀模范人物；改革开放以来，各条战线涌现出来的优秀创业女性。

　　在编撰《齐鲁巾帼》（第一卷）的过程中，我们得到了有关领导及社会各界的关心、指导和大力支持。中共山东省委原书记苏毅然为本书题词；中共山东省委原书记、山东省党史资料征集研究委员会原主任高克亭对这项工作十分关心；全国妇联书记处原书记王云亲自来山东指导，并为之作序。当出版第二卷时，中共山东省委原副书记王修智也为本书题词，中共山东省委宣传部原副部长王凤胜为本书题写了书名。正是因为有了这些领导、专家、学者和社会各界的大力支持和积极参与，才使《齐鲁巾帼》的第一、二卷得以顺利出版。二十多年的时间过去了，当我们顺应时代潮流，编撰《齐鲁巾帼》第三卷时，依然得到了来自有关领导和社会各界的大力支持。

　　本书编撰工作顾问：王光明，山东省作家协会原副主席；刘淑秀，临沂市人大常委会党组副书记、副主任，临沂市总工会主席。

　　本书编委会主任：林育真，山东师范大学教授、研究生导师，民盟山东师范大学总支部主委，山东省第七届、第八届政协常委；梁伟，济南大学教授、硕士生导师，济南大学资源与环境学院原党委书记，现为济南大学离退休工作处第十五党支部书记，兼任山东天文学会副理事长、济南市天文爱好者协会副会长、济南市物理学会科普部部长；王景科，山东师范大学文学院教授，写作教研室原主任，中国现当代文学博士生、硕士生导师，山东省写作学会原会长，山东省散文学会原副会长，中国作家协会会员，国际汉语应用写作学会常务理事等；张在德，山东农业大学基础部原主任、原党总支书记、副教授，山东省科学院政工处原处长。他们不仅帮助策划，还亲自参加了组织工作。

山东朱老大食品有限公司党委书记、总经理朱呈镕，兰陵县宝庆超市有限公司董事长、总经理赵福荣，山东三丰控股集团有限公司党委书记、董事长张忠琴，以及齐河鼎泰庄园林业种植专业合作社理事长孙京梅为本书的出版慷慨资助。济南出版社的有关领导和编辑也提供了极大的帮助。在此，我们谨向为编辑出版《齐鲁巾帼》（第三卷）给予关心、支持和帮助的领导、同志们及有关单位致以衷心的感谢！

本书的编撰工作由武善云主持，武善云、韩品玉、张楠平、孙玉华任主编；顾问王光明、刘淑秀，主任林玉真、梁伟、王景科、张在德共同策划组织；编委会副主任、副主编参加了组织、撰稿和审稿工作；编委会委员们皆为本书的出版做了大量工作。

希望读者们多提宝贵意见！

编　者

2023 年 8 月